Dual-Career Couples unter
personalwirtschaftlich-systemtheoretischem Blickwinkel

T0316416

Forum Personalmanagement
Human Resource Management

Herausgegeben von Michel E. Domsch/Désirée H. Ladwig

Band 5

PETER LANG

Frankfurt am Main · Berlin · Bern · Bruxelles · New York · Oxford · Wien

Ariane Ostermann

Dual-Career Couples
unter personalwirtschaftlich-
systemtheoretischem Blickwinkel

PETER LANG
Europäischer Verlag der Wissenschaften

Die Deutsche Bibliothek - CIP-Einheitsaufnahme

Ostermann, Ariane:

Dual-career couples unter personalwirtschaftlich-
systemtheoretischem Blickwinkel / Ariane Ostermann. -
Frankfurt am Main ; Berlin ; Bern ; Bruxelles ; New York ;
Oxford ; Wien : Lang, 2002
(Forum Personalmanagement ; Bd. 5)
Zugl.: Hamburg, Univ. der Bundeswehr, Diss., 2001
ISBN 3-631-39030-0

Gedruckt mit Unterstützung der Universität der
Bundeswehr Hamburg,
gefördert von der Gesellschaft der Freunde und Förderer
der Universität der Bundeswehr Hamburg e.V.

Gedruckt auf alterungsbeständigem,
säurefreiem Papier.

D 705
ISSN 1438-6917
ISBN 3-631-39030-0
© Peter Lang GmbH
Europäischer Verlag der Wissenschaften
Frankfurt am Main 2002
Alle Rechte vorbehalten.

Printed in Germany 1 2 3 4 6 7
www.peterlang.de

Geleitwort

Gleichwertige Partnerschaften nehmen zu. Darunter verstehe ich Lebensgemeinschaften, bei denen beide Partner für ihr eigenes Leben und für das Zusammenleben gleichen Werten eine in etwa gleich hohe Bedeutung beimessen. Dazu gehören eine zufriedenstellende berufliche Karriere und ein hohes Maß an Vereinbarkeit von Beruf und Privatleben. Beide Werte sind besonders für DCC Dual-Career Couples von herausragender Bedeutung. Diese Erkenntnis ist grundsätzlich nicht neu, sie wurde auch aufgrund empirischer Untersuchungen immer wieder bestätigt. Aber

- mit der zunehmenden Qualifikation und Karrieremotivation von Frauen,

- bei den steigenden Anforderungen der Arbeitswelt an (noch) mehr Flexibilität und regionaler Mobilität der Beschäftigten sowie

- durch den wachsenden Anspruch der Berufstätigen an ein „Sustainable WorkLife Balancing", verbunden mit der Nachfrage nach angemessenen Arbeitsbedingungen,

nimmt der Druck nach Problemlösungen zu. Denn DCCs sind damit als „Normalfälle" und nicht als Ausnahmen zu betrachten. Dementsprechend muß man sich arbeitgeberseitig und als Führungskraft sachgerecht damit auseinandersetzen und das entsprechende personalwirtschaftliche Verhalten und Instrumentarium entwickeln. Bisher zeigt die Praxis erhebliche Defizite auf.

Die vorliegende Arbeit wird mit ihrem fundierten und wissenschaftlichen Hintergrund sowie ihrer empirischen Ausrichtung die entsprechende Diskussion und Weiterentwicklung in Forschung und Praxis ohne Zweifel intensiv und positiv beeinflussen.

Prof. Dr. Michel E. Domsch

Vorwort der Autorin

Selber Teil eines Doppelkarrierepaares war es für mich während der gesamten Forschungszeit immer wieder befremdend, daß diese karriereorientierte Paarkonstellation so signifikant von der allgemeinen Unternehmenswelt ignoriert wird. Was für mich selbstverständlich war und ist sollte so wenig Resonanz in „der Welt" haben? Interessiert und neugierig machte ich mich daher daran, die Gründe für diese Diskrepanz herauszufinden, in Kontakt zu gehen, Beobachterin *und* Teilnehmende zu sein. Insbesondere die systemtheoretische Sichtweise – zunächst vor allem als geistige Herausforderung bewußt gewählt – brachte mich dabei in faszinierende Tiefen und zwang mich, immer wieder zu reflektieren: Welche Systeme sind im Spiel, welche Kommunikationsgebilde manifestieren sich, welche Welten werden konstruiert und vor allem: Wieso!

Mein besonderes Interesse galt dabei der Darstellung und Integration beider Sichtweisen zu diesem Thema: der des Unternehmens und der der in diesem Unternehmen arbeitenden DCCs. Die Möglichkeit, in diesem Forschungsvorhaben auch noch prozeßorientiert vorgehen zu können, verdanke ich u.a. der „zufälligen" Begegnung mit einem Unternehmen, das zum damaligen Zeitpunkt am Prozeßbeginn der Implementierung einer aktiven DCC-Unterstützungspolitik stand.

Das Ziel dieser Dissertation, geschrieben am Institut für Personalwesen und Internationales Management des Fachbereiches für Wirtschafts- und Organsationswissenschaften der Universität der Bundeswehr Hamburg, besteht zusammenfassend also nicht nur in einer theoretischen Durchdringung des Themas DCCs mit Hilfe der Systemtheorie nach Niklas Luhman, sondern ebenso in der „Anwendung" des Abstrakten auf die praktische Ebene durch die Anfertigung einer Fallstudie. In dieser Kombination und in diesem Sinne ist diese Arbeit insbesondere für theoretische Praktiker oder praktische Theoretiker – zu der letzteren „Art" ich mich übrigens selber zähle – bestimmt. Ich wünsche den Lesern Einsichten (z.B. in dieses vermeintlich neue Thema bzw. in neue Sichtweisen), Aussichten (z.B. auf mögliche Forschungsanschlüsse oder praktische Umsetzungen) und Zuversichten für alle diese Arten von Anschlußkommunikationen.

Ariane Ostermann (geb. Ladwig)

Danksagung

Bei Prof. Michel E. Domsch, dem Institutsinhaber und meinem Doktorvater bedanke ich mich ganz herzlich für die individuelle Betreuung während meiner Promotionszeit. Insbesondere seine aus der Kenntnis meiner Person resultierende Gewährung von zeitlichem und gedanklichem Freiraum, die stets offenen Türen und Ohren und die vielen anregenden und weiterführenden Gespräche haben deutlich dazu beigetragen, daß ich mein Potential optimal einsetzen und leben konnte.

Ich danke meinen Kolleginnen und Kollegen am I.P.A., die mich nicht nur durch ihre fundierten und kritischen Fragen anspornten, sondern immer für fachliche und persönliche Gespräche Zeit hatten: Martina Harms, Maike Andresen, Annett Cascorbi, Uta Lieberum, Désirée Ladwig, Harriet Macke, Christiane Strasse, Klemens Kleiminger, Michael Heidegger. Die fröhliche, freundschaftliche und fokussierte Atmosphäre am I.P.A. wird mir immer in besonderer Erinnerung und gleichzeitig Vorbild bleiben.

Weiterhin geht mein Dank an Prof. Dr. Günther Ortmann für die Erstellung des Zweitgutachtens sowie an Prof. Dr. Peter Nieder für die Abnahme der Promotionsprüfung als Drittprüfer, an Eileen Lübcke (und alle studentischen Assistentinnen vor ihr), die mit ihrem schier unermütlichen Einsatz dieses Werk mit auf den Weg brachten und an Erika Blum für die letzte Durchsicht des Manuskriptes.

Ein besonderer Dank geht an alle Personalreferenten des Unternehmens WIND, die mich – und das sehe ich nicht als selbstverständlich an – vertrauensvoll an ihren internen Prozessen haben teilnehmen lassen. Allen DCC-Paaren, die mir mit ihren umfangreichen Antworten wertvolle Einsicht in ihr Leben und ihre Wertungen gaben, danke ich in diesem Zusammenhang ebenso.

Mehr als Dank sende ich an meine Familie – für ihr pures Dasein – im Vorder- wie im Hintergrund, im Hier und im Gestern. Dieser Dank gilt ganz besonders meinem Mann Arne!

Ariane Ostermann (geb. Ladwig)

Inhaltsverzeichnis

Abbildungsverzeichnis

Tabellenverzeichnis

Abkürzungsverzeichnis

Abb.	Abbildung
ABS	Anti-Blockier-System
Aufl.	Auflage
bzw.	beziehungsweise
bzw.	beziehungsweise
ca.	circa
d.h.	das heißt
DBW	Die Betriebswirtschaft
DCC	Dual-Career Couple
DGfP	Deutsche Gesellschaft für Personalführung e.V.
DM	Deutsche Mark
e.V.	eingetragener Verein
et al.	et alii
etc.	et cetera
evtl.	eventuell
FAZ	Frankfurter Allgemeine Zeitung
gdi	Gottlieb Duttweiler Institut
ggf.	gegebenenfalls
GmbH	Gesellschaft mit beschränkter Haftung
HR	Human Resource
Hrsg.	Herausgeber
i.d.R.	in der Regel
Jg.	Jahrgang
KMU	Klein- und Mittelständische Unternehmen
m.E.	meines Erachtens
MittAB	Mitteilungen aus der Arbeitsmarkt- und Berufsforschung
NAFTA	North American Free Trade Agreement
Nr.	Nummer
o.ä.	oder ähnliches
o.V.	ohne Verfasser
OFW	Organisationsforum Wirtschaftskongreß
resp.	respektive

S.	Seite
u.a.	unter anderem
u.a.	und andere, unter anderem
u.U.	unter Umständen
usw.	und so weiter
Vgl.	Vergleiche
Vol.	Volume
z.B.	zum Beispiel
z.T.	zum Teil
ZfB	Zeitschrift für Betriebswirtschaft
ZfP	Zeitschrift für Personalforschung
ZOE	Zeitschrift für Organisationsentwicklung

1 Einleitung und allgemeine Grundlagen

„Companies which neglect consideration of the dual-career-couple as a unique employee group may fail to recognize the conterproductive nature of some of their long-standing personnel policies and procedures."

Gilmore & Fannin[1]

1.1 Hintergrund der Arbeit

Demographisch ist eine u.a. auf kulturellem Wertewandel beruhende Ausweitung einer speziellen Arbeitnehmergruppe zu beobachten: Die Doppelkarrierepaare, besser unter Dual-Career Couples (DCCs) bekannt. Diese Zielgruppe steht im Mittelpunkt der vorliegenden Arbeit.

Die besondere Konstellation einer Paarbeziehung, in der beide Partner karriereorientiert sind, hat nicht erst in dieser Zeit Interesse gefunden: Die DCC-Forschung kann auf psychologische, sozialpsychologische und soziologische Ergebnisse aus 30 Jahren zurückblicken, die u.a. aufzeigen, daß sich das Verhalten von DCCs signifikant von tradierten Normen bzgl. Karriere, Partnerschaft, Familie und Rollenmuster unterscheidet (vgl. 3.2.1).[2] Desto mehr verwundert es, daß Unternehmen in ihren Strukturen und Politiken immer noch von der „Normalkonstellation" einer Beziehung und der Verteilung von Rollenmustern ausgehen und mit ihrer Personalpolitik bisher nur sehr zögerlich oder gar nicht auf diese Mitarbeitergruppe reagiert haben. Es herrscht Unkenntnis in den Unternehmen über DCCs und weitgehende Ignoranz bzgl. der Existenz zweier Laufbahnen,[3] aus denen sich multiplere Interdependenzen zwischen Berufs-/Unternehmens- und Privatsphäre ergeben. Insbesondere aufgrund tradierter Prozesse und Einstellungen im Unternehmen (vgl. 5.2.6) werden DCCs weder als solche identifiziert noch entsprechend ihrer Eigenarten, die sie von Mitarbeitern, die nicht in einer Doppelkarrierepartnerschaft leben (hier als Non-DCCs bezeichnet) behandelt. Die fehlende Wahrnehmung ist insbesondere im Hinblick auf sich nachteilig entwickelnde ökonomische Folgen prekär. Es sind

---

[1] Gilmore & Fannin 1982, S. 37.
[2] Vgl. O'Neil et al. 1987.
[3] Vgl. Mayrhofer 1989.

zum einen wettbewerbliche Konsequenzen zu fürchten, denn qualifiziertes Personal ist eine umkämpfte Ressource geworden. Wenn ein Unternehmen nicht auf die veränderten Umweltlagen reagiert, tut es ein anderes. Zum anderen können aus der Ignoranz persönlicher Belange der Mitarbeiter neben Mobilitätsproblemen auch weitere entscheidende Probleme entstehen, wie Motivationsabfall, Unzufriedenheit, Streß (burn out), resultierende Ineffizienzen und unerwartete Kündigungen. Besonders Kündigungen sind letztendlich auch monetär meßbar als Verlust von Personalinvestition in den Mitarbeiter.

Aber nicht nur direkte wirtschaftliche Gründe sollten handlungsinduzierend sein. Ein Unternehmen kann nicht zuletzt auch durch eine sich an gesellschaftlichen Werten orientierende Unternehmenskultur und -politik einen Wettbewerbsvorteil auf dem Arbeitsmarkt erreichen.[4]

Unter betriebswirtschaftlichen, personalwirtschaftlichen und gesellschaftspolitischen Gesichtspunkten erweist sich also die Unkenntnis*reduktion* über die in diesem Problemkomplex beteiligten Systeme (Unternehmen, DCCs, Non-DCCs etc.) als notwendige Voraussetzung für eine angemessene und effektive Gestaltung personalwirtschaftlicher Aktivitäten und kann somit zum wichtigen Wettbewerbsvorsprung werden.

1.2 Gegenstand der Arbeit und forschungsleitende Fragestellung

Aus der erwähnten unternehmensseitigen Defiziterkenntnis, noch darzustellenden bestehenden Forschungslücken auf dem Gebiet der DCCs (vgl. 3.2.2) und systemtheoretischen Tendenzen auch in der personalwirtschaftlichen Forschung (vgl. 2.2) ergibt sich ein Kontext, der zugleich anstoßgebend und richtungsleitend ist für den Gegenstand der Arbeit, die Formulierung der forschungsleitenden Fragestellung, die theoretische Grundlegung und die wissenschaftliche Herangehensweise.

---

[4] Vgl. Lang-Obi 1995.

Gegenstand

Aufbauend auf dem Theoriegerüst der neueren Systemtheorie[5] formiert sich der Forschungsgegenstand zu einem Forschungs*bereich*, der die Systeme DCCs und Unternehmen und mitlaufend weitere als relevant bezeichnete Systeme einschließt. Als Systeme konstruiert, werden – belegt durch historische und aktuelle Forschungsergebnisse – DCCs und Unternehmen aus ganzheitlicher Sichtweise untersucht, d.h. es wird eine Synthese aus theoretischer Beschreibung und empirischer Dokumentation sowohl der Einzelsysteme als auch der Interdependenzstrukturen und -prozesse angestrebt.

Forschungsleitende Fragestellung

Der im vorherigen Abschnitt angedeutete Ist-Problemzustand in den Unternehmen, der sowohl durch eigene Forschungsarbeiten (vgl. 5.2.4.1) als auch durch andere empirische Voruntersuchungen gestützt wird, eröffnet direkt das Problemfeld, das im Rahmen dieser Arbeit fokussiert wird und das hier aus zwei Blickrichtungen anhand von Leitfragen aufgeschlüsselt wird:

Aus Sicht des Unternehmenssystems:

Wie beobachten Unternehmen DCCs?

U1	Unternehmen $\Longrightarrow$ DCCs

Wenn die **Interdependenz** (strukturelle Kopplung) zwischen DCCs und Unternehmen vom Unternehmen **wahrgenommen** wird, **wie gestaltet** sich diese Interdependenz und **warum** wird sie wahrgenommen? (DCC-Bewußtsein)(Wie, warum und in welchem Ausmaß wird und wurde über das DCC-System in Unternehmen kommuniziert? Welche DCC-spezifischen Instrumente wurden wie, von wem, wo und warum implementiert?)

---

[5] Im Gegensatz zur *allgemeinen* (zeitlich früher konzipierten) Systemtheorie, die sich auf die first order Kybernetik bezieht und eine Theorie der *beobachteten* Systeme ist, schließt die *neuere* Systemtheorie an die second order Kybernetik an, die sich als Theorie der *beobachtenden* Systeme darstellt. Vgl. Baecker 1994.

Wenn die **Interdependenz** (strukturelle Kopplung) zwischen DCCs und Unternehmen von den Unternehmen **nicht wahrgenommen** wird, was sind dann die Ursachen für diese Nichtwahrnehmung (Unkenntnis, Reaktionslosigkeit)? (Womit läßt sich das personalwirtschaftliche, interorganisationale Aktionsgefälle erklären oder zumindest nachzeichnen?)

Welche Konzepte und Erwartungen hat das Unternehmen zu Karriere und Mobilität?

U2	Unternehmen ⟹ K,M

Wie beobachten sich Unternehmen selbst?

U3	Unternehmen ⊋

<u>Aus Sicht des DCC-Systems:</u>

Wie beobachten DCCs ihre Unternehmen und was erwarten sie?

D1	DCCs ⟹ Unternehmen

Welche Konzepte und Erwartungen haben DCCs zu/an Karriere, Flexibilität und Mobilität?

D2	DCCs ⟹ K,F,M

Wie beobachten DCCs sich selber, ihre Partnerschaft (Familie) und ihre Doppelkarriere?

D3	DCCs ⊋

Entsprechend ihrer Funktion laufen diese Leitfragen als Sinngebung und gleichzeitig Grenzziehung in der gesamten Arbeit mit und sind mit Hilfe der dargestellten Symbole als *graphische Anzeiger* in den weiteren Text – sowohl in den systemtheoretischen Ausführungen als auch in der Empirie – integriert.

1.3 Wissenschaftsverständnis und wissenschaftliche Vorgehensweise

„... ‚to know' is not to possess ‚true representation' of reality, but rather to possess ways and means of acting and thinking that allows one to attain the goal one happen to have chosen."

Ernst von Glasersfeld[6]

Der Gegenstandsbereich, die Zielsetzung als auch die Vorgehensweise einer Forschung sind eingebettet in das Wissenschaftsverständnis bzw. die „präferierte Sicht der Dinge" der Forscherin/des Forschers.

Zu möglichen Richtungen der Erkenntnisgewinnung[7] zählt z.b. der Empirismus genauso wie der Konventionalismus, der Falsifikationismus (Kritischer Rationalismus) oder der Neopragmatismus.[8]

Die hier zugrunde liegende Erkenntnisgewinnung entspricht nach der Klassifizierung von *Burrell/Morgan*[9] einer *interpretativen* Richtung, die sich durch eine nominalistische[10], anti-positivistische[11], (gemäßigt) voluntaristische,[12] ideographische[13] und teilnehmende Denkhaltung und Vorgehensweise auszeichnet[14]. Diese Richtung entspricht auch dem interdisziplinären, wissenschaftstheoretischen Denkansatz des

---

[6] von Glasersfeld 1999, Absatz 15

[7] Vgl. z.B. Nienhüser 1989.

[8] Einen Überblick über verschiedene Standpunkte und Vorgehensweisen der verschiedenen Richtungen bietet z.b. Maier 1998.

[9] Vgl. Burrell & Morgan 1979, bezugnehmend z.B. Kieser 1998.

[10] Die Wirklichkeit wird als Konstrukt individueller Bewußtseinsprozesse gesehen.

[11] Die Abbildung der Wirklichkeit ist nicht möglich, (nur) ein verstehendes Teilnehmen ist möglich.

[12] Es besteht weitgehende Handlungsautonomie des Individuums (gegensätzlich dazu: deterministisch: d.h. menschliches Handeln ist durch Gesetzmäßigkeiten bestimmt), vgl. z.B. Maier 1997, S. 41. Die Ergänzung *gemäßigt* (voluntaristisch) steht für eine Mittelposition im Sinne einer eingeschränkten (Handlungs-)Freiheit, anlehnend an die Strukturationstheorie von Giddens, die die wechselseitige Verzahnung von Handlung und Struktur beschreibt. Vgl. Giddens 1984.

[13] Das Vorgehen des Forschers ist einzelbeschreibend, hermeneutisch, historisierend.

[14] Vgl. Kasper 1990.

(Radikalen) Konstruktivismus,[15] an dem sich die neuere Systemtheorie stark orientiert.

Vor diesem Hintergrund wird wissenschaftlicher Fortschritt eher als Ausweitung oder Zuwachs von Verständnis (und weniger als Ausweitung von Erkenntnissicherung) gesehen, der erzielt wird „... vor allem durch die Gewinnung kontraintuitiver Erkenntnisse, durch die Analyse unbeabsichtigter Wirkungen planvoller Handlungen sowie durch das Aufzeigen von Perspektiven, die Gemeinsamkeiten von zuvor als kategorial verschiedenartig angesehenen Phänomenen erkennen lassen".[16] Diese Arbeit stellt sich diesem grundsätzlichen Anspruch der Verständnisgewinnung.

Die Entscheidung für die Wahl dieses Wissenschaftsverständnisses stützt sich auf die im folgenden skizzierten Zusammenhänge und Sichtweisen: Die fortschreitende gesellschaftliche Erfahrung von Komplexitätsausweitung,[17] reflektiert an der Evolution von Gesellschaft,[18] manifestiert sich auf Seiten von Organisationen z.B. durch Zunahme von Widersprüchen, Unvorhergesehenem und Paradoxien und damit Versagen tradierter Steuerungskonzepte.[19,20] Entsprechend formieren sich hieraus

---

[15] Auf bereits vorsokratischen Wurzeln aufbauend kann man den Radikalen Konstruktivismus als eine Kombination aus Ergebnissen neurophysiologischer und neurobiologischer Forschung, Erkenntnissen der kognitiven Psychologie nach Piaget und dem Modell autopoietischer Systeme beschreiben, die von von Glasersfeld 1981 zu einem Konzept unter diesem Namen formuliert wurde. Vgl. u.a. von Glasersfeld 1981, Watzlawick 1981, von Foerster 1985. Eine einschlägige Seite findet sich im Internet unter http://www.univie.ac.at/cognition/constructivism/ mit weiteren links z.B. zu einem Radioportrait mit Heinz von Foerster http://www.radiobremen.de/rbtext/rb2/_wissen/w70626.htm.

[16] Kubicek 1977, S. 26

[17] Vgl. u.a. Goorhuis (keine Jahresangabe). http://www.weiterbildung.unizh.ch/texte/Mgt2Org.shtml .

[18] Vgl. Luhmann 1984.

[19] Vgl. Wimmer 1989.

[20] Bei den Individuen läßt sich diese Entwicklung beispielsweise als qualitative und quantitative Häufung von Entwicklungswillen und -zuständen erleben. Neue Fragen und Denkansätze als Antwort auf Sinndefizite (auch bei Managern) geben z.B. Rudolf Mann 1991 (*Das ganzheitliche Unternehmen*) und 1993 (*Die fünfte Dimension in der Führung*) und Secretan 1997 (*Soul Management*). Über die Potentiale des Menschen schreibt ausführ-

auch veränderungsinduzierende Konsequenzen für die Wissenschaft.[21] Das „Gesetzliche", das Allgemeine und das Eindeutige, die das Selbstkonzept der Wissenschaft bisher dominierten, verlieren als immer weniger greifende Erklärungs- und Erkenntnismittel an Bedeutung. Die (Organisations-)Theorie wird machtloser, aber damit auch von der Entscheidungsverantwortung entlastet; die Organisationswirklichkeit dagegen entsprechend machtvoller und damit „entscheidender",[22] vorausgesetzt, sie erkennt die Notwendigkeit der Selbststeuerung und die der eigenen inneren Theorie. Die Aufgabe der Wissenschaft verschiebt sich also von der Reduktion von Komplexität zur Komplexitätsausweitung in Form des Zurverfügungstellens multipler Sichtweisen (Differenzschemata). Nicht die bestimmende, also normative Konstruktionswissenschaft, die sich (oder deren Wahrheit sich) in der Anwendung bewährt, wird hier gewählt, sondern die beschreibende, reflexiv-systemische Wissenschaft, die frei ist vom Zwang der Anwendung und Entscheidung.

> *„Aufgabe dieser Art von Wissenschaft ist es, die Wirklichkeit so zu lassen, wie sie ist, und sie von allen möglichen Seiten her zu beobachten, zu beschreiben, Sichtweisen „herzustellen", Veränderungsformen zu entwerfen, Sprache zu entwickeln – voller Bewunderung der Vielfalt und Komplexität. Ihre Aufgabe ist nicht Eingriff, Konstruktion von Wirklichkeit, zweckbezogene Reduktion oder normative Handlungsanleitung. Sie ist daher eigentlich „unpraktisch" und im gängigen Sinn unnütz."[23]*

„Uneigentlich" liegt der Nutzen dieser wissenschaftlichen Vorgehensweise vor allem in ihrer größeren Wirklichkeitsnähe, die ihrer Art des geringeren Möglichkeitsausschlusses innewohnt. Sie vermittelt Verständnis für Vielfalt und kann so vor Verkürzungen und Simplifizierungen schützen, und sie kann durch ihre Offenheit Zugang zum „Zwischen" erhalten. Durch ihren Entscheidungsverzicht verschiebt sie die notwendige Wirklichkeitskonstruktion durch Entscheidung in die Anwendungswelt der Organisation und eröffnet somit systemspezifische Entscheidungsgenauigkeit.

---

lich und umfassend wissenschaftlich belegt Michael Murphy 1994 (*Der Quantenmensch*), Gründer des Esalen-Instituts.
[21] Vgl. Pfriem 1994, Rother 1996.
[22] Vgl. Heintel 1992.
[23] Heintel 1992, S. 351

1.4 Wissenschaftsziel

Aus dem beschriebenen Gegenstandsbereich, den Fragestellungen und der wissenschaftlichen Wegweise ergibt sich für das Wissenschaftsziel dieser Arbeit die folgende Formulierung:

Das Wissenschaftsziel dieser Arbeit ist die deskriptive Erarbeitung der Gegenstandsbereiche DCCs und Unternehmen auf der theoretischen Grundlage der neueren Systemtheorie, empirisch konkretisiert anhand einer qualitativen Fallstudie.

Der allgemeine Erkenntnis- und Verständnisgewinn, der sich im theoretischen Teil der Arbeit ergibt, liefert den konzeptionellen, komplexitätsstrukturierenden Erklärungsrahmen, der der Erreichung der Anschlußzielsetzung dient, nämlich der Verwendbarkeit oder zumindest Sinnstiftung von Forschung in unternehmerischen bzw. praktischen Kontexten: Die wissenschaftlichen Beobachtungen sollen für das *untersuchte* Unternehmen reflexiv im Sinne einer zusätzlichen fremdreferenziellen (exogenen) Informationssammlung über ihre *eigenen* Systemzusammenhänge in Bezug auf DCCs (z.B. Reaktionsangebote, Zielgruppenbewußtsein etc.) und durch das Anbieten von (evtl.) neuen Differenzschemata erkenntnisliefernd sein. Für die „außenstehende" Praxiswelt intendiert die Arbeit die Bereitstellung von Vielfältigkeit im Sinne spezifischer Gesamtheiten aus Zusammenhängen und Unterschieden, aus Einflußrichtungen und Entwicklungslinien, aus Wahrscheinlichkeiten und Unwahrscheinlichkeiten, aus Trivialem und Nichttrivialem etc. Es sollen Raum und Kontingenz geschaffen werden für das Neusehen „bekannter" Phänomene.

Aus der Charakteristik und dem Anspruch der neueren Systemtheorie ergibt sich, daß eine Ableitung von Gestaltungsempfehlungen zur konkreten Problemhandhabung nicht intendiert ist.

1.5 Gliederung der Arbeit

Die Zweiteilung der Arbeit in Theorie und Empirie entspricht dem Streben, die Kontingenz des Denkens im Abstrakten mit der Kontingenz des Ausprobierens am Konkreten zu vereinen, also die theorietrainierten Strukturen mit der Realität von Unternehmenswelten zu konfrontieren.

Nach den theoretischen Grundlagen, in denen nicht nur die Strategie der theoretischen Fundierung, sondern auch die Verwendung der neueren Systemtheorie in Abgrenzung zu anderen Theorien begründet wird, folgt im 3. Kapitel die Einführung in das Themengebiet der DCC-Forschung aus klassischer Sichweise. Das 4. Kapitel widmet sich dann – nach der Grundlegung systemtheoretischer Denkstrukturen – der konzeptionellen Ausarbeitung der beiden Systeme DCCs und Unternehmen unter systemtheoretischem Ansatz.

Die Systemkopplung, d.h. die Zusammenhangsbetrachtung zwischen den Systemen und das Ausweiten des Beobachtungsrahmens, ist zentrales Anliegen des 5. Kapitels.

Die Empirie – strukturiert nach einer prozeßorientierten Forschungsstrategie – beinhaltet die fallspezifische Dokumentation (case study) an einem ausgewählten Unternehmen.

Im Fazit und in den Beobachtungshinweisen wird versucht zum einen die Essenz der Arbeit darzulegen und zum anderen, Kopplungs- und Beobachtungsintentionen externer Beobachter (Leser) zu unterstützen. In den anschließenden Forschungsanschlußangeboten werden mögliche weitere Forschungsfragen aufgeworfen, die sich entweder im Laufe dieser Arbeit als Nebenfrage ergeben haben oder die bisher in der DCC-Forschung in dieser Form noch nicht bearbeitet wurden.

Der Aufbau der Forschung ist in der folgenden Abbildung graphisch umgesetzt. Dabei bilden die Dreiheit aus Theorie, Empirie und Zusammenführung und das variierende Abstraktionsniveau die umspannende Struktur, die Einzelschritte im Forschungsprozeß dagegen die eingespannte Struktur.

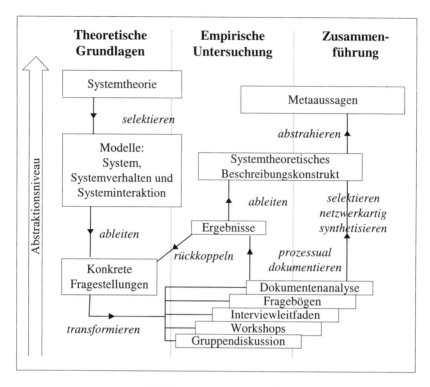

Abbildung 1: Forschungsaufbau

2 Theoretische Grundlagen

2.1 Die Strategie der theoretischen Fundierung

Bevor im nächsten Abschnitt auf die Wahl der theoretischen Grundlage dieser Arbeit eingegangen wird, stellt dieser Teil einleitend die gewählte Strategie der theoretischen Fundierung, d.h. die Gewinnung und die Handhabung verwendeter Theorien in der Forschung neben andere mögliche Strategien zur Diskussion.

Von den von *Nienhüser*[24] genannten fünf Strategien – Praxis-Theorie-Strategie, Ansatz- oder Bezugsrahmenforschung, theoretischer Eklektizismus, Strategie einer allgemeinen Theorie des Personalwesens und Strategie des Modellbaus – werden kurz die Vorgehensweisen und Inhalte beschrieben, um dann die Wahl der hier verwendeten Strategie – Strategie einer allgemeinen Theorie des Personalwesens – zu begründen.

Die **Praxis-Theorie-Strategie** erhält ihr theoretisches Gerüst durch die systematische Aufbereitung aus der Praxis stammender, normativer Aussagen von Ursache-Wirkungs-Zusammenhängen. Kritisch wird hier vor allem die Rekursivität der Erkenntnisgewinnung gesehen, die dazu führt, daß das Finden neuer Aspekte und Handlungsmöglichkeiten eingeschränkt und generell die kritische Funktion der Wissenschaft vernachlässigt wird.[25] Der Vorteil, daß man mit dieser Strategie praktisch brauchbare und konkrete Aussagen treffen kann, wird dadurch geschmälert, daß diese Aussagen oftmals wenig allgemein sind und daher schwer in ein auch auf andere Situationen anwendbares Theoriekonzept integriert werden können.

Die Vorgehensweise in der **Bezugsrahmenforschung** ist die Strukturierung der wichtigsten Variablen und ihrer relevanten Beziehungen in ein Rahmenkonzept.[26] Auf Theorien wird Bezug genommen, sie werden jedoch nicht ausdrücklich integriert. Hier liegt der Unterschied zur **Ansatzforschung**, in der relevante struktu-

---

[24] Vgl. Nienhüser 1996.
[25] Vgl. Kieser 1982.
[26] Vgl. z.B. Becker 1993.

rierende oder erklärende Theorien Verwendung finden.[27] Bei beiden Strategien tritt die Ordnungsfunktion der Untersuchung vor die Erklärungsfunktion.

Beim **theoretischen Eklektizismus** wird zu jeder, innerhalb einer Untersuchung auftretenden Fragestellung eine andere Theorie verwendet. Wie sich die Einzelaussagen jedoch zu einer sich auf das Gesamtproblem beziehenden, umfassenden Aussage verknüpfen lassen, bleibt bei dieser Strategie (meist) unberücksichtigt.

Die **Modellbau-Strategie** basiert auf einem ex ante konstruierten Modellobjekt,[28] das sich aus dem Grundproblem der Erkenntnissuche ergibt, und der Verbindung dieses Modellobjektes mit allgemeinen theoretischen Aussagen. Diese können sowohl Grundlagentheorien, Theorieelemente als auch theoretische Modelle[29] sein. Von zentraler Bedeutung ist – und dies unterscheidet die Modellbau-Strategie vom theoretischen Eklektizismus –, daß sich die theoretischen Aussagen miteinander vereinbaren lassen. „Der Output solcher Bemühungen bildet dann selbst keine Theorie im Sinne eines allgemeinen, raum-zeitlich unbeschränkt gültigen Aussagensystems, sondern eher ein Modell bzw. mehrere Modelle, in die neben allgemeinen theoretischen Aussagen auch Aussagen über raum-zeitlich variante spezifische Bedingungen des jeweiligen Kontextes eingehen."[30]

Wie der Name schon eröffnet, zielt die Strategie der **allgemeinen Theorie des Personalwesens** auf die Generierung und Anwendung einer allumfassenden generellen Theorie. Neben den Zweifeln an der Möglichkeit einer sinnvollen Konzeption gibt es wenig, was bisher an Beispielen aus der Literatur heranzuziehen wäre und noch weniger an Beispielen für die Anwendung einer solchen Theorie.[31] Die **neuere Systemtheorie nach Luhmann** – in vielen Wissenschaftsdisziplinen bereits übernommen – kann jedoch als ein Beispiel genannt werden, bei der die

---

[27] Vgl. Ende 1982, Wright & Rowland & Weber 1992.

[28] „A schematic representation of an object may be called a model object" Bunge 1973, S. 92.

[29] Ein theoretisches Modell ist im Gegensatz zu einer Theorie eine spezifische, auf das Modell bzw. Objekt bezogene Theorie, vgl. Nienhüser 1996.

[30] Nienhüser 1996, S. 54

[31] Vgl. Remer 1978, Drumm 1993.

umfassenden Eignungskriterien für eine generelle Theorie verwirklicht sind (vgl. 4.1).[32]

Die Wahl einer allgemeinen Theorie der Personalwirtschaft für die Untersuchungsfundierung dieser Arbeit liegt nicht zentral in der Präferierung dieser vor einer speziellen Theorie der Personalwirtschaft (z.B. Principal Agent Ansatz, Motivationstheorien etc.), die den Vorteil eines bezugsklaren und eindeutigen Modellgerüstes und ableitungsgängiger, klar eingegrenzter Erklärungsansätze haben. Die Entscheidung für eine allgemeine Theorie liegt vielmehr in der Theorie selbst, der Gestaltung und dem spezifischen Gedankengebäude der neueren Systemtheorie begründet und auch in ihrer Beeinflussung durch den (Radikalen) Konstruktivismus, dessen theoretische Substanz bereits in der Wahl der wissenschaftlichen Vorgehensweise Ausdruck fand. (vgl. 1.3)

Die folgenden Abschnitte sind der vertiefenden Begründung der Verwendung dieser noch nicht lange in der Betriebswirtschaft zur Diskussion stehenden Theorie gewidmet. Die genauere Betrachtung der Grundlagen der neueren Systemtheorie erfolgt in Zusammenhang mit den Ausführungen zu den Systemen im Kapitel 4.

---

[32] Vgl. die Überlegungen der Eignung der neueren Systemtheorie für die Personalwirtschaft bei Mayrhofer 1996, für die Betriebswirtschaft allgemein Kasper 1990.

2.2 Begründung der Verwendung der neueren Systemtheorie

2.2.1 Allgemeine Überlegungen

Das systemorientierte Denken ist nicht neu, es hält Einzug in Forschung und Praxis, wird erprobt und praktiziert.[33] Systemische Ansätze sind in ihrer Präsenz zum einen Ausdruck des allgemeinen gesellschaftlichen Wandels[34] und reflektieren zum anderen einen in der Wissenschaft (als funktionales System der Gesellschaft[35]), speziell auch in der Betriebs- und Personalwirtschaftslehre zu rekonstruierenden Paradigmenwechsel[36], der sich u.a. aus kontextureller Vielfalt der betriebswirtschaftlichen Forschung ergeben hat.[37] Die neuere Systemtheorie selbst ist eine neue Perspektive, die einen Richtungswechsel „.. von Interesse an Design und Kontrolle zu Interesse an Autonomie und Umweltsensibilität, von Planung zu Evolution, von struktureller Stabilität zu dynamischer Stabilität"[38], also forschungsinterne Veränderung impliziert.

Zu diesen Beobachtungen kommen noch die bereits in den achziger Jahren geführten Diskussionen – die auch noch in der heutigen Zeit fortgesetzt werden – über das Fehlen einer allgemeinen theoretischen Grundlage in der Personalwirtschaft sowie über das Defizit an theoretisch begründeter Forschung hinzu.[39] Nun

---

[33] Vgl. z.B. Gomez 1981, Kasper 1990, 1993, Baecker 1994, Malik 1996, Schmidt 1996, oder auch: Jahrbuch Managerie. Systemisches Denken und Handeln im Management (Hrsg. Schmitz & Gester & Heitger 1992), eine Beobachtungs- und Darstellungsplattform für Entwicklungen und Erfahrungen in Systemischen Denk- und Handlungsstilen.

[34] Vgl. Ausführungen zum Bewußtseinswandel bei Obrist 1997.

[35] Luhmann 1990, 1997, S. 613

[36] Für Darstellungen zum Paradigmenwechsel vgl. Jokisch 1999, Müller 1997, Lutz 1990.

[37] Vgl. Liebig 1997.

[38] Luhmann 1984, S. 27

[39] Vgl. Staehle & Karg 1981, Wunderer & Mittmann 1983, Drumm 1993, Sadowski u.a. 1994, Nienhüser 1996. Albert & Nienhüser 1998 versuchen mit ihrem Sammelband, diesem Theoriedefizit entgegenzutreten, indem sie Autoren mit unterschiedlichen Blickwinkeln, die sich aus verwendeten betriebswirtschaftlichen bzw. personalwirtschaftlichen theoretischen Ansätzen ergeben, zu einem Thema (hier die Personalpolitik) zu Wort kommen lassen.

liegt das bisherige Fehlen eines übergreifenden theoretischen Rahmens sicherlich vorwiegend an den Erfüllungskriterien, die an eine solche Theorie gestellt werden, deren Ansatzpunkt sowohl allgemeine als auch spezielle Tatbestände der Personalwirtschaft sind.

Der Rahmen muß also sowohl Allgemeines und Spezielles, Einfaches und Komplexes erfassen und gleichzeitig für mehrere Ebenen (z.b. Individual-, Gruppen- und Organisationsebenen) und Reichweiten (kurz, mittel, lang) geltend und anwendbar sein. Mit dem Instrumentarium der Theorie muß es weiterhin möglich sein, einen bruchlosen Wechsel zwischen Ebenen zu vollziehen und eine Verbindung zwischen Ebenen bzw. Teilergebnissen herzustellen, ohne dabei das Besondere zu elemenieren.[40]

Die neuere Systemtheorie nach *Luhmann* ist ein universelles, theoriebildendes Instrument[41] und entspricht der oben genannten Forderung: Aufgrund der auf **Kommunikationen,** den basalen Elementen sozialer Systeme beruhenden Konzeption ist eine ebenenübergreifende Analyse möglich, die Interdependenzen zwischen Ebenen werden theorieimmanent als strukturelle Kopplungen (vgl. 5.1.1) erfaßt. Trotz der Konzentration auf das Soziale wird das Individuelle nicht ausgeschaltet, sondern findet als „psychisches System" in Abgrenzung zum sozialen System (z.B. Unternehmung) gleichermaßen Beachtung.

Weiterhin ist die Integration anderer theoretischer Modelle und Ansätze zur Spezifizierung und Ergänzung des Systemgeschehens möglich.[42]

Insgesamt wurde die neuere Systemtheorie von *Luhmann* selbst universell intendiert und wird gerade wegen ihres hohen Abstraktionsgrades erfolgreich interdisziplinär eingesetzt.

Das folgende Zitat von *Mayrhofer* bringt zusammenfassend den gesamtheitlichen Anspruch der Theorie zum Ausdruck:

---

[40] Vgl. Mayrhofer 1996.
[41] Vgl. Probst & Schwager 1990.
[42] Vgl. Mayrhofer 1996.

„Die systemtheoretische Konzeption mit ihrer konsequenten Ausrichtung auf spezifisch Soziales [...] bietet hier neue Chancen zur Verwirklichung einer am Sozialen ausgerichteten Personalwirtschaftslehre im Unterschied zu einer individuumzentrierten Personenwirtschaftslehre.'" (Hervorhebungen durch die Autorin)"[43]

Kasper legt die folgenden Gründe dar, die für die Anwendung der neueren Systemtheorie in der Betriebswirtschaft sprechen:

„1. Systemdenken bedeutet immer Denken in Zusammenhängen.

2. Damit nicht genug, sind diese Zusammenhänge nicht etwa nur einfach, linear und kausal, sondern ganz im Gegenteil diskontinuierlich, non-linear, z.T. sogar irreversibel. Bei sozialen Systemen kommt noch die Möglichkeit negativer und positiver Rückkopplung hinzu. [...]

3. Systemwissenschaftler sind im Bemühen um Komplexitätsreduktion dazu gezwungen, die für ein System „kritischen" Variablen auszusuchen und nicht etwa nur jene Variablen, die sich möglichst leicht messen lassen.

[...]

6. Ziel der Theorie ist es nicht mehr, künftiges Verhalten im Detail vorauszusagen. Gefragt ist vielmehr die Voraussage von Verhaltensmustern (pattern prediction), Funktionszusammenhängen, Problemkonfigurationen und Entwicklungslinien, deren Kenntnis die Wahrscheinlichkeit erhöht, bestimmte Ereignisse und Ergebnisse herbeiführen oder verhindern zu können."[44]

2.2.2 Verwendung in dieser Arbeit und Grenzen der Theorie

Aufgrund des Forschungsdefizites auf dem Gebiet der DCCs, das geprägt ist durch eine primär individualistische Ansatz- und Vorgehensweise (psychologische und so-

---

[43] Mayrhofer 1996, S. 99. Über den zu beobachtenden Paradigmenwechsel von den durch die Subjektphilosophie bzw. dem mechanistischen Glaubenssystem gekennzeichneten Management- und Managertheorien hin zu Ansätzen, die u.a. mit den Worten Selbstorganisation, systemisches Denken, Konstruktivismus, Autopoiesis etc. verbunden werden, schreiben Fischer 1992 und Maier 1998.

[44] Kasper 1990, S. 220f.

zialpsychologische Historie (vgl. 3.2.2), begründet sich das Untersuchungsinteresse an der Erweiterung von Blickwinkeln. Gerade die neuere Systemtheorie mit ihrem sozialen Fokus bietet eine optimale Basis für die Betrachtung *mehrerer* Systeme – hier also Unternehmen und DCCs – und von Schnittstellenprozessen (Kopplung von Systemen, vgl. Kapitel 1 und 5.1.1).

Darüber hinaus besitzt die Theorie – ihre Terminologie als auch ihre Regeln – einen verbindenden kompossiblen Charakter, der „Ausgrenzung durch Abgrenzung" (z.B. Abgrenzung DCCs – Non-DCCs) durch „Integration durch Abgrenzung" ersetzt.

Ein weiterer, wenn auch nicht zentraler Grund für die Zugrundelegung der systemtheoretischen Gedankenwelt ist der relative Neuheitsgrad dieser sozialwissenschaftlichen Grundtheorie für die Betriebs- und noch in größerem Maße für die Personalwirtschaft, der stets auch impulsgebend für den Wunsch der wissenschaftlichen Forschung und Erprobung ist.

Systemtheorie ist nicht Gestaltungs-, sondern Beschreibungstheorie. Weiterhin liegt es in der Eigenart des Allgemeinheitsanspruches auf hohem Abstraktionsgrad, daß die Systemtheorie teilweise inhaltsleer wirkt. Hieraus könnte sich ein Defizit an Problemlösungsgestaltungen, die für Akzeptanz und Nützlichkeitszuschreibungen auf Seiten von Praktikern nötig sind, ergeben, zumal Konkretisierungsversuche bisher nicht immer einfach waren.[45]

Durch die Verbindung des theoretisch Abstrakten mit dem konkret Beobachteten wird versucht, diese „Leere" wieder zu füllen. Wie in Kapitel 1.4 betont, sieht sich die Forscherin zudem nicht zu allererst der Generierung theoriegeleiteter, kausallinearer, *generalisierender, allgemeingültiger* Handlungsempfehlungen verpflichtet, sondern intendiert eine *kontextbezogene* Beobachtungsleistung, aus der zum einen in der Interaktion mit der Praxis (hier mit dem untersuchten Unternehmen) *individuelle* nutzenstiftende Gestaltungshinweise abgeleitet werden. Die Initiierung von prozessualen Lernerfahrungen und Blickwinkelbereicherungen bilden darüber hinaus auch die Grundlage für die Art der Sicht und Lösung späterer Themen und Probleme.[46] Zum anderen sollen die systemtheoretischen Beobachtungen internen Be-

---

[45] Vgl. Macharzina 1993, Kieser 1993.
[46] Vgl. Klimecki & Gmür 1998, Weibler 1995.

obachtern *anderer* Unternehmen, also insbesondere aus Personalabteilungssystemen, die Kontextgebundenheit der hier dargestellten Gesamtthematik um die Systeme Unternehmen und DCCs verdeutlichen und Anregungen liefern, die Art der Beobachtung auf den eigenen Unternehmens-/Personalabteilungskontext zu übertragen. Die Übertragungsleistung bleibt bzw. erfolgt also, wie in Kapitel 1.3 beschrieben, im Unternehmenssystem.

2.3 Abgrenzung zu anderen Theoriewahlmöglichkeiten

Bei der Frage nach der Grundlegung dieser Arbeit durch theoretische Konstrukte bestand die Ausgangsentscheidung weniger darin, das Thema und die Fragestellung passend zu einer favorisierten Theorie zu formulieren, was sicherlich auch ein gangbarer Weg gewesen wäre. Vielmehr bildete die Einheit aus

1. dem allgemeinen Kontext des Themas – *DCC als eine neue, unzureichend wahrgenommene Mitarbeitergruppe* **und** *die Unternehmen, in denen diese DCCs beschäftigt sind* –

2. der spezifischen Art der Problem- bzw. Fragestellungen – *zwei Systeme (DCCs und Unternehmen) und Interdependenz- bzw. Schnittstellenorientierung* –

3. in Kombination mit dem Wissenschaftsziel und dem Wissenschaftsverständnis

den Entscheidungsanfangspunkt und damit den Rahmen für die Wahl der „passenden" Theorie, hier die Systemtheorie. Für die Möglichkeit der ergänzenden bzw. alternativen Verwendung weiterer Theorien wurden einige, zum gegenwärtigen Zeitpunkt verbreitet diskutierte Theorien betrachtet. Für die drei ausgewählten Theorien werden zunächst die Grundaussagen kurz skizziert und Argumente für die Entscheidung gegen eine Verwendung in dieser Arbeit formuliert.

2.3.1 Die Transaktionskostentheorie

Die Grundfrage der Transaktionskostentheorie (TK) basiert auf einer anhand von Transaktionskosten zu treffenden Entscheidungssituation zwischen der organisationalen Herausbildung von Hierarchien oder der „Benutzung" des Marktes für (wirtschaftliche) Aktionen.[47]

Obwohl die TK ein Ansatz ist, der vordergründig die Unternehmensseite betrachtet und auch eher eine Einseitenform der Betrachtung nahelegt (Einschätzung und Zugrundelegung von Transaktionskosten eines Unternehmens), wäre eine Zweiseitenformbetrachung – also die Anwendung der Theorie sowohl auf das Unternehmensgefüge als auch auf das DCC-Gefüge – sicherlich möglich, entspricht aber nicht der eigentlichen Blickrichtung dieser Theorie. Darüber hinaus sind eine auf reiner Kostenargumentation aufbauende Theorie und die hier gewählten qualitativen, deskriptiven Forschungsfragen nicht gut vereinbar. Die Theorie greift zu kurz, um der komplexitätserhaltenden Zielsetzung ausreichend Erklärungsraum zu bietet. Neben diesem Hauptpunkt ist die von der Autorin geteilte Kritik am Opportunismus-Verdacht gegenüber den beteiligten Akteuren in der TK[48] nur noch nebensächlich.

2.3.2 Der Ressourcenorientierte Ansatz (Resource-Based-View)

Der aus dem Strategischen Management hervorgegangene Ressourcenorientierte Ansatz (Resource-Based View) thematisiert die Unterschiedlichkeit der Unternehmen und versucht, theoretische und empirische Aussagen darüber zu machen, worauf sich Wettbewerbsvorteile von Unternehmen und deren Bestand gründen.[49] Analysiert werden dabei die inneren Ressourcen,[50] verstanden als Fähigkeiten bzw. die Stärken und Schwächen[51] des Unternehmens und zielt gerade auf deren interorganisationale Heterogenität in Art und Anwendung ab.

Die ökonomische Argumentationsweise geht zum einen von auf einem unvollkommenen Faktormarkt grundsätzlich handelbaren Ressourcen und auf der anderen Seite von grundsätzlich intangiblen, immobilen Ressourcen aus. Diese erweiterte

---

[47] Vgl. Williamson 1990.

[48] Vgl. Ghoshal & Moran 1996.

[49] Vgl. u.a. Barney 1991, Lado & Boyd & Wright 1992.

[50] Mit der unternehmensinternen Orientierung grenzt sich die Theorie auch historisch von unternehmensextern orientierten IO Ansätzen ab, vgl. Connor 1991.

[51] Vgl. Wernerfelt 1984.

Sicht bezieht mit ein, daß nicht alle Ressourcen handelbar, Faktormärkte zudem oft unvollständig[52] und Unternehmensfähigkeiten „... in die Tiefenstruktur der organisatorischen Lebenswelt eingeschrieben"[53] sind.

Die Thematisierung der Unterschiedlichkeit von Unternehmen an sich wäre eine Ausgangslage, um eine Teilfrage dieser Arbeit, – „warum besteht ein Aktionsgefälle bzgl. der DCC-Thematik zwischen Unternehmen" – zu beantworten, wird jedoch nicht dem gesamten gewählten Fragenkomplex gerecht. Daß auch hier ausschließlich die Position des Unternehmens eingenommen wird, würde den möglichen Einsatz der Theorie auf den Unternehmensteil beschränken.

2.3.3   Die Strukturationstheorie

Eine weitere aktuell rezipierte Theorie soziologischen Ursprungs (wie die Systemtheorie) ist die Strukturationstheorie von *Giddens*.[54] In dem Versuch, historisch konträre Ansätze zu vereinen, konzipiert *Giddens* die beiden Grundelemente Handlung und Struktur in einem *dualitären* Gleichzeitigkeitskonzept in dem Sinne, daß Handlung und Struktur zwei Momente desselben Geschehens sind.

Mit der „Dualität von Struktur" bezeichnet er, daß Strukturen *Medien* im Sinne von einschränkenden und ermöglichenden Bedingungen des Handelns sind **und zugleich** *Produkte* eben dieses Handenls sind, das sie sodann wieder einschränken und ermöglichen. Im Rahmen zweier sich einklammernder Analysevorgehensweisen – einer Handlungs- und einer Strukturanalyse – operationalisiert er dieses Konzept.

Bemerkenswert an der Theorie ist die Vielgestaltigkeit der enthaltenen Perspektiven, die sich auf die Rekursivität von Struktur und Handlung, die Bedeutung von Regeln und Ressourcen und Sinn und Normen sowie Ökonomie und Macht beziehen. Zugleich ist der Ansatz durch Prozessualität, Temporalität, der Beachtung der Pfadabhängigkeit und einer Trennschärfe in der Differenz zwischen formalem und tatsächlichem Handeln gekennzeichnet.[55] Da sich die Rekursivität von Struktur und Handlung auch im sozialen Verhältnis von Doppelkarrierepaaren finden läßt und

---

[52]   Vgl. Dierick & Cool 1989.

[53]   zu Knyphausen 1993, S. 776

[54]   Vgl. Giddens 1984.

[55]   Vgl. Ortmann & Sydow 1999, Ortmann & Sydow & Windeler 1997.

somit diese Theorie in beiden Teilgebieten – Unternehmen und DCCs – anwendbar ist, hätte sie ein wichtiges Anfangskriterium des Forschungszieles erfüllt. Unter anderen Forschungsfragen hätte diese Theorie daher einen durchaus geeigneten Rahmen gegeben. Die letztendliche Entscheidung für die Systemtheorie liegt in ihrer noch basaleren Grundlegung (Kommunikationen, nicht Handlungen) begründet. Aufgrund ihrer wertvollen Beschreibungsangebote werden Aspekte der Strukturationstheorie jedoch verstreut in dieser Arbeit Beachtung finden.

3 Stand der klassischen DCC-Forschung

Bevor im nächsten Kapitel Abschnitt 4 eine systemtheoretische Aufschlüsselung und Grundlegung des Konstruktes Dual-Career Couple inklusive einer allgemeinen Basislegung dieser Theorie erfolgt und die Frage geklärt wird, warum DCCs als Systeme bezeichnet werden können, steht in diesem Kapitel der Rückblick auf die bisherige DCC-Forschung im Fokus. Neben der *begrifflichen* Ausarbeitung sowohl der Einzelelemente des Terminus (dual/doppelt, career/Karriere, couple/Paar) wird auch auf die u.a. aus dem historischen Forschungshintergrund erwachsene Wortsynthese „Dual-Career Couple" an sich eingegangen. Von welchem Stand der Forschung auf dem Gebiet der Doppelkarrierepaare in dieser Arbeit ausgegangen wird, welche Schwerpunkte in der Vergangenheit bereits gesetzt wurden und welche Defizite im Erkenntnisfeld auszumachen sind, vervollständigen die Einleitung und klären damit die Basis für die evolvierten systemtheoretischen Betrachtungen.

3.1 Hintergründe und Begrifflichkeitsabgrenzungen

3.1.1 Dual-Career Couples – Doppelkarrierepaare

Die Bezeichnung Dual-Career Couples wurde 1969 von den beiden Forschern *Rhona* und *Robert Rapoport* geprägt, die sich als erste intensiv mit dieser Paarkonstellation befaßten und diese jahrelang untersuchten.[56] Von der ehemaligen Begrenzung auf verheiratete Paare mit Kindern (Dual-Career Families) lösten sich nicht nur diese beiden Pioniere, sondern auch spätere Forscher.[57] Vor dem Hintergrund des Wandels und damit der Erweiterung sozialer Partnerschafts- und Familienkonstellationen wurden auch kinderlose Ehepaare und unverheiratete Paare Untersuchungsgegenstand. Die Folge waren – entsprechend den Untersuchungsschwerpunkten – immer differenziertere und unterschiedlichere Bedeutungsinhalte.

---

[56] Vgl. u.a. Rapoport & Rapoport 1969, 1971, 1976.

[57] Bemerkenswert in diesem Zusammenhang ist die Häufung von Forscher-DCCs auf diesem Gebiet, vgl. z.B. Bryson & Bryson 1980, Lawe & Lawe 1980, Hall & Hall 1981, Carter & Carter 1995.

Seit 1989 finden DCCs auch in Deutschland als Forschungsgegenstand Beachtung[58] und wurden unter der Übersetzung Doppelkarrierepaar beschrieben. Dem reinen Wortgehalt nach scheint die Abgrenzung des Wortes Dual-Career Couple vordergründig einfach. Verlängert man also die Einzelbegriffe zu Sinnbeschreibungen, so erhält man zunächst die einfache Analyse, daß man mit Dual-Career Couple ein Paar bezeichnet, bei dem beide Partner eine Karriere verfolgen bzw. karriereorientiert sind.

Definition DCC:

Unter dem Begriff DCC – Dual-Career Couple oder Doppelkarrierepaar – versteht man ein Paar, bei dem beide Partner karriereorientiert sind.

Es bestehen jedoch manigfaltige Interpretationsmöglichkeiten der Einzelelemente „Paar" und „Karriere" als auch des Gesamtbegriffs DCC, die sich in Uneinheitlichkeit des terminologischen Gebrauchs widerspiegeln. Nicht nur wird der Terminus „Karriere" angesichts einer Bandbreite von subjektiven Berufs- bzw. Unternehmenskontexten sehr unterschiedlich ausgelegt; auch unterliegt das Konstrukt an sich geänderten Wertzuschreibungen und -inhalten.[59] Der Satz „Karriere ist ..." ist mithin nicht (mehr) eindeutig, nicht (mehr) allumfassend zu vervollständigen (vgl. 5.2.2).

---

[58] Vgl. Domsch 1989, Mayrhofer 1989, Peukert 1989.
[59] Vgl. z.B. Mann 1994.

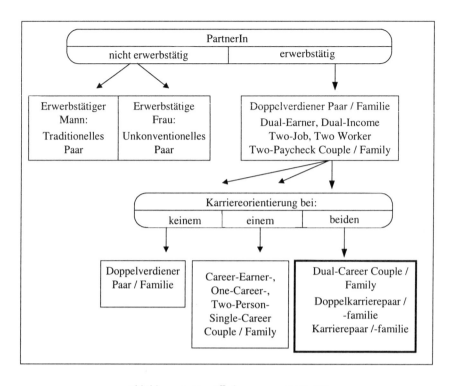

Abbildung 2: Begriffsabgrenzung DCC (1)

Zu der allgemeinen Verwendungsunstimmigkeit kommt hinzu, daß zum Oberbe-
griff DCC Untergruppen gebildet wurden, die weitere Abgrenzungskriterien beinhalten. Solche Abgrenzungskriterien, die sich in der Begriffszusammensetzung widerspiegeln, sind u.a. der Familienstand (couples/pair, marriage, family), die generelle Erwerbstätigkeit (earner, worker etc.) bzw. Erwerbslosigkeit (traditionell),
Karriereorientierung (career), Firmenzugehörigkeit (z.B. Same-Career-Same-Firm
Pair) und das Beschäftigungsverhältnis (z.B. Copreneurs[60]). Die beiden Übersichten
(Abbildung 2 und Abbildung 3) versuchen zum einen, den Begriff Doppelkarrierepaar bzw. DCC einzuordnen, zum anderen die Vielzahl an angrenzenden Termino-
logien und Synonymen abzugrenzen.[61]

---

[60] Vgl. o.V. 1991.

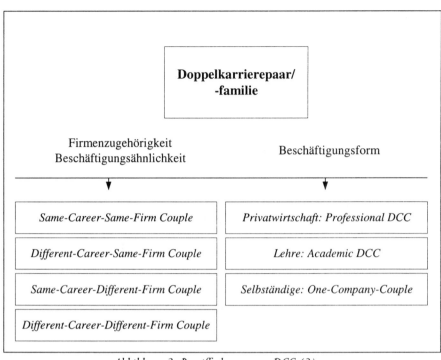

Abbildung 3: Begriffsabgrenzung DCC (2)

3.1.2 Doppelverdiener

> „Dual-earner rather than dual-career families are the source of current social policy concern simply because they are so much more prevelant."[62]

Von allen oben erwähnten Begriffen ist die Gruppe der Doppelverdiener oder Dual-Earner Couples (DECs) eine in der Forschung am umfangreichsten thematisierte Paarkonstellation.[63]

---

[61] Vgl. zum Wortgebrauch und zur Abgrenzung u.a.: Papanek 1973, Gilmore & Fannin 1982, Monk-Turner & Turner 1986, Falkenberg & Monachello 1990.

[62] Pleck 1987, S. 132

[63] Vgl. u.a. Kingston & Nock 1987, Connelly 1990, Granrose & Parasuraman & Greenhaus 1992, Karambayya & Reilly 1992, Balswick & Balswick 1995, Barnett & Rivers 1996.

Da das Abgrenzungskriterium für DECs – die Erwerbstätigkeit beider Partner – auch für DCCs gilt, können DCCs, dargestellt in einer Mengenbeziehung, als eine Subgruppe der Doppelverdiener und diese wiederum in Abgrenzung zur Gesamtheit der Paare als weitere Untergruppe bezeichnet werden[64] (vgl. Abbildung 4).

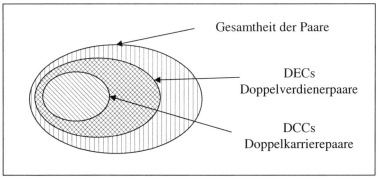

Abbildung 4: Schematische Mengenabgrenzung von
Doppelkarriere- und Doppelverdienerpaaren (DCCs und DECs)

Doppelverdiener werden oft von DCCs dahingehend differenziert, daß keiner der Partner eine Karriere verfolgt, sondern beide „nur" arbeiten. Doppelverdiener betrachten ihre Arbeit demnach als notwendig für ihren Lebensunterhalt, zur Begleichung von Rechnungen, als Möglichkeit, (irgendwie) beschäftigt zu sein oder finanziell „aushelfen" zu können.[65] Erfüllung und Bereicherung durch die Ausübung des Berufes wird von diesen Paaren eher verneint. Nach dieser Betrachtung wären DECs eine Nebengruppe von DCCs und nicht, wie hier dargestellt, die übergeordnete Zielgruppe.

Aber auch andere Begriffsinterpretationen sind zu finden. So ersetzen *Walker &* *Strudler Wallston*[66] unter Rekurs auf *Beneson*[67] den Begriff Dual-Career bewußt durch Dual-Earner, da dieser Begriff inklusiver sei und die inhärente Klassenausrichtung

---

[64] Vgl. Domsch & Ladwig 1997.
[65] Vgl. Stoltz-Loike 1992.
[66] Vgl. Walker & Strudler Wallston 1985.
[67] Vgl. Beneson 1984.

vermeide.[68] Für die obige rein monetäre Begriffszuweisung verwenden sie in Abgrenzung „Dual-Worker."

Im Gegensatz zu den oben beschriebenen DECs definieren DCCs Arbeit als essentiell für ihren Selbstausdruck und Selbstsinn und als einen integrierten Bestandteil der persönlichen Identität.[69] Das Erwerbsargument tritt hinter der Selbstverwirklichung in der Arbeit zurück.[70]

3.2 Stand der Forschung

3.2.1 Forschungsschwerpunkte der Vergangenheit

DCCs sind schon seit den 70er Jahren Forschungsgegenstand unterschiedlicher Fachrichtungen. Psychologische Arbeiten befaßten sich z.b. mit den Lebensbildern, Handlungsmustern, emotionalen und seelischen Besonderheiten der Individuen in dieser Partnerschaftsform, eruierten die Zufriedenheit in der Partnerschaft oder besondere Streßfaktoren.[71] Umgesetzt wurden die Erkenntnisse dann auch schon in konkrete Therapiekonzepte und Coachingprogramme.[72] Empirische Erhebungen über die Anpassungsleistung (z.B. Anpassung des Lebensplanes, um Karrierebrüche zu vermeiden) und Lösungsstrategien der einzelnen wurden ergänzt durch Forschungen mit erweitertem sozialpsychologischen Blickwinkel, die Konflikte, Spannungen und ihre Lösung im Paar untersuchten.[73]

Sozialpsychologische Arbeiten über berufsbezogene Problemfelder und Konfliktsituationen schlossen erstmals auch andere Aktionspartner außerhalb der Fami-

---

[68] Vgl. hierzu auch die Interviewaussagen in der Empirie in Kapitel 8.1.3.7.

[69] „... and view work as essential to their psychological sense of self and as integral to their personal identities." Stoltz-Loike 1992, S. 3f.

[70] Vgl. Greiff & Munter 1980.

[71] Vgl. Gupta & Jenkins 1985, Nicola & Hawkes 1986, Terry & Scott 1987, Ray 1988, 1990, Balswick 1995.

[72] Vgl. Amatea & Cross 1983, Avis 1986, Alger 1991, Bourne 1992, Sperry 1993.

[73] Vgl. Bebbington 1973, Brett & Yogev 1988, Hertz 1986, 1991, Russo 1987 (die auf Forschungsbedarf in den Gebieten „spouse support" und „coping strategies" hinweist), Silberstein 1992, Carter & James 1995, Barnett & Rivers 1996.

49

lie/Partnerschaft ein.[74] Schnittstellenprobleme wurden aufgedeckt, wie z.B. die Auswirkungen dieser Partnerschaftsform auf den beruflichen Erfolg.[75] Von der betriebswirtschaftlichen Seite aus betrachtet wurde eruiert, welchen Hindernissen beschäftigte Karrierepaare gegenüberstehen und welche Maßnahmen Unternehmen ergreifen können, diese zu beseitigen. Hier findet sich auch die erst in Ansätzen vorhandene deutschsprachige Forschung[76] wieder. Die Auslandsversendung von DCCs stellt dabei eine Thematik dar, der sich die Forschung aufgrund ihrer hohen Relevanz sowohl für DCCs als auch für die Unternehmen besonders angenommen hat.

Bereits 1979 faßten *Maynard & Zawacki* in ihrem Artikel aktuelle Studien über die Mobilität von Dual-Career Couples zusammen und stellten Aktivitäten für das Personalmanagement vor. Über Personalpolitiken hinsichtlich DCCs im Auslandseinsatz und im Hinblick auf die allgemeine Karriereplanung von Expatriates schrieben *Handler et al.*[77] Insbesondere der Einfluß des karriereorientierten Partners auf die Versendungsentscheidung stellte in der Vergangenheit einen deutlichen Forschungsfokus dar.[78] *Wiggins-Frame & Shehan* ergänzten diese Aussagen um die Hauptgründe für Streß bei versendeten DCCs.[79] Eine Spezialrichtung nehmen Forschungen ein, die sich auf DCCs im akademischen/universitären Bereich fokussiert haben. Hierzu zählen u.a. *Aisenberg & Harrington, Wolf-Wendel et al., McNeil & Sher* und andere.[80]

---

[74] Vgl. Martin & Berry & Jacobson 1975, Greenhaus & Beutell 1985, Silberstein 1992, Higgins & Duxbury & Irving 1992.

[75] Vgl. Heckmann & Bryson & Bryson 1977.

[76] Vgl. Domsch & Krüger-Basener 1989, Lange & Schulte 1995, Corpina 1996, Ladner Streib & Engeli 1998.

[77] Vgl. Handler et al. 1997.

[78] Vgl. Hardill & MacDonald 1998, Harvey 1995, 1996, Stephens & Black 1991, Taylor & Lounsbury 1988.

[79] Vgl. Wiggins-Frame & Shehan 1994.

[80] Vgl. Aisenberg & Harrington 1988, Gee 1991, Didion 1996, Astin & Milem 1997, Wolf-Wendel 1998, 1999, McNeil & Sher 1998, Ferber & Loeb 1997.

3.2.2 Forschungsdefizit

Der obige Forschungsüberblick zeigt, daß die Mehrheit der Ansätze psychologische oder sozialpsychologische Aspekte partnerschaftlicher Zusammenhänge betrachteten und sich dabei überwiegend auf jeweils *ein* System (Unternehmen *oder* DCCs) und dessen spezifische implizite Problemfeldern konzentrierten. Die Studien fokussierten zudem stark auf Frauen. Nur wenige Forscher haben bisher die männliche Seite explizit untersucht,[81] z.B. die Wirkungen der neuen Rollenwahrnehmung und -gestaltung[82], die Unterschiede zwischen Männern aus traditionellen Partnerschaften und Karrierepartnerschaften bzgl. der Wahrnehmung von Familien- und Haushaltsaufgaben oder bzgl. Gehaltsunterschieden.[83]

Die Anzahl der deutschen Untersuchungen ist noch sehr gering. Wie dargestellt, liegt sowohl der historische Beginn als auch der geographische Schwerpunkt der DCC-Forschung im englischsprachigen Raum. Betriebswirtschaftliche Fragestellungen sind auch hier in der Minderzahl.[84] Da eine Übertragbarkeit von amerikanischen und englischen Forschungsergebnissen auf Deutschland aufgrund kultureller und demographischer Unterschiede als auch aufgrund von Unterschieden sozialpolitischer und wirtschaftlicher Rahmenbedingungen nur bedingt sinnvoll ist, ergibt sich hieraus ein deutlicher Forschungsbedarf.

Erste dynamische und interdisziplinäre Ansätze finden sich bereits in der psychologischen DCC-Forschung,[85] die systemtheoretische Fundierung der Karrierepaarthematik ist in diesem speziellen Zusammenhang jedoch neu; erste grundlegende Ansätze des Einbezugs systemtheoretischen Denkens in die Betriebs- bzw. Personalwirtschaft sind in Wien erkennbar.[86]

---

[81] Vgl. z.B. Garland 1972, Urmann-Klein 1984, Gilbert 1985.

[82] Vgl. z.B. Model 1982.

[83] Vgl. Spiker-Miller & Kees 1995.

[84] Vgl. Corpina 1996, Lange & Schulte 1995.

[85] Vgl. Barnett & Lundgren 1998.

[86] Vgl. Kasper & Majer & Meyer & Schmidt 1999.

3.2.3 Zahlen und demographische Trends

Während es, wie beschrieben, viele qualitative Untersuchungen über DCCs gibt, ist die Verfügbarkeit von quantitativem Datenmaterial über Doppelkarrierepaare äußerst gering.[87]

> *„However, few researchers have ventured to estimate what proportion of all dual-earner couples meet the criteria for beeing classified as dual-career ones, let alone offer evidence concerning how rapidly the proportion of dual-career couples is increasing. We do not actually know how large this group is, although it is certainly a minority."*[88]

Weder Angaben durch betriebsinterne Erhebungen oder Datenerfassungen noch ein aktueller Überblick über die Häufigkeit und Vielfalt des Einsatzes spezifischer DCC-orientierter personalwirtschaftlicher Maßnahmen in der Wirtschaft sind vorhanden (vgl. 5.2.4). Aufgrund der fehlenden generellen Datenbasis existieren auch keine Arbeiten, die nach spezielleren Kriterien wie Branchen, Unternehmensgröße, geographische Verteilung etc. differenzieren. Auch fehlen allgemeine statistische Dokumentationen (z.B. Bundesstatistiken), was sicherlich vor allem an der qualitativen Art des Kriteriums „Karriereorientierung" erklärbar ist. Dieses läßt sich nicht direkt über die üblichen eindimensionalen familien- bzw. berufsbezogenen Kategorien quantitativer Bevölkerungsstatistiken ableiten.

Möglich sind aus demographischen Änderungen abgeleitete Grobschätzungen oder aus Indikatorenbildung genäherte Werte. Ein grober Indikator ist die Angabe über Doppelverdiener (Dual-Earner Couples), wobei sich in Statistiken fast generell nur auf verheiratete Paare bezogen wird. So lag die **DEC-Quote in Deutschland im Jahre 1998 bei 57 % aller erwerbstätigen Familien,**[89] das heißt, in diesen Familien sind beide Ehepartner berufstätig.[90] Nach der eingangs bereits erwähnten Subgruppenbildung (vgl. 3.1) ist dies eine Maximalgrenze: Der Gesamtanteil der verheirateten DCCs wird nicht größer sein. Es wird weiterhin sehr wahrscheinlich

---

[87] Vgl. Lange & Schulte 1995 oder Peukert 1999.

[88] Pleck 1987, S. 131f.

[89] Mit „erwerbstätigen Familien" werden hier Familien bezeichnet, bei denen mindestens einer der beiden Partner erwerbstätig ist.

[90] Vgl. Statistisches Bundesamt. Tabelle 2805: Familien nach Beteiligung am Erwerbsleben.

sein, daß auch die Gesamtzahl der DCCs, also auch inklusive aller nicht verheirateten Paare, deutlich geringer sein wird, als 57% (vgl. nächstes Kapitel).

Es gibt also keine konkreten direkt gemessenen Bestandszahlen, Entwicklungsreihen oder Verteilungszahlen über DCCs.[91] Zahlen, die im Zusammenhang mit DCCs genannt werden, sind daher entweder Zahlen über DECs, die (unzulässigerweise) umkategorisiert wurden, oder es sind indirekte Konstruktionen, also Indikatoren die Karriereorientierung z.b. an der Kombination von verfügbaren Erhebungskriterien wie „hoher Verdienst" und „Führungskraft" festmachen.[92] Die im Rahmen dieser Arbeit unternommene Operationalisierung des vorhandenen statistischen Datenmaterials zu einer Konstruktion zweier DCC-Indikatoren wird im folgenden dargestellt.

3.2.3.1   Deutschland

3.2.3.1.1   Berechnung eines DCC-Indikators

Aufgrund der nicht vorhandenen statistischen Datenlage über DCCs werden im folgenden unter Verwendung des Allbus Datensatzes (Allgemeine Bevölkerungsumfrage der Sozialwissenschaften)[93] von 1996 Hilfsdaten unter bestimmten Qualitätskriterien selektiert und aggregiert, die hier als **Indikator** oder **Platzhalter** für den Anteil von DCCs an der Gesamtheit der DECs gelten können. Diese Variablen beziehen sich auf den Beruf der Befragten und deren Partner.

Im einzelnen sind diese Daten dem Goldthorpe Klassenlagenschema und Angaben zum Einkommen beschäftigter Ehepaare entnommen (vgl. Abbildung 5). Auch in diesem Sample sieht man wieder, daß statistische Erhebungen in der Regel nur verheiratete Paare einbeziehen.

---

[91] Vgl. auch Smith 1992.
[92] Vgl. Mayrhofer 1989.
[93] Auch in diesem Datensatz wurde Karriereorientierung nicht explizit abgefragt.

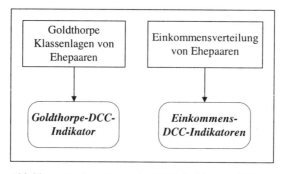

Abbildung 5: Grundlagen der DCC-Indikatorenbildung

3.2.3.1.2 Goldthorpe

Auf der Grundlage des ISCO-Schemas[94] wurde 1991 im Allbus das Klassenschema von Goldthorpe eingeführt, das Angaben über den sozialen Status auf Grundlage der beruflichen Zuordnung der Befragten macht. Dieser Index enthält 12 verschiedene Klassenlagen (vgl. Tabelle 1 im Anhang Nr. 1). Da in keinem der zweijährlich herausgegebenen Datensätze eine Fragebatterie zur Karriereorientierung des Befragten und des Partners vorkommt, sollen statt dessen Variablen, die den Beruf des Befragten und seines Partners zum Inhalt haben, als Indikator für DCCs genommen werden. [95] Grundlage für die Berechnung bilden dabei Daten über **gegenwärtige** Berufe der Befragten. Aus diesen Variablen wurden wiederum die erste und vierte Klassenlage[96] als Indikator für Karriereorientierung ausgewählt:

---

[94] Die ISCO International Standard Classification of Occupations bzw. Internationale Standardklassifikation von Berufen in deutscher Übersetzung von 1968 ist eine detaillierte Aufschlüssung von Tätigkeitsbereichen und Tätigkeitsarten.

[95] Ähnlich geht auch Green 1995 vor: Sie operationalisierte DCCs durch die Zuordnung zu den ersten drei Kategorien der „Standard Occupational Classification", im einzelnen: managerial & administration, professional, associate professional & technical occupations, S 36.

[96] Die Klassenlagen sind im einzelnen: 1. Obere und mittlere Ränge der Dienstklasse (höhere und mittlere Ränge der akademischen Berufe, der Verwaltungs- und Managementberufe; Großunternehmer), 2. Niedrige Ränge der Dienstklasse, 3. Nichtmanuelle Berufe mit Routinetätigkeiten (vor allem Büroberufe, auch Verkaufsberufe), 4. Selbständige mit 2-49 Mitarbeitern, 5. Kleine Selbständige mit maximal einem Mitarbeiter, 6. Selbständige Landwirte, 7. Techniker, Aufsichtskräfte der Beschäftigten im

1) Obere u. mittlere Ränge der Dienstklasse (= hohe und mittlere Ränge der akademischen Berufe, der Verwaltungs- und Managementberufe; Großunternehmer)

4) Selbständige mit 2-49 Mitarbeitern

Die unter 1) aufgeführten Ränge besagen, daß hier Personen enthalten sind, die über einen Hochschulabschluß verfügen und die Tätigkeiten in gehobenen Positionen mit Führungsverantwortung ausführen.

Aus diesen Angaben wurde eine neue dichotome Variablen aggregiert, die die Werte „karriereorientiert" (zugehörig zu Rängen 1 oder 4) und „nicht karriereorientiert" (alle anderen Ränge) beinhaltete. Ebenso wurde mit der Variable verfahren, bei der die Befragten Auskunft über die Klassenlage des Ehepartners gemacht haben. Aus einer aus den beiden Variablen gebildeten Kreuztabelle ergaben sich die folgenden Werte: Der Anteil der Paare, bei denen die Klassenlage des Befragten und seines **Ehepartners** zu ermitteln möglich waren und die zu den beiden obersten Dienstklassen zugeordnet wurden, betrug 8%, **d.h. der Goldthorpe-DCC-Indikator ergibt für Deutschland 1996 einen Wert von 8% für eine Karriereorientierung beider Ehepartner und damit für verheiratete DCC-Paare** (vgl. zugrunde liegende Zahlen in Tabelle 6 im Anhang Nr. 1).

3.2.3.1.3   Einkommensindikator

Eine weitere Möglichkeit, einen DCC-Platzhalter zu generieren, ist die Abgrenzung nach Einkommen. Hierbei wird also angenommen, daß karriereorientierte Mitarbeiter eher in höheren Gehaltsklassen zu finden sind. Auch diese Annahme ist wie die vorherige explizit realitätsreduzierend. Diese Annahme erlaubt daher natürlich nicht den Schluß, daß alle Karriereorientierten aufgrund eben dieser Karriereorientierung automatisch ein hohes Einkommen haben. Es gibt sicherlich auch viele DCCs, die wenig verdienen, die daher in dieser Indikatorbildung nicht erfaßt werden. Aus diesem Grund sei noch einmal betont, daß es sich bei den resultierenden Prozentangaben um einen Indikatorwert und nicht um einen empirisch erhobenen, statistischen Wert handelt.

---

manuellen Bereich (Vorarbeiter, Meister), 8. Facharbeiter, 9. Un- und angelernte Arbeiter, 10. Landarbeiter, 11. Abspaltung von Klasse 3: Berufe ohne jegliche bürokratische Einbindung, 12. Genossenschaftsbauer (ab 1991).

Nach einem Branchenvergleich der beiden höchsten Tarifgruppen und der AT Gehälter wurde hier als Mindest-Bruttogehalt 5.000 DM als Zuordnungskriterium gewählt (Beispiele von Tarifgruppengehältern siehe Anhang Nr. 1, Tabelle 2). Da die Vergleichszahlen des Statistischen Bundesamtes Netto-Beträge sind, mußten die Bruttogehälter aus den Tariftabellen in entsprechende Nettogehälter umgerechnet werden. Hierzu wurden die drei möglichen Steuerklassen für Verheiratete[97] als Grundlage gewählt. Tabelle 1 beinhaltet die sich hieraus ableitenden drei Mindest-Nettogehälter.

Steuerklasse	Brutto	Netto[98]
III	5.000 DM	3.536,79 DM
IV	5.000 DM	2.913,57 DM
V	5.000 DM	2.071,31 DM

Tabelle 1: Brutto-Netto-Umrechnung nach Steuerklassen
(Quelle: selbst erstellt und berechnet)

Es können also drei Gruppen von Ehepaaren identifiziert werden, die ein (hier gerundetes) Gehalt beziehen, das Hinweise auf eine DCC-Zugehörigkeit gibt:

Mann verdient $\geq$ 3.500 DM (III), Frau verdient $\geq$ 2.000 DM (V)

Mann und Frau verdienen beide $\geq$ 3000 DM (IV)

Frau verdient $\geq$ 3.500 DM (III), Mann verdient $\geq$ 2.000 DM (V)

Diese Angaben wurden mit Nettoeinkommenstabellen des Statistischen Bundesamtes von 1996[99] in Verbindung gebracht. Da diesen Tabellen jedoch andere Ein-

---

[97] Das Statistische Bundesamt stellt nur Einkommensverteilungen von verheirateten Paaren zur Verfügung.

[98] Es wurden bei der Berechnung Kirchensteuer, gesetzliche Krankenversicherung mit 11%, kein Kindergeldzuschlag und Wohnort Hamburg zugrunde gelegt. Grundlage der Berechnung ist der Steuersatz von 1998.

[99] Um einen Vergleich der beiden Indikatoren zu ermöglichen, wurde auf eine Übereinstimmung der Erhebungszeiträume geachtet.

kommenscluster zugrunde liegen als den obigen, wurden die Abstufungen folgendermaßen angepaßt: Das Mindest-Nettogehalt der Steuerklasse V wurde hinaufgesetzt auf ≥ 2.500 DM (statt 2.000 DM) und das Mindest-Nettogehalt der Steuerklasse III auf ≥ 3.000 DM (statt 3.500 DM) hinuntergesetzt. Es ergibt sich der grau gefärbte Markierungsbereich in der nachstehenden Tabelle. Die darauf folgende Tabelle ist entsprechend mit Zahlen gefüllt.

Nettoeinkommen des Ehemannes von ... bis unter DM	Nettoeinkommen der Ehefrau von ... bis unter ... DM								
	unter 1000	1000-1800	1800-2500	2500-3000	3000-4000	4000-5000	5000-6000	6000-7500	7500 und mehr
Unter 1000									
1000-1800									
1800-2500									
2500-3000				Frau III					
3000-4000									
4000-5000				Mann III			Mann V		
5000-6000						Beide IV			
6000-7500				Frau V					
7500 und mehr									
Gesamt									

Tabelle 2: Einkommensbereich von Ehepaaren, die beide in einer hohen Tarifgruppe sind

Nettoeinkommen der Ehefrau von ... bis unter ... DM

Nettoeinkommen des Ehemannes von ... bis unter DM	unter 1000	1000-1800	1800-2500	2500-3000	3000-4000	4000-5000	5000-6000	6000-7500	7500 und mehr
Unter 1000	313	122	81	31	32	12			
1000-1800	995	907	283	73	54	13			
1800-2500	1474	1176	774	140	77	19	7		
2500-3000	905	522	319	171	59	12			
3000-4000	1170	653	316	130	147	27	6		
4000-5000	472	284	137	59	67	52	6		
5000-6000	218	138	80	33	38	22	20		
6000-7500	146	83	51	25	25	13	8	12	
7500 und mehr	122	73	54	25	32	20	9	8	23
Gesamt	5815	3958	2095	687	531	190	56	20	23

Tabelle 3: Ehepaare und monatliches Nettoeinkommen der Ehepartner

(Quelle: Mikrozensus, Statistisches Bundesamt, Fachserie 1, Reihe 3, April 1996; S. 126, in Tausend)

Summiert man die Zahlen des grauen Markierungsbereiches auf, so erhält man 878.000 Paare. In Beziehung zur Gesamtzahl der erwerbstätigen Paare (13.423.000) gesetzt ergibt dies einen Prozentsatz von 6,54%. Nach dieser Indikatorkonstruktion bedeutet der Wert, **daß 6,54% aller DECs in Deuschland über ein relativ hohes Einkommen verfügen und dieser Wert somit einen Leitwert dafür darstellen kann, wieviele verheiratete DCCs es in Deutschland gibt.**

Ergänzend können auch noch einmal gesondert die Gruppen der Paare mit und ohne Kinder aufgezeigt werden. Summiert man auch hier die Zahlen des grauen Markierungsbereiches auf (vgl. Anhang 1), so erhält man 426.000 Paare mit Kindern mit hohem Einkommen. Wiederum in Beziehung zur Gesamtzahl der erwerbstätigen Paare mit Kindern (6.714.000) gesetzt, erhält man einen Prozentsatz von 6,34%. Dieser Wert bedeutet, daß **6,34% aller DECs mit Kindern in Deutschland über ein relativ hohes Einkommen verfügen.** Dieser Wert kann als ein Leitwert für DCCs mit Kindern in Deutschland dienen und entspricht auch nahezu dem Anteil, der für den gesamten Anteil an DCCs gemessen wurde.

Für berufstätige Ehepaare (DECs) *ohne im Haushalt lebende Kinder* ergibt sich folgender Zusammenhang: 359.000 Paare ohne Kinder beziehen höhere Einkommen, was zur Gesamtzahl der erwerbstätigen Paare ohne Kinder im Haushalt (6.709.000) einen Prozentsatz von **5,35%** ergibt.

Faßt man die vorliegenden Indikatorwerte zusammen, ergibt sich folgende Übersicht:

Indikator	Goldthorpe-DCC-Indikator	Einkommens-DCC-Indikator		
		mit und ohne Kinder	mit Kindern	ohne Kinder
Indikatorbegründung	Klassenlagen	Einkommen		
Indikatorwert in %	8	6,54	6,34	5,35

Tabelle 4: Übersicht über die konstruierten DCC-Indikatoren für verheiratete DCCs
Die relative Homogenität aller Ergebnisse kann darauf hindeuten, daß beide Formen der Operationalisierung einen ähnlichen Teil der Bevölkerung erfassen. So läßt

60

sich vermuten, **daß der Anteil an verheirateten DCCs mindestens zwischen 5-8% aller erwerbstätigen Ehepaare, bei denen beide Partner berufstätig sind, liegt**. Man muß jedoch davon ausgehen, daß diese Indikatoren eher als **Minimalindikator** zu beurteilen sind, da es sich bei den zugrunde liegenden Befragten ausgewiesenermaßen nur um verheiratete Paare handelt. Es ist also zu schließen, daß die **tatsächliche Zahl der DCCs**, also inklusive der unverheirateten Paare, der Paare mit niedrigerem Einkommen etc. **größer** sein wird. Um einen Indikator zu generieren, der noch spezifischer ist, der also die jetzt nicht mit berücksichtigten DCCs ebenfalls mit einbezieht, fehlen bisher verwertbare statistische Grunddaten.

Interessant und wichtig erscheint noch, die Angaben in Relation zu anderen Zahlen zu setzten bzw. zu beachten, unter welche Grundgesamtheit DCCs überhaupt nur fallen können. So sind z.b. nur knapp die Hälfte (47,9%) aller Erwerbstätigen Angestellte und 10% Selbständige.[100] Zieht man weiterhin in Betracht, wieviel Forschungsfokus auf Führungskräfte gelegt wird, obwohl z.b. nur 1,41% der Gesamtbeschäftigtenzahl zu den Leitenden Angestellten gezählt werden[101] – dann kann man davon ausgehen, daß schon die Indikatorprozentzahl 5-8% und mehr noch die größere tatsächliche gesamte DCC-Zielgruppenzahl ausreichend ist, entsprechende Aufmerksamkeit von der Forschung und auch von den Unternehmen zu verdienen.

Auch die folgenden Zahlen zu allgemeinen demographischen Entwicklungen runden den Betrachtungsrahmen zu den ermittelten DCC-Indikatoren ab.

Die folgende Abbildung 6 zeigt den Anteil der Frauen und Männer unter den Erwerbstätigen in den EU-Mitgliedstaaten von 1999. Der Frauenanteil liegt dabei zwischen 38,1% und 50,3%. Deutschland liegt mit 45,3% Frauenerwerbstätigkeit gerade knapp über dem EU-Durchschnitt von 44,6%. In Schweden dagegen liegt die Frauenerwerbsquote sogar über der der Männererwerbsquote.

---

[100] Zahlen vom April 1998, http://www.statistik-bund.de/basis/d/erwerb/erwerbtxt.htm

[101] Dem Institut der Wirtschaft zufolge arbeiten 500.000 Leitende Angestellte in Deutschland (vgl. http://www.iw-koeln.de/iwd/i-archiv/iwd48-98/i48-98-8.htm). Legt man eine Gesamtbeschäftigtenzahl von 35.537.000 (1998) (vgl. http://www.statistik-bund.de/basis/d/ausl/ausl403.htm) zugrunde, so ergibt das eine Quote von nur 1,41%.

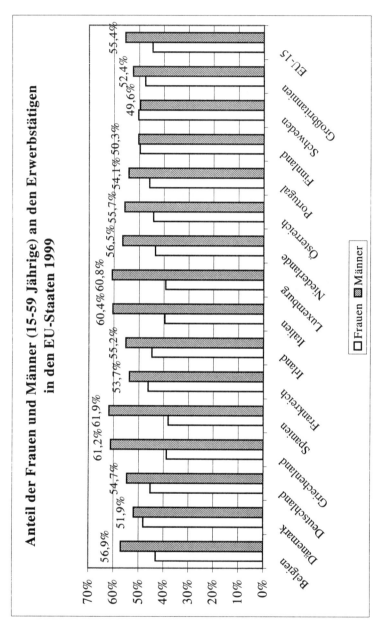

Anteil der Frauen und Männer (15-59 Jährige) an den Erwerbstätigen in den EU-Staaten 1999

Abbildung 6: Anteil der Frauen und Männer (15-59 Jährige) an den Erwerbstätigen in den EU-Staaten 1999 (Quelle: Eurostat: European social statistics – Labour force survey results 1999, Tabelle 25)

Die relative Ausgeglichenheit der Erwerbstätigkeit zwischen Männern und Frauen spiegelt sich jedoch in keiner Weise in der Verteilung von Managementpositionen wider. Während nach den Statistiken von Eurostat z.b. in Deutschland 7,2% der gesamten männlichen Erwerbstätigen Führungspositionen innehaben, ergibt sich dagegen für die Frauen ein deutlich geringerer Prozentsatz von 1,6% (vgl. Abbildung 8). Einen branchenspezifischen Einblick über den Anteil von Frauen in Spitzenpositionen gibt z.b. eine Studie von *Quack* anhand des deutschen Bankengewerbes. Das Beispiel des weiblichen Anteils von 5% in den Aufsichträten zeigt den immer noch bestehenden Alleingang der Männer über der gläsernen Decke.

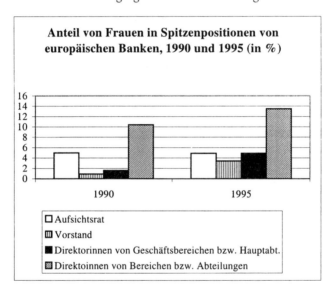

Abbildung 7: Anteil von Frauen in Spitzenpositionen von europäischen Banken, 1990 und 1995 (in %). (Quelle: Quack 1997)

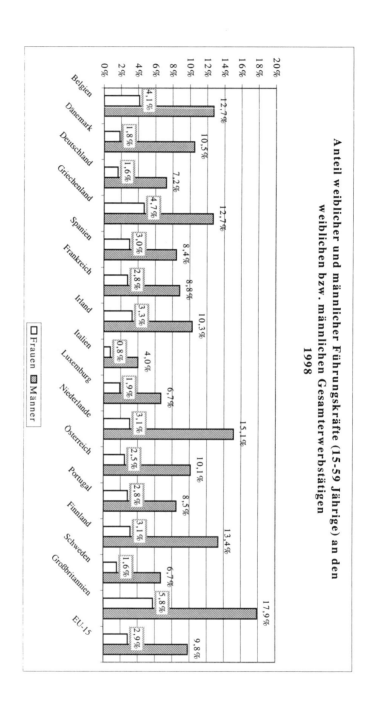

Abbildung 8: Anteil weiblicher und männlicher Führungskräfte in den 15 EU-Staaten (unter den 15-59 Jährigen) an den weiblichen bzw. männlichen Gesamterwerbstätigen (Quelle: Eurostat: European social statistics - Labour force survey results 1999, Tabelle 20 und 21. In der Graphik verwendete Zahlen sind ausgewiesen von 1998)

3.2.3.2   Internationaler Vergleich

In der englischsprachigen Literatur finden sich ebenso wenig konkrete DCC-Zahlen wie in der deutschsprachigen Literatur. Auch hier wird vorwiegend auf DEC-Quoten zurückgegriffen. Die Tendenzen sind jedoch vergleichbar mit den errechneten deutschen Indikatorwerten. Im folgenden werden vorhandene Angaben aus den drei Ländern USA, Großbritannien und Australien nebeneinander gestellt, da sich zu diesen konkrete Angaben in der DCC-Literatur fanden.

USA:

Ausgangsbasis für Berechnungen der DEC-Quote sind meist Statistiken über „married couples" oder „married-couple families" (vgl. 3.2.3.1.1). Einige (auch schon ältere) Zitate mit unterschiedlichen, aber tendenziell vergleichbaren Aussagen, sind aufgelistet (Hervorhebungen durch die Autorin):

„According to the U.S. Bureau of Labor (1993), both spouses work in **57.8%** of married couples with children under age 18. Twenty years ago, this figure was only 36.2%."[102]

Zieht man die Originalstatistiken des U.S. Bureau of Census hinzu, ergibt sich ein etwas höherer Prozentsatz von 58,8% DECs aller verheirateten Paare für 1993. 1997 liegen die Zahlen bereits bei 60,3%.

---

[102] Larkin 1996, S. 16

Year	Married-Couple families	Husbands and wives both with earnings	Percent dual income families of married-couple families
	Number (thousand)		
1997	54.321	32.745	60,28%
1996	53.604	32.309	60,27%
1995	53.570	32.030	59,79%
1994	53.865	32.030	59,46%
1993	53.181	31.267	58,79%
1992	53.171	31.224	58,72%
1991	52.457	31.003	59,10%
1987	51.809	29.079	56,13%
1983	50.090	26.120	52,15%
1981	49.630	25.744	51,87%

Tabelle 5: Verheiratete Paare und DECs in den USA. - Jahresvergleich.
(Quelle: U.S. Census Bureau, March Current Population Survey 1999, Prozentangaben selbsterrechnet)

Die Zahlen für 1999 für DECs mit Kindern unter 18 Jahren liegen sogar bei 64,1%: „In 1999, both parents were employed in **64.1** percent of married-couple families with children under 18. [...] Since 1994, the proportion of married-couple families with children under 18 in which both parents were employed has grown..."[103]

Das folgende Zitat von *Catalyst* ist ein Beispiel einer (unzulässigen) Umdefinition dieser Zahlen: Statt von DECs wird hier von DCCs geredet und damit eine falsche Angabe veröffentlicht. „According to the U.S. Bureau of Labor Statistics, 60 per-

---

[103] http://stats.bls.gov/news.release/famee.nr0.htm

cent of all marriages are **dual-career marriages**; these couples make up 45 percent of the workforce."[104]

Bei der Angabe einer weiteren (vermeintlichen) Schätzung mit Bezug auf die Arbeitsbehörde der USA (ohne genauere Quellenangaben) muß es sich im Hinblick auf andere Statistiken m.e. um einen Fehler handeln: „By 1995, the U.S. Dept. of Labor predicts that 81% of all marriages will be dual-career partnerships."[105] Darüber hinaus wird auch hier der Begriff Dual-Career offensichtlich fälschlicherweise an Stelle von Dual-Earner verwendet.

„Nearly half of all U.S. workers are part of a dual-income household, according to recent statistics released by the U.S. Bureau of Labor Statistics. Approximately **48 percent** of all employees come from dual-income married couples, ..."[106] Diese Zahl läßt sich rechnerisch unter Zurhilfenahme anderer Statistiken bestätigen. Die Verdopplung der Anzahl der DECs ergibt die entsprechende Anzahl an verheirateten Einzelpersonen (32.745.000 x 2 = 65.490.000.) Diese in Beziehung gesetzt mit den 1997 beschäftigten Amerikanern (129,2 Millionen) ergibt einen Wert von 50,6% .

Die folgenden Angaben und Schätzungen sind ohne Angaben von Quellen: „Over the last 10 years, the number of **dual-career couples** employed in the US has grown to **3 million,** representing approximately 20% of all employed couples."[107] Abgesehen davon, daß aus dem Zitat und auch aus dem Kontext nicht hervorgeht, woher die Zahl 3 Millionen stammt, ist auch die daraus errechnete Prozentangabe falsch. Geht man von rund 33 Million DECs (employed couples) 1997 aus (vgl. obige Tabelle 5), so sind 3 Millionen rund **9%** und nicht 20%! Die Prozentzahl von 9% kommt den in dieser Arbeit operationalisierten Indikatorzahlen für Deutschland recht nahe.

---

[104] Catalyst 1998 Fact sheet: http://www.catalystwomen.org/press/facts2c.html
[105] Raynolds & Bennett 1991, S. 46
[106] Leonard 1996, S. 8.
[107] Carter 1997, S. 21

Großbritannien:

Die Schätzungen, die in einigen britischen Veröffentlichungen zu finden sind, sind nicht sehr konkret und sagen höchstens allgemein einen Anstieg der DCCs in den nächsten Jahren voraus.[108] Bezugnehmend auf amtliche Statistiken aus Großbritannien kann dieser Aussage jedoch, zumindest was die DECs mit Kindern anbelangt, zugestimmt werden. Im Jahre 1996/97 betrug der Two-Earner-Prozentsatz **62%** (vgl. *Abbildung 9*).

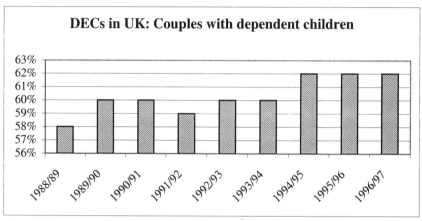

Abbildung 9: DECs in Großbritannien (Paare mit Kindern)
(Quelle: http://www.statistics.gov.uk/learningzone/labour.asp)

Auf der anderen Seite finden sich in den Forschungsdokumentationen aus Großbritannien teilweise auch fragwürdige Zahlen: „Analysis using Labour Force Survey data point to an increase of over **300.000 dual career households** in Great Britain between 1984 and 1991, while estimates from the Census of Population indicate that there were **121 million dual career households** (nearly 6% of all households, and over 8% of all households with a head aged 20-59 years) in 1991

---

[108] Vgl. Bonney 1988, Bonney & Love 1991.

68

[...].).“[109] Die Zahl 121 Millionen verwundert ein wenig, geht man davon aus, daß Großbritannien im Jahre 1998 nur 59.055.000 Einwohner hatte![110] Verfolgt man den Quellennachweis, stellt man fest, daß die Autorin sich hier selbst zitiert. Zieht man wiederum diese Originalquelle heran, löst sich die Fragwürdigkeit auf: Zum einen handelt es sich bei der hohen Zahl in der späteren Veröffentlichung um einen Schreibfehler, zum anderen hat die Forscherin die Zahl – es sind **1,2 Millionen Dual Career Couples** – ähnlich errechnet, wie es in dieser Arbeit erfolgte: Sie verwendete Kategorien des „Standard Occupational Classification SOC" des Census of Population.[111] Legt man, wie in der Operationalisierung in dieser Arbeit, die **DECs** als Referenzgruppe fest, so erhält Green sogar einen Wert von **20% DCCs**. Diese hohe Zahl, im Vergleich zu 5-8% als Indexwert für Deutschland, ergibt sich aus der oben erwähnten Operationalisierung. Statt der Klassenlagen Goldthorpes, die den sozialen Status der Bevölkerung abbilden, erfaßt der SOC Berufsgruppen. Green's Wahl, die ersten drei Kategorien (von 5) zu wählen, wird weder von ihr begründet noch erscheint sie nach Sichtung der hier enthaltenen Berufe als sinnvoll, um eine Karriereorientierung zu indizieren,[112] da z.B. auch Erwerbstätige der folgenden Berufsuntergruppen vertreten sind: Protective Service Occupations (33-0000), Food Preparation and Serving Related Occupations (35-0000), Building and Grounds Cleaning and Maintenance Occupations (37-0000).[113]

Es erscheint jedoch im Rahmen der vorliegenden Arbeit aufgrund der stark qualitativen Interpretationsbreite von Karriereorientierung angebrachter, eine eher konservative bzw. vorsichtige Operationalisierung einer DCC-Prozentzahl zu erstellen. Wie bereits erwähnt, kann der hier ermittelte Indikator somit als Minimalwert mit 5-8% eine solide Basis bieten.

---

[109] Green 1997, S. 645

[110] http://www.weltalmanach.de/staaten/grossbritannien_und_nordirland.html

[111] Vgl. Green 1995.

[112] http://stats.bls.gov/soc/soc_majo.htm

[113] http://stats.bls.gov/soc/socguide.htm

Australien:

Die australische DCC-Forschung steht noch am Anfang. In den Veröffentlichungen werden kaum demographische Angaben gemacht. Einiges ist über die Beschäftigungszunahme von Frauen dokumentiert, „Women now constitute 41% of the Australien workforce, and the trend to increase participation is set to continue. It has been forecasted that the number of women in the workforce aged 25-34 will increase by 178.000 between 1991 and 1994, while for women aged 35-44 there will be an increase of 231.000 over the same period (Walcott 1991)."[114] Über den Frauenanteil unter den Führungskräften ist zu lesen: „According to the census classification of managers/administrators, women now occupy 25,1% of all managerial positions, an increase of 15,3% since 1985 (Australian Bureau of Statistics)."[115]

Die fehlenden Daten können jedoch mit Rückgriff auf offizielle Statistiken ergänzt werden. So lag die **DEC-Quote** (mit Kindern von 0-14) im Jahre 1996 bei **54,5%**.[116]

Jahr	1981	1986	1991	1996
DECs (couple families with child(ren) aged 0-14)	41%	47,8%	51,8%	54,5%

Tabelle 6: DEC-Quoten (Paare mit Kind/Kindern im Alter von 0-4)
in Australien von 1981-1996
(Quelle: http://www.abs.gov.au/ausstats/abs%40.nsf/
5e3ac7411e37881aca2568b0007afd16/daab7cd8f5c1854dca2569bb00164f63)

Die weitgefaßtere DEC-Quote **mit und ohne Kinder** liegt 1999 immerhin bei **50%**: „In June 1999, couple families accounted for 83% of Australian families. The proportion of couple families with at least one partner employed has decreased

---

[114] Smith 1992, S. 20
[115] Smith 1992, S. 20
[116] Labour Force Status and Other Characteristics of Families, Australia, Cat. no. 6224.0, auch Australian Bureau of Statistics:
http://www.abs.gov.au/ausstats/abs%40.nsf/5e3ac7411e37881aca2568b0007afd16/
daab7cd8f5c1854dca2569bb00164f63

from 82% in 1980 to 76% in 1999. Over the same period, the proportion of couple families with both partners employed has risen from 40% to 50%."[117]

Vergleicht man zumindest die zugänglichen DEC-Zahlen, so ist es angesichts unterschiedlicher wirtschaftlicher und politischer Rahmenbedingungen der vier Länder doch interessant festzustellen, wie ähnlich die Quoten liegen. Weiterhin ist bei diesen Zahlen festzustellen, wie unterschiedlich die Zielgruppenmerkmale in den Statistiken sind. So variieren die DEC-Quoten in den folgenden Merkmalen: nur verheiratete Paare, verheiratete und zusammenlebende Paare, mit und ohne Kinder und Altersbegrenzung der Kinder.

DEC-Quoten im internationalen Vergleich			
Land	Prozentsatz	Jahr	Bemerkung
Deutschland	57%	1998	verheiratete Paare mit und ohne Kinder
U.S.A.	60,3%	1997	verheiratete Paare mit und ohne Kinder
Großbritannien	62%	1996/1997	Paare mit Kindern (dependent)
Australien	54%	1996	Paare mit Kindern von 0-14 Jahren

Tabelle 7: DEC-Quoten im internationalen Vergleich
(Quelle: unterschiedlich, siehe einzelne Verweise im Text)

---

[117] http://www.abs.gov.au/ausstats/abs%40.nsf/5e3ac7411e37881aca2568b0007afd16/ 95939d35a15d48acca2568b9001c0ff4

4   DCCs und Unternehmen in der Betrachtung der neueren Systemtheorie

4.1   Grundlagen der neueren Systemtheorie

Die neuere Systemtheorie bzw. die Theorie sozialer (selbstreferentieller) Systeme,[118] geprägt von Niklas *Luhmann*, beruht zum einen auf der *allgemeinen* Systemtheorie, die auf den Biologen *von Bertalanffy* zurückgeht. Zum anderen orientiert sie sich an der strukturell-funktionalen Systemtheorie *Talcott Parsons*'[119] bzw. entwickelt diese weiter und integriert das Konzept der Autopoiesis nach *Maturana* und *Varela*.[120] Die basale ganzheitliche Perspektive in der allgemeinen Systemtheorie ebenso wie in allen systemtheoretischen Konzeptionen, *daß das Ganze mehr ist als die Summe seiner Teile*,[121] reicht auf eine lange philosophische Tradition zurück,[122] die sich in vielfältigen Wissenschaftsbereichen, u.a. auch in betriebswirtschaftlichen Feldern (erstmals bei den Physiokraten um *Francois Quesnay* (1694-1774), später auch bei *Adam Smith* (1723-1790)), erstreckte.

Luhmanns Theorie sozialer Systeme findet bereits in unterschiedlichen Disziplinen erfolgreich Anwendung[123] und hat vereinzelt auch in die betriebswirtschaftliche Forschung Einzug gefunden.[124]

Die hier intendierte Einführung in die relevanten Grundbegriffe und Zusammenhänge der neueren Systemtheorie resultieren zum einen aus dem angesprochenen Neuheitsgrad für die betriebswirtschaftliche Disziplin, zum anderen ergibt sich die Notwendigkeit der Grundlegung aus dem relativ hohen Abstraktionsniveau der

---

[118] Die Bezeichnungen „Neuere Systemtheorie" und „Theorie sozialer Systeme" werden hier synonym verwendet.

[119] Vgl. Parson 1976.

[120] Vgl. Maturana & Varela 1982.

[121] Vgl. Bertalanffy 1972, S. 18, Capra 1992, S. 307.

[122] Vgl. Jantsch 1992, Kneer & Nassehi 1993.

[123] Vgl. Schlippe & Schweitzer 1998, Syrbe 1995, Baecker 1995, Simon 1994, Tomm 1988.

[124] Vgl. Kasper 1991, Mayer 1994, Mayrhofer 1994.

Theorie und einer Begriffswelt, die in ihrer Anwendung von Worten vom alltäglich Sprachlichen abweicht und – einer theorieimmanenten Logik folgend – Inhalte erzeugt, die sich oft von „Bekanntem" unterscheiden. Neben den im folgenden Kapitel gelegten Grundlagen sind weitere systemtheoretische Erläuterungen und Exkurse in späteren Kapiteln thematisch eingefügt.[125]

4.1.1 Gegenstand und Art der neueren Systemtheorie

Gegenstand der neueren Systemtheorie ist das abstrakte Konstrukt des Sozialen, mithin der Gesamtgegenstand der Soziologie. Sie ist eine Modelltheorie der Rekonstruktion von Beobachtung von Sachverhalten,[126] die allgemein konzipiert ist, d.h. sie erhebt Universalitätsanspruch (jedoch nicht Alleingeltung): Alles Soziale, konkreter jeder soziale Kontakt, wird als System begriffen und somit Gegenstand der Theorie.[127]

Ein *System* ist eine Einheit aus Elementen und den Relationen, mit denen sie verknüpft sind.[128] Systeme sind nach diesem Verständnis keine Objekte. Ausgangspunkt systemtheoretischen Beobachtens in Form von Komplexitätsreduktion[129] ist die Setzung der **Differenz von System und Umwelt,** wobei die Differenz die Funktionsprämisse systemischer (selbstreferentieller) Operationen ist[130] und damit bestimmt, daß die Systemtheorie keine Theorie von Objekten ist.[131] Die Umwelt erhält ihre Einheit erst relativ durch das System, sie ist selbst aber nicht System, hat keine Grenzen. Umwelt ist nur das, „ .. was als Gesamtheit externer Umstände die Beliebigkeit der Morphogenese von Systemen einschränkt."[132] Sie ist für jedes System eine andere.

---

[125] Für einen umfassenden Einblick in die Systemtheorie sei zum einen auf Einführungsliteratur – Kneer & Nassehi 1993, Fuchs 1992, Stünzner 1996 – zum anderen auf sämtliche Primärliteratur von Luhmann (siehe u.a. im Literaturverzeichnis) verwiesen.

[126] Vgl. Baecker 1994.

[127] Vgl. Luhmann 1984, S. 33.

[128] Vgl. Kneer & Nassehi 1993.

[129] Vgl. Baecker 1994.

[130] Vgl. Luhmann 1984, S. 35, Luhmann 1988, S.9, von Foerster 1973.

[131] Vgl. Baecker 1994.

[132] Luhmann 1986a, S. 23

4.1.2   Offenheit vs. Geschlossenheit

Von den Grundsätzen der traditionellen (bzw. allgemeinen) Systemtheorie kommend, die analytische Einzelbetrachtung durch Systemzusammenhangsbetrachung zwischen Elementen und ihrer Umwelt ablöste und die von der grundsätzlichen Offenheit von Systemen ausgeht, weist die neuere Systemtheorie nach *Luhmann* einen zentralen Unterschied auf.

Systeme sind autopoietisch operativ geschlossen.

Autopoietisch bedeutet, daß – bezogen auf die Tiefenstruktur der internen Reproduktion – Systeme die Elemente, aus denen sie bestehen, aus sich selbst erzeugen, d.h. aus eben den Elementen, aus denen sie bestehen. Sie sind selbstreferentiell geschlossen, also autonom, aber nicht autark.[133]

Operative Geschlossenheit bedeutet nicht Umweltunabhängigkeit. Die bestehenden Austauschbeziehungen sind jedoch primär durch das System und seine Strukturen festgelegt. Weiterhin wirkt Autopoiesis nicht gestaltend, hierfür sind strukturelle Kopplungen (vgl. 5.1.1) notwendig.

Die Umwelt[134] ist für das System zunächst einmal nur „pure Faktizität" oder „unspezifisches Rauschen."[135] Das System transformiert bedeutungsfreie Daten der Umwelt – das Rauschen – durch Generierung interner Bezeichnungen und Unterscheidungen (Differenzschemata) zu Informationen, die durch Kommunikationen intern weiterprozessiert werden. Information ist daher keine objektive, systemunabhängige Einheit, sondern immer eine rein systeminterne Qualität. Sie wird im System erzeugt.

---

[133] Die Zusammenhänge zur Autopoiesis basieren auf früheren Arbeiten der beiden Biologen und Neurophysiologen Humbert R. Maturana und Francisco J. Varela, die sich mit der Definition des Lebendigen bzw. mit der Eigenart der Organisation von Lebewesen beschäftigten und den Begriff der Autopoiesis (auto = (gr.) selbst; poiein = (gr.) machen) prägten.

[134] Im Gegensatz zum System hat die Umwelt keine Horizonte. Vgl. Probst & Schwager 1990.

[135] Mayrhofer 1996, S. 92, Wimmer 1989, S. 140

Geschlossenheit als Voraussetzung für den Umweltbezug.

Die selbstreferentielle Geschlossenheit ist in dem Sinne für Umweltbezug voraussetzend, als nur die geschlossenen Prozesse die innere Weiterexistenz und die Ordnung des Systems garantieren können. Diese innere Ordnung ermöglicht es erst, Systemäußerlichkeiten als solche wahrzunehmen bzw. sich als System von der Umwelt abzugrenzen. Neben der Geschlossenheit auf der elementaren Ebene besteht auf der Interaktionsebene Austausch mit der Umwelt. Systeme sind also durchaus umweltempfindlich. Diese Empfindlichkeit ist jedoch selektiv und durch bzw. über strukturelle Elemente der Systemkopplung geregelt. Die derartig systemspezifisch ausgewählten Austauscheinheiten werden in die systeminterne Prozeßlogik – in Kommunikationen (siehe weiter unten) – übersetzt und resultieren in systeminterne Operationen. Systemzugehörige Operationen sind durch ihre Anschlußfähigkeit an den Systemkontext Systemreproduzenten. Im Fall von sozialen Systemen sind es Kommunikationen bzw. Handlungen.

4.1.3 Kommunikationen

Die Zentralelemente der Systemtheorie sind nicht wie in der traditionellen Soziologie Menschen sondern Kommunikationen. Soziale Systeme als Kommunikationssysteme verstanden, bedeutet, daß sie sich dadurch erhalten, daß sie fortlaufend Kommunikationen an Kommunikationen anschließen.[136] Der Mensch ist systemtheoretisch betrachtet weder System noch Umwelt. Er *besteht* aus mehreren Systemen (organisches System, psychisches System etc.), die überschneidungsfrei operieren[137] (siehe auch nächster Abschnitt).

Es erfolgt also eine Loslösung von der alleinigen Betrachtung allein individueller Kognitionen und Verhaltensweisen zugunsten einer Konzentration bzw. Abstraktion auf das eigentliche Systemverhalten, das Soziale, also auf die Kommunikation. Das Konstrukt des Sozialen wird dabei in der neueren Systemtheorie als eine eigenständige emergente Ordnungsebene verstanden.

---

[136] Vgl. Kneer & Nassehi 1993.

[137] Diese ebenfalls autopoietisch organisierten Systeme verschmelzen nicht zu einem Metasystem, das dann als Mensch bezeichnet werden könnte. Alle Systeme sind eigenständig und bleiben füreinander Umwelt. Vgl. Kneer & Nassehi 1993.

Hervorzuheben ist, daß Kommunikation in der neueren Systemtheorie nicht für Übertragung von Botschaften vom Sender zum Empfänger steht.[138] Die hinter diesen Begriffsdefinitionen stehenden Theorien nehmen an, daß Menschen kommunizieren. Systemtheoretisch sind Kommunikationen jedoch keine Operationen von psychischen Systemen oder neuronalen Systemen,[139] sondern von sozialen Systemen. In formal organisierten Sozialsystemen wie Unternehmen entsprechen Kommunikationen Entscheidungen bzw. Handlungen als Grundlage aller Steuervorgänge innerhalb des Systems.[140]

---

[138] Wie z.B. in der psychologischen Kommunikationstheorie verwendet, vgl. z.B. Schulz von Thun 1992.

[139] Psychische Systeme operieren mit Gedanken, neuronale Systeme mit Nervenaktivität.

[140] Die Form des Exkurses wurde in dieser Arbeit gewählt, um einerseits dem systemtheoretisch-unkundigen Leser die verständnisnotwendigen Grundlagen nicht vorzuenthalten, aber anderseits auch nicht den Fluß des Haupttextes durch lange Abhandlungen zu strapazieren.

Exkurs: Kommunikation und Handlung

Kommunizieren als zentrales Element des Sozialen erfährt in der neueren Systemtheorie sinnmäßig eine Ausweitung der üblicher Begriffszuschreibungen. So ist Kommunikation z.b. nicht gleichgesetzt mit dem Akt des Redens. Reden ist Handlung und Handlung und Kommunikation sind nicht voneinander zu trennen, wohl aber voneinander zu unterscheiden.[141]

Der elementare Prozeß im System (der das System auch konstituiert) ist, wie beschrieben, der Kommunikationsprozeß. „Dieser Prozeß muß aber, um sich selbst steuern zu können, auf Handlungen reduziert werden, in Handlungen dekomponiert werden."[142] Handlung also als Reduktion von Komplexität, als unerläßliche Selbstsimplifizierung des Systems.

Was genau ist aber nun Kommunizieren? „Kommunikation ist Prozessieren von Selektion."[143] Es ist ein dreiteiliger Prozeß untrennbarer Selektionen, eine emergente Einheit, ein selektionssynthetisches Geschehen. Konkret besteht diese Trinität aus Information, Mitteilung und Verstehen.[144]

Die erste Selektion durch den Mitteilenden (Alter) erfolgt dadurch, daß Information, also das Kommunizierte, aus einem Repertoire von Möglichkeiten gewählt wird.

Zu unterscheiden ist die *Information* von der *Mitteilung* im Sinne von Mitteilungsverhalten: Zusätzlich zur Selektion der Information muß auch ein Verhalten (Mitteilungsverhalten), eine Handlung, die diese Information mitteilt, gewählt werden. Die Art der Mitteilung, also z.B. reden, schreiben, gestikulieren etc., ist die zweite Selektion. Oder anders: Information wird durch Zeichengebrauch zur Mitteilung. Hier findet sich das oben angesprochene Reden wieder als die in der Kommunikation impliziete Handlung. Reden ist transformierter Ausdruck mit Zeichenverwendung, *innere* Rede ist Ausdruck ohne Zeichenverwendung. Ausdruck ist dem Bewußtsein zugeordnet, Kommunikation dem Sozialen.

Der Mitteilende (Alter) ist Teil der Sinnwelt, der auch die Information entstammt. Und die mitgeteilte Information weist auf ihn zurück.

---

[141] Vgl. Luhmann 1984, S. 193.
[142] Luhmann 1984, S. 193
[143] ebenda
[144] Vgl. Luhmann 1986, S. 94.

Im Unterschied zu anderen Kommunikationsdefinitionen, die Kommunikation als eine Art von Handlung einordnen und dann auf Handelnde verweisen, wird mit der systemtheoretischen Begriffseinheit der Kommunikation das Soziale expliziert. Dies erfolgt durch die Integration einer dritten Selektion auf Seiten des Adressaten (Ego): Das Verstehen.

Kommunikation wird also erst durch das Verstandenwerden (Verstehen schließt hier Mißverstehen ein), das Annehmen der zweiten Selektion, des Mitteilungsverhaltens und der Wahl des Anschlußverhaltens komplettiert! Kommunikation ist in der neueren Systemtheorie nur als Dreiheit/Trinität existent. Eine Mitteilung, die keinen Adressaten hat, die von diesem angenommen werden kann, ist folglich auch keine Kommunikation! Durch die dritte Selektion ist Kommunikation zudem noch selbstreferentiell, dadurch, daß das Verstehen von Ego durch Alter kontrolliert wird.

Das nächstfolgende, das Annehmen oder Ablehnen des mitgeteilten Sinns gehört nicht mehr zur Kommunikation. Es ist ein Anschlußakt, der im Bewußtsein des Ego/Adressaten stattfindet. Die Einzelkommunikation ist also (nur) die Voraussetzung für solche Anschlußakte, sie garantiert Anschlußfähigkeit.

Kommunikation ist zwar das theoretische Letztelement, aber sie kann nicht direkt beobachtet werden, sondern nur erschlossen werden. „Um beobachtet zu werden oder um sich selbst beobachten zu können, muß ein Kommunikationssystem deshalb als Handlungssystem ausgeflaggt werden."[145]

Die zweite Selektion, die Mitteilung, ist eine beobachtbare Handlung! Das Handeln/Mitteilen ist die notwendige Komponente der Selbstreproduktion des Systems von Moment zu Moment.

„.. durch Handlung wird die Kommunikation als einfaches Ereignis an einen Zeitpunkt fixiert."[146] Und weil Handlung beobachtbar und zeitlich fixiert ist, in Handlungseinheiten chronologisch sortiert ist (Punktualisierung) und zugerechnet werden kann, werden Handlungen in Beobachtungen Kommunikationen „vorgezogen."

Zurück zur Kommunikation stellt sich die Frage, was sie ermöglicht oder leistet. Zum einen schafft sie Redundanz, also eine Mehrzahl oder Überschuß an Informationsmöglichkeiten: Hat A an B und C eine Information übermittelt, hat sich diese dadurch multipliziert, ebenso die Anschlußpunkte (vorher einen, jetzt drei). Zum anderen erschafft sie Differenz: Alles Mitgeteilte bietet zugleich auch das Gegenteil in sich mit an. „Jede

---

[145] Luhmann 1984, S. 226
[146] Luhmann 1984, S. 227

Kommunikation lädt zum Protest ein."[147] Kommunikationen bilden thematische Strukturen und redundant (mehrzahlig) verfügbaren Sinngehalt.

Kommunikation ist selbstverständlich durch Energiebedarf und Information von der Umwelt abhängig und sie verweist durch Sinnbezüge (direkt oder indirekt) auf die Umwelt. „.. mit jeder Themenwahl expandiert und retrahiert das System, nimmt Sinngehalte auf und läßt andere fallen. Insofern arbeitet ein Kommunikationssystem mit sinngemäß offenen Strukturen."[148] Dabei wirken nur codierte[149] Ereignisse im Kommunikationsprozeß als Informationen, nicht-codierte als Störungen (Rauschen).[150] Für die Differenz System/Umwelt bzw. für die Grenzziehung gilt folgendes:

„Während Kommunikation Information einbezieht und sich deshalb immer dann, wenn die Information aus der Umwelt kommt, mit Umweltsinn anreichert, kann man für Handlungen leichter ausmachen, ob sie zum System gehören oder nicht."[151] „Der Sinn des Handelns mag auf Umwelt verweisen, man produziert zum Beispiel für einen Markt; aber die Selektion der Handlung selbst wird im System verortet, wird durch systemeigene Regeln gesteuert ..."[152]

Fazit: Soziale Systeme bestehen aus Kommunikationen und aus deren Zurechnung zu Handlungen. Kommunikationen kann man nur reflexiv handhaben (z.B. widersprechen, bestreiten, rückfragen) oder beobachten, wenn sich feststellen läßt, wer kommunikativ gehandelt hat.

Kommunikation ist die elementare Einheit der Selbstkonstitution, Handlung die elementare Einheit der Selbstbeobachtung und Selbstbeschreibung sozialer Systeme.

4.1.4 Der Mensch, strukturelle Kopplung und Interpenetration

Bedeutend in der Auseinandersetzung mit der neueren Systemtheorie im Zusammenhang mit der Doppelkarrierethematik ist die Frage, wo der Mensch in der Theorie zu verorten ist. Wie oben bereits angedeutet, ist der Mensch systemtheo-

---

[147] Luhmann 1984, S. 238
[148] Luhmann 1984, S. 200
[149] Codierung als operative Vereinheitlichung von Informationen.
[150] Luhmann 1994, S. 197
[151] Luhmann 1994, S. 247
[152] Luhmann 1994, S. 247

retisch betrachtet weder System noch Umwelt. Er *besteht* aus mehreren Systemen (vgl. Abbildung 10) die überschneidungsfrei operieren. Eines dieser Systeme ist das psychische System, synonym mit Bewußtseinssystem verwendet.

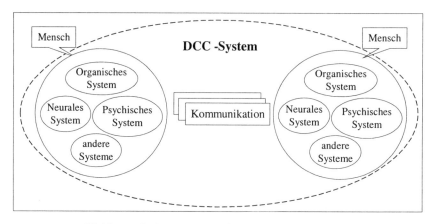

Abbildung 10: Die Verortung des Menschen im DCC-System

Was sind psychische Systeme? Die konstituierenden elementaren Einheiten von psychischen Systemen/Bewußtseinssystemen sind nicht wie bei sozialen Systemen Kommunikationen, sondern Kognitionen. *Luhmann* subsumiert unter Kognitionen Bewußtsein und Gedanken. Bewußtsein wiederum wird im Rahmen dieser Arbeit durch die inhaltlichen Zusätze Wahrnehmung und Fühlen erweitert.[153] Die Relation zum Kommunikationssystem beschreibt *Luhmann* mit den Worten: „Bewußtsein und Kommunikation sind [...] gänzlich getrennte autopoietische Systeme ohne jede Überschneidung in ihren Operationen"[154] Genauso wichtig wie diese (erneute) Feststellung der Abgeschlossenheit ist die Aussage, daß die Existenz von DCC-Systemen abhängig ist von Kognitionen psychischer Systeme (vgl. 0). Das Bewußtsein ist Umweltvoraussetzung des DCC-Systems.[155]

---

[153] Vgl. Roth 1987.
[154] Luhmann 1990, S. 566
[155] Vgl. Luhmann 1990a.

Während der Begriff der Autopoiesis auf die internen Systemprozesse rekurriert, läßt sich die „Beziehung zwischen Systemen" an sich – nicht zwischen System und Umwelt – („Die Umwelt ist selbst kein System."[156]) mit den beiden Konzepten **strukturelle Kopplung**[157] und **Interpenetration** erklären. Beides sind Zwei-Seiten-Formen. Die strukturelle Kopplung bezeichnet die allgemeine Beziehung zwischen autopoietischen Systemen. Sie bündelt dabei das von den Systemen Bestimmte und wirkt so auf die Systeme ein und irritiert sie.[158] Die Systeme sind aufeinander abgestimmt, aber wechselseitig intransparent.[159] Strukturelle Kopplung ermöglicht dem System die Angeschlossenheit an die Komplexität anderer Systeme, ohne diese erarbeiten oder rekonstruieren zu müssen.[160] Ein Beispiel ist die strukturelle Kopplung von Wissenschaft und Wirtschaft.

Für die oben beschriebene unausweichliche Co-Existenz zwischen Kommunikationssystem und Bewußtseinssystem hält *Luhmann* das speziellere Wort Interpenetration bereit. Der Unterschied zur strukturellen Kopplung liegt in der gegenseitigen Existenzvoraussetzung zweier Systeme. *Luhmann* schreibt hierzu: „Für den Fall, daß sich solche Verhältnisse [zwischen Systemen] wechselseitig koevolotiv entwickeln und keines der in dieser Weise strukturell gekoppelten Systeme ohne sie existieren könnte, kann man auch von Interpenetration sprechen."[161] DCC-Kommunikationssystem und Bewußtseinssystem interpenetrieren, „allein schon deshalb, weil nur das Bewußtsein, nicht aber die Kommunikation selbst, sinnlich wahrnehmen kann und weder mündliche noch schriftliche Kommunikation ohne Wahrnehmungsleistungen funktionieren könnte."[162]

---

[156] Böse & Schiepek 1994 , S. 59
[157] Vgl. Luhmann 1984.
[158] Vgl. Luhmann 1997, S. 103.
[159] Vgl. Luhmann 1997, S. 106.
[160] Vgl. Luhmann 1997, S. 107 Luhmann bringt hier zur Anschaulichkeit das Beispiel der „physikalischen Schmalspurigkeit von Augen und Ohren".
[161] Luhmann 1997, S. 108.
[162] Luhmann 1997, S. 103.

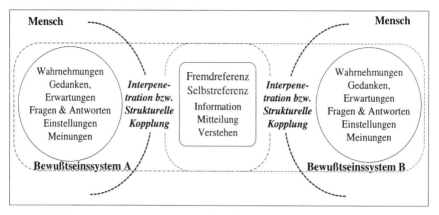

Abbildung 11: Interpenetration/Strukturelle Kopplung von Bewußtseins- und Kommuniksationssystem

Zusammenfassend ist festzustellen, daß Bewußtseinssysteme (immer noch) Teil theoretischer Betrachtung sind, jedoch daß sie „vom Zentrum an die Peripherie der Betrachtung gerückt"[163] sind.

4.1.5 Intervention und Steuerung

Interventionen, also externe Veränderungsanregungen, sind aus Sicht des intervenierten Systems (z.B. ein zu beratendes Unternehmen) ebenfalls Daten (Rauschen). Als Kommunikationen im (ebenfalls autopoietisch geschlossenen) intervenierenden System (z.B. Unternehmensberatung) entsprechen diese zwar den Gesetzmäßigkeiten dieses Systems, nicht aber denen des intervenierten Systems. Es ist von außen also nicht zu durchschauen, ob und wie das intervenierte System reagiert. Konkret heißt das: Steuerung von außen ist nicht möglich! Von außen kann lediglich eine auf Hypothesen begründete Als-ob-Arbeitsgrundlage gebildet werden, die getestet werden kann.[164] Weiterhin heißt dies: Steuerung sozialer Systeme ist immer Selbststeuerung (vgl. 4.3.8).

---

[163] Hutter 1998
[164] Vgl. Willke 1987.

4.1.6 Grenzziehung und Sinn

Grenzen werden von einem subjektiven Beobachter gezogen. Sie sind trennend und verbindend zugleich. Das heißt, ein Aspekt von Grenzen ist die Setzung derselben zur kontextuellen Umschließung und als Abgrenzung zur Umwelt und zu anderen ähnlichen Systemen (z.b. DCCs zu Non-DCCs). Der zweite Aspekt der Grenze ist die Kopplungsmöglichkeit, die interdependente Beziehung zwischen Systemen (z.b. Unternehmen und DCCs) oder System und Umwelt. „Mit Hilfe von Grenzen können Systeme sich zugleich schließen und öffnen, indem sie interne Interdependenzen von System/Umwelt-Interdependenzen trennen und beide aufeinander beziehen."[165]

Im Gegensatz zu materiellen Grenzen (z.b. Zaun als Abgrenzung zwischen eigenem und fremdem Grundstück), entstehen immaterielle Grenzen sozialer Systeme nach dem Ordnungsprinzip Sinn. „Intersubjektiv geteilter Sinn grenzt systemspezifisch ab, was sinnvoll und was als sinnlos zu gelten hat."[166] Somit wirkt Sinn durch seine „aktualitätsfähige Repräsentation von Weltkomplexität im jeweiligen Moment"[167] wie Strukturen. Grenzen sind für soziale Systeme identitätsstiftend und komplexitätsreduzierend, indem selektive Sinnpräferenzen gebildet werden.

---

[165] Luhmann 1984, S. 52
[166] Willke 1982, S. 29
[167] Luhmann 1986, S. 44

4.2 Die Umwelt des Systems DCC

4.2.1 Einleitung

„Der wohl wichtigste Beitrag, den die Systemtheorie zu einem angemessenen Verständnis von Organisationen leisten kann, liegt zunächst nicht in einer bestimmten Konzeptualisierung von Organisationen selbst. Er liegt vielmehr darin, die Differenz zwischen Organisation und Gesellschaft einerseits, zwischen Organisation und Gruppe sowie Individuum andererseits ernst zu nehmen. In einem ersten Schritt kommt es darauf an, diese Differenz in theoretisch reflektierter Weise zu entfalten, um überhaupt erst einen geeigneten Zugang zum Gegenstandsbereich „Organisation" zu gewinnen."

Willke[168]

Entsprechend den Worten *Willkes* wird im folgenden versucht, Zugang zum System der Unternehmen bzw. der Organisation zu bereiten und die Vielschichtigkeit und Dynamik von Unternehmen zu thematisieren. Den diesbezüglichen Ausführungen werden systemtheoretische Grundgedanken über das Wirtschaftssystem als funktionales System der Gesellschaft, (vgl. 4.2.2) in das die Unternehmen mit ihren Systemprozessen eingebettet sind, vorangestellt. Hieran schließen dann sichtwechselnde Erklärungen über das System Unternehmung an, womit zum einen die systemtheoretische Richtung weitergeführt, zum anderen die Basis für die empirischen Prozesse gelegt wird. Implikationen für die Personalwirtschaft als eine ausdifferenzierte Funktion des Unternehmens bilden als dritte Beobachtungsebene[169] den Abschluß.

---

[168] Willke 1992, S. 17

[169] Wirtschaft -> Unternehmung -> Personalwirtschaft

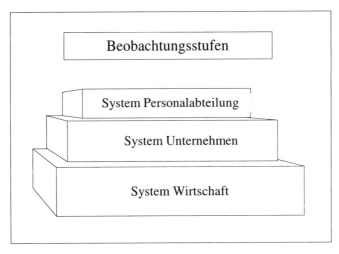

Abbildung 12: Beobachtungsstufen

4.2.2 Die Wirtschaft als System

Die Gesellschaft der heutigen Ausprägung wird von *Luhmann* als *funktional differenziertes* System begriffen, das vom Funktionieren der Teilsysteme abhängig ist.[170]

Wirtschaft ist *ein* Teilsystem der Gesellschaft und wird in seinem Gesellschaftsbezug von *Luhmann* entsprechend beschrieben: „Alles wirtschaftliche Handeln ist soziales Handeln, daher ist alle Wirtschaft immer auch Vollzug von Gesellschaft."[171] Es steht als Teilsystem neben anderen Systemen wie etwa dem Politiksystem, dem Erziehungssystem, dem Religionssystem, dem Wissenschaftssystem etc.

Das System Wirtschaft unterliegt als Subsystem weiterhin denselben theoretischen Zusammenhängen wie Systeme allgemein. Systeme bestimmen aufgrund von Kommunikationen Handlungen und ordnen diese zu. Das System Wirtschaft ist durch seine auf wirtschaftlich-kommunikatives Geschehen bezogenen Kommunikationen ausdifferenziert. Die Ressourcen der Wirtschaft, wie Produktionsmittel,

---

[170] Luhmann stellt der funktionalen Gesellschaftsausdifferenzierung die historischen der segmentären und der stratifikatorischen Gesellschaft voraus, vgl. Luhmann 1997, 595 ff. und Luhmann 1988.

[171] Luhmann 1988, S. 8

Anlagen, Mitarbeiter, sind keine Kommunikationen und somit auch keine System-bestandteile. Sie sind vielmehr notwendige Elemente der Systemumwelt.[172]

4.2.3   Die Elemente und das Medium des Systems Wirtschaft

Wie alle Teilsysteme ist auch die Wirtschaft – wie oben bereits kurz erwähnt – von der Gesellschaft funktional ausdifferenziert. Das bedeutet, die Wirtschaft konstitu-iert sich nach einem nur für sie geltenden Prinzip durch Verwendung einer eigenen Typik von Elementen.[173] Die Schließung in Funktionssysteme wie der Wirtschaft resultiert aus sich wiederholenden selbstreferentiellen ausdifferenzierten Kommu-nikationen.[174] In der Wirtschaft sind es Zahlungen.

4.2.3.1   Zahlungen und Geld

Zahlungen – als eine bestimmte Art kommunikativer Handlung – sind die sy-stemeigenen Letztelemente der Wirtschaft.[175] Nichtzahlungen sind der andere Teil des Differenzpaares und haben ihren Sinn in ihrer mitlaufenden Orientierung.

Der Bedingungszusammenhang, „Selbstreferenz kommt nur in Kombination mit Fremdreferenz vor"[176] (vgl. Exkurs Selbst- und Fremdreferenz), gilt auch für die Wirtschaft. Konkret heißt das, daß Produktion nur Wirtschaft und Tausch nur Wirtschaft ist, wenn Kosten und Zahlungen anfallen, also als solche wirtschaftlich kommuniziert werden. Ausschließlich wirtschaftliche Kommunikation gehört zum System Wirtschaft.

Wenn von einer spezifischen Semantik der Wirtschaft gesprochen wird, so bedeutet dies nicht, daß im Wirtschaftssystem nur über Zahlungen geredet wird. Die Se-mantik der Zahlungen kann als Erklärungsbasis gesehen werden, in der es um Ord-nungsprinzipien, um die Art der Beziehung zwischen Referent und Referiertem und

---

[172] Vgl. Luhmann 1988.
[173] Vgl. Luhmann 1988, S. 51f.
[174] Vgl. Willke 1992, S. 22.
[175] Vgl. Luhmann 1988, S. 14 u. 52.
[176] Luhmann 1988, S. 15

um den Aspekt der Ausdifferenzierung zum allgemeinen Gesellschaftssystem geht.[177]

Zahlungen als Letztelemente haben des weiteren bestimmte Eigenschaften. Zum einen ist ihre ständige Reproduktion Voraussetzung für das Bestehen des autopoietischen Systems Wirtschaft, da es aus ihnen besteht. „Würden keine Zahlungen mehr erfolgen, würde die Wirtschaft schlicht aufhören, als ausdifferenziertes System zu existieren."[178] Zum anderen sind sie durch einen hohen Informationsverlust im Sinne eines nicht notwendigen, sozialen Informationshintergrundes gekennzeichnet: Weder Informationen über Wünsche des Zahlenden noch Herkunftsangaben sind mit Zahlungen notwendig verbunden, sie sind sogar eher unwahrscheinlich.

Da Zahlungen temporalisierte Elemente bzw. Handlungen sind (sie finden zu einem bestimmten Zeitpunkt statt und sind gleich danach schon nicht mehr existent), ist Wirtschaft ein System aus temporalisierten Selektionen von Ereignissen. Diese Unruhe ist auch anderen Systemen eigen, z.B. Bewußtseinssystemen, neurophysiologischen Systemen oder Organisationen. „Alle diese Systeme lassen das schrumpfen, was für sie „gleichzeitig", also insofern unbeeinflußbar ist."[179] Es ist ihnen möglich, sich selbst in Zeithorizonten zu beobachten, also die Dimensionen Gegenwart, Vergangenheit und Zukunft zu differenzieren.

Der Vollständigkeit halber sollen hier noch kurz weitere Elemente der Wirtschaft angeführt werden, die die ausdifferenzierte semantische Strukturiertheit des Teilsystems Wirtschaft gleichfalls verstärken.

4.2.3.2 Preise, Wert und Geld als Medium

Preise implizieren wie Zahlungen Informationsverlust, aber ebenso bedeuten sie spezifischen Informationsgewinn, indem sie über Zahlungserwartungen informieren. Sie funktionieren nach dem Differenzschema „mehr oder weniger".[180] Der Preis ist Repräsentant der wirtschaftlichen Autopoiesis: er entsteht durch Zahlun-

---

[177] Vgl. Willke 1987.
[178] Luhmann 1988, S. 53
[179] Luhmann 1988, S. 22
[180] Vgl. Luhmann 1988.

gen. Der Begriff Wert dagegen steht für die gesellschaftliche Relevanz des wirtschaftlichen Geschehens.

Geld verweist als institutionalisierte Selbstreferenz auf das Wirtschaftssystem. In Anlehnung an *Talcott Parcon* wird Geld als symbolisch generiertes **Kommunikationsmedium** bezeichnet, das Operationen durch einen bestimmten Code steuert. Zahlungen (wirtschaftliche Kommunikationen) werden durch Geld systematisiert.[181] Der Geldcode fungiert als Medium, weil er an eine Nachfrage eine Zahlungsangebotsankopplung, an ein Angebot eine Zahlungsaufforderungsankopplung ermöglicht.[182]

Die Offenheit bzw. der Umweltbezug des Wirtschaftssystems besteht in dem Sinne, daß Zahlungen an Gründe für Zahlungen gebunden sind.[183] Gründe sind z.B. Bedürfnisse. Die Befriedigung der Bedürfnisse ist die Antwort auf den Umweltbezug und wird als **Leistung** der Wirtschaft definiert (nicht jedoch als ihre Funktion).[184]

Die Leistungsträger der Wirtschaft, also die funktionalen Einheiten der wirtschaftlichen Leistung, sind die **Unternehmen**. Unternehmungen sind in diesem Sinne Subsysteme der Wirtschaft und damit ebenso eingebunden in die Gesellschaft wie diese.[185] Wirtschaft gehört für sie also zur Umwelt.[186]

Ihrer Funktion in der Wirtschaft nun zugeordnet, beschäftigen sich die folgenden Ausführungen mit der systemtheoretischen Sichtweise von Unternehmen: Unternehmen als Systeme.

---

[181] Aber auch nichtzahlendes Verhalten wie Übereignung von Gütern, Einstellung von Mitarbeitern, Arbeit etc. wird durch das Medium Geld geordnet.

[182] Kommunikation stellt eine offene Situation des Sinnvorschlages vor, Annahme oder Ablehnung ist möglich. „Medien verstärken die Wahrscheinlichkeit einer Annahme auch für Situationen, in denen eher eine Ablehnung zu erwarten wäre." Luhmann 1988, S. 68. Medien sind Kommunikationsverstärker bzw. -ermutiger.

[183] Vgl. Luhmann 1988, S. 59.

[184] Vgl. Luhmann 1988, S. 63f.

[185] Vgl. Ortmann & Sydow & Türk 1997, Martens 1997.

[186] Luhmann 1988, S. 72f.

Exkurs: Selbst- und Fremdreferenz

Im Rahmen einer Unterscheidung wird unter **Referenz** das Beziehen auf eine Seite oder das **Bezeichnen** einer Seite der Unterscheidung verstanden.[187] Referenz fixiert die Leistung der Unterscheidung.

Das **Selbst** ist das durch die Unterscheidung Bestimmte, z.b. eine Operation, ein Prozeß, eine Struktur oder eben auch ein System. Selbstreferenz kann also als ein Sichselbst-bezeichnen umschrieben werden. Selbstreferenz im Kommunikationssystem ist das Verweisen auf vorhergehende Kommunikation durch Mitteilung.[188] „Über Mitteilung bezieht das System sich auf sich selbst. Die Mitteilung aktualisiert die Möglichkeit, rekursiv weitere Kommunikation auf das System zu beziehen."[189]

Ein System ist mithin dann selbstreferentiell, wenn es Operationen, aus denen es besteht, selbst konstituiert und wenn in allen Operationsbeziehungen mitlaufend auf die Selbstkonstitution verwiesen und zugleich reproduziert wird.[190]

Im Gegenzug dazu referiert **Fremd**referenz auf Information, auf das, worüber gesprochen/kommuniziert wird, auf was verwiesen wird, was thematisiert wird. „Entsprechend sind Objekte für das System immer Referenzen; also nie in der Außenwelt gegebene Dinge, sondern strukturelle Einheiten der Autopoiesis des Systems...".[191]

Kommunikation ist die Form, in der die Differenz System (Selbstreferenz) und Umwelt (Fremdreferenz) hineinverlagert wird,[192] oder anders ausgedrückt: In Kommunikationen manifestiert sich die Differenz von System und Umwelt und damit auch die Differenz von Selbst- und Fremdreferenz.

---

[187] Die Synthese aus den Operationen Unterscheiden und Bezeichnen bildet die Einheit der Operation Beobachten. Vgl. Luhmann 1985, Kneer & Nassehi 1993. Der Logik von Spencer Brown 1979 folgend, kann ohne Unterscheidung (indem man eine Grenze markiert) keine Bezeichnung vorgenommen werden.

[188] Vgl. Kneer & Nassehi 1997, S. 99.

[189] Luhmann 1997, S. 97

[190] Vgl. Luhmann 1984, S. 58.

[191] Luhmann 1997, S. 99

[192] Vgl. Luhmann 1997, S. 98.

4.3 Das Unternehmenssystem

„ Organisationen [...] sind Mythen der Moderne. Sie haben ‚hinter dem Rücken der Akteure'
in ihren Spezialsemantiken und den darin eingebauten Erwartungs- und Entscheidungsmu-
stern eigenständige Realitäten erzeugt, die nicht mehr auf die Handlungen von Personen al-
lein zurückführbar sind. "

Willke[193]

4.3.1 Eine andere Sichtweise

Klassische Organisationstheorien betrachten Unternehmen als teleologischen Er-
kenntnisgegenstand, der aktiv gestaltbar, planbar und gesetzbildend durchdrungen
werden kann.[194]

Auch der allgemeinen betriebswirtschaftlichen Forschung liegt größtenteils die
Vorstellung von der Unternehmung als Entität zugrunde, die sich durch die Zuschreibung von Eigenschaften und oft sogar durch Verhaltensweisen konstituiert.[195]
Prozesse finden als Beschreibungsparameter für Unternehmen – wenn überhaupt –
mit der Erkenntnisrichtung auf Umweltrelationen Beachtung (Umweltdetermi-
niertheit der Unternehmen). Innerhalb dieser Betrachtungsweise herrscht zudem
noch die Setzung des Unternehmens als zweckrationales und zielorientiertes Gebil-
de vor.[196] In einer anderen traditionellen Betrachtungsweise ist das Unternehmen
das Instrument zur funktionalen Zielerreichung (instrumenteller Organisationsbe-
griff).[197]

Im folgenden Kapitel wird ein Blickwechsel vollzogen, eine andere Sicht- bzw. Be-
schreibungsweise des „Phänomens" Unternehmung versucht, die sich aus der
konsequenten Anwendung konstruktivistischer und systemischer Logiken ergibt

---

[193] Willke 1992, S. 29

[194] Vgl. Probst & Schwager 1990. Neuere Entwicklungen in der Organisationstheorie lassen neben der einseitigen ökonomischen Zielgerichtetheit allerdings schon integrative
Tendenzen erkennen: „ ... hin zu einem Verständnis von Organisationen in Begriffen
von Sinn *und* Norm *und* Macht *und* Effizienz." Ortmann & Sydow & Türk 1997, S. 34.

[195] Vgl. Schanz 1992.

[196] Vgl. Rother 1996.

[197] Eine Darstellung unterschiedlicher Definitionen findet sich in Ertinger 1994.

und die Organisationen als ein Moment (unter vielen) der Gesellschaft ausweist.[198] Auch dieser Blickwechsel gründet auf der in dieser Arbeit aufgespannten Zielsetzung des Zugewinns an Wirklichkeitskonstruktionen.

In Bezug zu den genannten traditionellen Organisationsdefinitionen eröffnet die Systemtheorie die Möglichkeit abzurücken von der Verdinglichung in den Beschreibungs- und Erklärungsversuchen und von der ontologisch-normativen Zielsetzung, Letztwahrheiten über die Existenz von Unternehmen zu postulieren.[199] Vielmehr wird sich die Konzentration im Sinne von Selbstreferenz auf organisations-, also systeminterne Prozesse richten.[200] Es wird entsprechend der systemtheoretisch-konstruktivistischen Vorgehensweise eine Theorie von der Unternehmung angeboten, die sich mehr auf die Beantwortung von qualitativen Fragen der Art, „wie eine Unternehmung beobachtet, wie in einer Unternehmung beobachtet wird, wie Wirklichkeit hervorgebracht und Wissen erzeugt wird"[201], konzentriert.

Sie transformiert die vorherrschende (sicherlich leichter zu handhabende) statische Beständigkeit der Sichtweise von Unternehmen in „haltlose" Dynamik, in der die Elemente des Systems Unternehmung nicht dauerhaft sind, sondern im Entstehen vergehen und somit präsenzlos sind.[202]

Die Verzeitlichung des Elementebegriffs bedingt die bedeutende Sichtänderung, in der Unternehmen nicht mehr durch Menschen, Artefakte und andere Dinge kon-

---

[198] Vgl. Martens 1997.

[199] Die „.. vormalige gegenständliche Sicht und Begreifbarkeit [von Unternehmen] zu verflüssigen", forderte Neuberger schon 1988, S. 54.

[200] Vgl. Liebig 1997 und Neuberger 1988, S. 53: Die „Unternehmenshaftigkeit" „... liegt nicht in greifbaren Dingen, sondern in Beziehungen, Zuschreibungen und Setzungen: die Vielzahl der [..] Handlungen und Kommunikationen wird als Einheit symbolisiert, indem sie unter einem Namen [gemeint ist hier „Firmenname", Anmerkung Autorin] zusammengefaßt werden."

[201] Rüegg-Stürm 1998, S.6

[202] Vgl. Luhmann 1984. Organisationen als fortschreitende Prozesse zu verstehen, schlugen z.B. auch Dachler, Hosking & Gergen 1995 vor.

stituiert werden[203], sondern durch *Ereignisse*. Unternehmen werden also als konstanter Strom von Ereignissen bzw. Kommunikationen verstanden.

4.3.2 Unternehmen und Entscheidungen

Die basalen, systembildenden Operationen von Unternehmen sind Entscheidungen[204] als spezifische Form von Kommunikation. „Im Gegensatz zu Handlungen, die als gegeben hingenommen oder in ihrem typischen Ablauf erwartet werden, haben Entscheidungen ihre Identität nicht im Ablauf eines bestimmten Geschehens, sondern in der Wahl zwischen mehreren Möglichkeiten (Alternativen)...".[205] Die Relation der Differenz von Alternativen und die bezeichnete, also gewählte Alternative ergeben zusammen die demnach doppelte und nur temporalisiert (nämlich nacheinander) zu denkende Einheit von Entscheidungen. „Im Unterschied zu einfachen Handlungen *thematisieren* Entscheidungen demnach ihre eigene Kontingenz und haben ihre Einheit darin, daß sie sich trotzdem zu eindeutiger Form bestimmen."[206] Entscheidungen sind, anders ausgedrückt, das Ergebnis einer Selektion von kontingenten Kommunikationen.

Nach Maßgabe der Systemlogik produziert und reproduziert das Unternehmen also Entscheidungen, die miteinander durch Selbstreferenz verbunden sind, d.h. daß sie sich einerseits auf Vor-Entscheidungen beziehen und andererseits gleichzeitig die Kontingenz von Nach-Entscheidungen begrenzen.[207] Bezugnehmend auf die Verzeitlichung von Elementen bestehen Unternehmen also aus der Abfolge der Ereignisse mit der Bezeichnung „Entscheidungen". Diese Sichtweise etabliert eine implizite (im Sinne von konstitutive) Normalität des Wandels und der Veränderung.[208]

Die *Form* der Unternehmung ist von der Unternehmung *an sich* abzugrenzen und kann mit *Spencer Brown* als Ausdruck einer kommunizierten Unterscheidung verstanden werden, die ein Unternehmen zur Beobachtung verwendet.[209] Eben diese

---

[203] Vgl. Rüegg-Stürm 1998.

[204] Mit dieser Zurechnung zur Kommunikation verneint Luhmann gleichzeitig die Zuordnung von Entscheidung zu *psychischen* Ereignissen, vgl. Luhmann 1988a, S. 166.

[205] Luhmann 1981, S. 337

[206] Luhmann 1981, S. 338

[207] Vgl. Walger 1996.

[208] Vgl. Walger 1996.

[209] Vgl. Aschenbach 1996, Spencer Brown 1979.

Form ist auch ein Gegenstand der anschließenden empirischen Untersuchung (vgl. Kapitel 7 und 8).

Bevor auf die Prozesse des Systems Unternehmung eingegangen wird, soll – bezugnehmend auf das Anfangszitat von Willke – die Differenz zwischen Unternehmung und Gesellschaft (Umwelt) betrachtet werden.

4.3.3 Unternehmen und Gesellschaft

Unternehmen sind Subsysteme der Wirtschaft, sie gehören jedoch von ihrer Systemform her zu den Organisationen[210] (vgl. Abbildung 13).

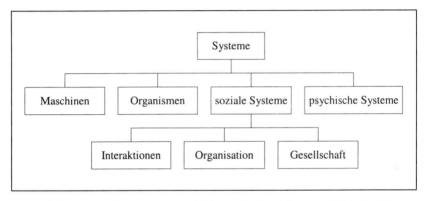

Abbildung 13: Ebenen der Systembildung (Quelle: Luhmann 1984, S. 16)

Während die Gesellschaftsform über *Kommunikationen* ausdifferenziert wird – z.B. Wirtschaft über wirtschaftliche Kommunikation –, sind Organisationen über *Mitgliedsrollen* ausdifferenziert, „die durch Entscheidungen mit Personen besetzt werden, deren Verhalten durch die Organisation konditioniert werden kann."[211]

Organisationen existieren (nur) innerhalb der Gesellschaft und können, im Gegensatz zur Gesellschaft, die bereits durch Kommunikation existent ist, (aktiv) gebildet

---

[210] Andere Systeme mit der Systemform Organisation sind z.B. Kirchen (Teilsystem Religion), Gerichte (Teilsystem Recht), Forschungsinstitutionen (Teilsystem Wissenschaft). Da sich diese Arbeit nur mit Unternehmen beschäftigt, wird das Wort „Organisation" hier als lokales Synonym für Unternehmung verwendet.

[211] Luhmann 1994, S. 189f.

und aufgelöst werden. „Sie sind eine besondere Form, Gesellschaft durch programmatisch verdichtete Kommunikation fortzusetzen. Sie eröffnen Entscheidungsspielräume, die es andernfalls nicht gäbe, und sie ermöglichen es dadurch, die Irritabilität des Systems zu steigern." [212] Durch ihre Rollenzuschreibung sind sie auch die einzigen Sozialsysteme, die als „kollektive Akteure"[213] auftreten können.[214]

Das Funktionssystem Wirtschaft, das für die *allgemeine* Inklusion von Personen in den Funktionsbereich der Wirtschaft offen ist, wird durch die Systemform Organisation reguliert und strukturiert: Organisationen können über die Entscheidung Entlassung/Einstellung Inklusion oder Exklusion regulieren. Umgekehrt ist aber eine Unternehmung nicht in der Lage, den Zustand des Wirtschaftssystems zu determinieren. Sie kann nur Variablen des Systems (z.B. Zinssätze) mehr oder weniger verändern.[215] Die Autoren *Ortmann et al.* bringen Unternehmen und die Gesellschaft in ein „Verhältnis rekursiver Konstitution", das besagt, „... daß die Organisationen eben jene gesellschaftlichen Strukturen und Institutionen, denen sie unterliegen, ihrerseits produzieren und reproduzieren – manchmal, wenn auch bei weitem nicht immer, in durchaus strategischer Absicht."[216] Diese Aussage lehnt sich damit deutlich an *Giddens* Überlegungen zur Rekursivität von Einflüssen, hier zwischen Organisationen und Gesellschaft bzw. Umwelt, an.

4.3.4   Unternehmen und ihre Mitglieder

Organisationen haben keine eigene Primärerfahrung, da sie über kein Bewußtsein verfügen.[217] Wie in Kapitel 4.3.3 erläutert, erfolgen dem Unternehmen zuzuordnende Operationen über die stukturelle Kopplung mit den Bewußtseinssystemen (psychische Systeme) der Mitglieder. Der Begriff **Mitglied** verweist auf die manifestierte Entscheidung der Organisation zur Inklusion: Lediglich inklusive Mitglieder können (dürfen) Kommunikationen erzeugen, die systemintern zu Enscheidungen transformiert werden. Organisationen operieren also nur auf der Basis von

---

[212] Luhmann 1994, S. 190

[213] Luhmann 1994, S. 191

[214] Im Gegensatz dazu können funktionale Teilsysteme wie die Wirtschaft oder die Wissenschaft nicht kollektiv handeln.

[215] Vgl. Luhmann 1994.

[216] Ortmann & Sydow & Türk 1997, S. 19

[217] Vgl. Kahle 1998.

Kommunikationen ihrer Mitglieder, wobei diese Kommunikationen doppelt zuge-rechnet werden: Einerseits dem Mitglied, andererseits der Organisation. Oder an-ders ausgedrückt: „Systembildung durch Organisation kann begriffen werden als Rekonstruktion doppelter, relativ unabhaengig variierender Kontingenzen. Der eine Kontingenzbereich liegt in den Verhaltensdispositionen der Personen, die Hand-lungen zum System beitragen (Mitglieder). [...] Der andere Kontingenzbereich liegt in den Regeln, [...] nach denen Mitglieder sich verhalten sollen."[218]

Mit der Verwendung des Begriffs Mitglied wird bewußt nur der systemzugehörige Teil des Gesamtkomplexes Mensch bezeichnet und somit die für den Kontext un-nötige Komplexität des Menschens reduziert.[219] Ein anderes Beispiel einer derarti-gen komplexitätsreduzierenden Zuordnung ist die Bezeichnung **Stelleninhaber**. Durch diesen Begriff werden bestimmte Funktionen systemintern zugeordnet. Der Anschein einer simplifizierenden Betrachtung des Menschen soll hier jedoch nicht erweckt werden. Es sei also noch einmal betont: Der Mensch an sich wird nicht eliminiert, nur seine Komplexität. Der Mensch in der Organisation ist immer „mitlaufend". Das psychische System in spezifischen Funktionen oder Rollen – sei es als Personalverantwortlicher, als Vorgesetzter, als Kollege – wird im Sinne leist-barer Operationalisierung (nur) als Stellvertreter für Kontingenz verwendet. Die Bedeutung von Personen (vgl. Exkurs: Selbst- und Fremdreferenz) macht auch *Luhmann* immer wieder deutlich. Insgesamt sind Organisationen also „... sehr viel stärker, als man von außen vermuten würde, intern personell orientiert"[220]

4.3.5 Operative Geschlossenheit und Umweltbezug

Wie in den theoretischen Grundlagen beschrieben, werden autopoietische Systeme, zu denen auch das Unternehmen gehört, als **operativ geschlossen**, d.h. aus sich selbst heraus organisiert und prozessiert, definiert.[221] Operative Geschlossenheit ist

---

[218] Luhmann 1975, S. 40

[219] Vgl. Luhmann 1988a.

[220] Luhmann 1990a, S. 96

[221] Im Gegensatz dazu verweist z.B. die in der Kybernetik definierte operative *Offenheit* von Systemen auf die *konstitutive Umweltabhängigkeit* der Steuerungsleistungen des Systems, auf die Bedingung der Reaktion auf äußere Veränderungen oder Eingriffe. Vgl. Liebig 1997, S. 71.

eine Voraussetzung für Entstehung, Reproduktion, Stabilität und Erhalt der Unternehmung.[222] Der Sinn der operativen Schließung liegt also in der Vermeidung von Komplexitätsüberlastung, mit anderen Worten in der (nur) in der Schließung enthaltenden Möglichkeit des Unternehmens, „... gegenüber den Turbulenzen der Umwelt seine innere Ordnung zu erhalten und in produktiver und selbstreproduktiver Weise mit seiner Eigenkomplexität umzugehen."[223]

Die Herausbildung von Strukturen[224] oder Symbolsystemen sind beobachtbare Beispiele einer derartigen selbstreferentiellen Komplexitätsreduktion. Auch hier erscheint die Selbstreferenz als zweite Voraussetzung für die Formulierung einer Systemexistenz.

Selbstreferenz und operative Geschlossenheit implizieren nicht, daß das System keinen Umweltbezug hat, denn es steht außer Zweifel, daß in Unternehmen eben durch Umweltbezug Veränderungen bzw. evolutionäre Prozesse stattfinden. Es stellt sich nicht die Frage, ob ein Umweltbezug besteht, sondern es gilt die qualitative Frage zu beantworten, *wie* dieser Umweltbezug aussieht, wie also das Phänomen der Gleichzeitigkeit von Offenheit und Geschlossenheit verstehbar wird.

Offen sind Unternehmen insofern, daß überhaupt Umwelt wahrgenommen und im systeminternen Informationsprozeß verarbeitet wird.[225] Geschlossen sind sie insofern, daß Veränderungen durch diese Informationen – ihr Ausmaß und ihre Richtung sowie die Art der möglichen Umweltkontakte – durch interne Systemlogik genau determiniert sind.[226] Mit anderen Worten: Es bestehen kausale, aber eben

---

[222] „Der Grundgedanke operativer Schließung ist in der Organisationssoziologie keineswegs neu. Stichworte wie relative Autonomie, Eigendynamik, partikulare Rationalität, Selbstorganisation oder Eigenlogik weisen auf die ubiquitäre Beobachtung eines Prozesses der Absonderung und des Eigenständig-Werdens organisierter sozialer Systeme hin." Willke 1992, S. 27

[223] Willke 1992, S. 24

[224] Martens nennt diese Strukturen auch „formale Selbstbeschränkungen", zu denen er sowohl innere als auch umweltrelationale Strukturen/Ordnungen zählt. Vgl. Martens 1997, S. 296f.

[225] Die Bildung von Symbolsystemen etc. im Sinne innerer Modelle der Außenwelt sind Beispiele unterschiedlicher Arten der Vorselektion von Umweltdaten. Vgl. Willke 1978.

[226] Vgl. Probst 1993, Wimmer 1989.

nicht operationale Interdependenzen. *Luhmann* gebraucht für den Vorgang des Informationsbezuges aus der Umwelt den Ausdruck „mitlaufende Selbstreferenz", eine Kombination aus Selbst- und Fremdreferenz, die durch rekursive und zirkuläre Geschlossenheit Öffnung herstellt.

Interne Selektivität der Unternehmen (Selbstreferenz), die sich in Strukturen manifestiert, determiniert also den Umweltbezug. Die meisten Umweltereignisse werden vom System nicht wahrgenommen, oder anders ausgedrückt, nur ganz bestimmte, für den systemexternen Beobachter nicht vorhersehbare Ereignisse aus der Masse des Umweltrauschens werden als Informationen wahrgenommen (Fremdreferenz). Wie ein externes Ereignis wahrgenommen und wie es dann weiterhin intern verarbeitet wird, hängt von der inneren Ordnung (vgl. 4.3.7) und vom jeweiligen Zustand des Systems/der Unternehmung ab, der sich aus Gegenwart, Vergangenheit (Generierung und Abfolge anschlußfähiger Kommunikationen) und Zukunft (Ausbildung von Erwartungen) zusammensetzt. Wie bereits erläutert, ergibt sich hieraus die Schwierigkeit bzw. Unmöglichkeit der externen Steuerung von Unternehmen.

Die Tatsache, daß Unternehmen als Untersysteme des Funktionssystems Wirtschaft durch eigene Autopoiesis (also durch Grenzsetzung zur Wirtschaft) die Möglichkeit haben, auch durch andere Funktionssysteme irritiert zu werden, ist Ausdruck der oben erwähnten kausalen Interdependenz zwischen Systemen, die *Luhmann* nach *Maturana* mit **struktureller Kopplung**[227] bezeichnet (vgl. 5.1.1). Funktionssysteme sind also mit Organisationen strukturell gekoppelt.[228]

4.3.6 Zur Einheit des Systems Unternehmen

Wie kann ein System Unternehmen als Einheit beschrieben werden? Zu unterscheiden ist zunächst die durch operative Grenzsetzung[229] gebildete **Einheit** von

---

[227] Vgl. Maturana 1982, Luhmann 1994, S. 196.

[228] Beispiel: Das Ereignis „Krankschreibung" ist z.B. durch die Organisation Krankenhaus initiiert und koppelt das Medizinsystem mit dem Wirtschafts- und Rechtssystem. Vgl. Luhmann 1994.

[229] Daß auch eine operative Grenzsetzung schwierig wird, wenn sich Unternehmensgrenzen beginnen aufzulösen bzw. zu verschwimmen und sich Netzwerke bilden, beschreiben Ortmann & Sydow 1999.

der durch Selbstbeschreibung konstituierten **Identität**. Beides wird jedoch aus Kommunikationen geschaffen.

Die Einheit ergibt sich aus dem Blickwinkel der Beobachtung, oder im systemisch-konstruktivistischen Sprachgebrauch formuliert, aus den Unterschcidungen des Beobachtungssystems.

Auf Grundaussagen des Konstruktivismus zurückgreifend leitet sich hieraus direkt die Unmöglichkeit einer objektiven Einheitsfeststellung ab, da Beobachtungen nicht absolut, sondern relativ zum Blickwinkel des Beobachters sind.[230] Weiterhin gilt, daß das Unternehmen als System die Grenze zwischen sich und der Umwelt benutzen kann – sie kann sie aber nicht bezeichnen. „Die Einheit des Systems ist für das System unzugänglich."[231] Also auch das System selbst kann die Einheit nicht feststellen.

In der empirischen Arbeit wird daher keine objektive, sondern eine subjektive Einheitsfeststellung angefertigt, die dem sozialen System Unternehmung als Referenz angeboten wird.

Nachdem nun die System-/Umweltdifferenzierung von Organisationen beleuchtet wurde, wird es im weiteren darum gehen, abzustecken, wie das System Unternehmen intern sortiert ist.

4.3.7 Die innere Ordnung oder Organisation von Unternehmen – Aufbau und Sinn

Der grundlegende Operationsmodus, dem es sozialen Systemen, also auch Unternehmen, ermöglicht, Umweltkomplexität überhaupt zu reduzieren und damit Informationsgewinnungs- und -verarbeitungsprozesse auszulösen, ist **Sinn**. Sinn differenziert, was systemspezifisch und was nicht systemspezifisch, was im Systemkontext als sinnvoll, was als sinnlos gilt.[232] Nach dieser Erstdifferenz durch Sinn erfolgt die Anschlußkommunikation als Reaktion auf Umweltrauschen nicht zufällig, sondern systemtypisch. Diese Nichtzufälligkeit kann als Organisation des Sy-

---

[230] Objektivität oder objektive Erkenntnis wäre nur durch Trennung der Beobachtung vom Beobachter möglich. Vgl. von Foerster 1994, Glasersfeld 1981.

[231] Luhmann 1991, S. 168

[232] Vgl. Luhmann 1984, S. 92 f.

stems oder als Struktur bezeichnet werden. Strukturen determinieren zum einen Relationen bzw. Entscheidungszusammenhänge, mit anderen Worten: „Strukturen schränken ein, was auf Entscheidungen folgen kann."[233] Im Sinne *Luhmanns* sind Strukturen zum anderen auch manifestierte Erwartungen, die Handlungen in Entscheidungen transformieren und diese verknüpfen,[234] also Resultate von Entscheidungen. Dieser Vorgang resultiert aus der Eigenart des menschlichen Seins, das an ein (überlebens-)notwendiges Mindestmaß an Erwartbarkeit gebunden ist. Die sich ergebenden strukturbildenden Wiederholungen in Form von Anschlußentscheidungen ähnlicher bzw. gleicher Art werden auch als sogenannte organisationale Routinen[235] oder Institutionen[236] bezeichnet, die sich zum Beispiel in Entscheidungsprogrammen manifestieren[237] und die zur Verselbständigung eines Teils des Ereignisstroms nach einer systemischen Logik[238] führen. Routinen entsprechen nach *Batson* der Ökonomie des Bewußtseins,[239] also der Notwendigkeit der Komplexitätsreduktion.[240] Neben Entscheidungsprogrammen, zu denen z.B. die Festlegung eines Produktionsprogrammes und eines Produktsortiments, die Festlegung von Kernkompetenzen, die Begrenzung auf bestimmte Marktsegmente u.a. zählen,[241]

---

[233] Mayrhofer 1996, S. 103

[234] Vgl. Luhmann 1984, Rüegg-Stürm 1996.

[235] Vgl. Nelson & Winter 1982.

[236] Bezugnehmend auf Zucker 1977 und Meyer & Rowan 1977 beschreiben Barley & Tobert 1997 Institutionen folgendermaßen: „... institutions are socially constructed templates for action, generated and maintained through ongoing interaction." Und: „ ... actors create insitutions through a history of negotiations that lead to shared typifications or generalized expectations and interpretations of behaviour." S. 94.

[237] Vgl. Jarmai 1995.

[238] Normen z.B. liegen den Routinen zugrunde und gehören zur systemischen Logik dazu. Sie sind strukturbildend und werden z.B. von Titscher 1995, S. 116 als ein „ ... Satz von verbindlichen und zeitlich sehr stabilen Verhaltenserwartungen [...], die aus Interaktionserfahrung resultieren und von der Gruppe an ihre Mitglieder gerichtet werden", definiert.

[239] Vgl. Batson 1985.

[240] Diese notwendige Komplexitätsreduktion kann auch einen inhibitorischen Charakter bekommen, was dazu führt, daß Kontingenz in Organisationen zu eingeschränkter Kontingenz z.B. in Bezug auf Handlungen führt. Vgl. hierzu Baecker 1996.

[241] Vgl. Martens 1997.

nennt *Jarmai* zwei weitere strukturbildende Elemente: Kommunikationswege, die die Adressaten und Anschlüsse von Entscheidungen beeinflussen (wer mit wem, wozu und wie kommuniziert und entscheidet) und Personen, die durch ihre Ressourcen und Potentiale die Anschlußmöglichkeiten von Entscheidungen determinieren.[242]

Betriebsblindheit ist ein Beispiel für Komplexitätsreduktion durch Beobachtungen. Wahrnehmungen und Nichtwahrnehmungen sowie Interpretationen werden erwartbar und unbewußt bzw. stereotyp.

Systeme können auf gestiegene Anforderungen auch genauso mit Komplexitäts*steigerungen* in Form von Systemdifferenzierung reagieren, um Umweltkomplexität wahrzunehmen und zu verarbeiten.[243] Mit Systemdifferenzierung ist die innerhalb von Systemen erfolgte Ausdifferenzierung weiterer System/Umwelt-Differenzen gemeint. Im System Unternehmen werden beispielsweise Tochterunternehmen, Geschäftsbereiche, Abteilungen, Projektgruppen als ausdifferenzierte Subsysteme bezeichnet. Die Unternehmung ist dann zum einen das Gesamtsystem, zum anderen Umwelt für die Teilsysteme.[244]

Welche Ableitungen sich aus der veränderten Betrachtungsweise von Organisationen als System dynamischer zeitloser Ereignisse und selbstreferenzieller, gekoppelter Operationsweise für Personalabteilungen ergeben, wird in Kapitel 4.3.9 erörtert.

Die spezifische Ausgestaltung dieser erwartbaren Anschlüsse von Entscheidungen aufgrund von oben genannten Strukturen konstituiert die Einmaligkeit von Unternehmen und damit auch der Unternehmenskultur.

---

[242] Vgl. Jarmai 1995.

[243] Komplexitätssteigerung des Systems durch Bildung von Untersystemen bedeutet eine Zunahme an Umweltkomplexitätsverarbeitungskapazität und bildet mithin die geeignete Korrespondenz zu Umweltkomplexitätssteigerungen. Vgl. Ashby 1994, Luhmann 1977, S.186.

[244] Beschrieben werden kann dieses Ausdifferenzierungsphänomen z.B. anhand von Hierarchiestrukturen im Sinne transitiver Verhältnisse zwischen System, Teilsystem und TeilTeilsystem aus Enthaltensein im Enthaltensein. Vgl. Luhmann 1984, verweisend auf Simon 1962.

Neben strukturellen Beschreibungszusammenhängen spielen Prozesse eine große Rolle in der Systemtheorie. Ein zentraler Prozeß, der die Unterschiedlichkeit systemtheoretischer von nicht-systemtheoretischer Denkweise pointiert und an dem sich Systemkritiker reiben, ist der Steuerungsprozeß bzw. die an das System gerichteten Steuerungsintentionen. Das bemühte Ziel der Kontrolle von Komplexität findet Ausdruck in vielen Diskussionen und Forschungen in betriebswirtschaftlichen Feldern, wie im Controlling oder in der Managementforschung. Gänzlich verschieden stellt sich das Steuerungsverständnis in der neueren Systemtheorie dar und soll im folgenden dargestellt werden.

4.3.8 Steuerungsverständnis

Eine Konsequenz, die sich aus oben beschriebenem selbstreferentiellen Systemaufbau ergibt „.. ist der Verzicht auf Möglichkeiten der unilateralen Kontrolle."[245] Das übliche Steuerungsverständnis in der Betriebs- und Personalwirtschaft (vgl. 4.3.8) mit ihren Instrumentarien orientiert sich hingegen an dem **hierarchischen Steuerungsprinzip,** das durch direkte Verhaltensbeeinflussung gekennzeichnet ist und das, daraus abgeleitet, davon ausgeht, einen von oben planbaren Steuerungseingriff in das System Unternehmung vornehmen zu können, um kalkulierbare Wirkungen zu erzielen.

Die **Steuerung nach dem evolutionären Prinzip** als Alternative zum hierarchischen erfolgt nach dem Gedanken des Zufallsprinzips in kleinen wechselseitigen Anpassungsschritten.

Aber weder das hierarchische noch das evolutionäre Steuerungsprinzip sind optimal. Während das eine im Sinne einer Potentialignoranz bzw. Kontrollosigkeit gegenüber der Komplexität der Einzelteile eine suboptimale Antwort ist, fehlt dem anderen die langfristige Sicht, der Zukunftsbezug.[246]

Anlehnend an Willke wird hier ein differierendes Prinzip präferiert, das nicht nur die operative Geschlossenheit berücksichtigt, indem es die Steuerungsmöglichkeit

---

[245] Luhmann 1984, S. 63. Das Bezweifeln der Möglichkeit der direkten Steuerung von Systemen (z.B. Unternehmen) sehen auch Autoren der Chaos- und Komplexitätsforschung: Levy 1994, Langlois & Everett 1992, Chia 1995.
[246] Vgl. Willke 1992.

beim autopoietisch geschlossenen System beläßt (Selbststeuerung), sondern auch die Komplexität und die Selbstreferenz berücksichtigt, indem es versucht, die systemeigenen Operationen, die zu Veränderungen führen können, anzuregen bzw. die Relevanz von Informationen zu verdeutlichen, für die im System üblicherweise keine Sensibilität besteht. Dieses ist das **Prinzip der kontextuellen Intervention**.[247]

Anregung oder Irritation und Aktivierung zur Selbststeuerung ersetzen also das externe Steuerungsverständnis. Um z.B. Stellen höherer Sensibilität bzw. Reaktionswahrscheinlichkeit von solchen geringerer zu unterscheiden, ist eine möglichst genaue Analyse und Kenntnis des Systemverhaltens notwendig.[248]

Zentraler Ansatzpunkt ist das Verstehen des Verstehens, d.h. der Beobachter/Intervenierende muß durch reflexive Kommunikation verstehen, wie das System sich selbst versteht. Das „Verstandene" ist, um es noch einmal zu betonen, keine Wirklichkeit, sondern ein konstruiertes Beobachtungssubstitut des Systems, das durch wiederholtes reflexives Testen prozessiv rekonstruiert werden kann.

Im Sinne von Intervention gibt dabei das System, nicht der Intervenierende, den Möglichkeitsraum darüber vor, wie und wodurch es sich beeinflussen lassen würde – und ob überhaupt – und beläßt damit Interventionswahrscheinlichkeiten ausschließlich bei sich.[249]

Die dargestellte relative Unwissenheit intervenierender Systeme über andere Systeme kann also durch Beobachtung und Kommunikation in relatives Wissen transformiert werden. Verstehende Beobachtung des Systems setzt immer auch die Fähigkeit der Selbstbeobachtung und Selbstbeschreibung voraus. „.. Distanz ist Grundlage für Verstehen, für die Denkmöglichkeit von alternativen Optionen und mithin für Veränderung."[250]

In diesem Zusammenhang kann zum Vorgehen bei systemischen Interventionen noch das folgende beachtet werden:[251]

---

[247] Vgl. Willke 1987.

[248] Vgl. Forrester 1971.

[249] Vgl. u.a. Tomm 1988.

[250] Willke 1992, S. 37

[251] Vgl. Willke 1992.

- keine bloße Übertragung von allgemeinen Konzepten und Theorien, sondern systemindividuelle Anpassung
- der Veränderungsbedarf muß intern hervorgehen
- ständiger Dialog zwischen Beobachter (Intervenierender) und System (Interveniertes) und Schaffung von Einrichtungen, die Perspektivenwechsel und Selbstbeobachtung erleichtern
- Interventionsstrategien müssen vom System selbst entworfen (und implementiert) werden.

4.3.9 Das System Personalabteilung

Da eine wichtige, direkte strukturelle Kopplung des DCC-Systems mit Unternehmen über das Teilsystem Personalabteilung erfolgt, ist der folgende Abschnitt der systemtheoretischen Betrachtung dem Subsystem Personalabteilung gewidmet.

Operationen der Personalabteilung vollziehen sich nach gewissen Regeln, angelehnt an die Regeln des Gesamtsystems. Unternehmensweite Sinnkategorien sind hier mehr oder weniger konserviert, da die Funktionen der Personalabteilung in den sinnhaften Zusammenhang des Gesamtunternehmens spezifisch eingebettet sind. Daneben bilden sich jedoch Eigensinn und Teilsystemstrukuren und -operationen aus, zum einen aus der (Leistungs-)Funktion des Teilsystems – auch in Abhängigkeit eines der Personalabteilung zugrunde liegenden Organisationskonzeptes[252] – zum anderen aus den teilsystemrelevanten Umwelteinflüssen, mithin Systemkopplungen.

---

[252] Vgl. Wächter 1999, der die historisch gewachsenen, z.Zt. noch am meisten verbreiteten, mit unterschiedlichen Bedeutungs- und Handlungsaspekten implizierten Organisationsausrichtungen von Personalabteilungen aufteilt: Gliederung nach Arbeitsgruppen (1), nach Funktionen (2) und das Referentensystem (3), S. 5f. Vgl. weiterhin Artikel im Sammelband von Scholz 1999, die sich mit den Fragen von zukunftsweisenden Personalorganisationsalternativen auseinandersetzen: Personalabteilung als Strategie-Center (Tatje), als Cost-Center/Profit-Center (Schmeisser & Clermont), als Wertschöpfungs-Center (Oberschulte & Mann), oder als Intelligenz-Center (Speck & Weinfurter).

Für die Personalabteilung als ausdifferenziertes Subsystem einer Unternehmung,[253] als Teilsystem mit Eigensinn,[254] ist vor diesem Hintergrund vor allem die Initiierung, die Zuwachsbildung und kontinuierliche Pflege eines Verständnis- und Annahmenkomplexes bzgl. der Prozeßlogik des Systems Unternehmung und seiner Subsysteme wichtig. Hierauf aufbauend kann sie dann erfolgreicher ihre Zentralaufgabe als Impulsgeber wahrnehmen, indem sie reaktionswahrscheinliches Rauschen produziert. Für die Stabilität und Aufrechterhaltung von Prozessen kann die Personalabteilung darüber hinaus noch als Strukturgeber arbeiten. Strukturen, die mögliche Relationen und damit auch Entscheidungszusammenhänge[255] (Determinierung, welche Entscheidungen aufeinander folgen) einschränken, können Anstoßwahrscheinlichkeiten erhöhen. Mittel zur Struktur- (bzw. Erwartungs-)bildung sind neben Organigrammen auch Beziehungsnetze, Regeln, Anordnungen, Beschreibungen, Abfolgepläne und Kommunikationswege.[256]

Personalwirtschaftliche Instrumente verweisen sinnintendiert auf Umwelt, z.B. auf DCC-Systeme. Und die Selektion, daß ein bestimmtes und nicht ein anderes Instrument angeboten wird, ist im (Teil-) System Personalabteilung verortet.

„In jedem Fall geht es beim Aufbau von Reflektionskapazität in Unternehmen darum, den ständig vorhandenen Entscheidungs- und Handlungsdruck zugunsten einer handlungsärmeren Zone zurückzudrängen."[257]

4.3.10 Zusammenfassung

In den letzten Kapiteln wurde versucht, Unternehmen und Personalabteilungen systemtheoretisch zu beschreiben und damit eine differente Art der Betrachtung zu liefern. Hierzu war es notwendig, nicht nur Systemarten allgemein zu beschreiben, sondern auch noch das Wirtschaftssystem als das für Unternehmen grundlegende funktional ausdifferenzierte Gesellschaftssystem einzuführen. Es sollte deutlich

---

[253] Ausdifferenzierung wird hier nicht im Sinne von Abtrennung oder Herauslösung aus dem Systemzusammenhang, sondern zur Kennzeichnung funktionsbezogener Differenzen innerhalb eines Systems verwendet. Vgl. Luhmann 1984, S. 84.

[254] Vgl. Liebig 1997.

[255] Vgl. Luhmann 1988.

[256] Vgl. Mayrhofer 1996.

[257] Mayrhofer 1996, S. 95

werden, daß es sich sowohl bei Unternehmen als auch bei Personalabteilungen um temporalisierte Konstrukte handelt, die einer Eigenlogik folgen und darin operativ geschlossen sind, die aber gleichzeitig über einen expliziten Umweltbezug verfügen. Auf Entscheidungen als Primärprozesse beruhend haben Unternehmenssysteme und Subsysteme wie die Personalabteilung an sich kein Bewußtsein, sondern greifen auf Mitglieder als inwändige Kommunikations- und damit Entscheidungsträger zurück, die eine doppelte Kontingenz rekonstruieren. Unternehmen sind dabei weder eindeutig beschreibbar noch extern steuerbar. Als Systemexterner kann die Verbindung zum System unter Anwendung des Steuerungsprinzips der kontexturellen Intervention durch strukturelle Kopplung und durch Bildung von (Sub-)Systemen hergestellt werden, was im späteren empirischen Teil z.B. im Aufbau eines DCC-Projekt-Systems umgesetzt wurde.

Nachdem hier nun eine Seite des hier zugrunde liegenden Untersuchungsbereiches analysiert wurde, widmen sich die folgenden Kapitel der zweiten Seite: Der systemtheoretischen Auseinandersetzung mit dem System DCCs.

4.4 Das DCC-System

4.4.1 Vorüberlegungen

Vor dem Hintergrund des bisher traditionellen DCC-Forschungshintergrundes und der grundlegenden Ausführungen zur Systemtheorie, insbesondere bzgl. der als Umwelt des DCC-Systems zu bezeichnenden Systeme Unternehmung und Personalabteilung, soll im folgenden der Fokus auf das Konstrukt DCC selbst gelegt werden.

Ziel dieses Abschnittes ist es, den traditionellen Definitionshintergrund des Konstruktes – eine spezifische Form der Partnerbeziehung – um eine auf das Soziale konzentrierte DCC-Systembeschreibung zu erweitern. Es ist also zu fragen: Wie läßt sich das Konstrukt DCC als ein soziales System nach der neueren Systemtheorie beobachten, bezeichnen? Der Ausgangspunkt einer systemtheoretischen Analyse ist die Betrachtung der Differenz von System und Umwelt.[258] Die Entscheidung der Unterscheidung – hier von DCC und Umwelt – kann nur getroffen werden, indem man eine Systemreferenz angibt, also das System bestimmt, von dem aus alles andere Umwelt ist. Mit der Anfertigung einer Beschreibung durch Dokumentation von konstituierenden Elementen, Eigenschaften und der zwischen ihnen bestehenden Relationen ist eine DCC-System-Referenz intendiert.

Innerhalb des Vorgehens wird dabei eine Zweisicht des Allgemeinen und des Spezifischen eingenommen: Am Anfang wird eine Beschreibung des abstrakten, allgemeinen Systems – *irgendeines/bzw. jedes* DCCs-Systems – dargestellt, quasi die definitorische Essenz. Daran anschließend erfolgen Ausdifferenzierung von Merkmalen, nach denen sich die Spezifik *eines bestimmten* DCC-Systems bestimmen lassen kann.

4.4.2 Konkretisierung

DCCs als Systeme nach der neueren Systemtheorie konstruiert, sind soziale Systeme,[259] deren Grundelemente, wie bei allen sozialen Systemen, Kommunikationen sind und eben nicht mehr die Personen, die DCC-Partner.

---

[258] Vgl. Luhmann 1984, S. 35.

[259] ...und nicht etwa technische (Maschinen) oder psychische Systeme.

Das DCC-System ist, negativ abgegrenzt, kein Gesellschaftssystem (vgl. Abbildung 13) da ihm der *Funktions*bezug von Gesellschaftssystemen fehlt, d.h. es hat keine gesellschaftliche Funktion wie z.b. das Wirtschaftssystem oder das Rechtssystem. Ebenso fehlt ihm eine autonomisierte Codierung/Semantik, die funktionale Gesellschaftssysteme bereithalten; das DCC-System wird also als ein Bereich der Gesellschaft beobachtet, der nicht für alle Aktionspartner zugänglich ist.

Weiterhin entspricht auch eine Zuordnung zu Organisationssystemen, die durch Mitgliedschaft ausdifferenziert wird, nicht der Charakteristik von DCC-Systemen. Die Systemcharakteristik weist eindeutig auf die Unterscheidung Interaktionssystem hin, die DCCs als Systeme aus Interaktionen, begrenzt auf zwei psychische Systeme (die DCC-Partner), beschreiben.

Zu unterscheiden ist nun zwischen einer **allgemeinen Grenzziehung** (Erzeugung und Erhaltung einer Differenz zwischen Umwelt und System[260]), sozusagen die Essenz eines DCC-Systems, und einer **Identität und Dynamik stiftenden Grenzziehung** eines DCC-Systems.

4.4.2.1   Allgemeine Ausdifferenzierung

Die allgemeine Grenzziehung ergibt sich für DCC-Systeme zunächst durch **strukturelle Kopplungen** mit einer systemkonstituierenden Zahl – nämlich zwischen *zwei* (nicht drei oder vier) – beteiligter psychischer Systeme. Ein weiteres Merkmal der Differenzierung zu anderen Systemen liegt in der spezifischen Umwelt des DCC-Systems begründet: Der Tatbestand, daß (zwei) **Menschen** (nicht zwei Pflanzen), die **partnerschaftlich** (und z.B. nicht berufsmäßig) verbunden sind, gibt dem System einen eigenen unterscheidbaren Sinn. Bis hierhin schließt die Unterscheidung auch alle anderen Non-DCC-Systeme, die die angesprochenen Differenzsetzungen aufweisen, ein: alle Paare.

Das zentrale Deskriptionsmerkmal des DCC-Systems, das es von anderen Paar-Systemen unterscheidet, ist die in den gekoppelten Bewußtseinssystemen lokalisierte **Karriereorientierung**[261], die in diesem System zu spezifischen Operationen führt.

---

[260] Vgl. Luhmann 1984.

[261] Zur Begriffsbestimmung/Fremdreferenz Karriere und Karriereorientierung vgl. 5.2.2.

107

Es läßt sich also zusammenfassen: Das **allgemeine** soziale DCC-System ist ein Interaktionssystem, das sich durch eine spezifische Kopplung (hier sogar Interpenetration) an zwei Bewußtseinssysteme auszeichnet, deren interne Prozesse von deutlichen Karriereorientierungen sowie partnerschaftlicher Verbindung gekennzeichnet und beeinflußt sind. Der interne Sinnzusammenhang in diesem Kommunikationssystem ist die doppelte Karriereorientierung. Ändert sich folglich die interne Einstellung eines Partners (evtl. auch nur zeitweise) zur Karriere und führt dies über Kommunikationen, Handlungen und letztendlich z.B. zu der Entscheidung, der Karriere des Partners den Vorrang zu lassen und sich auf das „Unternehmen Familie" zu konzentrieren, **hört das DCC-System auf zu existieren** und wandelt sich – wenn es beobachtet (und damit so bezeichnet) wird – in ein anderes, etwa in ein Non-DCC-System (z.B. in ein traditionelles Paar, bei dem die Frau nicht erwerbstätig ist). Die fehlende Karriereorientierung resultiert in deutlich unterscheidbaren Qualitäten der Anschlußkommunikationen, wie es leicht nachvollziehbar ist bei Themen wie Versetzungsangebote, Hausarbeitsverteilung oder der Urlaubsplanung.

Weiterhin ist zu unterstreichen, daß Kinder nicht zum DCC-System gehören, sondern Umwelt für das System sind. Das spezifische DCC-Kommunikations-System kann nicht mit seiner Umwelt kommunizieren, d.h., wenn ein am DCC-System beteiligter Partner (Bewußtseinssystem) mit seinem Kind redet, so ist dies nicht dem DCC-System, sondern dem Eltern–Kind-System zuzuordnen. Ebenso wenig sind Gespräche eines Partners mit seinem Vorgesetzen DCC-systemintern, sondern im Kommunikationssystem DCC–Vorgesetzter zu betrachten. Allerdings können **Themen** in dieser Kommunikation (etwa die Thematisierung der beruflichen Weiterentwicklung der Partnerin am Auslandsstandort) auf das DCC-System **verweisen.**

4.4.2.2   Spezielle Ausdifferenzierung/Identität

Auf den allgemeinen Merkmalen von DCC-Systemen aufbauend, ergeben sich individuelle und kontexteingebundene DCC-Systemdifferenzierungen, die die Unterschiede *zwischen* DCC-Systemen thematisieren. Die Identitätsstiftung erfolgt im Prozeß von tatsächlichen, gereihten Kommunikationen. Wie und wodurch diese spezifische Reihung (Anschlußkommunikationen), die Frequenzen (wie häufig folgen Anschlüsse), die gewählten Fremdreferenzen (welche Themen werden referiert) erfolgen, ist durch Wahl oder **Entscheidung** determiniert.[262] Entscheidungen (Denken) aber finden in Bewußtseinssystemen statt. Also läßt sich zunächst schließen, daß die Identität eines Kommunikationssystems entscheidend durch die mit diesem System verwobenen Bewußtseinssystementscheidungen determiniert wird. Beim DCC-System sind es genau zwei Bewußtseinssysteme.

Die Prozesse des Denkens (Gedanken) in Bewußtseinssystemen werden selbst fremd- und selbstreferentiell gestaltet. Die Fremdreferenz erfolgt durch die Kopplung (u.a.) an Kommunikationssysteme, die die Bewußtseinssysteme mit Irritationsangeboten versorgt. Die Selbstreferenz kreiert in Prozessen Denk-Konstrukte (Strukturation) wie Sinn, Logiken, Begrenzungen (Strukturen, Antworten), Öffnungen (Fragen) etc. Diese wiederum werden als Irritationsangebote in das Kommunikationssystem gespeist. Es ergibt sich also ein Zirkel aus gegenseitiger Irritation bzw. Determination von Bewußtseinssystemen und dem Kommunikationssystem.

Resultat dieses Zirkels sind Konstruktionen der Umwelt,[263] die die systeminterne, fremdreferentielle Informationsproduktion und -verarbeitung der Systeme ermöglichen[264] und gleichzeitig identitätsstiftend und -erhaltend wirken. An einem konkreten Beispiel erklärt: Ein DCC-System, bei dem die Partner eine Pendlerehe führen und keine Kinder haben (Konstruktion: Pendlerehe/keine Kinder), hat andere Kommunikations- und Handlungsqualitäten – und entsprechend auch andere im Bewußtseinssystem lokalisierte Denkprozesse und -konstrukte – als ein DCC-System, bei denen die Partner einen gemeinsamen Haushalt und zwei Kinder haben. Beides sind DCC-Systeme, jedoch unterscheidbare Systeme.[265]

---

[262] Der Begriff Entscheidung ist hier universell gemeint, ist also nicht nur mit der bewußten Wahl sondern auch mit sogenannten unbewußten Prozessen verbunden. Dahinter steht die Sicht, daß alles Denken aus einem unendlichen Möglichkeitsraum schöpft, also „auswählt" und somit alles Entscheidung ist.

[263] Siehe Ausführungen zum (Radikalen) Konstruktivismus.

[264] Vgl. Luhmann 1985.

[265] Vgl. Beispiele unterschiedlicher Systeme im unternehmensinternen Zusammenhang, Böse & Schiepek 1994.

Eine kategorisierte Umweltkonstruktion ist in der folgenden Abbildung 14 aus Beobachtersicht graphisch dargestellt.

Zu betonen ist, daß sowohl die Elemente als auch die Relationen nur eine Auswahlmöglichkeit darstellen, denn trotz des Anscheins einer Eindeutigkeit und definierter Dinglichkeit sowie Lokalität ist kein Item eindeutig lokalisierbar und relationsmäßig zuzuordnen: „Alles, was vorkommt, ist *immer zugleich* zugehörig zu einem *System* (oder zu mehreren Systemen) und zugehörig zur *Umwelt anderer Systeme.*"[266] Die Abbildung ist also ein gewollter, Beobachtung ermöglichender Reduktionsvollzug. Weiterhin ist nicht zu vergessen, daß die Beziehung zwischen den Elementen nicht linear, sondern vernetzt-zirkulär und konditioniert verzahnt zu denken ist.[267]

[266] Luhmann 1984, S. 243
[267] Vgl. Luhmann 1984, S. 44.

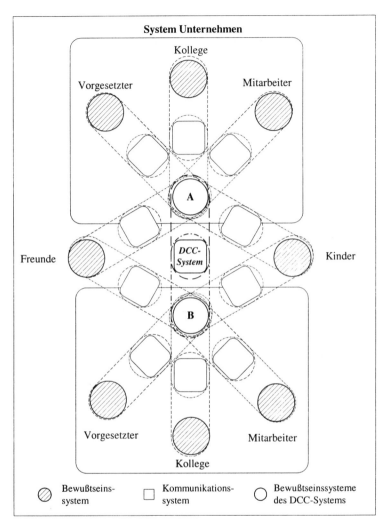

Abbildung 14: Das DCC-System in Bezug zu anderen möglichen Systemen

Wie bereits in Kapitel 4.3.7 angedeutet, sind Strukturen kondensierte Kommunikationen, die wiederum aus vorherigen Entscheidungen im Bewußtseinssystem resultieren. Eine besondere Art von Struktur sind Personen, eine Bezeichnung in der Systemtheorie, mit der alle individuell attribuierten Einschränkungen von Verhaltensmöglichkeiten aufgrund der Einflechtung in unterschiedliche Sozialsysteme zusammengefaßt werden und die die fremdreferenzielle soziale Interaktion regeln.[268] Wie alle anderen Strukturen sind sie Konstrukte von Bewußtseinssystemen und stehen somit außerhalb des Kommunikationssystems.[269] Eine zusätzliche Einschränkung wird dem individualisierten Konstrukt Person durch Formen wie Rollen,[270] Positionen und Erwartungsmuster gegeben. Diese abstrakte Konstruktion betont wieder, daß „... nicht der körperlich und seelisch voll individualisierte Mensch im ganzen..."[271] beobachtet wird. Die Form der Rolle ist für sich wiederum eine von Bewußtseinssystemen konstruierte Erwartungszuschreibung, resultierend aus gesellschaftlich (also in Kommunikationen) festgeschriebenen mannigfaltigen Sinnzuschreibungen und eingeprägten Codexen. Diese Rollen sind nicht im DCC-System lokalisiert, beeinflussen den Kommunikationsprozeß aber mehr oder weniger stark. Personen, verflochten[272] mit den verschiedenen Systemen, können entsprechende Rollenbezeichnungen haben wie Informatiker, Controllerin, Teamleiter, Vater, Ehemann, Schwiegertochter und eben auch Partner und Partnerin. Die Bezeichnungen Partner/Partnerin sind entsprechend in Paarsystemen – bei DCCs ebenso wie bei Non-DCCs – die grundlegendsten Kategorien.

Beispiele für kondensierte, also strukturalisierte Erwartungen, die mit dem System Unternehmung verflochten sind, sind die Mobilitätserwartungen an den Mitarbeiter in bestimmten Branchen, die Art und die Kontingenz von Karriereschritten (flache vs. steile Karriereleiter), übliche Arbeitszeitverweildauer und -regelungen oder notwendige Umgangformen.

4.4.2.3   Kommunikationen

Das DCC-System als ausdifferenziertes Kommunikationssystem kann eben durch diese Ausdifferenzierung nicht mit der Umwelt kommunizieren, wohl aber kann es

---

[268] Vgl. Luhmann 1991, S. 169.

[269] Vgl. Luhmann 1995 sowie Luhmann 1991, S. 169:„Personen sind Identifikationen, die auf keinen eigenen Operationsmodus Bezug nehmen. Sie sind also *keine Systeme*".

[270] Luhmann hält es für sinnvoll, zwischen Rollen und Personen zu unterscheiden, in dem man zwar die Personen, nicht aber die Rollen individualisiert, vgl. Luhmann 1991, S. 171 – Fußnote-

[271] Luhmann 1991, S. 169

[272] Der Begriff „verflechten" versucht die starke, aber überschneidungsfreie Beziehung zwischen Person und System zu bezeichnen

seine Umwelt beobachten. Indem es über etwas in der Umwelt kommuniziert, z.B. über Themen, die die Umwelt (z.B. andere Sozialsysteme, wie Kollegen, Kunden, Schwiegereltern) oder das System selbst betreffen, wird Selbst- und Fremdreferenz miteinander kombiniert. Interne Kommunikationen sind über Kommunikationsthemen (Fremdreferenzen) und Mitteilungshandlungen (Selbstreferenzen) beobachtbar.

Welche Fremdreferenzen in DCC-Systemen priorisiert werden, wird genauer in Kapitel 5.2.5 behandelt.

4.4.2.4 Zusammenfassung und Begründung der systemtheoretischen Perspektive

Bei den obigen Ausführungen wurde deutlich, daß DCC-Systeme aus spezifischen Kommunikationen und Handlungen bestehen, die durch die Interpenetration mit zwei psychischen Systemen und deren synchroner Karriereorientierung konstituiert werden.

Die Konstanthaltung bzw. Veränderung der Einstellungen zur Karriere bedingt die *Existenz* bzw. *Auflösung* des DCC-Systems. Mit dem Fehlen von Anschlußkommunikationen oder einer (Anschluß-)Kommunikation mit Fremdreferenz auf die Beendigung der Karriereorientierung eines Partners[273] hört das System auf zu existieren. Auf der anderen Seite kann aus einem Nicht-DCC-System durch entsprechend wieder auflebende oder neu empfundene Karriereorientierung ein neues DCC-System entstehen.

Hier verbirgt sich auch die zeitliche Kontingenz des Systemaufbaues, die sich in der Tatsache konkretisiert, daß der Zeitpunkt, wann ein Non-DCC-System zu einem DCC-System wird und umgekehrt, sowie die Existenzdauer dieses Systems nicht vorhersehbar ist.[274]

Zu fragen ist an dieser Stelle noc h einmal,

(a) wie sich die anscheinende Ausgrenzung des Menschen aus der Theorie erklären und begründen läßt und weiterhin,

---

[273] Die Gründe hinter dieser Umorientierung sind dabei für die Frage des Bestandes oder der Auflösung des Systems nicht relevant.

[274] Vgl. auch Ladner Streib & Engeli 1998.

(b) wie sich die systemtheoretischen Unterscheidungen zu anderen Forschungsrahmen erkenntnisgewinnend auswirken können.

Zu (a): Eine Semantik, die (zunächst) nur aus psychischem System und Kommunikationssystem besteht „wirkt" vielfach diskriminierend und führte in der Vergangenheit entsprechend zu Protest und zwar dergestalt, daß der Mensch doch mehr sei als sein Bewußtseinssystem.[275] Diese kritikleitende Aussage entspricht nicht nur den Tatsachen – der Mensch ist mehr als sein Bewußtseinssystem –, sondern auch der Auffassung von Systemtheoretikern, allen voran Niklas *Luhmann*. Und ebenfalls entspricht es der Systemtheorie, daß sie das Soziale (mit ihrer Gesamtkomplexität) erfassen will – und eben nicht den Menschen![276] Ein unterschiedlicher Theoriegegenstand sollte daher m.E. nicht Anlaß zur Kritik sein. Weiterhin sei angemerkt, daß ein „An den Rand der Theorie-Stellen" des Menschen von *Luhmann* keineswegs bewertend intendiert wurde. Er selbst schreibt zu diesem immer wieder zu Kritik veranlassenden Mißverständnis: „Die theoretische Placierung von Begriffen sagt nichts aus über die soziale bzw. gesellschaftliche Wichtigkeit der Phänomene [...]. Die Theorie strebt, mit anderen Worten, nicht nach einer hierarchischen Abbildung einer hierarchischen Struktur der Realität."[277]

Wichtiger als die individuelle Gesamtheit von Einzelmenschen erscheint die Beachtung von Interdependenzen und sozialen, sequenziellen Gleichzeitigkeiten zwischen ihnen. Die System-Umwelt-Differenz der Systemtheorie als Methodik zur Komplexitätsreduktion und gleichzeitigem Komplexitätsaufbau ist für dieses Vorhaben geeignet.[278]

---

[275] Kritisiert wurde diese „Humanitätslosigkeit" u.a. von Habermas 1985, Metzner 1989, Schöfthaler 1985.

[276] Vgl. auch Dziewas 1992.

[277] Luhmann 1992, S. 371

[278] Zum Teil ist zu beobachten, daß individualistisch orientierte Studien, etwa unter dem Thema „Probleme von DCCs", eine ganzheitliche Herangehensweise durchaus intendieren. Wenn sich dann jedoch herausstellt, daß diese Forschungsintention zwar ganzheitlich ist, die Möglichkeit der Antworten aufgrund vorstrukturierter Fragen und Antwortvorgaben jedoch minimalisiert wird und daß Interdependenzen, wenn überhaupt,

(zu b) Ein Erkenntniszuwachs ergibt sich aus einem **Wechsel der Betrachtungsebene** und **einer Teilung bzw. Reihung von Beobachtungen** von Bewußtseinssystemen in Kopplung mit Kommunikationssystemen. Während im individuumskonzentrierten Denken Menschen Probleme *haben* und in diesem Habenbegriff auch Dinglichkeit mitschwingt, gibt es in Bewußtseinssystemen „nur noch" nicht-dingliche *Kognitionen über etwas*, das als Problem oder Nichtproblem differenziert wird.[279] Diese Kognitionen führen weiter zu entsprechenden Kommunikationen, die z.B. das DCC-System konstituieren. Diese Art der Operationalisierung vollzieht also nicht nur einen Ebenenwechsel und eine Sequenzierung von Beobachtungen, sondern kann gleichzeitig in eine weniger „problemorientierte" Betrachtungszone führen.

Weiterhin stellt sich die Frage, wie sich die systemtheoretische Beobachtung von Handlung von einer individuumszentrierten Handlungsanalyse unterscheidet, denn auch hier sind Handlungen die „Objekte" der Beobachtung.

Der Unterschied besteht in einer Verschiebung des Beobachtungswinkels. In der Handlungsanalyse periferiert der Handelnde, der Mensch, das gesamte Individuum um das Zentrum der Handlung. In der Systemtheorie ist der operative Blick auf die Handlung notwendig, um das System (!) beobachten zu können. Die Handlungen werden also in ihrer Zugehörigkeit zum System betrachtet. Die Beobachterklammer verschiebt sich fein, aber deutlich, andere Qualitäten – soziale und interaktionale – rücken zur Handlung hinzu (vgl. Abbildung 15).

---

nur durch statistische Korrelationsberechnungen von Kontextvariablen dargeboten werden, dann fehlt hier gerade die geforderte Beachtung von (System-)Interdependenzen.

[279] Vgl. http://linux.soc.uu.se/publications/doktabst/1996-4_s.html Dissertation von Susanna Fork 1996.

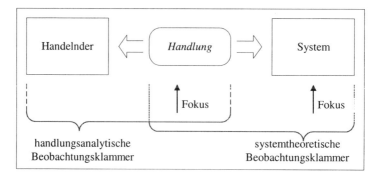

Abbildung 15: Verschiebung der Beobachtungsklammer

Geblickt wird dabei auf das, was im Systemprozessieren gleichzeitig erfolgt: Ereignisse im DCC-System und zugleich Ereignisse in zwei psychischen Systemen.[280]

„Die Anfertigung einer Beschreibung, die das soziale System auf einen Handlungszusammenhang reduziert, ist mithin Voraussetzung jeder Beobachtung, die die Differenz von System und Umwelt ins Spiel bringt, also zum Beispiel dem System Merkmale zuschreibt, durch die es sich von seiner Umwelt unterscheidet."[281]

Die Anfertigung einer derartigen DCC-System-Beschreibung im Handlungszusammenhang ist Teilziel der Arbeit. Diese erfolgt eingebettet in das dritte Feld des Untersuchungsbereiches dieser Arbeit: Die Untersuchung des systemtheoretischen Zusammenhanges zwischen Unternehmen und DCCs. Hierzu werden unterschiedliche DCC-Beschreibungen aus dem Wissenschaftssystem, jedoch nicht-systemtheoretischer Provenienz dokumentiert. Diese ergeben quasi den möglichen, selektiven und allgemeinen Kriterienrahmen, der das „Feld absteckt" und der im anschließenden empirischen Teil für die spätere Füllung mit einzelfallorientierten, systemtheoretisch-geleiteten Beschreibungsinhalten als Leitlinie dient.

---

[280] Vgl. Luhmann 1983, 219.
[281] Luhmann 1984, S. 247

5 Der systemtheoretische Zusammenhang zwischen Unternehmen und DCCs

Nachdem in den vorangegangenen Kapiteln eine systemtheoretische Grundlage für die beiden Systeme DCCs und Unternehmen erarbeitet wurde, wird im folgenden der Standpunkt der Beobachtung gewechselt und auf den Zusammenhang bzw. die Interdependenz der Systeme fokussiert. Mit anderen Worten, durch Beobachtung zweiter Ordnung, d.h. durch eigene als auch fremde Forschungen, wird versucht, ein Beobachtungsfeld zu markieren, das beschreibt, wie das System Unternehmung in seinen Kommunikationen (Entscheidungen) das System DCC durch Fremdreferenz einschließt, also intern prozessiert und – perspektivenwechselnd – wie das DCC-System durch die Kopplung der beiden Bewußtseinssysteme an Unternehmungen prozessiert. Dieser Zusammenhang wird durch die systemtheoretischen Konstrukte der **strukturellen Kopplung** und der **Fremdreferenz** erklärt, die Gegenstand der Ausführungen im Kapitel 5.1 sind. Nach diesem allgemeinen systemtheoretischen Vortext wird auf die konkreten gemeinsamen Fremdreferenzen der beiden Systeme rekurriert.

Aus der Vielzahl an Themen, die in beiden Systemen als Referenz möglich sind, wird hier eine reduzierte, kontingente Auswahl von Themen getroffen, die als Schnittmenge und somit als Auskunftgeber über Anlässe von struktureller Kopplung und Interaktionen/Interdependenzen fungieren können. Hervorgehoben werden hier vor allem die aus ihrer Systemeigenheit (inkl. unterschiedlichen Sensibilitäten oder Relevanzgraden) resultierenden *unterschiedlichen* Kommunikationen und somit Handlungen.

Zu diesen Themen gehören die Fremdreferenzen Karriere, Lebenssphäreninterdependenzen und Mobilität. Neben diesen in beiden Systemen wahrscheinlich prozessierten Fremdreferenzen werden ergänzend noch systemspezifische Fremdreferenzen betrachtet, um Hinweis auf die differente Bearbeitung dieser Fremdreferenzen in unterschiedlichen DCC-Systemen bzw. Unternehmenssystemen zu geben und damit schon einmal Bezug zu nehmen auf die in Kapitel 5.2.1.1 zu erläuternde Individualisierung von Systemen.

5.1 Theoretische Grundlagen

Nach *Luhmann* wird die Beziehung zwischen Systemen – also z.B. DCCs und Unternehmen – durch das Konstrukt der **strukturellen Kopplung** erklärt. Grundlagen mit dem Fokus der Klärung der Begriffe Bewußtseins- und Kommunikationssysteme wurden zu diesem Konstrukt bereits in Kapitel 1 gelegt. Die folgenden Ausführungen stellen strukturelle Kopplung als die zentrale Deskriptionseinheit zwischen den Systemen DCCs und Unternehmen bzw. Personalabteilungen dar.

5.1.1 Strukturelle Kopplung

Mit struktureller Kopplung bringt *Luhmann* in Anlehnung an *Maturana* ein Konstrukt für die Beschreibung der Beziehung zwischen Systemen in die Systemtheorie hinein; sie beschreibt quasi das „Dazwischen" von Systemen und ist gleichzeitig eine Zweiseitenform und somit eine wichtige Voraussetzung für die Autopoiesis von Systemen: „Sie bestimmt nicht, was im System geschieht, sie muß aber vorausgesetzt werden, weil andernfalls die Autopoiesis zum Erliegen käme und das System aufhören würde zu existieren."[282]

Auf die coexistente Gleichzeitigkeit von struktureller Kopplung und Systemen und die Unbemerktheit von struktureller Kopplung macht *Luhmann* noch explizit in zwei Zitaten aufmerksam:

„Insofern ist jedes System immer schon angepaßt an seine Umwelt (oder es existiert nicht), hat aber innerhalb des damit gegebenen Spielraumes alle Möglichkeiten, sich unangepaßt zu verhalten..."[283]

„Wie immer funktioniert auch in diesem Falle die strukturelle Kopplung unaufhörlich und unbemerkt, sie funktioniert auch und gerade, wenn man nicht daran denkt und nicht darüber spricht ..."[284]

So wie der Organismus das Resultat von in ihm gekoppelter Zellen, Organe usw. ist, sind in einem Unternehmenssystem gekoppelte Subsysteme wie z.B. funktionale oder strukturelle Abteilungen, Teams etc. zu finden. Die strukturelle Kopplung schlechthin ist diejenige zwischen Bewußtseins- und Kommunikationssystem. Die

---

[282] Luhmann, 1997, S. 101
[283] ebenda
[284] Luhmann 1997, S. 106

118

strukturelle Kopplung zwischen ihnen beschreibt das Vorhandensein einer inhärenten pertubiert-rekursiven Interaktion zweier autopoietischer Einheiten unter Beibehaltung der Systemgeschlossenheit der Einheiten. Eine autopoietische Einheit kann sich also derart an ihre Umwelt (z.b. an ein anderes autopoietisches System) koppeln, daß es zu wechselseitigen Strukturveränderungen kommen kann. Die aus der Umwelt eines Systems kommenden Pertubationen können Strukturveränderungen jedoch nur auslösen, aber nicht determinieren.

Kommunikationssystemoperationen laufen zeitlich parallel zu Bewußtseinsoperationen. Strukturelle Kopplung digitalisiert diese analogen Verhältnisse, indem sie ein kontinuierliches Nebeneinander zu einem diskontinuierlichen Nacheinander transformiert.[285] Für die Beziehung Kommunikationssystem und Bewußtseinssystem setzt die **Sprache** das Nebeneinander in ein Nacheinander um.

Strukturelle Kopplungen haben die Funktion der Reduktion von Umwelt- und System-Komplexität, indem sie „...den Bereich möglicher Strukturen, mit denen ein System seine Autopoiesis durchführen kann",[286] beschränken.

Als Zwei-Seiten-Formen schließen strukturelle Kopplungen also etwas dadurch ein, daß sie anderes ausschließen. „Sie bündeln und steigern bestimmte Kausalitäten, die auf das gekoppelte System einwirken, es irritieren und dadurch zur Selbstdetermination anregen können."[287] Systeme nutzen durch strukturelle Kopplung die Operationen anderer Systeme, d.h. sie nutzen die Ergebnisse bzw. die Beobachtungen der Operationen anderer Systeme, sie werden durch sie gestört.[288] Anders ausgedrückt: Strukturelle Kopplung heißt, Ereignisse/Ergebnisse im System 1 werden durch Beobachtungen im System 2 intern genutzt bzw. prozessiert. Dies ermöglicht den Systemen die Angeschlossenheit an die Komplexität der jeweils anderen Systeme, ohne diese erarbeiten oder rekonstruieren zu müssen.[289]

---

[285] Vgl. Luhmann 1997, S. 101.
[286] Luhmann 1997, S. 100
[287] Luhmann 1997, S. 103
[288] Vgl. Luhmann 1997, S. 118.
[289] Vgl. Luhmann 1997.

5.1.2   Strukturelle Kopplung zwischen Unternehmens- und DCC-System

Aus der Zwei-Seiten Form ergibt sich die Möglichkeit, die strukturelle Kopplung entweder aus der Sicht der DCCs oder aus der Sicht der Unternehmen zu beobachten. Da die Grundrichtung dieser Arbeit personal- bzw. betriebswirtschaftlich gewählt wurde und somit eher die unternehmerischen Fragestellungen von Interesse sind, wird im folgenden die Blickrichtung Unternehmen ⇨ DCC eingenommen. Das heißt, es liegt damit auch die Forschungsleitfrage U1 zugrunde:

Wie beobachten Unternehmen DCCs? :

U1	Unternehmen ⟹ DCCs

Bevor die Forschungsleitfrage in den nachfolgenden Kapiteln bearbeitet wird, soll zunächst noch die Grundsatzfrage vorangestellt werden, *ob überhaupt* eine strukturelle Kopplung zwischen den beiden Systemen besteht und wie diese zu beschreiben ist.

Hierzu läßt sich folgendes erläutern: Das durch Entscheidungen konstituierte System Unternehmen ist zunächst mit den Bewußtseinssystemen[290] der Mitglieder der Unternehmung strukturell gekoppelt. Beide Systeme sind somit füreinander Umwelten und irritieren sich gegenseitig.[291,292] Als zweites findet sich auf der Seite von DCC-Systemen eine weitere strukturelle Kopplung, nämlich die zwischen den beiden Bewußtseinssystemen und dem DCC-Kommunikationssystem.

Die strukturelle Kopplung als Beziehung zwischen Organisation und DCC-System ist nach systemtheoretischer Sicht also durch die Besonderheit des **doppelten**

---

[290] Es sei an dieser Stelle noch einmal in Erinnerung gerufen, daß Menschen nicht Teil von Systemen sind. Die Gesamtkomplexität des Menschen ist auch nicht notwendig, um ausdifferenziertes soziales Geschehen in Systemen und Interdependenzen zu beschreiben. Die komplexe „Tatsache", daß Mitarbeiter (u.a. auch solche, die in einer DCC-Partnerschaft leben) in Unternehmen arbeiten, wird systemtheoretisch reduziert auf das Systemrelevante.

[291] Vgl. Kasper & Majer & Meyer & Schmidt 1999.

[292] Weiterhin bestehen strukturelle Kopplungen zwischen den Teilsystemen der Unternehmung, z.B. Personalwesen und Controlling, vgl. Schimank 1997, S. 312f.

Wirkens von Bewußtseinssystemen als Ermöglicher von unterschiedlichsten Systemkommunikationen gekennzeichnet. In eben diesen Kommunikationsprozessen werden die Bewußtseinssysteme als externe Referenz unterschiedlich **personifiziert**. Das gleiche Bewußtseinssystem wird also zum einen im DCC-System als Person **in der Rolle Partner/Partnerin** und zum anderen im Unternehmen als Person **in der Form Mitarbeiter/Mitarbeiterin** personifiziert. Indem sie die Selbstorganisation von sozialen Systemen regeln und mit ihnen die doppelte Kontingenz gelöst wird,[293] sind Personen zur strukturellen Kopplung von psychischen und sozialen Systemen notwenig.

Zusammenfassend besteht die strukturelle Kopplung zwischen den Systemen DCCs und Unternehmen durch das mehrfach personifizierte Wirken von Bewußtseinssystemen.

5.1.3 Fremdreferenzen oder Wahrnehmung der strukturellen Kopplung

Wie oben schon erwähnt, sind Systeme „immer schon gekoppelt", auch wenn sie es nicht merken. Das Vorhandensein einer strukturellen Kopplung gibt also noch nicht Aufschluß über die Wahrnehmung derselben durch das System! Dieses Ereignis, **daß** im Unternehmenssystem **über DCCs** kommuniziert wird – die strukturelle Kopplung damit also **wahrgenommen**, expliziert oder thematisiert wird – wird als **Fremdreferenz** bezeichnet (vgl. Exkurs Selbst- und Fremdreferenz). Des weiteren sagt das Schon-Vorhandensein der strukturellen Kopplung und dessen Fremdreferieren noch nichts Konkreteres über deren **Inhalt**, das **Ausmaß** und die **Wirkungen dieser Wahrnehmung** aus, z.B. wie sich die gegenseitigen Prozeßanregungen konkret in Entscheidungen personalwirtschaftlicher Art manifestieren. Hierüber gibt Abschnitt 5.2.4 Auskunft.

---

[293] Vgl. Luhmann 1991, S. 174.

5.2 Gemeinsame Fremdreferenzen, Bewertungen und Kopplungskonflikte

5.2.1 Theoretische Grundlagen

5.2.1.1 Fremdreferenzen und Bewertungen

Kommunikation ist zunächst einmal kontingent. Die Spezifik der Kommunikation ergibt sich durch unterschiedliche Faktoren. Zunächst begrenzt die **Art des Systems** den kommunikativen Möglichkeitsraum: Das DCC-System ist ein Interaktionssystem, während Unternehmen Organisationssysteme sind.

Als zweites wirkt die **Selektion der Fremdreferenz** in der Kommunikation kontingenzmindernd. Je nachdem, welche Fremdreferenz gewählt wird, formieren sich sinnvolle Folgekommunikationen. Die Fremdreferenzen sind teilweise systemspezifisch, oder anders herum, Systeme wählen bestimmte Fremdreferenzen. So ist offensichtlich, daß DCCs Fremdreferenzen selektieren, die Unternehmen nicht wählen, z.B. Partnerschaft, Haushaltseinkommen, Freizeit. Andererseits sind einige Fremdreferenzen für DCCs relativ irrelevant, wie z.B. Schichtbelegung, Werklogistik, Marketingplan etc. Einige Fremdreferenzen sind allerdings in beiden Systemen zu finden, so z.B. Karriere, Zeit und Mobilität (vgl. die folgenden Abschnitte).

Neben der Frage, welche Fremdreferenz gewählt wurde, ist von ebenso großer Bedeutung für die Determiniertheit von Kommunikationen, *daß* und *wie* gewählt wurde. Die Selektion von Fremdreferenzen nach dem Differenzschemata **relevantes Thema/irrelevantes Thema** erfolgt dabei nicht im Kommunikationssystem, sondern im Bewußtseinssystem. Das Resultat, die Fremdreferenz an sich, ist erst Bestandteil der Kommunikation. Generell gilt, daß Unterscheidungen, Selektionen und Bewertungen nicht im sozialen System, sondern im Bewußtseinssystem lokalisiert sind (vgl. Kapitel 1). Eine spezielle Bewertung im Bewußtseinssystem ist die Setzung **Konflikt**. Dieses Beobachtungskonstrukt findet in vielen Forschungen Aufmerksamkeit und wird daher im nächsten Kapitel noch genauer behandelt.

Die sich im Kommunikationsprozeß aus Kondensation von Kommunikationen ergebenden **Strukturen** sind eine weitere Beschränkung der im System zugelassenen

122

Relationen.[294] D.h. Strukturen wirken ebenfalls mitbestimmend, was auf ein Kommunikationsangebot folgen kann und was nicht bzw. welche Selektionen gewählt werden und welche nicht.[295,296] *Giddens* nennt diesen Prozeß Strukturation,[297] *Luhmann* nennt ihn Individualisierung der Systeme.[298] Aus kondensierten Kommunikationen entstehen also voneinander unterscheidbare **spezifische** DCC-Systeme und **bestimmte** Unternehmungen. Es ist weiterhin wichtig zu sehen, daß strukturelle Kopplung, je nachdem, aus welcher Perspektive, von welchem der beiden Systeme aus geschaut wird, immer anders beschrieben werden kann, und daß die gleiche Fremdreferenz (natürlich) unterschiedlich kommuniziert wird, je nachdem, von welchem der beiden Systeme sie referiert wird. Beispiel: Das Kommunikationssystem einer Personalabteilung kommuniziert die Fremdreferenz „Karriere" z.B. in Form der Ausarbeitung neuer Karrierewege. Ein DCC-System kommuniziert die Fremdreferenz „Karriere" dagegen z.B. in der Überlegung des einen Partners, Abteilungsleiter zu werden. An diesem Beispiel wird die Systemspezifik und Unterschiedlichkeit von Kommunikationsprozessen trotz gleicher Fremdreferenz sehr deutlich.

Weiterhin ist zu beachten, ob sich die Kommunikationen (und die Ergebnisse hieraus) in den verschiedenen Systemen mit gleicher Fremdreferenz (irgendwann) aufeinander durch strukturelle Kopplung beziehen und auch möglicherweise relevant werden. Dieser Bezug liegt, anlehnend an das obige Beispiel, nämlich z.B. nicht vor, wenn die von der Personalabteilung geplanten neuen internen Karrierewege (Ergebnis) speziell für Meister und Gesellen konzipiert wurden, die Mehrzahl der DCC-Systeme, die mit diesem Unternehmen gekoppelt sind, aber eher Führungskräfte sind, für die diese neuen Regelungen gar nicht gelten. Auf der anderen Seite wäre der Karrierewunsch Abteilungsleiter insofern für das genannte Personalabteilungssystem nicht relevant, wenn diese Überlegung nicht vom Mitarbeiter, sondern

---

[294] Vgl. Luhmann 1984, S. 384.

[295] Die Systeme bestimmen sich also durch Struktur und Prozeß, wobei sich beide gegenseitig bedingen. So ist Strukturierung ein Prozeß, und Prozesse haben Strukturen. Zu unterscheiden sind sie durch ihr Verhältnis zur Zeit. Vgl. Luhmann 1984, S. 73.

[296] Barley & Tolbert 1997, S. 99

[297] Vgl. Giddens 1984.

[298] Vgl. Luhmann 1988a, S. 172.

dessen Partner ausgesprochen wurde. Würde es sich jedoch um die Überlegungen des Mitarbeiters handeln, würden sich die Fremdreferenzen irgendwann aufeinander beziehen und relevant werden, da Karriereplanung von Mitarbeitern offensichtlich in den Kommunikationsbereich der Personalabteilung fällt.

5.2.1.2   Konflikt als Systemdynamik

In der Untersuchung von *Feller*, aber auch in vielen anderen Forschungen[299] wird deutlich, daß dem Beobachtungskonstrukt „Konflikt" eine besondere Bedeutung zugesprochen wird. Dies liegt sicherlich zum einen an dem für Beforschte als auch für Forscher innewohnenden hohen Aufmerksamkeitspotential von Konflikten und konfliktären Kommunikationen. Zum anderen bilden die in konfliktären Prozessen steckenden Veränderungs- oder Harmonisierungsbestrebungen ein „forschungsgünstiges" Problem-Lösungs-Schema.

Die Begriffe Zusammenstoß und Widerstreit als erklärende Substitute für das Wort Konflikt verdeutlichen das im Wortsinn implizite Vorhandensein von mindestens **zwei Einheiten** (gleich oder verschieden).[300] Es besteht ein Konflikt *zwischen* z.B. Motiven, Rollen, Meinungen, Bewertungen, Zielen oder zwischen Wunsch („Ich will mehr Zeit mit meinem Partner verbringen, ...") und Randbedingung („...es ist aber nicht genügend Zeit vorhanden.")

Des weiteren ist das Konstrukt Konflikt keine einfache Differenzsetzung, sondern katalysiert eine Systemdynamik, die in reinen Differenzsetzungen (Unterscheidungen) noch nicht erscheint. D.h. während **unterscheidende** Differenzsetzungen (Beispiel für Unterscheidung: rot/grün) zwar kommunikationseinschänkend, aber neutral sind, sind unterscheidende und **bewertende** Differenzsetzungen, wie also z.B. der Konflikt, kommunikationsdynamisierend. Beide Formen finden, wie oben bereits erwähnt, *nicht* im sozialen System statt, sondern im psychischen System. Die Bewertung (z.B. „Das Gesagte empfinde ich als sehr belastend/konfliktär/ unfair/unglaublich etc.") wird über Interpenetration in das soziale System, also in die

---

[299] Vgl. z.B. Voydanoff 1988, Tipping & Farmer 1991, Frone 1997, Eagle & Miles & Icenogle 1997.

[300] Etymologischer Hintergrund des Wortes Konflikt: Zusammenstoß, [Wider]streit, Zwiespalt, aus lat. *conflictus*, Zusammenstoß, Kampf sowie lat. *confligere*, zusammenschlagen, zusammenprallen. Vgl. Duden Etymologie 1963.

Kommunikation, fortgesetzt. Mit *Luhmanns* Worten: „Ein Konflikt ist die operative Verselbständigung eines Widerspruchs durch Kommunikation."[301]

Ein Beispiel: Während die Aussage: „Ich habe wenig Zeit für meinen Partner" zunächst nur eine reine Differenzzuordnung darstellt – die Unterscheidungen können z.b. lauten zu wenig/viel Zeit –, sagt die Aussage noch nichts über den Prozeßzustand des Bewußtseinsystems aus: Befindet sich das Bewußtseinsystem hier durch **Bewertung** in einem konfliktären oder harmonischen Zustand, oder anders gefragt, wirft diese Aussage das System in eine Konfliktdynamik oder steht hinter dieser Aussage keine Komplexitätsverarbeitungsschwäche? Je nachdem, wie die Bewertungen ausfallen, ergeben sich wiederum durch Kommunikation Strukturen und Individualisierungsprozesse der Systeme. *Notz* verwendet für diese Interdependenz und Strukturierung am Beispiel der Fremdreferenz „Vereinbarung" die Worte Logik und Drehbuch: „Denn in einer Beziehung entwickeln Partner und Partnerin ihre Wünsche und Vorstellungen nicht unabhängig voneinander, sondern in einem wechselseitigen Validierungsprozeß, der die Herstellung einer gemeinsamen Welt befördert. Paare leben im Alltag somit auf der Basis einer beiden implizit bekannten Logik (Drehbücher), die wiederum den Umgang mit den Themen der Vereinbarkeit bestimmt. [...] Je nach Drehbuch fühlen sich Paare von Außenanforderungen und Zwängen unterschiedlich belastet."[302]

Konfliktwahrscheinlich ist eine Differenz also erst durch rekursive Bewertungen **innerhalb** eines Bewußtseinsystems (innerer Konflikt), oder **zwischen** Bewußtseinsystemen durch die Kopplung an Kommunikationssysteme. Letzerer Konflikt wird sozialer Konflikt genannt und liegt vor, „wenn Erwartungen kommuniziert werden und das Nichtakzeptieren der Kommunikation rückkommuniziert wird."[303] *Luhmann* definiert Konflikte dieser Art sogar als eigene Systeme, nämlich als parasitäre Systeme: „Ihr Auslöseanlaß und der Katalysator ihrer eigenen Ordnung ist eine Negativversion von doppelter Kontingenz."[304] Diese durch nicht-entsprochene Anschlußkommunikation verursachten Konflikte liegen auch der dieser Arbeit zu-

---

[301] Luhmann 1984, S. 530
[302] Vgl. Notz 2001, S. 90.
[303] Luhmann 1984, S. 530
[304] Luhmann 1984, S. 531

grunde liegenden Beobachtung einer fehlenden (oder zu geringen) Wahrnehmung der Unternehmen für DCC-Problematiken zugrunde (vgl. 1.1 und 3.2).

Der Gegensatz zum Konfliktzustand ist der nicht-konfliktäre oder kongruente interne Systemzustand. Die Abwesenheit von Widerstreit zwischen Einheiten/Alternativen bedeutet, daß Themen systemintern gleichlaufend, miteinander vereinbart – eben kongruent – strukturiert werden. Aus dieser Kongruenz kann sich Zufriedenheit als resultierender Bewußtseinszustand ergeben.

Eine Änderung des Strukturierungsmusters von konfliktären oder disgruenten zu kongruenten Selektionen sind möglich und zeigen sich auch in Untersuchungen (vgl. 5.3.4).

Vorgehensweise

Ziel der nächsten Kapitel ist zum einen die eingehende Darstellung von von beiden Systemen als relevant bezeichneten, also selektierten Fremdreferenzen und deren systemspezifisches Prozessieren auszuarbeiten. Es wird ergründet, welche Wahrnehmungen, Bewertungen und Anschlußprozesse in den beiden Systemen vorherrschen, welche Gemeinsamkeiten und vor allem, welche konfliktauslösenden Unterschiede es zu beobachten gibt. Zum anderen werden noch einzelne Fremdreferenzen, die nur für das DCC System oder das Unternehmenssystem relevant sind, die aber trotzdessen in ihren Ergebnissen systemrelevant für das jeweils andere System sein können, besprochen.

Neben diesen beiden Systeme wird darüber hinaus noch das **Wissenschaftssystem** (zu dem natürlich auch die Arbeit der Autorin zu zählen ist) als drittes System kurzfristig eingeführt. Das Wissenschaftssystem ist dabei zum einen selbst Gegenstand von Beobachtungen unter den folgenden Fragestellungen:

- In welchen speziellen Wissenschaftssystemen wird die jeweilige Fremdreferenz prozessiert?

- Welchen Umfang haben die Forschungen, also welche Relevanz besitzt dieses Thema?

- Welche konkreten Inhalte (Fragestellungen) stehen im Fokus?

- Welche Vorgehensweise ist zu finden?

Zum anderen bilden die Beobachtungsleistungen, also die Ergebnisse dieser Wissenschaftssysteme, gleichzeitig die Aussagengrundlage für die konkreten Fremdreferenzprozesse der Systeme DCCs und Unternehmen. Mit anderen Worten, das Wissenschaftssystem beobachtet und wird beobachtet.

Weiterhin finden sich teilweise einleitend theoretische Bearbeitungen des jeweiligen Konstruktes, also wissenschaftsorientierte Differenzsetzungen und Beobachtungen der Autorin.

5.2.2 Fremdreferenz: Karriere

Das Begriffselement und gleichzeitig Abgrenzungskriterium Karriere (bzw. Karriereorientierung) ist zentral für die Art und Ausgestaltung der internen Zusammenhänge innerhalb des sozialen Gefüges DCC. Angesichts des inhaltlichen Wandels, den dieses Konstrukt erfuhr, erscheint es sinnvoll, seine Entwicklung und die Vielzahl an inhaltlichen Zuordnungen genauer zu beleuchten. Dabei wird das Konstrukt aus den drei Systemperspektiven Wissenschaft, Unternehmen und DCCs unter Zugrundlegung der folgenden Fragen betrachtet:

- Wie definiert die Wissenschaft Karriere und Karriereorientierung?
- Welche Karrierekonzepte gibt es in der Unternehmenspraxis?
- Welche Inhalte werden in DCC-Systemen den Begriffen Karriere und Karriereorientierung zugeordnet?

Die Systemspezifik des systeminternen Prozessierens der Fremdreferenz Karriere verdeutlich die Gegenüberstellung einiger möglicher Kommunikationen über Karriere in den drei Systemen in der nachstehenden Tabelle:

Karriere, kommuniziert im		
Wissenschaftssystem	**Unternehmenssystem**	**DCC-System**
• Definition des Begriffes und historische Aufarbeitung der Begriffskonnotation • Beobachtung der Karriereverläufe von DCCs • Beobachtung von Karrieremöglichkeiten in unterschiedlichen Unternehmen	• Strukturelles Ermöglichen von unterschiedlichen Karrierewegen • Implementation von Karriereplanungen • Beratung über Karriereverläufe von „high potentials"	• Änderungen der Einstellungen bzgl. Karriere/Familien-Balance: Karriereunterbrechung oder Einschränkung für die Kinder • Bedeutung der Karriere generell • Einfluß der Karriere des Partners • Individuelle Karriereziele

5.2.2.1 Begriffsdefinitionen

Im Wissenschaftssystem lassen sich zwei Blickwinkel finden, unter denen Karriere in jeweils unterschiedlichen Systemen positioniert wird. Zum einen wird Karriere als eine **strukturelle organisationale Eigenschaft** eines Unternehmens[305] bzgl. möglicher Stellenabfolgen beschrieben und somit dem Unternehmenssystem zugeordnet. *Mayrhofer* bezeichnet diese dann auch als organisationsspezifische Karrierelogiken, die „... als von Beobachtern geleistete Rekonstruktion aufgefaßt [werden], welche die organisational existierenden Elemente der Steuerung [von] [...] Karrieren zu einem kohärenten Muster verbinden."[306] Zum anderen wird Karriere als **Eigenschaft eines Individuums** bzw. **als einzigartiges, dem Individuum zuzuordnendes Beschreibungsmerkmal** thematisiert.[307] Systemtheoretisch formuliert ist Karriere in dieser Beobachtung ein mitlaufendes, kondensiertes Muster

---

[305] Vgl. Van Maanen & Schein 1977, Greenhaus 1987.

[306] Mayrhofer 1996a, S. 3

[307] Berthel 1997 verwendet für die beiden Blickwinkel die Begriffe „objektiver Aspekt der Karriere" und „subjektiver Aspekt der Karriere".

im Bewußtseinssystem, auf das in anderen Systemen, mit dem das Bewußtseinssystem gerade koppelt, referiert werden kann.

Neben dieser Beobachtung gibt es eine weitere inhaltliche Differenzierungsmöglichkeit: Die **chronologische** Karrierebegriffszuweisung bringt die Sequenz oder Reihenfolge der Karriereschritte in den Blickwinkel. Die Nähe zum Begriff „Laufbahn" wird erkennbar. **Expansorische** Definitionen zeichnen sich durch eine Kopplung von Karriere an das Deskriptionsmerkmal „Aufstieg" bzw. „Ausweitung von Verantwortung"[308] sowie einen impliziten Stellenwechsel aus. Die Nähe zum Begriff „Beförderung" wird deutlich.

Die folgenden Zitate lassen sich den unterschiedlichen Foki zuordnen:

individuell-chronologische Sicht:

„A career is the total sequence of work experience in which an individual participates throughout the life span."[309]

Hall hat den Begriff „protean career" geprägt: „The protean career is a process which the person, not the organization, is managing. It consists of all the person's varied experiences in education, training, work in serveral organizations, changes in occupational field, etc."[310]

organisatorisch-chronologisch:

„Dabei wird unter Karriere jede beliebige Stellenfolge einer Person im betrieblichen Stellengefüge verstanden."[311]

individuell-expansorisch

„Der Begriff Karriere wird häufig synonym mit Aufstieg gebraucht und soll eine berufliche Entwicklung bezeichnen, die entweder durch das Erreichen besonders herausgehobener Führungspositionen in der betrieblichen Hierarchie oder den Erwerb besonderer, höherwertiger Qualifikationen (...) gekennzeichnet sind."[312]

---

[308] Vgl. Domsch & Ladwig 1997.
[309] Miller 1984, S. 10
[310] Hall 1976, S. 201
[311] Berthel & Koch 1985, S. 11, Berthel 1997, S. 289

organisatorisch-expansorisch:

„innerbetriebliche, vertikale oder laterale [auch als diagonal oder crossfunktional bezeichnete] Mobilität, also um den Wechsel der Hierarchieebene [...]. Die Abwärtsbewegungen werden gar nicht unter den Karrierebegriff subsumiert [...]."[313]

Die Definition von *Wilensky* bringt sowohl den expansorischen als auch den chronologischen Aspekt zur Sprache: „A career, viewed structurally, is a succession of related jobs, arranged in a hierarchy of prestige, through which persons move in an orderd, predictable sequence."[314]

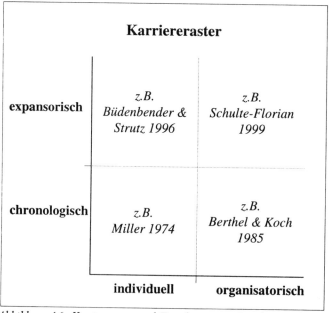

Abbildung 16: Karriereraster und Zuordnung von Forschungsarbeiten

---

[312] Büdenbender & Strutz 1996, S. 196
[313] Schulte-Florian 1999, S. 8
[314] Wilensky 1960, S. 554

Den DCC-Forschungen liegen ebenso unterschiedliche Karrieredefinitionen zugrunde wie den allgemeinen Karriereforschungen. *Smith* z.b. hat einen eher individuell-expansorischen Ansatz in ihrer DCC- bzw. Karrieredefinition:

„..the dual-career couple is defined as one in which both partners have a high emotional commitment to each other, and persuing an active career with *vertical* developmental sequences."[315]

Bedeutende Aufgabenwechsel, die sich ohne Stellenwechsel ergeben, fallen auch hier nicht in die verwendete Karrieredefinition.[316]

Auch bei *Stoltz-Loikes* Definition kann von einer individuell-expansorischen Version gesprochen werden. Nach ihr bedeutet Karriere *zunehmend* mehr Verantwortung, mehr Macht und mehr finanzielle Vergütung: „ ... path involving progressivly more responsibility, power, and financial renumeration."[317]

Rapoport & Rapoports Karriereverständnis ist 1969 noch ähnlich – „.. which are highly salient personally, have a developmental sequence and require a high degree of commitment."[318] Sie betonen durch das „hohe Engagement" besonders die individuelle Sichtweise, durch das Weglassen des Wortes vertikal aber eher die chronologische, hierarchieunabhängige Variante.

Zwei Jahre später erweiterten die *Rapoports* ihre Sichtweise zusammen mit *Fogarty* zu einer ganzheitlicheren Definition von Karriere:

„Careers have the distinguishing characteristic of a developmental quality, even though this may only emerge retrospectively. The job sequence in a career tend to form a meaningful whole and there is a sense of high involvement and motivation (commitment) and progression toward valued goals or achievement."[319]

Neben diesen expliziten Begriffsgrundlegungen finden sich immer auch wieder Forschungsarbeiten, in denen keine klare Begriffseinordnung gegeben wird; inter-

---

[315] Smith 1992, S. 19
[316] Vgl. Greenhaus 1987, Herriot 1992.
[317] Stoltz-Loike 1992, S. 3
[318] Rapoport & Rapoport 1969, S. 3f.
[319] Fogarty & Rapoport & Rapoport 1971, S. 189

pretatives Lesen und Einbezug des weiteren Kontextes der Studie/Untersuchung/des Artikels bleiben oft auch ohne Ergebnis.[320]

Die expansorische Betonung von Karriere und die Implikationen der inneren Konsistenz der Stellenabfolge führen dazu, daß Karrieren, die sich aus unterschiedlichsten, oft auch artfremden Berufen oder Tätigkeiten zusammensetzen als „untypisch" gelten und nicht unter den Begriff Karriere subsumiert werden.[321] Neben all diesen Definitionsinhalten sei noch am Rande erwähnt, daß der Aufstiegsaspekt im Ursprung des Wortes Karriere gar nicht enthalten ist: Karriere kommt vom lateinischen Wort *carrus*: die Karre[322] bzw. *(via) carraria,* der Fahrweg.[323]

5.2.2.2   Unternehmenssystem: Karrierekonnotation

Der in Unternehmen vorherrschende Beobachtungshabitus von Karriere ist vorwiegend die expansorische Konnotation. Dies liegt sicherlich an wirtschaftlich geprägten Normen wie Leistungsorientierung, Erfolgsstreben, Zielorientierung etc., die sich wiederum in Worten wie „high potentials" und „Zielvereinbarung" manifestieren. Das Bestehen enggefaßter Definitionen von Karriere mag darüber hinaus daran liegen, daß die Gleichsetzung von Erfolg und Aufstieg bereits institutionalisiert ist und als einzige Alternative erscheint.[324] Veränderungen von betriebswirtschaftlichen Strukturen – neben Wertverschiebungen von subjektiven Kognitionen (vgl. 5.2.2.3) – wie die Verschlankung von Hierarchien,[325] fraktale Unternehmen, Outsourcing, Netzwerke und Teleworking[326] induzieren jedoch immer öfter die Notwendigkeit des Umdenkens bzw. der Veränderung von Kommunikationsprozessen im Unternehmenssystem über das Konzept Karriere. In der Mehrzahl der heutigen Unternehmen werden die Möglichkeiten des vertikalen Aufstiegs immer stärker reduziert. Die Häufigkeit des Auftretens sogenannter „struktureller Kar-

---

[320] Gross 1980 z.B. beschreibt weder, was sie unter Karriere versteht, noch geht sie in ihrer Sample-Beschreibung darauf ein, wie und nach welchen Kriterien sie ihre Interviewpaare konkret ausgewählt hat. Vgl. auch Reynolds & Bennett 1991.

[321] Vgl. van Maanen & Schein 1977.

[322] Vgl. Pertsch & Lange-Kowal 1980: Langenscheidts Wörterbuch Lateinisch.

[323] Vgl. Duden 1963.

[324] Vgl. Zabusky & Barley 1996, Perlow & Bailyn 1996.

[325] Vgl. Fuchs 1997, 1998, Rosenbaum 1984.

[326] Vgl. Hochschild 1998.

riereplateaus" nimmt entsprechend zu.[327] Karriere oder Laufbahn an die traditionelle Beförderungsrichtung zu orientieren, entspricht heute immer weniger weder den Vorstellungen der Mitarbeiter noch den Gegebenheiten.[328]

Die Existenz und Ausweitung neuer Karrierekonzepte in der Praxis läßt den gedanklichen Wandel und gleichzeitig auch die Irritationssensibilität für systemfremde Referenzen zu diesem Thema auch schon als „Realitäten" erkennen. Bewegungen in horizontale Richtung, mit der Ausweitung von Fachkompetenz verbunden, werden als Fachlaufbahnen eingeführt.[329] Die stellenunabhängige Bewegung von Projekt zu Projekt – die sogenannte Projektlaufbahn – ist eine weitere Möglichkeit der Karriere.[330] Hinter Wortsynthesen wie Erfahrungskarriere und Herausforderungskarriere verbirgt sich nicht nur ein verändertes Verständnis von Karriere, sondern auch konkrete Umsetzungen.[331]

Sogar die Abwärtsbewegung (downward movement), als ehemals in Gegensatz zur aufwärts implizierten Karriere gesetzt, wird thematisiert und als nicht mehr zeitgemäßes Tabu aufgelöst.[332]

Multiple career paths[333] (multiple Laufbahnen bzw. Multifunktionskarrieren[334]) sind eine andere Alternative, um den Vorstellungen von Mitarbeitern zu entsprechen und sie dem Unternehmen zu erhalten. Ähnlich wie Fachlaufbahnen sind diese Laufbahnen aufgabenorientiert. Aufgaben bzw. Stellen werden zu sogenannten Stellen-/Aufgabenfamilien zusammengefaßt, innerhalb derer die Mitarbeiter ihren individuellen Weg planen können. Die Ähnlichkeit der Aufgaben/Stellen innerhalb einer Familie und die Möglichkeiten des Erreichens einer „berufsfremden" Stelle

---

[327] Vgl. Elšik & Nachbagauer 1997, Bardwick 1986.
[328] Vgl. u.a. Brousseau et al. 1996, Engeli & Spring 1998.
[329] Vgl. zum Beispiel bei IBM, vorgestellt in Fix 1991.
[330] Vgl. Fuchs 1997,1998.
[331] Vgl. Flöther 1994.
[332] Vgl. Hall & Isabella 1985, Becker & Kurtz 1991, Brehm 1998.
[333] Vgl. Kaye & Farren 1996.
[334] Vgl. Hall 1993.

hängt u.a. von der Unternehmenspolitik und der Sinnhaftigkeit einer Zusammenfassung konkreter Aufgaben ab.[335]

Ein Signal, daß Personalmanager sich z.B. auch mit der sich auflösenden lebenslangen Beschäftigungsgarantie auseinandersetzen, ist die Initiative „Selbst-GmbH". Verantwortung für die eigene Karriere, Jobwechsel als Regelfall, Vernetzung unterschiedlicher Kompetenzen sind Schlagworte dieser Initiative, deren Ziel es ist, die Beschäftigungsfähigkeit von Mitarbeitern zu sichern.[336]

Befristete Ernennungen und stufenweise Pensionierungen eröffnen weitere Karrieregestaltungswege dadurch, daß die Dimension Zeit und die Komponente der Konstanz variiert werden.[337]

5.2.2.3 DCC-System und Non-DCC-System: Karrierekonnotation

Bei der Vielzahl der Ansätze zur Sinnfüllung des Wortes Karriere in der Theorie bzw. Literatur erscheint es untersuchenswert,[338] welche individuellen inneren Zuschreibungen zu Karriere diejenigen haben, die sich selbst als karriereorientiert bezeichnen. Die Beachtung dieser subjektiven, internen Seite von Karriere „... recognises that beliefs and values, expectations and aspirations, are just as important as sequences of positions held and aggregate manpower flows."[339]

Im Zuge von Werteumbildung, Veränderung von Sinngebungen und tiefgreifender Strukturverschiebung wird hier angezweifelt, daß die expansorische Bedeutungszuweisung, wie sie im Wissenschafts- und Unternehmenssystem noch vorherrscht, den gesamten Möglichkeitsraum des Wortsinnes abdeckt.

Während im Unternehmen die Beobachtungsrichtung bzgl. des Konstruktes Karriere vor allem strukturell (Stellengefüge) und humanressourcenorientiert ausge-

---

[335] Die drei Unternehmen Southwest Airlines Corp., Microsoft Corp. und Electronic Data Systems Corp. bieten ihren Mitarbeitern multiple Laufbahnen an. Vgl. Joinson 1997.

[336] Vgl. Eicker 2000.

[337] Vgl. Hall 1993.

[338] Vor beschriebenem Hintergrund erscheint es evident, die Uneindeutigkeiten in der Bedeutungszuschreibung auch in zukünftigen Forschungsvorhaben mit Karrierebezug zu berücksichtigen und zu dokumentieren.

[339] Herriot 1992, S. 6

richtet ist, beobachten DCC- (und Non-DCC-)Systeme entsprechend eher individuell und inhaltlich. Die Bewußtseinssysteme als Träger von Karriere setzen bewertend-subjektive Vorgaben, die entsprechend auch kommunikationsbestimmend wirken. So werden z.b. vermehrt Wünsche formuliert nach selbstbestimmten Formen der Karriere. Laufbahnmodelle werden angestrebt, deren Fokus nicht mehr auf Statussymbolen und Einkommen liegt.[340] Auf die zunehmende Verzahnung von Lebenssphären wird mit dem Bestreben nach Gleichgewichtsfindung geantwortet.[341] Langfristigkeit und Sinnhaftigkeit von Handlungen und Entscheidungen, auch von Karriereentscheidungen, und Selbstbestimmtheit werden kurzfristigen Erfolgen und außengesteuerten Erwartungsentsprechungen vorgezogen.[342]

Insgesamt tendieren die Konnotationen zur Karriere positiv, bezieht man sich auf die Untersuchungen des *BAT-Freizeitforschungsinstituts*, bei denen 78% bzw. 73% (West/Ost) der Befragten (1000 berufstätige Frauen und Männer) Karriere mit etwas Positivem verbinden. Bei der Zusatzbefragung von 150 Führungskräften stieg die Anzahl positiver Verbindung sogar auf 90%. Die Zuschreibung von 63% der 1000 Befragten, daß Karriere „Arbeit, die Spaß macht" sei, ist eine leichte Konkretisierung, die in die gleiche Richtung geht.[343] Aber es bleiben immerhin noch 22% bzw. 27% der Befragten, bei denen sich die rein positive Konnotion von Karriere aufgelöst hat. Diese gehören offensichtlich zu einer Gruppe, die auch schon negative Aspekte des Karrierelebens wahrnehmen, wie z.B. Verzicht im privaten Bereich und Angepaßtsein als Voraussetzung einer Karriere.[344]

Die Verschiebung von Werten und damit die Zuweisung von Konnotationsinhalten für Karriere wird auch durch eine Studie des *Psephos Instituts für Wahlforschung und Sozialwissenschaft*[345] bestätigt. Hier kristallisierte sich bei den 600 befragten akade-

---

[340] Vgl. Stödter 1989, Fix 1991, Pfaller & Sinn 1991, Schelp 1994, Leggewie 1995, Schretter 1998.

[341] Vgl. Kanter 1977a, Greenhaus & Kopelmann 1981. Das Absolventenbarometer 2000 von trendence Institut für Personalmarketing dokumentiert deutlich die Einstellungen der Studenten zum Thema Gleichgewicht bzw. Vereinbarkeit.
Vgl. http://www.trendence.de/

[342] Vgl. Mann 1994, 1995.

[343] Vgl. Pfaller & Sinn 1991.

[344] Vgl. Schmidt 1989.

[345] http://www.psephos.com

mischen Nachwuchskräften (nicht älter als 40) ebenfalls heraus, daß ihnen der Spaß an der Arbeit,[346] ein nettes Arbeitsteam und eine freie und flexible Zeiteinteilung wichtiger als Gehalt und Aufstieg sind.[347] In einer anderen Untersuchung sieht es ähnlich aus: Bei der Gegenüberstellung von „Spaß beim Arbeiten" und „Erfolg sehen" gaben 78,6% befragter Absolventen der Wirtschaftswissenschaften an, daß sie „Spaß beim Arbeiten" präferieren. 80,3 Prozent waren es sogar bei den Ingenieuren (N = 4.700). Der Aufstiegsaspekt in der Laufbahn verliert also deutlich an Rang.

Fazit

Es hat sich gezeigt, daß die Beobachtungs- und damit Bedeutungsinhalte für das Konstrukt Karriere stark systemabhängig variant sind. Mit der nachstehenden Definition wird versucht, aus diesen Systemsichten einen zumindest kleinsten gemeinsamen Nenner zu generieren. Insofern wurde hier eine weitgefaßte Definition von Karriere gewählt,[348] die weder Bewegungsrichtungen noch andere, spezifisch inhaltliche Bedingungen impliziert.[349]

Definition: Karriere

Mit Karriere (synonym Laufbahn) wird das komplexe, arbeitsbezogene, individuelle Konstrukt aus Stellenabfolge, Aufgaben, Verantwortlichkeiten, Entscheidungen und Ereignissen – beeinflußt durch Arbeitseinstellungen, -erwartungen, Werten, Bedürfnissen, Empfindungen etc. – innerhalb der beruflichen Tätigkeit eines Arbeitnehmers bis zum aktuellen Zeitpunkt definiert.

---

[346] Vgl. http://www.trendence.de

[347] Vgl. Oldekop & Eicker 2000.

[348] Diese Definition ist u.a. konsistent mit Super & Bohn 1970, London & Stumpf 1982, Berthel & Koch 1985, Greenhaus 1987. Zur weiteren Vertiefung der Karriereforschung vgl. z.B. Basis-Ansätze von Hall 1976 und Schein 1978 und neuere Forschungen: Herriot 1992, Lehnert 1996, Ostermann 1996, London 1995, Gross 1997, von Rosenstiel 1997, Auer 2000.

[349] Vgl. auch Mayrhofer 1996a, S. 43.

5.2.2.4 Wissenschaftssystem: Karriereorientierung

Im Gegensatz zu dieser fast bewertungsfreien, sehr weitgefaßten Karrieredefinition, nach der auch die Stellenwechsel z.b. von Doppelverdienern unter diese Kategorie zu zählen wären, wird hier noch als Abgrenzungskriterium in der DCC-Definition (siehe Seite 45) der Begriff **Karriereorientierung** bearbeitet.

Dieser Terminus wird in den Forschungen oft quasi automatisch mit anderen Attributen kognitiv verknüpft. Weitverbreitet ist z.b. die Verbindung mit dem Adjektiv „hochqualifiziert" und die sich daraus leicht ergebende sinngemäße Gleichsetzung mit „akademischer Ausbildung". Diese Gleichsetzung läßt sich jedoch – offensichtlich – nicht aus dem Wortsinn allein ableiten. Wie kann man also Karriereorientierung beobachten?

Orientierung als ein „Sich-Ausrichten nach oder an" beschreibt immer zunächst einmal eine Subjekt-Objekt Relation: *Wer* orientiert sich an *wem* oder *was*? D.h. der Begriff Orientierung trägt implizit Zusatzinformation mit sich, kann im Kontext nie sinnvoll ohne diese verwandt werden. Neben dieser Mittlerfunktion zwischen Subjekt (in diesem Falle ein Individuum[350]) und Objekt bezeichnet Orientierung auch eine **Qualität** dieser Funktion bzw. Relation, nämlich eine Richtung, genauer eine Aus-Richtung. (Sie bezeichnet damit eine Seite einer Zweiseitendifferenz, deren andere Seite z.b. mit „Abwendung" beschrieben werden kann.) Diese Ausrichtung an das Objekt wird im Kontext Karriere als eine Näherpositionierung an diese interpretiert. Die Objektnähe wird zusätzlich mit einer Bewertung verbunden, d.h. daß Personen, die sich als karriereorientiert bezeichnen, sich selber *stärker* auf dieses „komplexe Stellenabfolgekonstrukt" konzentrieren als andere und diesem einen höheren Stellenwert beimessen, eben ausgerichteter diesbezüglich sind. Das englische Wort „commitment" (Verpflichtung, Bindung, Verbindlichkeit, Engagement) (vgl. auch lat. *comitor*: verbunden sein, sich zugesellen[351]) gibt diesen impliziten Bewertunginhalt noch deutlicher wieder und wird entsprechend auch in der Definition der *Rapoports* verwendet (vgl. S. 131). Während also nach der Karrieredefinition

---

[350] Andere Subjekt-Objekt Beziehungen wären z.b. die Beziehung Gruppe - Freizeit (Freizeitorientierung) oder die Relation Unternehmen - Gewinn (Gewinnorientierung).

[351] Vgl. Pertsch & Lange-Kowal 1980: Langenscheidts Wörterbuch Lateinisch.

(vgl. S. 136) DECs prinzipiell ebenfalls eine Karriere im Sinne einer Laufbahn haben, sind DCCs darüber hinaus speziell an dieser Karriere ausgerichet, eben orientiert.

Der Terminus Karriereorientierung wird daher in dieser Arbeit wie folgt konzeptionalisiert:

Definition: **Karriereorientierung**

Karriereorientierung ist die subjektive, zielbezogene Ausrichtung an dem individuellen Konstrukt Karriere in Form von vergleichsweise höherem Grade an Motivation, Verbundenheit, Aufmerksamkeit und zugeschriebener Wichtigkeit.

Um Karriereorientierung auch an leichter beobachtbaren Kriterien als der individuellen Einstellung festzumachen, wird in der Forschung oft auf äußere Faktoren, oder besser gesagt, Indikatoren zurückgegriffen. *Falkenberg* und *Monachello* zählen z.B. folgende Faktoren auf, „which have been used to differentiate between job and career orientation: level of developmental character in the position, nature of the demands required by the job, income level and amount of education needed to perform the job."[352] Begründet werden kann dieses Vorgehen des Schließens von äußeren Faktoren auf innere Haltungen fast schon mit der von *Giddens* beschriebenen Rekursivität von Handlung und Struktur. Ein weiteres Beispiel: Ein hohes Job Commitment kann als Bereitschaft zur motivierten, engagierten *Handlung* beschrieben werden, die sich dann auch als Profilkriterium in der Stellenbeschreibung und damit in der *Struktur* eines hoch dotierten Jobs wiederfindet. Dieses indirekte Vorgehen wird auch in dieser Arbeit (vgl. 3.2.3.1.1) in der Generierung eines DCC-Indikators verfolgt. Dabei sei nicht zu vergessen, daß jede Haltung, so auch jede „Orientierung", ihren individuellen Bezug immer behalten wird. Uneingeschränkte Umkehrschlüsse der Art: „Wer Akademiker ist, ist karriereorientiert", laufen Gefahr, die Realität zu verkürzen oder zu verfälschen. Neben der Indirektheit von Kriterien zum Indizieren von Karriereorientierung ist auch die Auswahl dieser Kriterien beobachtungsabhängig, d.h. (bisher) nicht unisono vorgegeben. Hieraus er-

---

[352] Falkenberg & Monachello 1990

138

gibt sich, daß, je nach Beobachtungswahl der Forschung, ganz unterschiedliche Gruppen von „Karriereorientierten" als Sample deklariert und zusammengestellt werden können. Die drei folgenden DCC-Sample-Konstruktionen geben Beispiel für externe und interne Zuschreibung und bringen einige unterschiedliche Zurechnungskriterien zusammen:

- Externe Zuschreibung zum Kriterium Karriereorientierung: *Guelzow & Bird & Koball* setzten die folgenden externen Kriterien für ihre Sampleauswahl fest: "college degree, full-time employed in a profession commensurate with education and training."[353] Hieraus ergibt sich offensichtlich eine andere Forschungszielgruppe als die folgende Teilnehmergruppe.

- Externe Zuschreibung zum Kriterium Karriereorientierung: *Hardill & MacDonalds* Auswahlkriterien sind: „.. both members are working in Managerial and Administrative, Professional, or Associate Professional and Technical Occupations..."[354] die der Hauptgruppen 1-3 der British Standard Occupation Classification entsprechen.

- Interne Zuschreibung zum Kriterium Karriereorientierung: *Hallett & Gilbert* generierten ihr Sample durch die Teilnehmerinnen selbst: Es nahmen nur Frauen teil, die sich selbst als karriereorientiert beschrieben. „This study explores the premartial views of career-oriented university women who describe themselves as anticipating a future with a career, [...], that is, who envision themselves in a dual-career relationship some time in the future."[355]

5.2.2.5 DCC-System: Die Bedeutung von Karriere

Von Interesse ist nicht nur, welchen absoluten Stellenwert ein Lebensbereich hat, sondern auch die in Bezug gesetzte Bedeutung ist zu betrachten (vgl. Anhang Nr. 4, Fragebogenfrage 16). So kann es sein, daß Karriere eine hohe Bedeutung für den Befragten hat (absolut) und gleichzeitig auch dem Privatleben eine solche Bedeutung zugesprochen wird. Hieraus kann zunächst geschlossen werden, daß es mehr als einen wichtigen Bereich im Leben des Befragten gibt. Darüber hinaus wäre es interessant zu wissen, in welchem Verhältnis diese beiden Bereiche zueinander ste-

---

[353] Guelzow & Bird & Koball 1991, S. 153
[354] Hardill & MacDonald 1998, S. 21
[355] Hallett & Gilbert 1997, S. 309

hen: Ist die Karriere wichtiger, gleich wichtig, oder unwichtiger im Vergleich zum Privatleben? Daß Karriere z.B. für die befragten DCC-Paare der *Feller*-Studie durchaus einen hohen bzw. gewissen Stellenwert hat, zeigen die Zahlen in den Antwortkategorien: 43% der Frauen und 49% der Männer bewerteten ihre Karriere als „wichtig" und immerhin noch 36% (Frauen) und 32% (Männer) mit „durchschnittlich wichtig".[356] Jedoch nur 8% bewerteten im Verhältnis zum Privatleben ihre Karriere als sehr wichtig!

Im englischsprachigen Raum wird die Höherbewertung der Wichtigkeit für Karriere mit dem Begriff „career salience"[357] umschrieben. Die Höherbewertung der Wichtigkeit für die Familie wird entsprechend mit „family salience" beschrieben und „..has been studied as the converse of career salience. [...] A third category, balance salience, was created by *Beauvais* and *Kowalski* (1993) for those individuals who describe work and family as equally important."[358] Die Ergebnisse vieler Studien deuten darauf hin, daß DCCs zu denjenigen Mitarbeitern mit „balanced salience" zu zählen sind (vgl. 0).

5.2.3 Fremdreferenz: Lebenssphäreninterdependenzen

Karriere bzw. Karriereorientierung aus der Sicht von DCCs sind nicht kontextunabhängig zu betrachten. Karriereorientierung ist *ein* Konzept in Bewußtseinssystemen, das neben vielen anderen steht.

Ein weiteres als wichtig beobachtetes und kommuniziertes Konzept ist die **Privatsphäre**. Die Kontextbezogenheit bzw. die Interdependenz speziell dieser beiden Konzepte ist, unterschiedlich ausgeprägt, als Beobachtungsgrundlage im Wissenschafts- und Unternehmenssystem vertreten. Die folgenden Abschnitte behandeln die Relevanz der Fremdreferenz „Lebenssphäreninterdependenzen" aus der Systemsicht der Wissenschaft und der Organisationen.

---

[356] Vgl. Feller 1999.

[357] „salience: 1. the state or condition of being salient. 2. a salient or projecting object, part, or feature." http://www.infoplease.com/ipd/A0635423.html

[358] Honeycut & Rosen 1997, S. 273

5.2.3.1 Wissenschaftssystem: Lebenssphäreninterdependenz

Sichtet man die Arbeiten zum Forschungsgebiet von Lebenssphäreninterdependenzen – Familien- und Berufsleben –, so kann zunächst einmal festgestellt werden, daß diese Fremdreferenz bisher eine umfangreiche Relevanz im Wissenschaftssystem hat.

Allerdings wurde aus der Zwei-Seiten-Form in der Vergangenheit vorwiegend die bewußtseinssystem-orientierte, weniger die unternehmenssystem-orientierte Richtung gewählt. So weist die individualpsychologische und soziologische Forschungsrichtung zu diesem Thema eine recht lange Tradition auf.[359] Es finden sich mittlerweile Untersuchungen zu unterschiedlichsten Schwerpunkten bzw. Variablen aus ebenso unterschiedlichen Beobachtungswinkeln. Einige speziellere Forschungsfragestellungen der Interdependenzforschung – im englischsprachigen Raum in jüngster Zeit unter dem Stichwort „Work/Life" zusammengefaßt – seien exemplarisch herausgestellt:

- Die gesundheitlichen Auswirkungen von Beruf-Familien-Konflikten und die Relevanzeinschätzung von Familienprogrammen aus Sicht der Eltern untersuchte *Frone*.[360]

- Die Asymmetrie der Systemgrenzen, d.h. daß private Aspekte in die berufliche Sphäre weniger eindringen als berufliche Dinge den privaten Bereich beeinflussen, wurde von *Eagle & Miles & Icenogle* dokumentiert.[361]

- Der Arbeitnehmer-Unternehmens-Fit wurde von *Chatman* als „the congruence between the norms and values of organizations and the values of persons"[362] definiert. Diese Annahme der wertebasierten Auswahl von zukünftigen Arbeitnehmern ist auch schon in älteren Studien aufgestellt worden.[363] Aber auch

---

[359] Vgl. Almquist & Angrist 1971, Schein 1978, Pleck & Staines & Lang 1980, Jacobsen & Lawhon 1983, Geerken & Gove 1983, Miller 1984. Aktuelle Forschungsergebnisse z.B. Ellguth & Liebold & Trinczek 1998. Interessant ist, daß die Mehrzahl der Forschungen vorwiegend die konfliktäre Seite der Interdependenz zwischen den Sphären untersucht. Dies stellen u.a. auch Grzywacz & Marks 1999 fest.

[360] Vgl. Frone 1996, 1997.

[361] Vgl. Eagle & Miles & Icenogle 1997.

[362] Chatman 1989, S. 339

[363] Vgl. Hall & Schneider & Nygren 1970.

neuere Studien befassen sich mit der Übereinstimmung von Werten der Mitarbeiter und Werten der Unternehmung[364] (vgl. hierzu auch die Ergebnisse in der Empirie im Kapitel 0).

- *Hammer, Allen & Grigsby* untersuchten den Einfluß des Partners auf den persönlich empfundenen „work-family conflict".[365]

Eines der am intensivsten thematisierten Aspekte der Interdependenzforschung ist die Untersuchung der **Vereinbarkeit** von Familie und Beruf. Die kurze Liste einiger Institute,[366] die sich speziell aus diesem Aspekt heraus konstituiert haben, verdeutlichen die Forschungsrelevanz. Erkennbar wird in den Zielsetzungen dieser Institutionen immer mehr die Integration der unternehmerischen Sichtweise. Systemtheoretisch gesprochen haben sich hier Systeme mit intensiver Fremdreferenz gebildet.

- In New York ist das **Family and Work Institute**[367] http://www.familiesandwork.org ansässig.

- **The Center for Work and Family** (Boston College, MA - http://www.bc.edu/bc_org/avp/csom/cwf) hat zusammen mit dem erstgenannten Family and Work Institute das „Global Forum on Family and Work" initiiert.

- Im Auftrag der **Gemeinnützigen Hertie-Stiftung** wird nach Vorbild des US-amerikanischen „family-friendly-index" seit 1995 ein Kriterienkatalog für das

---

[364] Vgl. Judge & Bretz 1992.

[365] Vgl. Hammer & Allen & Grigsby 1997.

[366] Neben den vielen Forschungseinrichtungen aus dem Wissenschaftssystem ist natürlich das Bundesministerium für Familie, Senioren, Frauen und Jugend als Vertreterin des Politik-Systems zu nennen, das gleichzeitig als Kopplungsförderer zwischen Forschung und Praxis fungiert. So erschien z.B. bereits 1987 in einer Schriftenreihe des BFSFJ (Kohlhammer Verlag) der Band 230 mit dem Titel „Vereinbarkeit und Familie und Beruf – Neue Forschungsergebnisse im Dialog zwischen Wissenschaft und Praxis." 1996 erschien ein ähnlich lautender Band 3233: „Vereinbarkeit von Familie und Beruf – Beiträge zur institutionellen Familienbildung".

[367] Vgl. Bond & Galinsky & Swanberg 1998, Galinsky & Bond 1998.

Audit Beruf & Familie® entwickelt. „Das Audit Beruf & Familie® ist heute ein anerkanntes Managementinstrument zur kontinuierlichen Verbesserung einer innovativen Personalpolitik."

http://www.beruf-und-familie.de/bundf/bundf.html

- Das **Cornell Employment and Family Careers Institute** „highlights the simultaneous and shifting relationships among work organizations, community institutions, occupational careers, and family careers."

http://www.human.cornell.edu/blcc/cci/outreach.html

- Der **Total E-Quality e.V.** vergibt an Organisationen unter Gesichtspunkten der Vereinbarkeit von Beruf und Familie die Auszeichnung „Total E-Quality Award"

http://www.total-e-quality.de

- **Catalyst** http://www.catalystwomen.org/home.html, „... the leading nonprofit organization working to advance women in business and the professions." Unter der Zielsetzung, „... to showcase exemplary strategies and inform business leaders and the media about effective strategies for change" vergibt Catalyst ebenfalls einen Preis. Ausgezeichnet werden „... organization's commitment to women's advancement to its employees, shareholders, and customers."

- Das **Europäische Netzwerk Familie & Arbeit/European Network Family & Work** koordiniert und vernetzt Experten aus 15 europäischen Ländern und veröffentlicht Ergebnisse im Infobulletin „New Ways"

http://europa.eu.int/comm/dg05/family-net/de/frameset.htm .

Weitere Institute sind:

- **Center for Working Families** (http://workingfamilies.berkeley.edu)

- **The National Work-Life Forum** (UK)

- **The Work-Life Research Center** (UK/London).

- **The Council for Equal Opportunity in Employment** (http://www.ceoe.com.au/)(Australien)

Die bereits erwähnte beidseitige Beobachtungsausrichtung ist in vielen Forschungseinrichtungen erklärtes Ziel, um Wahrnehmungsdifferenzen, -verschiebungen, Werteveränderungen und -unterschiede u.a. aufzuzeigen, um daraus wiederum eine fundierte Grundlage für die Empfehlung und Initiierung von Handlungsmöglichkeiten zu erhalten.

Neben den Forschungen in der Psychologie, Soziologie und Personalwirtschaft lassen Entwicklungen in den Organisationstheorien erkennen, daß auch in anderen betriebswirtschaftlichen Disziplinen durch den Einfluß systemtheoretischen Denkens Umweltbeziehungen relevant werden. Jedoch zeigt sich, daß sich diese theoretisch-konzeptionelle Grenzüberschreitung nur auf wirtschaftlich direkt beeinflussende/zu beeinflussende Grenzen bezieht, z.B. auf Stakeholders, also Kunden, Lieferanten, Konkurrenten, Kooperationspartner, Aktionäre etc. „Aber die Tatsache, daß persönliche Partnerinnen und Partner, ja daß Familien überhaupt die wichtigsten Stakeholders und Unterstützungsfaktoren von Organisationen sind, scheint tabu."[368]

Fazit

Zusammenfassend stellt sich ein Bild dar, das sich durch eine massive Bearbeitung des Themas „Lebensphäreninterdependenzen" in den Wissenschaftssystemen auszeichnet. Weiterhin ist zu konstatieren, daß diese hohe Kommunikationsdichte Anlaß ist, und war zur Formierung von Spezialsystemen. Welche Beobachtungen im System Unternehmung zu dieser Fremdreferenz durch das Wissenschaftssystem dokumentiert wurden, wird im folgenden beleuchtet.

5.2.3.2 Unternehmenssystem: Lebensphäreninterdependenz

Die Wahrnehmung, daß „... zwischen Arbeit und Freizeit offenkundig eine Wechselwirkung besteht [und daß] diese Bereiche nicht isoliert voneinander betrachtet werden dürfen",[369] ist in der (personalwirtschaftlichen) Forschung – wie gezeigt – vorhanden. Das Wissenschaftssystem beobachtet nun wiederum das Systemgeschehen in Unternehmen und kommt zu der Aussage, daß die Interdependenzrelevanz

---

[368] Welter-Enderlin 1995, S. 7
[369] Becker & Kurtz 1991, S. 40

144

in der Unternehmenspraxis noch „gar nicht" oder „vergleichsweise gering" zu bescheinigen ist. Einige Zitate mögen dies verdeutlichen:

„Just as organization theorists do not include the person's non-work life, organization managers tend not to include the non-work life of their employees."[370]

„... an entrenched corporate culture remains, which regards the home as an entirely seperate domain from the workplace, with little or no overlap, nor relevance for organization."[371]

„We somehow split the person into two parts – the work self and the personal self."[372]

Diese Einschätzung der breiten wirtschaftlichen Praxis durch die (Personal-)Wissenschaft zieht sich durch unzählige Artikel und Studien, und zumeist wird verwiesen auf die Notwendigkeit des Umdenkens.[373]

Die oben zitierte Differenzierung (Aufsplittung) in Sphären wurde also – so die Beobachtungen des Wissenschaftssystems – bisher auf der Praxisseite im Sinne einer Ausklammerung der „anderen Seite" verwandt, was gleichbedeutend damit ist, daß strukturelle Kopplungen nicht als solche erkannt werden, sich vielmehr als unspezifisches bzw. sogar bewußt ignoriertes Rauschen darstellen.

Diese Einschätzungen des Systems Wissenschaft über den gering gehaltenen Stand der Dinge in der Unternehmenspraxis beruht zum einen sicherlich auf empirischer Fundierung. Wenn jedoch ein (noch weit verbreitet anzutreffendes) Wissenschaftsverständnis zugrunde liegt, dessen Seinsberechtigung auf dem bestätigten Vorsprung von Wissen und der Generierung von normativen Handlungsempfehlungen basiert, können solche Aussagen zum Teil auch als systemerhaltend interpretiert werden. Davon abgesehen verstärken bzw. untermauern sie, empirisch begründet oder nicht, die Tradition des fehlenden oder mangelnden Wissenstransfers zwischen Wissenschaft und Praxis.

---

[370] Friedlander 1994, S. 59
[371] Smith 1992, S. 20
[372] Friedlander 1994, S. 59
[373] Vgl. u.a. Stoner & Hartmann 1990, Edgar 1991, Walcott 1991.

Trotz des überwiegend *konstatierten* geringen Ausmaßes an unternehmensseitigem Fremdreferieren von „struktureller Kopplung von Lebenssphären" kann auch einiges angeführt werden, was in den Unternehmen als deutliches Zeichen für Kommunikationen zu diesem Thema gesehen werden kann. Diese Entwicklungstendenzen sind z.T. auch systemerhaltend, bedenkt man, daß einige der aufgeführten Institutionen, die sich gerade der Irritation von Unternehmen in Form von Beratungsangeboten widmen, nicht existent wären, würden ihre Irritationen nicht gefordert bzw. nicht fruchten. Die Einführung z.B. von familienfreundlichen Politiken und der Bedeutungszuwachs von Total Equality Bemühungen können als Beispielindikatoren für gelungene Systemirritationen in Form von Wissenstransfer auf diesem Gebiet zumindest in einigen Unternehmen angesehen werden. Aufgeführt sind einige Stiftungen, Projekte und Programme, die sich dieser Thematik speziell widmen.

Deutschland: **TOTAL E-QUALITY Deutschland e.V.** hat seit 1997 bis 2001 bisher insgesamt 49 Unternehmen ausgezeichnet. Die Betriebe gehören unterschiedlichen Branchen und Größenordnungen an; vertreten sind namhafte Großunternehmen, gut die Hälfte sind mittelständisch. Auch 6 Betriebe der öffentlichen Verwaltung wurden bisher für ihre Aktivitäten ausgezeichnet.[374]

---

[374] Das Institut für Personalwesen und Internationales Management, Universität der Bundeswehr Hamburg, ist bereits zweimal Preisträger geworden.

Die Prädikatsträger des Total E-Quality Awards bis 2001

Axel-Springer-Verlag AG, Hamburg, Aventis Pharma GmbH, AVON Cosmetics, Neufarn, Bayer AG, Leverkusen, bfz, Berufliche Fortbildungszentren, München, Berufliches Trainingszentrum, Hamburg, Bildungswerk der Thüringer Wirtschaft e.V., Erfurt, BW Bildung und Wissen Verlag und Software GmbH, Nürnberg, Comet Computer, München, Commerzbank AG, Frankfurt am Main, Deutsche Bahn AG, Frankfurt, Deutsche Bank AG, Frankfurt am Main, Deutsche Lufthansa AG, Frankfurt, Deutsche Post AG, Deutsche Telekom AG, Bonn, DuPont de Nemours, Östringen, EDV Konkret, Augsburg, ERC Frankona Rückversicherungs AG, ERC Frankona Management Service GmbH, Flughafen AG, Frankfurt, Forschungszentrum Jülich GmbH, Jülich Gemeinnützige Gesellschaft für Soziale Dienste DAA-mbH, Nürnberg, IBM Informationssysteme GmbH, Stuttgart, Institut für Personalwesen und Internationales Management, Hamburg, ISB GmbH Institut für Softwareentwicklung und EDV-Beratung, Karlsruhe, Isolier Wendt GmbH, Berlin, Johnson & Johnson GmbH, Düsseldorf, Landesbank Berlin - Girozentrale - der Bankgesellschaft Berlin AG, Berlin, Landeshauptstadt Hannover, Landeshauptstadt München, LSG Lufthansa Service Deutschland GmbH, Neu Isenburg, Magistrat der Stadt Rüsselsheim, Modehaus Erna Schneider, Fulda, PRISMA Unternehmensberatung für Telekommunikation, Rodgau, Procter & Gamble GmbH, Schwalbach a. Ts., Robert Bosch GmbH, Ansbach, Schering AG, Berlin, Städtische Wirtschaftsschule, Ansbach, Stadtverwaltung Heidelberg, Stadtverwaltung Ludwigsburg, Stadtverwaltung Wiesloch, Stadtverwaltung Wuppertal, Steuerbüro Peter Strumberger, München, TIP Werbeverlag GmbH Co.KG, Heilbronn, VEAG, Vereinigte Energiewerke Aktiengesellschaft, Berlin, Volkswagen AG, Wolfsburg, Volkswagen Bank GmbH, Wüstenrot Holding GmbH, Ludwigsburg, Zentrum für Weiterbildung GmbH, Frankfurt am Main Quelle: http://www.total-e-quality.de/body_traeger.htm

Deutschland: Die **Gemeinnützige Hertie-Stiftung** hat in ihrem Projekt ‚Familienorientierte Personalpolitik als Teil der Unternehmenspolitik' ca. 20 Unternehmen an der Umsetzung des Audits Beruf & Familie® betreut. Hier erhielten die auditierten Unternehmen ein Grundzertifikat, das bescheinigt, daß die Unternehmen ihren Bestand an familienorientierten Maßnahmen begutachtet und weiterführende Zielvorgaben definiert haben.[375]

---

[375] Vgl. http://www.beruf-und-familie.de/bundf/unternehmen/index.php3

Unternehmen, die das Grundzertifikat zum Audit Beruf & Familie® erhalten haben:
aerogate München GmbH; Bayerische Hypo- und Vereinsbank AG; Bischöfliches Hilfswerk Misereor e.V.; Bundesministerium für Umwelt, Jugend und Familie; Caritasverband der Erzdiöseze München und Freising e.V.; Elk Fertighaus AG; Erste Bank der österreichischen Sparkassen AG; Evangelisches Krankenhaus Lutherhaus GmbH; Intersport Eybl / Sport Eybl KG; Inzersdorfer Nahrungsmittelwerke GmbH; Knoll AG; Neckermann Versand Österreich AG; Rieser – Malzer Team GmbH; Semper idem - Underberg AG; Seniorenresidenz Bad Vöslau GmbH; Siemens AG EC; Siemens Business Service GmbH & Co oHG; Siemens Nixdorf Informationssysteme AG; Siemens Business Service GmbH; Steuerberatungskanzlei Brunner; Terra Verde Produktions GmbH; Ölz GmbH & Co Strumpffabrik
Unternehmen, die z.Zt. das Audit Beruf & Familie® durchführen und in Kürze das Grundzertifikat erhalten werden:
Bundesversicherungsanstalt für Angestellte BfA; Fraunhofer-Institut für Umweltchemie und Ökotoxikologie – IUCT; Proleit GmbH; Rösch GmbH; TSR GmbH

Australien: Jacqueline A. Adie und *Heather I. Carmody* haben 140 **Unternehmensbeispiele** zum Thema „Families at Work" in Australien zusammengetragen. IBM Australia, Shell Australia, Hewlett-Packard, Mobil Oil Australia, Johnson&Johnson werden hier z.B. mit ihren spezifischen Programmen unter dem Kapitel „Family Friendly Corporate Culture" aufgeführt.[376]
Auch das australische **Council for Equal Opportunity in Employment** vergibt einen Gleichstellungsaward:

---

[376] Vgl. Adie & Carmondy 1991.

AUSTRALIAN CORPORATE WORK & FAMILY AWARD (1998)
GOLD AWARD (for highest overall performance in all categories in Australia)
AMP for outstanding commitment to the introduction, implementation, promotion and on-going evaluation of work and family policies and practices to meet employee and business needs.
SILVER AWARD
Finance: Westpac for demonstrated commitment to ongoing establishment and implementation of a wide range of work and family initiatives, policies and practices in response to business and employee requirements.
Finalists: National Australia Bank, Star City Pty Ltd, BankWest.
Manufacturing Retail & Business Services: Mobil Oil Australia Ltd for demonstrated commitment to better meeting the work and family needs of its employees through implementation of a diversity focussed range of policies and practices and effective promotion of these throughout the organisation.
Finalists: Families at Work, Dunhill Madden Butler Solicitors
Utilities, Public Sector & Local Government: Sydney Water Corporation Limited for demonstrated commitment to better meeting the work and family needs of its employees through implementation of a diversity focussed range of policies and practices and effective promotion of these throughout the organisation.
Finalists: City of Melbourne, Department of Productivity & Labour Relations
Education: Santa Sabina College Ltd for demonstrated commitment to meeting the needs of its staff and its business needs with a range of work and family policies and practices and the development of a work based childcare centre.
Quelle: http://www.ceoe.com.au/default.asp?NewsID=119

Diese konkreten Vereinbarungsaktionen in der Wirtschaft neben die Aussage von Forschern gestellt, daß Betriebe noch „so gut wie gar nichts" in diese Richtung unternehmen, sind einmal mehr Beispiele für variante Bilder, resultierend aus unterschiedlichem Beobachtungshabitus – ganz nach dem bekannten Vergleich: Das Glas ist halbvoll oder halbleer.

5.2.3.3 DCC-System und Non-DCC-System: Lebenssphäreninterdependenz

Wichtigkeit und Anspruchshaltung

Die Balance bzw. Vereinbarkeit von Familie und Beruf ist lt. Studie in Amerika zur wichtigsten arbeitsbezogenen Lebensfrage geworden, wichtiger als Beschäftigungssicherheit, jährliches Einkommen, Gesundheit und Entwicklungsmöglichkeiten. In der Februarausgabe der vierteljährlichen „Work Trend" Befragung des *John J. Heldrich Center for Workforce Development* (Rutgers University) und des *Center for Survey Research* (University of Connecticut) befanden 97% von 1000 befragten Arbeitnehmern Vereinbarkeit für wichtig, 88% für extrem wichtig. Die ansteigende Zahl an Doppelkarriere- und Doppelverdienerfamilien ist sicherlich *ein* relevanter Grund für diese Entwicklung.[377]

Daß diese Tendenz nicht nur in Amerika und England zu beobachten ist, zeigen Untersuchungen von *Kasper et al.* Im Zuge einer Evaluation eines Post Graduate Management Universitätslehrganges (PGM) der Wirtschaftsuniversität Wien konnte festgestellt werden, „... daß Manager ein massives Interesse am Thema „Vereinbarkeit von Beruf und Familie" haben und dieses nicht ohne einen gewissen Leidensdruck immer wieder artikulieren. Führungskräfte der mittleren und oberen Hierarchiestufe zeigen dabei einen erheblichen Informationsbedarf und erwarten sich zudem auch von universitärer Seite theoretisch rückgekoppelte und empirisch fundierte Problemlösungskapazität."[378] Die Lücke zwischen Problemkenntnis und Aktivitätsniveau von Unternehmen wurde auch hier festgestellt: Sieben von zehn Befragten stimmten zu, daß ihre Arbeitgeber die Wichtigkeit der Balance zwischen Familie und Beruf erkennen, aber nur ¼ meinten, daß ihnen vom Unternehmen entsprechende Förderung zuteil wird, um diese Balance zu erreichen.

---

[377] The National Report On Work & Family, published by Business Publishers Inc., 951 Pershing Drive, Silver Spring, MD 20910. e-mail: bpinews@bpinews.com. Web site: http://www.bpinews.com , aus DCC Life Care: Work/Life News: http://www.dcclifecare.com/news/netwf8.html

[378] Kasper & Majer & Meyer & Schmidt 1999, S. 102

Ansprüche

Weiterhin zeigen sich deutlich veränderte Ansprüche, resultierend aus dem Werte-wandel. Ein Beispiel ist die Untersuchung des Dienstleistungsunternehmens *RHI Management Resources*. 90% der 1.400 interviewten Leiter aus dem Bereich Finanzen beurteilten die Vereinbarkeit von Familie und Arbeit für wichtiger als noch vor fünf Jahren.[379] Auch bei den DCCs haben sich die Einstellungen geändert. Während in der 1981 von *Catalyst* durchgeführten DCC-Studie die Befragten die Vereinbarung von Beruf und Familie als ein Problem ansahen, das sie vorwiegend selbst zu be-wältigen hätten, vertrat im aktuellen Report die Mehrheit der DCCs „... that their employers should address their needs more effectively by offering informal flexibi-lity or a wide range of career advancement options."[380] In einer empirischen Befra-gung von 14 Paaren durch *Petra Notz* „ ... beklagten die befragten Männer und Frauen, daß die Firmen gegenüber den Verpflichtungen der Partner und Väter im privaten Bereich keine Rücksicht nähmen."[381]

Der Vereinbarungswunsch wird sich in Zukunft, betrachtet man die Untersuchun-gen zu den Wertausprägungen der neuen „Y-Generation" (nach 1975 Geborene), auf immer mehr Mitarbeiter ausweiten. Der Wertewandel, der sich generell „... von einer Ideologie disziplinierter Produktivität zu einer Ideologie emanzipierter Inter-aktivität .."[382] gewandelt hat, stellt sich in der Y-Generation noch extremer dar. So werden diese jungen Mitarbeiter mit Adjektiven wie opportunistisch, entrepreneu-rial, individualistisch, unabhängig und eigenständig beschrieben. Bemerkenswerter und deutlicher Ausdruck von „balance salience" (vgl.5.2.2.5) ist das Ergebnis, daß 80% der Y-er schon davon *ausgehen*, daß sich Beruf und Familie vereinbaren las-sen,[383] d.h. sie leben ein Sowohl-als-auch-Lebenskonzept, in dem der Beruf nicht mehr die vorgegebene Ordnung darstellt.

---

[379] aus DCC Life Care: Work/Life News: RHI Management Resources: http://www.dcclifecare.com/news/wltoday3.html
[380] Catalyst 1998, S. 2
[381] Notz 2001, S. 91
[382] Baecker 1995, S. 213

Zufriedenheit

Erstaunlich sind die Ergebnisse, fragt man nach der Zufriedenheit mit der konkreten Vereinbarungsleistung bei DCCs. In der Studie von *Catalyst* gaben 58% der befragten Frauen und 73% der Männer an, zufrieden zu sein mit der Balance zwischen Beruf und Familie.[384] Auffällig ist hier die deutlich geschlechtsspezifische Differenz. Trotzdem sind die Zahlen recht hoch, was verwundert angesichts ebenfalls dokumentierter Negativkonnotation bzgl. des Zeitbudgets für die Partnerschaft (vgl. 5.2.5.1) und den Antworten auf die Frage, ob die Befragten zugunsten ihrer Karriere im privaten Bereich Verzicht geleistet haben. In der Studie von *Feller* bejahten diese Frage immerhin 63% der Frauen und 67% der Männer. Aus einer Auswahl von Gründen rangierte der Freizeitverlust mit 61/62% am höchsten, gefolgt von der Beeinträchtigung sozialer Kontakte (F 27%/M 42%) und dem Auftreten privater Konflikte (F/M 21%).[385]

Vereinbarung, Sicht der Rollen/Lebenssphären

Forscher fanden heraus, daß Frauen die Rollen Arbeit und Familie eher als abhängig voneinander sehen und sich inhärent eher vor eine Wahlsituation stellen. Männer betrachten die Rollen dagegen als unabhängig und müssen somit auch nicht zwischen beiden wählen oder ausbalancieren.[386]

Dieses stimmt überein mit theoretischen Überlegungen, daß Frauen zunehmend auf Erfolg in beiden Rollen fokusieren, die männliche Identität dagegen nach wie vor eher ausschließlich durch Berufserfolg gestärkt wird.[387] Diese geringere Rolleninterdependenz und damit eine geringere Konfliktwahrscheinlichkeit bei Männern resümieren auch die Forscher des *BAT-Freizeitforschungsinstituts*, die nach einer Repräsentativumfrage von 3.000 Personen zu folgenden Aussagen kommen: „Männer sind schnell bereit, um des beruflichen Erfolges willen die Verantwortung für Familie und Kinder einfach abzugeben. Frauen hingegen wollen auch bei Berufstä-

---

[383] Vgl. Shell Jugendstudie 2000 http://www.shell-jugend2000.de/html/download01.htm
[384] Vgl. Catalyst 1998.
[385] Vgl. Feller 1999.
[386] Vgl. u.a. Paden & Buehler 1995.
[387] Vgl. Silberstein 1992, Sullivan 1992.

tigkeit im Gleichgewicht leben und favorisieren ein zwischen Berufs- und Privatleben ausbalanciertes Lebenskonzept, in dem kein Lebensbereich dem anderen einfach untergeordnet wird. Frauen gehen auch bewußt mehr auf Distanz zu ausschließlich berufsorientierten Lebenskonzepten: Familie, Freunde und Freizeit halten sie für genauso wichtig wie Geldverdienen, berufliche Ambitionen und Spaß an der Arbeit."[388]

Innerer Konflikt durch Vereinbarung

Die psychologische Forschung ist an die Fragestellung der Vereinbarung mit dem Konstrukt der Rollenüberlastung (role overload) herangegangen. Zu einem solchen Konflikt im Bewußtseinssystem des DCC-Systems kommt es, wenn der Umfang an benötigter Zeit und psychologischer Energie von eingenommenen Rollen (z.B. Berufs- und Partnerschaftsrolle) miteinander konkurrieren[389] bzw. „... when the number of roles a person occupies cannot be handled adequately or comfortably because of finite amounts of time and energy."[390] Dieser Konflikt kann zum einen zu Spill-Over-Effekten führen und zum anderen generell die Wahrscheinlichkeit erhöhen, daß es im Laufe der Zeit zu physischen und emotionalen Problemen kommt.[391] Insgesamt korreliert der Rollenüberlastungskonflikt mit der Anzahl der Arbeitswochenstunden signifikant positiv.[392]

Die oben erwähnten deutlichen Geschlechtsunterschiede bei der Zufriedenheit der Vereinbarung finden sich auch hier wieder. Allerdings kommen die Forscher zu gegenteiligen Aussagen. *Paden & Buehler* bestätigten *Bolgers et al.* Beobachtungen,[393] daß Männer durch Rollenüberlastung emotional stärker belastet sind als Frauen. Die Ergebnisse der Studie von *DiBenedetto & Tittle*[394] ergaben dagegen, daß Frauen, die Karriere als genauso zentral für ihr Leben ansehen wie ihre Partner, mehr Rollenüberlastungskonflikte empfinden.

---

[388] http://www.bat.de/freizeit/aktuell/freizeit_16.html
[389] Vgl. Voydanoff 1988.
[390] Paden & Buehler 1995, S. 101
[391] Vgl. Guelzow et al. 1991.
[392] Vgl. Gutek & Searle & Klepa 1991.
[393] Vgl. Paden & Buehler 1995 sowie Bolger et al. 1989.
[394] Vgl. DiBenedetto & Tittle 1990.

Notz differenziert hier noch weiter geschlechtsspezifisch in die Art und Weise, wie sich ein Konflikt ausdrückt: „Während [Frauen] mit den praktischen Problemen der Doppelbelastung von Erziehung, Haushalt und Beruf zu kämpfen haben und sich mitunter gezwungen sehen, der Kinder wegen berufliche Abstriche zu machen, haben [männliche] Führungskräfte ein Vereinbarkeitsproblem, das sich eher im abstrakten Bereich abspielt. Sie sind unzufrieden mit der Zeitaufteilung und den Verlusten, die sie in der außerberuflichen Sphäre empfinden."[395]

Konfliktausgleich

Zu unterschiedlichen Resultaten kommen die Forscher dann auch bei den Wirkungen des Bestrebens des Konfliktausgleichs, auch Lebenssphärenbalance genannt: Wärend die *BAT*-Forscher statuieren, daß „vieles [dafür] spricht ..., dass Frauen der Rollen-Mix von Berufs- und Privatleben besser gelingt oder leichter fällt,"[396] kommen *DiBenedetto & Tittle* zu dem Schluß, daß Frauen konfliktbedingt eher durch mentale Erschöpfungen oder Krankheiten beeinträchtigt sind als Männer. Auch die Qualität des Arbeitslebens leide bei Frauen öfter unter erzwungenen Kompromissen.[397]

Diese konträren Ergebnisse machen deutlich, wie unterschiedlich die Beobachtungsleistungen in der Wissenschaft über dieses Thema sind, was sicherlich zum einen von unterschiedlichen, offensichtlich nicht repräsentativen Grundgesamtheiten herrührt, zum anderen aber auch ein Hinweis sein kann, welche unbewußt/bewußt gewollten Tendenzen in den Antworten zu finden sein „sollten".

5.2.3.4   Fazit

Unabhängig von den aufgezeigten Entwicklungen in der Wirtschaft läßt sich trotzdem ein Sensibilitätsgefälle oder eine Wahrnehmungsdifferenz zwischen den Systemen Wissenschaft und den Unternehmenssystemen bzgl. der allgemeinen Fremdreferenz „Lebenssphäreninterdependenz" konstatieren. Dabei scheint es weniger sinnvoll, die Differenz quantitativ vergleichend zu sehen, da hier zwei intern kom-

---

[395] Notz 2001, S. 90
[396] http://www.bat.de/freizeit/aktuell/freizeit_16.html
[397] Vgl. Sekaran 1989.

plett unterschiedlich prozessierende Systeme vorliegen. Die bestehende Differenz ist demnach eher systemimmanent begründet. Da es die Funktion des Wissenschaftssystems ist, (Spezial-)Wissen zu generieren, werden sich hier üblicherweise zum Zwecke der inhaltlichen Vertiefung Anhäufung von Kommunikationen zu einer Fremdreferenz, zu einem Thema finden. Das System Unternehmen dagegen basiert nicht auf Vertiefung, sondern auf Prozeß, konstituiert aus Entscheidungen. Diese andere Ausgangslage macht deutlich, daß die Kommunikationsdichte nicht gleich sein kann.

Ein weiterer Punkt ist die strukturelle Kopplung, die zwischen diesen beiden Systemen besteht. So ist z.B. die Relevanzeinstufung eines Themas durch die Wissenschaft und damit die Ausweitung von Forschungstätigkeiten nicht frei von Systemirritationen durch die Praxis. Weiterhin darf nicht übersehen werden, daß gerade die Konstituierung neuer Spezialsysteme wie z.B. *Catalyst* ihr Überleben gerade und offensichtlich durch die Kopplung (in Form von Nachfrage und Angebot) mit den Unternehmenssystemen sichern!

Wichtiger als die Unterschiede *zwischen* den Systemen ist daher in diesem Zusammenhang zu fragen, warum *innerhalb von gleichartigen* Systemen, hier insbesondere die Unternehmen, Differenzen bestehen. Dies läßt sich anhand der systeminternen Logik bzw. des systemspezifischen Prozessierens von Systemen erklären, nachdem ein Problem erst als Problem erkannt, wahrgenommen wird, wenn es kommuniziert wird. Es haben sich bisher offenbar aus der Kombination von Interventionen in Form von Forschungsergebnissen und den systeminternen Prozessen und Strukturen von Unternehmen erst in wenigen Fällen interdependenzthematisierende Kommunikationen formiert.

Wie sich der Irritationsumfang bzgl. der Fremdreferenz „strukturelle Kopplung von DCCs und Unternehmen" als Spezialinterdependenz in den Systemen Wissenschaft und Unternehmen darstellt, dokumentieren die nächsten Abschnitte.

5.2.4 Fremdreferenz im Unternehmenssystem: Strukturelle Kopplung mit DCC-Systemen

5.2.4.1 Ergebnisse einer Voruntersuchung

Im Gegensatz zu Ergebnissen aus allgemeinen Lebenssphäreninterdependenzforschungen, wo zumindest schon deutliche Tendenzen auszumachen sind (vgl. 5.2.3), kann beobachtet werden, daß die *Wahrnehmung* der meisten Unternehmen in Deutschland für die strukturelle Kopplung mit DCC-Systemen nicht vorhanden ist. Diese allgemeine Unkenntnis in den Unternehmen belegen auch die Ergebnisse der innerhalb einer Voruntersuchung durchgeführten Telefonbefragung, in der lediglich 12 der befragten 42 Unternehmensvertreter mit der Bezeichnung Doppelkarrierepaare die entsprechende Thematik verbanden. Oder umgekehrt formuliert: 30 Befragte konnten die Bezeichnung DCC bzw. Dual Career Couple (bzw. die anschließend genannte deutsche Übersetzung: Doppelkarrierepaar) nicht einordnen. Fast gleichlautend verhielt es sich bzgl. der betriebs- bzw. personalwirtschaftlichen Relevanz von DCCs: 13 Befragte stuften diese als nicht vorhanden ein bzw. sahen zwar durchaus eine allgemeine Relevanz, jedoch nicht im Sinne eines für ihr Unternehmen geltenden Problems.

Sekarans Feststellung, daß "... most organisations do not even know how many of their staff are from dual-career families ..."[398] wurde auch in dieser Voruntersuchung bestätigt: Konkrete Zahlen zur Frage nach dem DCC-Anteil im Unternehmen konnten von keinem der Befragten genannt werden.

Ergebnis der vorzufindenden Wahrnehmungslücke sind konsequenterweise eine verbreitete Aktionslosigkeit, d.h. es fehlt an personalwirtschaftlichen Instrumenten, die auf DCCs zugeschnittenen sind.

Fehlende oder geringe Wahrnehmung und somit geringe Kommunikation impliziert letztendlich auch fehlende oder geringe *Handlung* wie z.B. die Implementierung von DCC-Fördermaßnahmen. Die Aussagen zur Frage nach im Unternehmen vorhandenen DCC-spezifischen Instrumenten korrespondieren dann auch mit der festgestellten geringen Problemsensibilität: Wenige Firmen hatten entsprechende Maßnahmen in ihrem Unternehmen verwirklicht. Eher schon verbreitet waren all-

---

[398] Sekaran 1986, S. 1

gemeine Aktionen zur Förderung von Familie und Beruf bzw. zur Chancengleichheit von Mann und Frau. Dies bestätigt einmal mehr die Aussagen der vorangegangenen Kapitel. Allerdings sind es mehr Firmen, die DCCs fördern, als man nach dem festgestellten Unbekanntheitsgrad des Wortes/der Zielgruppe DCCs hätte annehmen können. Es ergaben sich im einzelnen die folgenden Ergebnisse:

- 21 von 42 Unternehmen gaben an, bei einer Versetzung des Mitarbeiters bei der Job-Suche des Partners unterstützend tätig zu werden (17 Nein/4 Enthaltungen).

- Auch die Möglichkeit der Beschäftigung des Partners im eigenen Unternehmen streben noch immerhin 20 Firmen an (18 Nein/4 Enthaltungen).

- Sich an einem unternehmensübergreifenden Netzwerk zur Stellensuche zu beteiligen, haben bereits deutlich weniger Unternehmen (10) in Erwägung gezogen (29 Nein/3 Enthaltungen).

- Am deutlichsten wurde die geringe bzw. nicht vorhandene Thematisierung von DCCs bei den Ergebnissen zu karrierebezogenen Aktivitäten: Bis auf wenige Ausnahmen sind weder Karriereplanung in Anwesenheit des Partners (3/**38**/1) noch eine parallele Karriereplanung für beide Partner (Partner im selben Unternehmen beschäftigt: 9/**32**/1; in verschiedenen Unternehmen beschäftigt: 1/**35**/6) oder etwa eine Karriereberatung für das Paar (1/**38**/3) in den personalwirtschaftlichen Praktiken der Unternehmen zu finden.

Die kleinen Zahlen finden sich auch in anderen Studien. Die Untersuchung der Personalberatung *Baumgartner + Partner* ergab z.B., daß sich von 100 befragten Unternehmen nur 10% bei einem langfristigen Auslandsaufenthalt eines Mitarbeiters ernsthaft um die beruflichen Möglichkeiten des Partners bemühen.[399]

Die Art der Institutionalisierung von Praktiken, ihre strukturelle Verankerung, ist ein Anzeichen für die Kommunikationsstärke der Kopplung. Einzelfallaktionismus ist weniger strukturbildend als rahmenpolitische Festschreibungen zum Thema. Auch hier zeigt sich Konsistenz: Bei 38 Unternehmen wird nachfrageorientiert und individualistisch gehandelt. Nur zwei Unternehmen haben die DCC-Thematik in irgendeiner Form schriftlich festgehalten (2 Enthaltungen).

---

[399] Vgl. Bierach et al. 1995.

5.2.4.2   Internationaler Vergleich

Ein Vergleich mit Untersuchungen in amerikanischen bzw. englischen Unternehmen zeigt einen deutlichen Unterschied zu obigen Ausführungen. Bzgl. der *Wahrnehmung* meinen immerhin 66% vom 156 befragten Firmen in Nordost-Ohio in der Untersuchung von *Scott Miller*,[400] daß die DCC-Problematik für sie ein relevantes Thema sei. Im Jahre 1981 waren es bei einer Befragung durch *Catalyst* bei 376 Unternehmen sogar 76%.[401] Daß die Änderung von Einstellungen nicht immer und nicht sofort auch einen Verhaltenswandel zur Folge hat, dokumentieren 53% der Unternehmen, die angaben, ihnen fehlen die Mittel, sich um diese Probleme zu kümmern.

Die Diskrepanz zwischen dem Interesse für die DCC- bzw. Entsendungsproblematik auf der einen Seite und entsprechenden *Handlungen* in Form von DCC-Aktionsprogrammen auf der anderen Seite findet sich auch im internationalen Vergleich wieder.[402] Die Unterstützungsprogramme sind zudem noch meist begrenzt auf finanzielle Zuschüsse, um zusätzlich anfallende Umschulungs- und Ausbildungskosten oder sonstige Gebühren (Arbeitserlaubnis) ausgleichen zu können.

Auch bei der Kinderbetreuung im Unternehmen (on-site child care) wird die Diskrepanz deutlich: 30% der in der *Scott Miller*-Studie befragten Unternehmen favorisieren Betriebskindergärten, jedoch verwirklichen nur 3% dieser Unternehmen diese Art der Hilfestellung. Hilfe bei der Jobsuche für den Partner wird ebenfalls selten angeboten. Weniger als 25% der Unternehmen gaben an, routinemäßig Karriereunterstützung für den Partner eines zu Versendenden anzubieten (obwohl 90% der Personalverantwortlichen eine Partnerassistenz befürworten).[403] Dies ist wenig, aber doch deutlich mehr, als die Vergleichszahlen aus Deuschland wiedergeben.

In einer internationalen Großstudie, bei der 452 Unternehmen aus Großbritannien, Europa, Nordamerika und Asien befragt wurden, ergab sich im Vergleich ein deutlich höherer Prozentsatz an strukturbildenden Maßnahmen. Die durch die Formulierung „only" deutlich gemachte Einschätzung der Autoren des folgenden

---

[400] Vgl. Scott Miller 1985.
[401] Vgl. Career and Family Bulletin. NY: Catalyst, May 1981 and Winter 1981.
[402] Vgl. Carter 1997.
[403] Vgl. Scott Miller 1985.

Zitats betont wieder die Differenz zwischen Umwelten und Systemen (Wissenschaft bzw. Forschung vs. Unternehmen bzw. Praxis):

„Despite the fact that dual-career couples are now a reality of modern life in many countries, only 38% of the companies responding to a survey by Organization Resources Counselors include a written spouse/partner assistance program as part of their international assignments policy."[404] In einer Studie der *Confederation of British Industry* gab immerhin noch ein Viertel der Befragten an, schriftlich niedergelegte Partner-Richtlinien im Rahmen ihrer Versendungspolitik zu haben.[405]

Interessant sind die Begründungen von 42% der Befragten der Großstudie, weder ein Unterstützungsprogramm noch den informellen individuellen Weg zu gehen. Demnach ist dies nicht unbedingt ein Zeichen von weniger Aufmerksamkeit, sondern wird als Ressourcenproblem bzw. Komplexitätsverarbeitungsproblem definiert: „The survey reveals that the variables involved in relocating a dual-career couple make it difficult to develop appropriate policies."[406]

Zu der Gruppe irritierter, aber noch unerfahrener Beobachteter gehören die in einer qualitativen canadischen Untersuchung interviewten 15 Personalverantwortlichen. Die Einzelfallbehandlung überwiegt auch hier: „Many of the organizations, because this is a new issue, deal with each situation on a personal basis and have little concrete idea of the costs or benefits of various options."[407]

Resümierend wird deutlich, daß der Bewußtseins- und Lebensformwandel – die Vermehrung von DCC-Systemen – bis jetzt noch fast *ohne* Folgen in Form von „Reaktion auf Veränderung der Gegebenheiten" für die betriebliche Personalpolitik geblieben ist.[408]

---

[404] http://www.msimobility.com/resrelo.htm
[405] Vgl. Jones 1997.
[406] http://www.msimobility.com/resrelo.htm
[407] Punnet & Crocker & Stevens 1992, S.588f.
[408] Vgl. Smith 1992.

5.2.5 Fremdreferenzen in DCC-Systemen

5.2.5.1 DCC-System: Einfluß des Partners auf die Karriere

Die grundsätzliche Annahme, daß die Karriere des einen Partners durch die Karriere des anderen bei DCCs generell beeinflußt wird, wurde durch die Forschungen schon früh untermauert.[409] Mit anderen Worten, daß die Karriereentscheidungen der Partner zumindestens einmal in der gemeinsamen Partnerschaft durch den anderen beeinflußt oder gestört werden, ist sehr wahrscheinlich. In einer Untersuchung von *Bischoff* wurde deutlich, daß 30% der Frauen und 34% der Männer der befragten 66 Führungskräfte schon einmal auf einen Karrierevorteil zugunsten der Familie oder der Partnerschaft verzichtet haben.[410] Eine der offensichtlichsten Einflüsse ist die konnotierte Priorisierung der Karriere, d.h. welche Karriere wird aus welchen Gründen und für welche Dauer priorisiert – wenn überhaupt. Welche Auswirkungen hat diese Priorisierung auf den inneren Bewußtseinszustand der Systeme, sprich, inwiefern kommt es aufgrund dessen zu Systemkonflikten aus Unzufriedenheit? Die hier vorzufindenden, sehr komplexen und z.T. widersprüchlichen Erkenntnisse ergeben sich aus dem speziellen Systemkontext und aus den in psychischen Systemen unterschiedlich gespeicherten Strukturen in Form sogenannter Rollenmuster. Welche Rollenmuster bestehen nun bei DCCs üblicherweise? Welche Bewertungen werden diesen Rollenmustern zugewiesen, so daß es evtl. zu Rollenmusterkonflikten kommt? Die Priorisierung der Karriere des Mannes stellt ein traditionelles Rollenmuster der Frau dar. Entsprechend Umgekehrtes gilt für den Mann. Ein Rollenmusterkonflikt tritt auf, wenn gelernte traditionelle Rollenmuster – hier insbesondere die traditionelle Rollenverteilung zwischen Mann und Frau – im Gegensatz zu neuen, als erstrebenswert empfundenen Mustern stehen.

In *Greenhaus' et al.* Untersuchung mit DCCs wird die verbleibende Stärke der gelernten Rollenmuster sehr deutlich und die Konfliktwahrscheinlichkeit, die hiermit einhergeht, wird aufgezeigt. Sie fanden heraus, daß Frauen, die die eigene Karriere vor die Karriere des Partners gestellt haben, verstärkt zu Rollenkonflikten neigen,

---

[409] Vgl. Holmstrom 1973, Rapoport & Rapoport 1976.

[410] Vgl. Bischoff 1999: Die Gruppe der 66 Führungskräfte setzen sich aus 50 Frauen und 16 Männern zusammen.

und das, obwohl sie ein neues, für sie erstrebenswertes Muster gelebt haben.[411] Die Priorisierung der eigenen Karriere ist insgesamt noch seltener als der umgekehrte Fall: Frauen weisen noch oft – teilweise unbewußt – der Karriere des Mannes eine höhere Priorität zu (vgl. auch die Ergebnisse in der Empirie),[412] insbesondere, wenn eine geographische Versetzung ansteht. Frauen geben ihre Wünsche nach Karriere eher auf als Männer,[413] „... while social norms still tend to expect a man's career to be given preference when job travel or relocation is required."[414] Dieses führt bei einigen Frauen zu Rollenmusterkonflikten.[415] Als Grund für das Nachgeben in Karrierefragen geben die Frauen Vermeidung von häuslichen bzw. partnerschaftlichen Spannungen an.[416] Folgen des Rollenmusterkonfliktes und der resultierenden (Vermeidungs-)Strategien sind auch hier wieder Unzufriedenheit und Beeinträchtigungen der mentalen Gesundheit, „... because they cannot place their career above their families, as men tend to do."[417] Mit *Paden & Buehler* kann zusammengefaßt werden, daß Frauen stärker als Männer durch Rollenmusterkonflikte emotional belastet sind als Männer.[418]

Es läßt sich also feststellen, daß die zu traditionellen Mustern konträr stehende DCC-Partnerschaftsform offensichtlich in vielen Fällen noch nicht zur kompletten Löschung aller traditionellen Muster in den beteiligten Bewußtseinssystemen geführt hat. Dies bestätigen die Untersuchungen von *DiBenedetto & Tittle*. Das Verharren in traditionellen Rollenmustern bei gleichzeitiger Gestaltung eines nicht-

---

[411] Vgl. Greenhaus et al. 1989.

[412] Dies geht auch aus der jüngsten Studie von Catalyst hervor: „One major gender difference did emerge: men are much more likely to say their own careers are primary (33 percent) than are women (6 percent)." http://www.catalystwomen.org/press/release0120.html (N=25 DCCs). Vgl. bereits Bryson et al. 1976 und Poloma & Garland 1971.

[413] Vgl. Sekaran 1986.

[414] Smith 1992, S. 24

[415] Vgl. Mathews 1984, Forster 1990.

[416] Vgl. Sekaran 1985, 1986.

[417] Smith 1992, S. 23

[418] Vgl. Paden & Buehler 1995.

traditionellen Lebens verstärkt die Konfliktwahrscheinlichkeit u.a., weil es den Umfang an alternativen Lösungswegen limitiert.[419]

Diese Zweigespaltenheit, insbesondere bei Frauen, kann höher sein, als dies Untersuchungen andeuten, in denen die Frauen (und Männer) direkt und nur nach ihren Einstellungen zur Prioritätenfolge der Karrieren gefragt wurden (Wunschbild) und nicht auch nach Fällen in der Vergangenheit, wo die eigene Karriere (der Frau) der anderen Karriere „unterlag" (Ist-Bild). Um diesen Abgleich zu erfahren, wurden im Fragebogen dieser Arbeit entsprechend umfangreiche Fragen gestellt (vgl. Frage 17, 18, 19, 20). Die beschriebene Diskrepanz zwischen Wunsch und Realität konnte bei einigen der Antworten durchaus erkannt werden.

Unterstützung finden diese Überlegungen in den Ergebnissen von *Catalyst*: „Most dual-career couple view their positions in the workplace as equal in importance. When one spouse's career is primary, money is the determining factor. However, men are more likely (58%) than women (49%) to classify the two careers in their household as equal and much more likely to say their own careers are primary (33%) than women (6%). Even those who viewed their career as primary, had at some point made accommodations like turning down relocation (13%) or being available for emergency home/childcare during work (36%)."[420]

Daß die Tatsache der Karriereorientierung des Partners von den Paaren durchaus auch zu konfliktfreien Zuständen führt bzw. positive Konnotationen einschließt, zeigen Ergebnisse der *Catalyst*-Studie. Mehr als die Hälfte der Befragten (Männer 56%, Frauen 65%) meinte, daß der Partner eine positive Wirkung auf die eigene Karriere hat. Bestätigt wird dies in der *Feller*-Studie: 57% der Frauen und 62% der Männer meinten, daß die DCC-Beziehungsform für sie eher eine Entlastung bzgl. der beruflichen Situation darstellt.[421]

Weiterhin besteht ein konkreter Einfluß des karriereorientierten Partners auch auf andere Aspekte des Berufs. Z.B. empfinden DCCs eine erhöhte Souveränität und Entscheidungsfreiheit. 55% der Befragten der *Catalyst*-Studie[422] gaben an, aufgrund

---

[419] Vgl. Spiker-Miller & Kees 1995.

[420] Vgl. Catalyst 1998.

[421] Vgl. Feller 1999.

[422] Vgl. Catalyst 1998.

der Tatsache, daß sie Teil einer Doppelkarrierepartnerschaft sind, mehr Freiheit zu haben, z.B. den Job zu wechseln oder Risiken einzugehen. 67% meinten sogar, die Wahrscheinlichkeit, daß sie ihr Unternehmen verlassen würden, wenn sie nicht zufrieden seien, wäre größer. Auf der anderen Seite stellten auch zwei Drittel (Männer 69%, Frauen 67%) die Aussage auf, daß sie auch weiter arbeiten würden, wenn keine finanzielle Notwendigkeit dafür bestünde. 68% gaben an, daß sie auch mit einem Gehalt auskommen würden, obwohl 85% der Befragten ebenso fanden, daß das höhere Gesamteinkommen eines der größten Nutzen dieser Paarbeziehung sei.[423] Die Studie von *Malecki & Bradbury* zeigte, daß DCCs signifikant weniger wahrscheinlich ein berufliches Versetzungsangebot annehmen als Dual-Earner Couples oder traditionelle Paare.[424]

All diese Ergebnisse indizieren eine weit größere Souveränität in den beruflichen Lebensentscheidungen bei DCCs, und dies spricht für eine größere Macht, spezifische Wünsche im Unternehmen durchsetzen zu können, als dies Mitarbeiter in traditionellen Beziehungen hätten. Insgesamt zeichnen sich die meisten DCCs durch ihre Dynamik, d.h. Veränderlichkeit bzgl. systeminterner Einstellungen und Zuständen aus.[425]

5.2.5.2 DCC-System: Einfluß auf den Partner und die Partnerschaft

Eine ebenfalls sehr umfangreich diskutierte und beforschte Frage ist die Wirkung der Doppelkarrierekonstellation auf die Partnerschaft, bzw. welche allgemeine Zufriedenheit in der DCC-Partnerschaft besteht. Einige Untersuchungen kommen dabei zu neutralen bis positiven Ergebnissen. Zwei Drittel der Befragten von *Anderson* waren z.B. mit der Entscheidung für diese Lebensform zufrieden.[426] 83% der befragten Frauen und 87% der Männer der Untersuchung von *Feller* gaben an, daß sie mit dem Klima in ihrer Beziehung zufrieden bzw. sehr zufrieden sind.[427] Gründe

---

[423] Vgl. Catalyst 1998.

[424] Vgl. Malecki & Bradbury 1992.

[425] Vgl. Hardill et al. 1997.

[426] Vgl. Anderson 1992, zu ähnlichen Ergebnissen kam Bunker et al. 1992.

[427] In der Untersuchung von Feller 1999 wurden 112 DCC-Paare befragt, wobei beide Partner unabhängig voneinander den Fragebogen ausfüllten.

können hier gewandelte Normen und Werte (veränderte Sinnzuschreibungen) und sich hieraus abzeichnende Verschiebungen von Rollenverteilungen sein.[428]

Die Zufriedenheit durch mehr Selbstachtung und Selbstverwirklichung oder das Streben nach einem tiefen Erleben der Beziehung und des Lebens, persönliche Erfüllung, intellektuelle Gleichheit und emotionale Unterstützung[429] sind Beispiele aus den Kommentaren der Befragten, die sehr klar verdeutlichen, welche Art der empfundenen Qualitäten im Vordergrund stehen. Sie belegen gleichzeitig konkret den oft zitierten Wertewandel (vgl. auch die Ergebnisse im empirischen Teil der Arbeit).

5.2.5.3 DCC-System: Vorteile und Nachteile der DCC-Partnerschaft

Neben der eindimensionalen Frage nach dem Einfluß der Doppelkarriere auf die Partnerschaft haben viele Forscher die mehrdimensionale Frage nach den konnotierten Vorteilen und Nachteilen dieser Partnerschaftsform gewählt. Systemtheoretisch ausgedrückt wären dies die reflexiven Beschreibungen interner DCC-Selbstbeobachtungen an der Fremdreferenz Partnerschaft unter dem Differenzschema Nachteil/Vorteil. Das Ergebnis der Untersuchung von *Carlisle*, hier zunächst für die Setzung *„Nachteile, ein DCC zu sein"*, stellt die folgende Abbildung 17 dar.

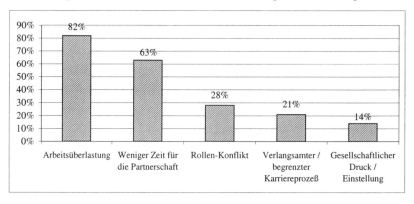

Abbildung 17: Nachteile, ein DCC zu sein. (Häufigkeit der Nennungen)
(Quelle: Carlisle 1994, S. 144)

---

[428] Vgl. Mayrhofer 1989.
[429] Vgl. Catalyst 1998.

Die Mehrdimensionalität der Frage macht sich im weiten Themenspektrum bemerkbar, in dem abgefragt und geantwortet wurde. Neben Fragen zum partnerschaftlichen Bereich sind auch karriererelevante, soziale und gesellschaftliche Aspekte vorhanden. Die hohe Häufigkeit der negativen Reflexionen zum Thema Arbeitsaufkommen bietet die Interpretation an, daß es sich hier um ein relativ allgemeines Systemkriterium, zumindest für die hier befragten DCCs, handelt. Diese Häufung in Kombination mit dem Thema Zeitbudget, das von immerhin 63% aller Selbstbeobachtungen in der nachteiligen Ausdrucksform „zu wenig" bewertet wurde, läßt sich auch abhängig voneinander werten: Die hohe Arbeitsbelastung (doppelte Rollen) ist Ursache für die geringe Zeit für den Partner.

Die Ergebnisse von *Carlisle* gehen konform mit denen der *Catalyst*-Studie. 56% der DCCs gaben auf die etwas weniger negativ formulierte Frage nach „der größten Herausforderung in ihrer Ehe" ebenfalls Zeitmangel als Thema an.[430]

Es läßt sich also feststellen, daß in reflexiven Beobachtungen im DCC-System die Fremdreferenzen **Arbeitsaufkommen** und **Zeitbudget** sehr häufig mit der Bewertung Nachteil versehen werden.

Das Thema des **verlangsamten Karriereprozesses** gaben noch 21% der DCCs an. Dies ist insofern zu beachten, als daß es sich hier um eine weitere typische DCC-Systemantwort handelt, da Mitarbeiter aus traditionellen Partnerschaften ihre Partnerschaftsform nur in Ausnahmefällen als Ursache von Karriereverlangsamung beurteilen werden. Dieser direkte Bezug auf die konkrete Konstellation der Doppelkarriere ist auch im letzten Themenfeld erkennbar: 14% der DCCs empfanden **gesellschaftlichen Druck** als Nachteil. Daß überhaupt gesellschaftlicher Druck existiert bzw. existieren kann, ist ein DCC-System-Spezifikum; traditionelle Paare sind aufgrund ihrer systemimmanenten „Normkonformität" systemimmanent keinem gesellschaftlichen Druck ausgesetzt, der sich aus Normabweichungen ergeben würde.

Das Pendant zu den Nachteilen ist die entsprechende Abfrage nach den Vorteilen der DCC-Partnerschaftsform. Die folgende Abbildung 18 gibt die Ergebnisse der *Carlisle*-Studie wieder.

---

[430] Vgl. Catalyst 1998.

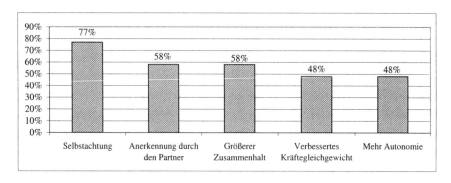

Abbildung 18: Vorteile, ein DCC zu sein. (Häufigkeit der Nennungen)
(Quelle: Carlisle 1994, S. 144)

Interessant ist, daß in dieser Auflistung lediglich paarinterne Themen auftauchen, keine berufsbezogenen und karriereorientierten. Die genannten Vorteile lassen starke Parallelen zu den bereits im vorherigen Kapitel zusammengestellten Beispielen aus der *Catalyst*-Studie erkennen und bestätigen somit die Gesamtaussage: DCCs finden in dieser Partnerschaftsform deutlich positiv konnotierte Unterstützung sowohl ihrer individuellen (**Selbstachtung, Anerkennung, Autonomie**) als auch ihrer sozialen Bedürfnisse (**Zusammenhalt, Kräftegleichgewicht**).

Diese Zustandsbeschreibungen – negativ wie positiv – sagen entsprechend ihrer Intention nichts über die Wirkungen dieser Bewertungen aus und welche konkreten Prozesse hiermit verbunden bzw. von den DCC-Systemen angestoßen werden. Systemtheoretisch ließen sich – aus dem psychologischen bzw. soziologischen Blickwinkel – entsprechend z.B. die folgenden prozessuale Fragen stellen:

• Welche Anschlußkommunikationen ergeben sich aus diesen Reflexionen?

• Wie verändert sich die DCC-Kommunikation der befragten Paare nach einer solchen „unwahrscheinlichen" Reflexion?

• Erhört sich z.B. die Kommunikationsdichte im DCC-System nach einer derartigen Irritation durch den Forscher, oder wird diese Intervention nur als kurzzeitige Irritation bewertet, die zu geringen Kommunikationswirkungen führen?

• Welche Differenzsetzung – Nachteil oder Vorteil – erhält mehr Anschluß, und wie sind diese Anschlüsse wieder differenziert?

Zusammenfassend läßt sich sagen, daß auf diesem Gebiet eine systemtheoretisch geführte Untersuchung noch einigen Erkenntnisgewinn erzielen würde. Da der Fokus der vorliegende Arbeit, wie beschrieben, jedoch auf ein anderes Feld gerichtet ist, werden die aufgeführten Fragen hier nicht weiter bearbeitet.

5.2.6 Fremdreferenz: Institutionelle Rahmenbedingungen und Muster(konstanz)

Muster, als Teil der Unternehmenskultur, sind strukturbildende, kommunizierte Erwartungen und Einstellungen. Sind Muster (Kommunikationen) bereits strukturgeworden, kann man sie auch als Rahmenbedingungen bezeichnen. Die Wechselwirkung zwischen systeminternen Mustern und Strukturen zum einen und zwischen Systemen über strukturelle Kopplung zum anderen ermöglicht Veränderung oder sogar Evolution.

Die Hauptursachen für das Auftreten von Kopplungskonflikten zwischen DCCs und Unternehmen sind bzgl. des Unternehmenssystems die in diesem wirkenden tradierten Muster und ihre hierzu passenden Rahmenbedingungen (Strukturen), die im Gegensatz zum soziokulturellen und strukturellen Wandel – wovon DCCs eine Entwicklung von vielen darstellen – und den resultierenden abweichenden Mustern und Strukturvorstellungen stehen.[431] Einige der offensichtlichen Muster und Rahmenbedingungen werden im folgenden beschrieben.

Neben den **Geschlechterrollenmustern**, die bei vielen Nicht-DCC-Mitarbeitern und -Führungskräften noch verankert sind, ist vor allem der „**Mythos getrennter Welten**",[432] also die Tabuisierung der privaten Sphäre der Mitarbeiter seitens der Unternehmen zu nennen. Über die bewußte Nicht-Wahrnehmung des privaten Bereiches wurde bereits ausführlich in Kapitel 5.2.3 diskutiert.[433] Die vielfältige Musterkonstanz spiegelt sich aber auch in den Routinen des Personalmanagements wider, von denen hier einige beispielhaft genannt seien.

Die üblichen **Personalbeschaffungstechniken** richten sich nach dem Individuum. „The firm seeks out the individual, evaluates the individual's qualification, and

---

[431] Vgl. Welter-Enderlin 1995.

[432] Vgl. Kanter 1977, Silberstein 1992.

[433] Vgl. Stoner & Hartmann 1990.

makes the individual an offer."[434] Die Bekenntnis der eigenen DCC-Situation in der Interviewsituation wirkt sich teilweise immer noch nachteilig aus.[435] Die üblichen Einstellungstests sind noch überwiegend am traditionellen männlichen Führungs-bild ausgerichtet.[436] Eine aktive DCC-Einstellungspolitik, d.h. auch die verstärkte Rekrutierung beider Partner, ist in der Unternehmenslandschaft noch so gut wie nicht vorhanden. Altbestehende, nicht hinterfragte **Anti-Nepotismusregelungen** schieben dieser Möglichkeit einen weiteren Riegel vor.[437]

Weiteren Ausdruck finden alte Muster in inter- und intrageschlechtlichen **Ge-haltsunterschieden**. Nicht nur Unterschiede von 20% bis 30% zwischen den Gehältern von weiblichen zu männlichen Führungskräften sind heute noch üb-lich,[438] auch Tendenzen der Vergütungsbenachteiligung von Männern in nicht-traditionellen Beziehungsformen (also z.B. DCCs)[439] sind erkannt worden.

Dieses geschlechtsspezifische Ungleichgewicht macht sich auch in der Verteilung der Spitzengehälter bemerkbar:

---

[434] Gilmore & Fannin 1982, S. 37

[435] Vgl. Le Louarn 1982.

[436] Vgl. Schmid-Villanyi 1994.

[437] Vgl. Corpina 1996.

[438] Vgl. Schwartz 1993, Näser 1989.

[439] Vgl. Bryson & Bryson 1980, Pfeffer & Ross 1982, Schneer & Reitman 1993, Stroh & Brett 1996.

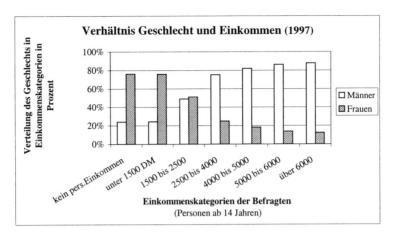

*Abbildung 19: Geschlechtsspezifische Einkommensunterschiede
(Quelle: http://www.burke.de/de/tools/demo04.htm)*

Die **Personalentwicklung** ist oft durch eine geringe oder mangelnde organisationale Unterstützung individueller[440] und gemeinsamer[441] Karrieren gekennzeichnet (vgl. auch die Ergebnisse der Voruntersuchung, Abschnitt 5.2.4.1).

Der Aspekt **Zeit** spielt ein besondere Rolle im Kopplungsverhältnis zwischen Unternehmen und (nicht nur) DCCs. Hier finden sich Musterkonzepte nicht nur bei der Distribution dieses Faktors, sondern bereits bei der zugrunde liegenden Konnotation. Die „regierenden Glaubenssätze" sind im einzelnen aufgezeigt:

Das Konzept der **„Normalarbeitszeit"** als Kernelement des sogenannten „Normalarbeitsverhältnisses"[442] ist ein männliches Muster. Implizit wird hier eine **lebenslange, kontinuierliche, arbeits- und sozialrechtlich geschützte, vollzeitige Beschäftigung** angenommen. Und gerade die vollzeitige Zurverfügungstellung von Arbeit entspricht dem „normalen" männlichen Lebenslauf bzw. hat die tradierte geschlechtsdifferenzierte Arbeitsteilung als Bezugspunkt.[443] Die Abweichungen von solchen historisch (und doch relativ jungen) gewachsenen

---

[440] Vgl. Derr & Jansen 1993.

[441] Vgl. Corpina 1997.

[442] Vgl. Mückenberger 1985.

[443] Vgl. Jurczyk 1998.

Norm(al)konzepten[444,445] werden aber in unterschiedlichsten Systemen – und eben vor allem in DCC-Systemen – immer mehr relevant und führen zu Varietäten von Prozessen und damit zur Variation von bestehenden Strukturen.

Die **Zeitdauer** als Indikator für Leistung ist ein stark verwurzeltes Muster, das noch immer zu verbreiteten Resistenzen gegenüber Flexibilisierung und Souveränisierung des Faktors Arbeitszeit führt. Dies gilt insbesondere für (karriereorientierte) Führungskräfte.

„In most companies, career development requires a high degree of organizational commitment and striving to advance. Such commitment and striving is usually evidenced by long working hours."

Insbesondere zur Teilzeitarbeit für Führungskräfte bestehen sehr emotional gefärbte und vorurteilsbehaftete Einstellungen. „Ausgehend von männlichen Berufskarrieremustern haftet Führungskräften mit Teilzeitambitionen oft das Image von „AussteigerInnen" an."[446] Auf der anderen Seite führt eine kontextbedingte, zeitliche Inflexibilität auf Seiten der Mitarbeiter (auch DCCs) immer noch zu nachteiligen Konsequenzen, wie eine verzögerte oder beendete Karriere.

Ein hier mitlaufendes Muster ist der „...Arbeitsethos, der die **Unterordnung des Privaten** fordert".[447] Hinzu kommt eine ausschließliche **Aufstiegsorientierung** in Bezug auf Karriereeinhalte (vgl. 5.2.2).

Ein erstes Reagieren der Unternehmen auf die sich aus diesen überkommenen **Zeitmustern** deutlich ergebenden Konflikte, wie Motivationsabfall, innere und

---

[444] Weitere Normalkonzepte oder -konstruktionen sind z.B. die „Normalfamilie" und die „Normalbiographie", vgl. Jurczyk 1998.

[445] 1995 hatten nur noch 17% aller abhängig Beschäftigten in der Bundesrepublik sog. normale Arbeitszeiten, vgl. Bauer & Groß & Schilling 1996. Zur Entstandardisierung von Normalfamilien vgl. Beck-Gernsheim 1994, Bertram 1994, Bauer & Groß & Schilling 1996, Peukert 1991. Zur Frauenberufsbiographie vgl. Born & Krüger & Lorenz-Meyer 1996. Über die Veränderung von Berufsbiographien vgl. Brose 1986, Scherr 1995.

[446] Domsch et al. 1994, S. 1. Zur Mobilzeitthematik insbesondere für Führungskräfte vgl. u.a. Kleiminger 2001, das Bundesministerium für Familie, Senioren, Frauen und Jugend 1999 und das Bundesministerium für Arbeit und Sozialordnung 1999.

[447] Copina 1996, S. 77

explizite Kündigungen etc., wird sichtbar. So gilt Gleitzeit immerhin in 26 der 42 in der Voruntersuchung befragten Unternehmen auch für Führungskräfte (15 Nein, 1 Enthaltung). Jahresarbeitszeitmodelle, in denen Zeitguthaben auch über einen längeren Zeitraum kumuliert werden können, kamen bereits in fast der Hälfte der Unternehmen zum Einsatz (21/20/1), und daß Teilzeit auch für Führungskräfte möglich ist und umgesetzt wird, bestätigten sogar 26 der Befragten (15/1).

Zu diesem Umdenken und Reagieren tragen nicht wenig spezielle Arbeitszeit-Förderprogramme bei, wie

- das „mobilzeit"-Projekt des Bundesministeriums für Familie, Senioren, Frauen und Jugend (1999) (Förderung von 100 Betrieben unterschiedlicher Branche und Größe durch die drei Arbeitszeitforschungsinstitute F.G.H. Forschungsgruppe Hamburg (Prof. Dr. Michel E. Domsch/Dr. Désirée H. Ladwig), ISPA Prof. Dr. Ackermann GmbH (Stuttgart) und Neue Wege für die Arbeitswelt (München))

- die Informations- und Beratungskampagne „BEST-ZEIT" des Instituts der Deutschen Wirtschaft Köln (IW), dessen Zielgruppe insbesondere KMUs sind (http://www.best-zeit.de/).

Insgesamt ist die Forschungs- und Veröffentlichungsmenge zum Thema Arbeitszeit unüberschaubar.[448] Dem rat- und informationssuchenden Unternehmen stehen sowohl Print- als auch Onlineveröffentlichungen zur Verfügung. Beispiele:

- Im Dossier Arbeitszeit des Symposium Verlages ist eine Fülle von links über Arbeitszeitmodellbeispiele aus der Wirtschaft zusammengetragen. http://www.symposion.de/arbeitszeit/

- Eine Datenbank zu flexiblen Arbeitszeitmodellen stellt das Bundesministerium für Arbeit und Sozialordnung zur Verfügung. http://www.bma.bund.de/arbeitszeitmodelle/

Aus den gleichen historischen Geschehnissen – insbesondere sei hier die Industrialisierung im Zuge der funktionalen Ausdifferenzierung nach cartesianischem Weltbild genannt –, aus denen die zeitliche Inflexibilität resultiert, bestehen die vorzu-

---

[448] Vgl. hierzu beispielhaft das Literaturverzeichnis in Kleiminger 2001.

findenden **räumlichen Inflexibilitäten** vieler Unternehmenstrukturen, die sich durch fehlende oder geringe Arbeitsortsouveränität auszeichneten. Daß gerade diese Struktur durch die Ausbreitung der Informationstechnologie und die Möglichkeit der Telearbeit langsam zerbröckelt, belegen die Untersuchungen im Wissenschaftssystem. Es ist unübersehbar, daß das Thema **Telearbeit** von hoher und zunehmender Relevanz sowohl für das Wissenschaftssystem als auch für die forschungsinduzierenden Politiksysteme ist. Eine kleine Auswahl der Resultate dieser Relevanz bietet die folgende Auflistung:

- Die *Europäische Kommision* gibt einen jährlichen Statusbericht über das Thema Telearbeit heraus: http://www.eto.org.uk/twork/tw99

- Eine Linksammlung zu den Vorstellungen der europäischen Regierungen und zu den nationalen Projekten und Förderprogrammen zum Thema Telearbeit gibt die folgende Internetadresse: http://www.eto.org.uk/resource.htm

- Die Seite *TA Telearbeit*, Gesellschaft für innovative Arbeits-, Organisations- und Geschäftsformen mbH listet unter
  http://www.ta-
  telearbeit.de/tahtml/ueber_uns/referenzen/ref_ta/frameref_ta.html die wichtigsten Studien und Projekte der einzelnen Bundesländer auf,

- z.B. das Projekt „Telearbeit im Mittelstand" (Projektträger: *Bundesministeriums für Wirtschaft und Technologie (BMWi)*), in dem in knapp 400 Unternehmen 1700 Telearbeitsplätze geschaffen wurden.
  http://www.ta-telearbeit.de/tahtml/ueber_uns/referenzen/
  ref_ta/frameref_ta.html

- An der *Universität Trier* wurde das Forschungsprojekt „Telearbeit und Zeitökonomie. Die Auswirkungen von Telearbeit auf die Gestaltung von Arbeit und Freizeit" durchgeführt (Befragte: 300 alternierende Telebeschäftigte).

- Das Forschungsprojekt *ECaTT* (Electronic Commerce and Telework Trends) wird von der *Europäischen Kommission* und dem Beratungsunternehmen *empirica* aus Bonn getragen ist und eines der größten Projekte.
  http://www.ecatt.com/ecatt

Fazit

Die Kopplung zwischen Unternehmen und DCCs ist nicht nur vielfach durch die Abwesenheit aktiver personalwirtschaftlicher Unterstützungsmaßnahmen für DCCs und Familien gekennzeichnet, sondern auch durch historisch gestaltete systemspezifische, teils veränderungsresistente Muster beeinflußt.

Wie die Ausführungen zeigen, liegt die Ursache nicht in fehlenden Informationen und mangelnder externer Handlungsempfehlung. Die vorhandenen Irritationen stellen jedoch z.Zt. noch in vielen Untenehmen bloßes Rauschen dar. Die Frage ist, wie lange es dauert, bis diese Irritationsangebote von Seiten der Wissenschaft und Politik von den Unternehmen in entsprechend umfassendem Maße angenommen werden.

Daß sich die Strukturen ändern, liegt implizit an den hinter diesen Strukturen verborgenen Konstruktionskräften von Bewußtseinssystemen. Wenn sich diese ändern – und wie beschrieben, ändern sie sich –, werden sich, da Bewußtseinssysteme eben mit Organisationen gekoppelt sind, auch die Organisationsstrukturen ändern, automatisch, aber langsam, in einem natürlichen, betriebsspezifischen Diffusionsprozeß. Ein Unternehmen mit einer derartig langsamen und indirekten Veränderungsdynamik ist jedoch im heutigen Geschwindigkeitszeitalter in keiner Weise mehr überlebensfähig. Eine direkte adäquate Reaktion auf die dargestellten Entwicklungen ist also auch aus betriebswirtschaftlicher Sicht notwendig.

5.2.7 Fremdreferenz: Mobilität

Das Thema berufliche Mobilität, also die interregionale Versetzung eines Mitarbeiters, kann als das am meisten relevante Kopplungsproblem zwischen DCCs und Unternehmen bezeichnet werden – unabhängig davon, ob es sich um eine Inlands- oder Auslandsversetzung handelt, obwohl natürlich zwischen diesen beiden Fällen deutliche Akzentunterschiede bestehen. Die offensichtliche Verbindung zwischen Mobilität und DCC-Problematik sahen auch die befragten Unternehmen in der Voruntersuchung. Wenn überhaupt ein problematisches Feld angeführt wurde, so waren es räumliche Versetzungen. Daß dies wirklich problematisch ist, bestätigen waren es räumliche Versetzungen. Daß dies wirklich problematisch ist, bestätigen auch Studien, in denen festgestellt wurde, daß DCCs eher als Non-DCCs dazu tendieren, Versetzungsangebote abzulehnen.[449]

Eine interessante Feststellung in diesem Zusammenhang ist, daß immer noch überwiegend Männer ins Ausland versetzt werden, oder anders herum geschaut, daß bisher nur ein kleiner Prozentsatz an Frauen internationale Versetzungsangebote bekommt.[450]

5.2.7.1   Unternehmenssystem: Mobilität

Mobiliätsangebot bzw. -forderung

Unternehmen, die in mehr als einer Stadt Niederlassungen o.ä. haben, sind oft vor die Notwendigkeit gestellt, vakante Stellen durch einen Transfer ihrer Mitarbeiter zu besetzen. Diese Notwendigkeit macht sich mittlerweile in einer Mobilitätsforderung bemerkbar, die zum fast obligatorischen Einstiegskriterium avanciert ist. Verbirgt sich dahinter ein „Versetzung-gleich-Karriere"-Prinzip, bedeutet das, daß aus einer Ablehnung eines Versetzungsangebotes das Ende oder zumindest eine Verzögerung der Karriere eines Mitarbeiters resultiert. Vielfach wird die Ablehnung als Illoyalität dem Unternehmen gegenüber bewertet.

Durch den weltweiten Internationalisierungstrend ist die Bedeutung der internationalen Mobilität enorm gestiegen. *International Assignment* Abteilungen und Programme sowie die Erhebung der Mobilität zum Einstellungsstandard sind sichtbare Zeichen und gleichzeitig Resultat dafür.

---

[449] Vgl. Hardill 1998, Darby 1996, Windham/NFTC 1995.
[450] Vgl. Hardill 1998, Lange 1996, Amrop International Studie 1995.

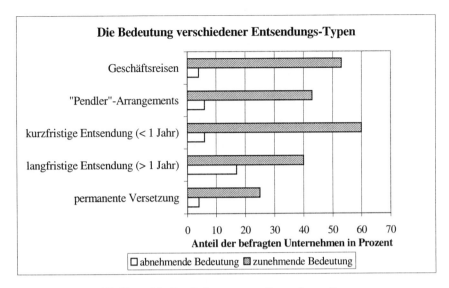

Abbildung 20: Die Bedeutung von Entsendungs-Typen
(Quelle: PricewaterhouseCoopers, nach FAZ, 21.2.2000)

In einer Untersuchung von *Handler et al.*[451] betonten die befragten Unternehmen dann auch, daß die Anzahl der Versetzten und Versetzungen ständig zunimmt und auch weiter zunehmen wird.

Weiterhin läßt sich ein nach außen hin inkongruent erscheinendes Verhalten der Unternehmen bzgl. der Unterstützung der Vereinbarkeit auch gerade bei Mobilitätsanforderungen erkennen. So sind lt. *PricewaterhouseCoopers* auf der einen Seite bei der Auswahl geeigneter Mitarbeiter für eine Versetzung die Bedürfnisse von (Ehe-) Partnern und Kindern bei immer noch knapp einem Drittel der befragten Unternehmen von nachrangiger Priorität. Auf der anderen Seite gaben 40% der Unternehmen an, daß die Entwicklung beruflicher und privater Förderprogramme für Angehörige/Partner zum festen Bestandteil ihrer Personalpolitik geworden ist.[452]

Befragt nach ihren Personalpolitiken zu den Themen „Auslandsversetzung von DCCs" und „Karriereplanung von Auslandsversetzten", gaben die Unternehmen

---

[451] Vgl. Handler & Lane & Maher 1997. Es wurden 46 US-amerikanische multinationale Unternehmen (MNC) befragt.

[452] Vgl. http://www.pwcglobal.co.za/de/ger/about/press-rm/230200.html

der Studie von *Handler et al.* jedoch noch das bekannte Bild des Handlungsdefizites: „... most responding firms are failing to provide effective policies to manage both expatriate career planning and DCCs."[453]

Gleiches findet sich in ähnlichen Studien, etwa in der *Organization Resources Counselors Inc.*, der *Windham International* und dem *National Foreign Trade Council* : „A resounding number of companies report increased concern over the expatriate spouse career issue, but a person can count on one hand the number that have actively developed assistance policies with perceived benefit by the transferee and spouse." [454]

5.2.7.2   DCC-System: Mobilität

Abnehmende Mobilitätsbereitschaft

Die Einstellungen der karriereorientierten Paare zeigen sich gegenläufig zu den unternehmensweiten Mobilitätsforderungen. Die Bereitschaft zu einer Versetzung nimmt stetig ab und die Hauptgründe hierfür sind zum einen häusliche und familiäre Gründe und zum anderen die Karriere des Partners. Unterschiedliche Studien belegen diese Beobachtungen seit Jahren:

- Der Relokationswiderstand besonders von karrierebewußten Partnern wurde bereits in den 70er und 80er Jahren belegt: Das Immobilitätsaufkommen ist umso größer, je höher und je gleichwertiger die Ausbildung, die Erfahrungen und das Gehalt der Partner sind.[455]

- 1985 stellten in der *Scott-Miller*-Untersuchung 71% der befragten Unternehmen fest, daß der Widerstand gegen eine Versetzung bei DCCs wächst.[456] In einer Studie von *Bradbury* mit 23 amerikanischen Firmen gaben rund 60% Mobilitätsschwierigkeiten an.[457]

---

[453] Handler & Lane & Maher 1997, S. 67
[454] Carter 1997, S. 22
[455] Vgl. Mincer 1978, Dietch & Walsh Sanderson 1987.
[456] Vgl. Scott Miller 1985.
[457] Vgl. Bradbury 1994.

- Auch die Ergebnisse der von *PricewaterhouseCoopers* alle zwei Jahre durchgeführten europäischen Studie „*International Assignments - European Policy and Practics*"[458] kam zu dem Ergebnis der abnehmenden Entsendungsbereitschaft der Mitarbeiter.

- Andere Untersuchungen ergaben, daß DCCs Versetzungen als negativ empfinden, da diese stark in das private Gefüge eingreifen. Die Paare betrachten sich als ökonomische Einheit („economic unit") und geben der Familie einen höheren Stellenwert als der Karriere.[459]

- 73% Unternehmen der *Van Lines*-Studie[460] fanden heraus, daß Ablehnungen von Versetzungen private Hintergründe hatten. 66% waren es in der Studie des *Employee Relocation Council*[461] und immer noch 63% in einer Studie von *Runzheimer International*.[462]

- In der *PricewaterhouseCoopers*-Studie wurden die familiären bzw. häuslichen Gründe für erhöhte Immobilität von 76% der Befragten genannt, die Karriere des Partners (Doppelkarriere) von immerhin 59%.[463] Diese beiden Themen sind auch gleichzeitig die Hauptgründe für ein Scheitern bzw. den Abbruch von Auslandsversetzungen.

- Umweltbedingte Hintergründe hinter antizipierten und aktuellen Versetzungsproblemen sind u.a. Einwanderungsbeschränkungen, die Sprache, nicht übertragbare Fähigkeiten oder Spezialkenntnisse (bspw. bei Juristen), kulturelle Bar-

---

[458] In der vierten und bislang umfangreichsten von PricewaterhouseCoopers vorgelegten Untersuchung standen 65.000 in Auslandsbereichen beschäftigte Mitarbeiter aus 270 international tätigen Unternehmen mit Sitz in Europa im Untersuchungsfokus.

[459] Vgl. Career and Family Bulletin 1981: Catalyst, May 1981 and Winter 1981: In dieser Untersuchung empfand dies die Mehrheit der befragten 85 DCCs.

[460] Vgl. Van Lines 1994.

[461] Vgl. Flynn 1996: Employee Relocation Council (Washington D.C.), N= 179 Unternehmen.

[462] Vgl. Flynn 1996: Runzheimer International (Rochester, Wisconsin) N= 323 relocation administrators.

[463] Vgl. o.V. 2000: Ohne Lebenspartner...

rieren (Frauen dürfen nicht arbeiten) oder die Knappheit an Tätigkeitsfeldern und anderes.[464]

Aufgrund ihrer Besonderheit der doppelten Karriereorientierung ist das DCC-System, wie dargestellt, insbesondere bzgl. des Fremdreferenzbereiches Karriere hoch kommunikativ. Dieses wird besonders deutlich an den im DCC-System abhängig verlaufenden Kommunikationen zum Thema „Karriereangebot ins Ausland", ein Forschungsthema, das im Laufe der Zeit unterschiedlich angegangen wurde.

- In einer Expertenbefragung erhob *Harvey* mittels Fragebogen die Einschätzungen von 118 Personalverantwortlichen bzgl. des Grades des Einflusses des Partners von Doppelkarriereorientierten auf die Entscheidungslage bei Auslandsversendungen.[465] Fast 50% der Personalverantwortlichen meinten hier, daß der mitziehende karriereorientierte Partner einen deutlichen Einfluß habe. Gleiches fanden *Taylor & Lounsbury* und *Hardill & MacDonald* heraus.[466]

- *Reed & Reed* fanden, daß angebotene Unterstützungsprogramme für die partnerinterne Entscheidungsfindung deutlich relevant sind bzw., daß das Fehlen der unternehmerischen Unterstützung für die Karriere des Partners (follower/trailing spouse) dazu führte, daß sich die Ablehnungsrate erhöhte.[467]

- Auf die Bedeutung von Familienrollenorientierung (egalitär, tradionell) als ein Parameter weisen in diesem Zusammenhang *Bird & Bird* hin. Eine egalitäre Rollenorientierung bei Männern verringert demnach die Bereitschaft der Annahme eines berufsbedingten Mobiliätsangebotes.[468]

Die Entscheidungssituation um ein Versetzungsangebot in der DCC-Kommunikation ist durch eine Komplexitätssteigerung gekennzeichnet: Im Gegensatz zu Non-DCCs sind hier zunächst nicht ein, sondern zwei Entscheidungsträ-

---

[464] Vgl. Solomon 1996a.
[465] Vgl. Harvey 1995.
[466] Vgl. Taylor & Lounsbury 1988 und Hardill & MacDonald 1998.
[467] Vgl. Reed & Reed 1993.
[468] Vgl. Bird & Bird 1985. Zu weiteren Determinanten von Mobilitätsentscheidungen vgl. Jürges 1998.

ger beteiligt. Weiterhin sind deutlich mehr relevante Entscheidungsparameter – vor allem natürlich die Karriere des Partners – vorhanden.[469] Die Ablehnung eines Versetzungsangebotes stellt sich also oft als ein unübersehbarer Kopplungskonflikt dar, der sich aus systemindifferenten Kommunikationsweisen und Bewertungsmustern ergibt und der durch eine erhöhte Entscheidungskomplexität innerhalb des DCC-Systems beeinflußt wird. Unternehmen, die eine Ablehnung mit Illoyalität gleichsetzen, verkennen, daß eine Ablehnung aus Sicht der DCCs weniger Illoyalität gegenüber der Firma, sondern Loyalität gegenüber der Partnerschaft bzw. der Familie darstellt.[470]

Annehmen eines Mobilitätsangebotes

Nicht nur das Ablehnen eines Mobilitätsangebotes kann zu Kopplungsschwierigkeiten führen. Die Befragten in der Untersuchung von *Diane Lange* gaben sogar an, daß es sich bei einer Mobilitätsentscheidung – wie auch immer die Entscheidung ausfällt – immer um eine nachteilsbeladene Entweder-Oder-Situation handelt, die entweder mit beruflichen Einschränkungen oder mit familiären und/oder partnerschaftlichen Problemen einhergeht.[471]

Auch das Annehmen verfügt also über das Potential, Situationslagen und Kommunikationshintergründe zu verändern und damit die Wahrscheinlichkeit für das Auftreten von Problemen bzw. für eine merkliche Umgestaltung bzw. Rekonstruktion des jeweiligen DCC-Systems zu erhöhen.

Eine Rekonstruktion liegt z.B. vor, wenn das Annehmen des Angebotes unter Beibehaltung der Stellung des Partners erfolgt und sich daraus das Eingehen einer Pendlerbeziehung (commuting couple) ergibt. Die hiermit verbundenen Problempotentiale sind ausreichend in der Literatur erörtert.[472] Resümierend kann eine solche Konstellation durch kontextbedingte Kommunikationsratenreduktion zu Labi-

---

[469] Vgl. Spiker-Miller 1995, Bartels 1991, Jürges 1998.
[470] Vgl. auch Gilmore & Fannin 1982.
[471] Vgl. Lange 1996, S. 250.
[472] Vgl. Peukert 1999, Lange 1995,1996, Bunker et al. 1992, Taylor & Lounsbury 1988, Winfield 1985, Gerstel & Gross 1984.

179

lität des Systems führen, die wiederum Systemkonflikte, Abbruch der Versetzungs-
stellung oder Auflösung des DCC-Systems als Folgen haben kann.

Weitere Folgen

Die Folgen der inflexiblen Haltung der Unternehmen in Form von negativen Kar-
rierewirkungen einer Ablehnung und einer Diskriminierung durch Vorurteile sind
häufig enttäuschte bzw. demotivierte Mitarbeiter. Ebenso resultieren daraus halb-
oder unzufriedene Mitarbeiter, die ihre privaten Entscheidungsparameter nicht
einbringen konnten und somit mehr oder weniger ungewollt versetzt wurden. Auch
hier kommt das allgemein bekannte, kostensteigernde bzw. produktivitätssenkende
Wirkungsgefüge zwischen geringer Motivation und Output zum Tragen.

Eine ebenso klar ins Gewicht fallende Folge sind die hohen Kosten, die entstehen,
wenn ein Mitarbeiter die Entsendung/Versetzung aus den oben geschilderten
Gründen abbricht.[473] *Copeland & Griggs* schätzen, daß amerikanische Unternehmen
jährlich 2 Milliarden Dollar aufgrund dieser „expatriate failures" verlieren.[474]

Außer in einem konkreten Abbruch können sich DCC-Systemkonflikte noch in anderer Weise bemerkbar machen. Hierzu gehört Unterforderung genauso wie eine
geringe Arbeitsmoral oder sich auflösende oder sich verschlechternde Kundenbe-
ziehungen. In mancher Hinsicht sind dies Folgen, die – da sie subtiler und langfri-
stiger wirken – letztendlich kostenintensiver wirken als der Abbruch.[475]

Aktionslosigkeit führt hier also zu mehr oder weniger direkt kalkulierbaren Kosten
bzw. es kann andersherum postuliert werden, daß die Berücksichtigung des Partners zu Kosteneinsparungen führen kann. So wurde in der Untersuchung von *Tung*
gezeigt, daß Auslandseinsätze, in denen die Partner in Interviews mit einbezogen
wurden, deutlich geringere Abbruchraten aufwiesen. [476]

---

[473] Eine weniger weit verbreitet rezipierte Ursache von Abbrüchen – die kulturbedingte
Inkongruenz der Wahrnehmungen von Expatriat-Führungskräften und den Mitarbeitern, die diese Führungskräfte im Gastland führen – untersuchten Martinko & Douglas
1999.

[474] Vgl. Copeland & Griggs 1988.

[475] Vgl. Solomon 1996b.

[476] Vgl. Tung 1982.

5.3 Kopplungsförderer oder Möglichkeiten der praktischen DCC-Förderung

Ziel des folgenden Kapitels ist es darzustellen, wie die Reibungen im Kopplungs-prozeß zwischen DCCs und Unternehmen überwunden werden können. Hierzu kann und wird an beiden Seiten – bei denDCCs als auch bei den Unternehmen – angesetzt werden. Da der Schwerpunkt in dieser Arbeit jedoch auf der Unterneh-mensseite bzw. auf der Seite der Personalabteilung als funktionale Einheit für die Generierung von Maßnahmen und Instrumenten liegt, sind die Ausführungen hierzu ausführlicher.

5.3.1 Umsetzung in personalwirtschaftliche Aktivitäten

Im folgenden werden einige personalwirtschaftliche Instrumente als Indikatoren im Sinne kondensierter Entscheidungen als mögliche Handlungsempfehlungen für eine DCC-orientierte Personalpolitik zusammengestellt. Hierbei ist noch einmal zu be-tonen, daß die Beantwortung der Frage der Relevanz einer Maßnahme und die tat-sächlichen Entscheidungen z.B. über die spezifische Gestaltungsart, den Umfang und die Implementation eines Instrumentes gänzlich im dispositiven Bereich des jeweiligen Unternehmenssystems liegen!

Es sei darauf hingewiesen, daß die einzelnen Abschnitte und Instrumente nicht immer überschneidungsfrei sind, was die lineare Abhandlung etwas erschwert. Die Interdependenzen erschließen sich jedoch (hoffentlich) beim Lesen. Es gibt weiter-hin Instrumente, die nicht DCC-spezifisch, also nicht nur für diese Zielgruppe konzipiert sind. Trotzdem sind sie hier erwähnt, weil ihr Weglassen eine unlogische Lücke in einem ganzheitlich orientierten Ansatz ergeben würde.

5.3.1.1 Aktive Erwartungs- und Haltungsbildung

Wie dargestellt, haben Erwartungen und Haltungen einen großen Einfluß auf die Ausgestaltung der DCC-Wahrnehmung und -Förderung. Ansatzpunkt erster Prio-rität sollte daher die aktive Gestaltung von Erwartungshaltungen im Unternehmen sein. Dieses ist durch die **Neu-Betrachtung, Revidierung** und **Ergänzung** von **Unternehmensgrundsätzen, -philosophie, Organigrammen, Normen, Re-geln, Vorschriften, Verhaltensprinzipen**, aber auch von **Werten, Erfahrun-gen, Denkvorstellungen, Gewohnheiten, Machtgefügen** und **Beziehungs-**

netzen[477] möglich. Basierend auf einer solchen aktiven Gestaltung von Erwartungen, Visionen und Werten können ein neues Bewußtsein und mehr Sensibilität für DCCs erwachsen und Grundlage für die Implementierung von Instrumenten und Programmen sein. Hierzu gehört weiterhin die Schaffung einer **offenen Kommunikationsatmosphäre** und einer **intensiven Informationspolitik**. So müssen „key people", also z.B. Führungskräfte, über den sich wandelnden Arbeitsmarkt und seine Strukturen – insbesondere die Dominanzverschiebung hin zur DCC-Familie – informiert werden. DCC-Probleme dürfen nicht länger als „reine Privatsache" betrachtet und damit „begründet" übersehen werden. Das Top Management eines Unternehmens muß sich zum einen über seine impliziten Werte und Erwartungen an die Mitarbeiter und Führungskräfte klar werden (So könnte man sich fragen: „Was macht meiner Meinung nach einen „guten" Mitarbeiter/Manager aus? Welche Einstellungen hat eine „gute" Führungskraft zur Arbeit, zu Erfolg, zur Karriere?"), um diese dann daraufhin zu überprüfen, inwieweit sie (noch) zeitgemäß sind bzw. in welcher Übereinstimmung sie mit den Wertvorstellungen der jüngeren Generation sind. Es geht hierbei nicht unbedingt um eine Veränderung von Verhalten, sondern um die **Umdefinition alter Muster,**[478] die **Wahrnehmung und Akzeptanz anderer Vorstellungen** und die Umsetzung z.B. in der Form der Förderung abweichender Karrieremuster.

Ein nächster Schritt wäre die **Erhöhung der Kommunikationsrate**: „ ..the next step is to create corporatewide dialogue about work life, family life, and the meaning of success. I realize this is very inclusive, but we need more open discussion, flowing from the top group's reflections and policies ..."[479] So könnte Erfolg z.B. wie folgt umdefinert werden: „Success will be seen more and more as integrating work and family life at whatever level of the organisation one finishes up."

---

[477] Vgl. Probst 1987.
[478] Vgl. Herriot 1992, S. 131.
[479] Hall 1990, S. 14

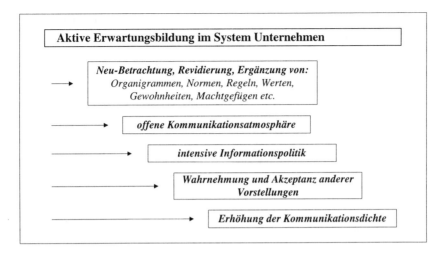

| Aktive Erwartungsbildung im System Unternehmen |

Neu-Betrachtung, Revidierung, Ergänzung von:
Organigrammen, Normen, Regeln, Werten,
Gewohnheiten, Machtgefügen etc.

offene Kommunikationsatmosphäre

intensive Informationspolitik

Wahrnehmung und Akzeptanz anderer Vorstellungen

Erhöhung der Kommunikationsdichte

Abbildung 21: Personalwirtschaftliche Aktivitäten als Kopplungsförderer:
Aktive Erwartungsbildung

5.3.1.2 Karriere

Die Karriere als komplexes, prozessuales Konstrukt, das neben den strukturellen Gegebenheiten insbesondere durch die Erwartungen, Werte, Bedürfnisse, Planungen etc. der Bewußtseinssysteme beeinflußt ist, ist eines der zentralen Ansatzpunkte für die Integration der Systemspezifik von DCCs in die des Unternehmenssystems. Insofern kommt einer **DCC-spezifischen Karriere oder Laufbahnberatung und -planung** eine besondere Bedeutung zu. „If they are to retain valued employees, human resource development practitioners will increasingly be forced to recognize that dual-career partners have special career development needs, since the occurrence of two careers in one family unit usually results in more complex career development processes than where only one partner is pursuing a career."[480] Diese sollte nicht nur auf den zu erhebenden **unternehmensinternen Daten über DCCs** basieren, sondern gemäß des gesamtheitlichen Anspruches konsequent den **Partner** sowie die **allgemeine Lebensplanung** des Mitarbeiters mit einbe-

---

[480] Smith 1992, S. 26

ziehen.[481] Ein noch weitgehenderer Schritt wäre der **Einbezug des Unternehmens des Partners** in die Planungen.

Zu einer DCC-orientierten Karriereplanung gehört implizit auch das **Überdenken bestehender unternehmensinterner Karrierekonzepte und -wege.** Wie gezeigt, sind diese z.Zt. noch vorwiegend strukturbeständig und bieten wenig Flexibilität und Alternativen. So wäre zu erwägen, inwiefern die bereits in vielen Firmen etablierten alternativen Karrierewege wie Fachlaufbahnen, Projektlaufbahnen u.a. (vgl. 5.2.2.2) einzuführen sind, um die Auswahl an Karrieremöglichkeiten zu erweitern. Dem Vereinbarungswunsch entgegenkommend wäre z.B. die Möglichkeit, sich dynamisch, lebensphasenentsprechend zwischen einem reinen Karrierepfad und einem Karriere-Familien-Pfad zu entscheiden oder Unterbrechungen und zeitliche Stagnation in der Karriere mit gleichbleibenden Karrierechancen zu verbinden.[482]

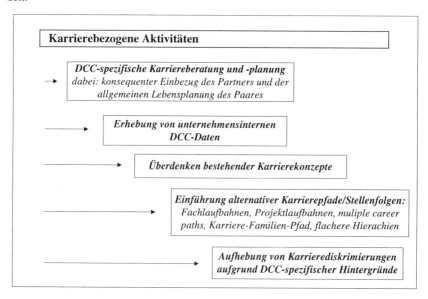

Abbildung 22: Personalwirtschaftliche Aktivitäten als Kopplungsförderer: Karrierebezogene Aktivitäten

---

[481] Vgl. Stolz-Loike 1992, Spiker-Miller & Kees 1995 („conjoint counseling").
[482] Vgl. Ladner Streib & Engeli 1998.

Weitere Arten der Umsetzung des Karrierekonzeptwandels lassen sich an Beispielen von Unternehmen verdeutlichen, die auf diesem Gebiet schon weiter gedacht haben:

Weit bekannt ist z.b. das im Leitbild verankerte Konzept von *Hewlett Packard*: Die fünf eigenständigen Divisionen haben nur jeweils zwei Hierarchiestufen. Diese als Kompetenzhierarchie verstandene Strukturierung wird u.a. durch das konsequente Weglassen von Titeln und Privilegien untermauert.

Ähnlich sieht es bei *Gore & Associates* aus. Mit dem Leitsatz „No ranks, no title" wurden bei dem Unternehmen aus Putzbrunn bei München neue Karrierevorstellungen eingeführt. In dem Familienunternehmen sind Status- und Titelhierarchien durch Verantwortungshierarchien ersetzt worden. Teams werden nach Wissen und Fähigkeiten für Projekte zusammengestellt, deren Führungsfunktion im Idealfall von einem „natürlichen Führer" übernommen wird.[483]

Bei der *CSC Ploenzke AG* in Kiedrich bei Frankfurt haben sich aufgrund der geringen hierarchischen Strukturen, des Fehlens von Stellenbeschreibungen (jeder sucht sich die Arbeit selber...) und der verbreiteten Projektarbeit die Karrierekonzepte gewandelt. Karriere heißt hier: Erlangen von Ansehen und Kompetenz. Die Entscheidung zwischen der Übernahme von Fach- oder Führungsaufgaben liegt beim Mitarbeiter – ohne finanzielle Nachteile. Weiterhin werden Mehrfachqualifikationen gefördert und mittelfristige Karriereplanung für jeden sowie langfristige Lebenskarriereplanung innerhalb der Perspektivengruppe durchgeführt.[484]

5.3.1.3   Mobilität

Wie beschrieben, ist das Thema Mobilität ein ähnlich zentraler Kopplungspunkt zwischen den beiden Systemen wie das Thema Karriere. Dem Problem der hohen Immobilitätswahrscheinlichkeit von DCCs ist, wenn qualifizierte Mitarbeiter fehlen, unbedingt zu begegnen. Denn das Vorgehen, nur alleinlebende Mitarbeiter international zu versetzen, um die partnerschaftsinduzierten Hemmnisse zu umgehen, erweist sich offenkundig als reine Hilfslösung, nicht nur unter dem Argument einer unnötigen Einschränkung des Auswahlpools.[485] Eine solch destruktive Alternative

---

[483] Vgl. Hildebrandt-Woeckel 1998, Freihaut 1999.
[484] Vgl. Fuchs 1997, 1998, Hildebrandt-Woeckel 1998
[485] Vgl. Punnet & Crocker & Stevens 1992.

185

muß angesichts vieler vorhandener Möglichkeiten, hier unterstützend bzw. vorbeugend tätig zu werden, auch gar nicht gewählt werden.

Entsprechend der Karriereproblematik ist auch hier das **Überdenken und Hinterfragen von bestehenden Mobilitätskonzepten und -anforderungen** im Unternehmen eine erste grundlegende Vorgehensweise.[486] So wäre z.b. ganz grundsätzlich zu hinterfragen, inwiefern z.b. drei- bis fünfjährige Auslandsaufenthalte wirklich notwendig sind, auch vor dem Hintergrund der oft dokumentierten Reintegrationsschwierigkeiten.

Kurze, z.b. **halbjährliche oder jährliche Auslandsaufenthalte** entsprechen heutzutage nicht nur vielmehr den Vorstellungen der Zielgruppe,[487] der Strukturwandel wird auch schon sichtbar: Kürzere Auslandseinsätze von maximal einem Jahr[488], dafür aber mehrere, sind von 1997 bis heute um 71% gestiegen, persönliche Präsenz wird durch virtuelle Präsenz ersetzt, z.B. durch Videokonferenzen. „In 82% der befragten Unternehmen (der *PricewaterhouseCoopers*-Studie) gebe es Führungskräfte mit internationaler Verantwortung, die ihre Aufgabe vom Heimatland aus wahrnehmen."[489]

---

[486] Vgl. Assig & Beck 1996.

[487] „Immer mehr Angestellte setzen bei ihrer beruflichen Karriere verstärkt auf Kurzzeit-Auslandsaufenthalte. Auch gelegentliche Auslandsreisen und die Nutzung neuester Medien zur transnationalen Kommunikation gewinnen in europäischen Unternehmen zunehmend an Attraktivität."
http://www.pwcglobal.com/de/ger/about/press-rm/230200.html

[488] „The 2000 Global Survey of Short-Term International Assignment Policies argued that short-term assignments are growing in popularity among global firms. The survey questioned over 500 North American, Asian and European companies and was conducted jointly by The MI Group, Organization Resources Counselors Inc. and SHRM's Global Forum. It found that **94 per cent of companies used short assignments** and **three-quarters predicted that they would be using them more in the future**. A fifth reported that the problems of dual career households were among the causes of the projected rise." http://www.transcomm.ox.ac.uk/traces/iss13pg3.htm

[489] o.V. 2000: Ohne Lebenspartner..., S. 34

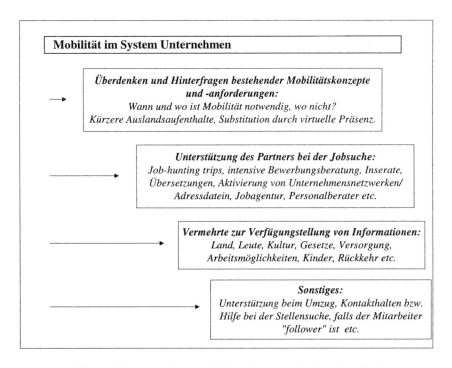

Mobilität im System Unternehmen

> *Überdenken und Hinterfragen bestehender Mobilitätskonzepte und -anforderungen:*
> *Wann und wo ist Mobilität notwendig, wo nicht?*
> *Kürzere Auslandsaufenthalte, Substitution durch virtuelle Präsenz.*

> *Unterstützung des Partners bei der Jobsuche:*
> *Job-hunting trips, intensive Bewerbungsberatung, Inserate, Übersetzungen, Aktivierung von Unternehmensnetzwerken/ Adressdatein, Jobagentur, Personalberater etc.*

> *Vermehrte zur Verfügungstellung von Informationen:*
> *Land, Leute, Kultur, Gesetze, Versorgung, Arbeitsmöglichkeiten, Kinder, Rückkehr etc.*

> *Sonstiges:*
> *Unterstützung beim Umzug, Kontakthalten bzw. Hilfe bei der Stellensuche, falls der Mitarbeiter "follower" ist etc.*

Abbildung 23: Personalwirtschaftliche Aktivitäten als Kopplungsförderer: Mobilität im System Unternehmen

Aber nicht nur Verkürzungen sind anzudenken; es ist zu klären, **inwieweit eine Versetzung** insbesondere aus Personalentwicklungsgesichtspunkten **notwendig** ist bzw. durch welche anderen Personalentwicklungsmaßnahmen die Mitarbeiter mit adäquaten Entwicklungsresultaten gefördert werden können. „Finally, an organization may support the family with human resource policies that minimize requirements for overtime, relocation, and work travel."[490]

Neben diesen mobilitätsreduzierenden Überlegungen gibt es natürlich noch viele konkrete Unterstützungsmöglichkeiten bei der tatsächlichen Versetzung von Mitarbeitern. In der Situation, in der der **eigene Mitarbeiter versetzt** wird, können z.B. die folgenden Aktionen zur Unterstützung des Partners angedacht werden.

---

[490] Honeycutt & Rosen 1997, S. 272

Die offensichtlichste Möglichkeit ist die aktive Unterstützung bei der **Jobsuche** für den Partner. Dies kann auf vielerlei Arten erfolgen. Die Finanzierung von **Job-hunting-trips**, also Reisen in das Versetzungsland, um sich vor Ort zu bewerben bzw. zu erkundigen, kann sehr effektiv sein, zumal die Eigeninitiative des Partners motiviert wird. Weniger aufwendig, aber ebenso sinnvoll, ist die Hilfestellung bei der gesamten Bewerbungsphase, angefangen von der **Karriereberatung** über Hilfen beim **Erstellen der Bewerbung** (Hinweis auf internationale Unterschiede, Übersetzungen), Zurverfügungstellen von Unternehmensadressen bzw. **Ansprechpartnern** bis hin zur Finanzierung von **Inseraten** in Zeitungen und Zeitschriften vor Ort.

Eine der ersten Möglichkeiten für das Unternehmen wäre es, in diesem Zusammenhang zu prüfen, ob der Partner nicht ebenfalls **im Unternehmen am Auslandsstandort** eingesetzt werden kann, oder in einer nahegelegenen Niederlassung. Ist dies nicht möglich, ist es sinnvoll, sich als Unternehmen an **Unternehmensnetzwerken** zu beteiligen bzw. derartige aufzubauen. Solche internationalen, interorganisationalen Netzwerkstrukturen[491] können z.B. **Vakanzennetzwerke** sein, wie das Informationsnetz der *IHK*, das vakante Stellen in Auslandsstandorten erfaßt, oder das internationale Stellenvermittlungsnetz der chemischen Industrie, dem 1998 bereits 24 Firmen angehörten.[492] Eine zweite Art sind **Profilnetzwerke**, die eine gemeinsame Datenbank über Bewerberprofile (open resourcing) zur Verfügung haben. Ein Beispiel für so ein Netzwerk ist *FOCUS*, das Büros in London, Brüssel und Bellevue (Schweiz) hat. „This group works specifically to help spouses further their potential career options while overseas. It maintains job listings and holds seminars on an ongoing basis. Men and women both are active participants."[493] Einer der Gründerinnen dieses Netzwerkes war *Pamela Perraud*, die auch den Workshop „Crossroads" für Expatriate-DCCs konzipierte, der eine Kombina-

---

[491] Vgl. Pless & Raeder 1995.

[492] Hierzu zählen u.a. BASF, Bayer, Deutsche Bank, DaimlerChrysler, Kraft Jacobs Suchard, vgl. Ladner Streib & Engeli 1998.

[493] Frazee 1996, S. 28

tion aus traditioneller Karriereberatung und länderspezifischen Beschäftigungs- und Netzwerkinformationen darstellt.[494]

Das in einem Arbeitskreis der *DGfP Deutsche Gesellschaft für Personalführung* gegründete Netz ist ein Beispiel für ein spezifisches DCC- bzw. Expatriate-Netzwerk in Deutschland.

Einige internationale Konzerne haben bereits umfangreiche **IntraNetze** aufgebaut und nutzen diese und den großen internen Arbeitsmarkt,[495] um Partner von Mitarbeitern Karrieremöglichkeiten anzubieten. Eine weniger aufwendige Variante ist die Beteiligung des Unternehmens an einer **Job-Agentur**, eine etwas teurere ist die Einschaltung von **Personalberatern** und **Executive Search** Unternehmen. Eine andere Möglichkeit wäre ein zeitgleicher **Austausch von Mitarbeitern** zwischen Unternehmen, für die es **Cross-Change-Datenbanken** gibt. Es geht hier also um den befristeten gegenseitigen Austausch von Mitarbeitern.

Viele Hindernisse auf der Bewußtseinsebene könnten aufgelöst werden bzw. würden gar nicht erst entstehen, würden den DCCs mehr **Informationen** über alle mit der Versetzung zusammenhängenden Themen (Land, Leute, Kultur, Karriere, Arbeitsmöglichkeiten, Unterstützungsangebote, Versorgung der Kinder, Rückkehr, Altersversorgung etc.) zur Verfügung stehen. Ein gut ausgebautes und leicht zugängliches aktuelles Informationsangebot im Intranet bzw. Schulungen, Seminare u.ä. sind hierfür geeignet. Wichtig ist darüber hinaus, daß dieses Informationsangebot seinerseits kommuniziert wird, um nutzenbringend zu wirken.

Die **Unterstützung beim Umzug** ist kein DCC-spezifisches Instrument, sei hier jedoch vollständigerweise genannt. Die einfachste Alternative, bei der allerdings der Aufwand zum Nutzen unbedingt kalkuliert werden muß, ist die Einschaltung von sogenannten **Relocation Service** Unternehmen. Für die gesamte Relokations-Thematik haben sich mittlerweile Spezialsysteme gebildet, wie z.B. das *Employee Relocation Council (ERC)*,[496] das eine „... non-profit professional membership organization committed to the effective relocation of employees worldwide" ist. Ange-

---

[494] Vgl. http://www.grovewell.com/spouse.html
[495] Vgl. Lange & Schulte 1995.
[496] http://www.erc.org/main.htm

schlossen an dieses Council ist das *Center for International Assignment Management,*[497] „... a professional membership organization for individuals who manage or support international assignments" mit über 1100 Mitgliedern aus 24 Ländern.

In der Situation, in der der **Partner des Mitarbeiters** ein Auslandsangebot bekommen hat, sollte man, um den Mitarbeiter zu halten, ebenfalls Instrumente bereitstellen. So wäre z.b. eine Langzeitbeurlaubung oder eine temporäre Berufspause mit Wiedereinstellungsgarantie zu überlegen. Auf jeden Fall sollte, soweit Bedarf besteht, der **Kontakt zum Mitarbeiter gehalten** werden. Dies kann z.b. durch regelmäßige Gespräche mit dem früheren Vorgesetzten oder zuständigen Personalverantwortlichen geschehen oder durch Einladungen zu speziellen Veranstaltungen. Auch in dieser Situation gehört es natürlich zu den ersten Versuchen, in der Nähe des DCC-Partners im Tochterunternehmen, Niederlassungen oder einem Partnerunternehmen eine Stelle für den Mitarbeiter zu suchen. Abgerundet werden sollte ein solches Programm durch die Reintegration zurückkehrender Mitarbeiter durch adäquate Wiedereingliederungsprogramme.

5.3.1.4   Vereinbarkeit

Instrumente für die Vereinbarkeit von Beruf und Partnerschaft bzw. Familie gibt es mittlerweile unzählige. Die wichtigsten Aspekte dabei sind die zur **Verfügungstellung von Zeitautonomie und Flexibilität**. Daß Souveränität, Flexibilität und Selbständigkeit tatsächlich zu den gewünschten Arbeitsbedingungen zählen, geht aus einer Untersuchung von *Catalyst* hervor. Unter den Wünschen der Mitarbeiter an die Unternehmensleitung stand das Eingehen auf Vorstellungen und selbständiges Arbeiten bei 72% der Befragten an erster Stelle, gefolgt von der Selbstbestimmung von Produktivitätskriterien (67%) und der freien Einteilung der Arbeitszeit (58%). Sehr aufschlußreich war, daß 65% der Männer und 72% der Frauen es begrüßen würden, wenn sie ihre Karrieren und Weiterentwicklungen selbständiger gestalten könnten.[498]

Zu den Möglichkeiten der Flexibilisierung und damit Vereinbarkeit zählen zunächst einmal alle Formen der **mobilen Arbeitszeitgestaltung**, seien es Gleitzeit, mo-

---

[497] http://ciam.erc.org
[498] Vgl. Catalyst 1998, S.28.

190

dulare Arbeitszeit in Zeitblöcken, wöchentliche oder monatliche Arbeitszeitmodelle, Jahresarbeitszeitkonten, die Möglichkeit des Ansparens und Übertragens von Arbeitszeit über das Jahr hinaus, lebensorientierte Arbeitszeit, kurzfristige Beurlaubung, Sabbaticals, Job Sharing, flexible Pausenregelung und letztendlich auch eine weitergehende Zeitautonomie unter Absprache des Arbeitsergebnisses (Zielvereinbarungen).

Hinsichtlich der Flexibilisierung des Arbeitsortes und der Aufgabenbearbeitung ist einer der ersten Gedanken sicherlich **Telearbeit**. Die **souveräne Gestaltung und Verteilung von Arbeitsaufträgen** und die **flexible (natürlich kontextbezogene) Wahl des Arbeitsortes** ist m.E. jedoch noch viel wichtiger für DCCs. Ebenso hierzu gehören, nicht nur für DCCs, Räume und Zeit-Räume für „Denkphasen" und konzentriertes Arbeiten. Es ist in diesem Rahmen darauf hinzuweisen, daß die Umsetzung von genannten Flexibilisierungsmöglichkeiten keine Garantien geben können, daß sich alte Rollenmuster in allen Bewußtseinssystemen auflösen.[499]

---

[499] Vgl. Jurczyk 1998.

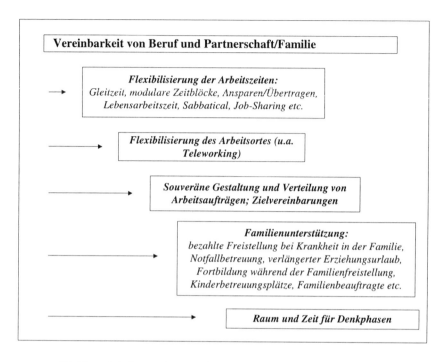

Vereinbarkeit von Beruf und Partnerschaft/Familie

Flexibilisierung der Arbeitszeiten:
Gleitzeit, modulare Zeitblöcke, Ansparen/Übertragen,
Lebensarbeitszeit, Sabbatical, Job-Sharing etc.

Flexibilisierung des Arbeitsortes (u.a.
Teleworking)

Souveräne Gestaltung und Verteilung von
Arbeitsaufträgen; Zielvereinbarungen

Familienunterstützung:
bezahlte Freistellung bei Krankheit in der Familie,
Notfallbetreuung, verlängerter Erziehungsurlaub,
Fortbildung während der Familienfreistellung,
Kinderbetreuungsplätze, Familienbeauftragte etc.

Raum und Zeit für Denkphasen

Abbildung 24: Personalwirtschaftliche Aktivitäten als Kopplungsförderer:
Vereinbarkeit von Beruf und Partnerschaft/Familie

DCCs mit Kindern unterscheiden sich durch diesen zusätzlichen Einflußfaktor Kinder deutlich von DCCs ohne Kinder. Daher sind **Familienmaßnahmen**, die auch für Non-DCCs gelten, für DCCs von besonderer Bedeutung! Mögliche Unterstützung finden DCCs daher z.B. in der **bezahlten (oder unbezahlten) Freistellung bei Krankheit** von Familienangehörigen, der Möglichkeiten der „**Notfallbetreuung**" für Kinder bzw. pflegebedürftige Angehörige oder der **Freistellung** über den gesetzlichen Erziehungsurlaub hinaus. Weiterhin kann man karriereorientierte DCCs durch **Fortbildungsangebote während der Familienfreistellung**, durch Angebote zur **Kinderbetreuung** (eigner Betriebskindergarten oder Beteiligung, Erwerb von „Belegrechten" in öffentlichen Kindergärten, Zuschüsse zu Kinderbetreuungskosten, Kinderbetreuungsrabatte) motivieren und halten. Weitere Maßnahmen sind ein/e **Familienbeauftragte/r** bzw. Betreuungsberater als ständiger Ansprechpartner, **Arbeitsgruppen** über Vereinbarkeitsmaßnahmen, **Familienseminare** zur Unterstützung der Vereinbarkeit und eine allge-

192

meine Unterstützung der Familien, insbesondere das „Sich-kümmern" um die Mitarbeiter bei beruflichen und privaten Problemen oder eine spezifische Förderung der Mitarbeiter/Führungskräfte mit familiären Verpflichtungen.[500]

5.3.1.5 Finanzielle Unterstützung

Betrachtet man die Tatsache, daß das Gehalt für DCCs in ihrer Karriere kein primäres Entscheidungskriterium ist, könnte man sich fragen, inwiefern dann finanzielle Unterstützungen motivationswirksam wirken. Eine monetäre **Übernahme von Kosten** wird jedoch (nicht nur) von DCCs als gehaltsunabhängig betrachtet und im Zusammenhang mit dem Grund der Unterstützung beurteilt. So kann z.b. die Finanzierung von **Weiterbildungsmaßnahmen** für den karriereorientierten, mitreisenden Partner, der keine adäquate Anstellung gefunden hat, als sehr wertvoll von DCCs angesehen werden. Die Weiterbildung als Alternative zum Beruf rückt für den Partner dadurch evtl. in überlegenswerte Nähe und die dem Mitarbeiter angebotene Versetzung wird nicht abgelehnt. Eine andere Möglichkeit ist die finanzielle Unterstützung von Initiativen zur **Selbständigkeit** bzw. Gründung eines eigenen Unternehmens. In Amerika wird die DCC-Thematik vorwiegend finanziell gehandhabt. Hierzu zählen im einzelnen z.B. **unspezifische Unterstützungsbeträge** für den Partner (spousal accounts), Übernahme von **Ausbildungskosten** und Kosten, die beim Erhalt und bei der **Sicherung der Arbeitserlaubnis** anfallen.[501] Andere Firmen weiten die Unterstützung auf die gesamte Familie aus und bieten „total family-assistance accounts" an, „which can alleviate the expenses and concerns of caring for elderly parents, children's special education requirements or medical/disability requirements as well as spousal employment issues."[502] Auch über die **Kompensation des Einkommens** des mitreisenden, nicht mehr arbeitenden Partners wird nachgedacht.[503]

In einer Studie von *PricewaterhouseCoopers* über finanzielle Anreizsysteme für den Mitarbeiter selbst lag die **Bezahlung von Rückflügen** ins Heimatland an erster

---

[500] Vgl. Gemeinnützige Hertie Stiftung 1998 und Bundesministerium für Familie und Senioren. Bundeswettbewerb 1993. „Der familienfreundliche Betrieb." Dokumentation.

[501] Vgl. Carter 1997.

[502] Carter 1997, S. 22

[503] Vgl. Carter 1997.

Stelle (vgl. Abbildung 25). Bezüglich Anreize für den Partner wurde die **finanzielle Hilfestellung bei der Arbeitssuche** deutlich priorisiert, gefolgt von der Übernahme von Geldern für **Schulungsmaßnahmen.** [504]

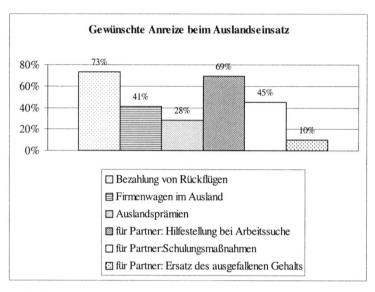

Abbildung 25: Gewünschte finanzielle Anreize beim Auslandseinsatz für den Mitarbeiter und seinen Partner

Weitere monetäre Möglichkeiten können die Einrichtung von **Fonds für familiäre Notfälle** sein oder Spenden und sporadische finanzielle Unterstützung für familienunterstützende Einrichtungen. Zuletzt seien noch zusätzliche **Altersversorgungen** und indirekte Finanzierungshilfen wie z.B. zinsgünstige **Darlehen** genannt.

---

[504] Vgl. o.V. 2000: Ohne Lebenspartner...

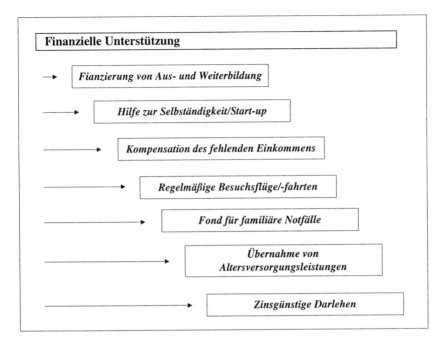

Abbildung 26: Personalwirtschaftliche Aktivitäten als Kopplungsförderer:
Finanzielle Unterstützung

5.3.1.6   Sonstiges

Neben den genannten zentralen Ansatzpunkten werden noch Maßnahmen aufgeführt, die die DCC-Situation zu unterstützen helfen bzw. die unternehmensinterne
Wahrnehmung für diese Zielgruppe erhöhen.

Seminare, in denen spezielle DCC-Themen bearbeitet werden, wie z.b. konkrete
Vereinbarkeitsmöglichkeiten, Self-Management, Konfliktbewältigung etc. können
nicht nur **Mitarbeitern und deren Partnern** angeboten werden. Zu den zeitlich
vor den Beginn des Arbeitverhältnisses gelegenen Aktivitäten gehören DCC-
Seminare für **Studenten**, die z.b. auch von spezialisierten (Karriere-) Beratungsunternehmen oder Forschungseinrichungen angeboten und durchgeführt werden.[505]

---

[505] Vgl. Kahnweiler & Kahnweiler 1980 sowie Emert 1995.

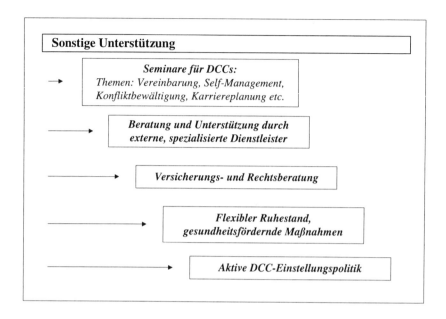

Sonstige Unterstützung

> *Seminare für DCCs:*
> *Themen: Vereinbarung, Self-Management,*
> *Konfliktbewältigung, Karriereplanung etc.*

> **Beratung und Unterstützung durch**
> **externe, spezialisierte Dienstleister**

> **Versicherungs- und Rechtsberatung**

> **Flexibler Ruhestand,**
> **gesundheitsfördernde Maßnahmen**

> **Aktive DCC-Einstellungspolitik**

Abbildung 27: Personalwirtschaftliche Aktivitäten als Kopplungsförderer:
Sonstige Unterstützung

Eine spezielle Form der unternehmerischen Strategie kann demnach die Inanspruchnahme **externer Dienstleistungen** sein. Externe Beratungsunternehmen fungieren hier als Schnittstelle zwischen innen und außen, sie beraten Unternehmung und Paar gleichzeitig. Ein Beispiel für eine externe Beratungsfirma ist die *Jannotta, Bray & Associates*, eine Karrieremanagement- und -beratungsfirma mit Sitz in Chicago/USA. Das Programm „*Lifework Partners*" wurde konzipiert, um die oben erwähnten Interdependenzen transparent zu machen, also einerseits DCCs bei der Entwicklung einer gemeinsamen Lebensplanung und aufeinander abgestimmter Karrieren zu helfen und andererseits Unternehmen das Verständnis für die Auswirkungen der Privatsphäre auf die Unternehmensbelange nahezubringen. Es sollen somit die Wahrscheinlichkeit von überstürzten Kündigungen von Mitarbeitern reduziert und generell die Kommunikation über Karriereziele von Mitarbeitern – objektiviert und entschärft durch die Mittlerfunktion der Beratung – erleichtert werden.[506] Auch das Unternehmen *Right Accociates* bietet eine solche Beratung für Führungspaare an.[507]

Eine **Versicherungs- und Rechtsberatung** für Paare, das Konzept des **Cafeteriasystems**, die Möglichkeit des **flexiblen Ruhestandes, gesundheitsfördernde Maßnahmen** sowie die Einrichtung von **Turnhallen, Kinderspielmöglichkeiten, Betriebsvereinen** u.ä. sind weitere Instrumente, die an unterschiedlichen Themen ansetzen.

Zuletzt sei noch auf eine **aktive DCC-Einstellungspolitik** – auch **Twin-Assignment** genannt – verwiesen. Hierbei wird initiativ vom Unternehmen schon in der Stellenausschreibung der Partner mit akquiriert. Das Doppelkarrierepaar wird dann nicht nur gemeinsam eingestellt, sondern erhält auch eine entsprechend gemeinsam abgestimmte Laufbahnentwicklung. Diese bevorzugte Einstellung von Mitarbeitern, die Partner eines DCCs sind, bzw. die gemeinsame Anstellung der Partner zählt zu einer Personalpolitik, die die Vorteile dieser Mitarbeitergruppe (hohe Streß- und Toleranzgrenze, Organisationsfähigkeit, Verantwortungsbewußtsein etc.) aktiv zu nutzen sucht und die Probleme minimiert.

5.3.1.7 Hinweise für die Konzeptionierung und Implementierung

Wie aus den gesamten Ausführungen klar geworden ist, ist die Doppelkarriere bei der heutigen Mitarbeitergesamtheit eine Partnerschaftskonstellation, die sich nicht nur immer mehr verbreitet, sondern die auch deutlichere Einflüsse auf die Unternehmensinnenwelten hat als traditionelle Formen. Trotz dieser Tatsache liegt es im alleinigen Entscheidungsraum jedes einzelnen Unternehmens, das durch dieses Thema in seinen Systemprozessen irritiert wird, den Umfang und die konkrete Art dieser Kopplung zu bestimmen. Instrumente sind bekanntlich nur dann sinnvoll,

---

[506] Vgl. Bourne 1992.

[507] http://www.right.com/services/lifework.htm : „Lifework Partners is a unique consulting process that guides executive couples in developing their career and life plans jointly. This process examines how family issues influence career planning, and then guides couples through the development of joint career and life management plans. This process enables the couple to manage expectations and lays a foundation for both personal and career development."

wenn sie für ein bestimmtes Ziel und eine bestimmte Zielgruppe eingeführt werden. Eines der ersten Maßnahmen wäre es daher für ein Unternehmen zu prüfen, wie viele DCCs im Unternehmen überhaupt tätig sind. Aus dieser Anzahl ist dann auch der Aufwandsrahmen abzustecken, in dem sich ökonomisch bewegt werden kann.

Das weitere Vorgehen ist gemäß bekannter Implementierungsphasen (Planung, Promotion/Education, Operation und Evaluation[508]) zu vollziehen. Obwohl diese Phasen in der wissenschaftlichen Literatur bekannt sind, sind sie hier aufgrund festgestellter abweichender Vorgehensweise in der Praxis noch einmal erwähnt. Dazu kommt, daß das personalwirtschaftliche Vorgehen oft durch die Einführung vieler Einzelinstrumente gekennzeichnet ist, ohne ein systematisches Konzept im Hintergrund.[509]

Stellt sich heraus, daß viele Mitarbeiter – u.U. auch noch in „key positions" – DCCs sind, kann sich die Bildung einer „Task Force DCCs" als Unterkomitee des Top Managements als sinnvoll erweisen. Diese Art von Projektgruppe zielt darauf ab, eine Positionierung des Unternehmens zu diesem Thema zu kommunzieren, gezielt Daten zu sammeln, Analysen zu betreiben und Vorschläge zu unterbreiten. Im Zusammenhang mit der Datenerhebung ist die Durchführung einer Mitarbeiterbefragung sehr sinnvoll, um nicht nur den allgemeinen Bedarf abzuklären, sondern bereits im voraus schon eine fundierte, systemspezifische Antwort auf die Fragen bzgl. konkreter Vorstellungen und Erwartungen der Mitarbeiter zu erhalten.

Die Institutionalisierungsfrage ist eine wichtige Frage, die im Zusammenhang mit der Positionierung, der Zielsetzung und dem Aufwandsrahmen gelöst werden sollte: Wie und wo soll das Thema DCCs im Unternehmen operationalisiert werden? Sollen z.B. nur Einzelmaßnahmen angeboten werden, die als Zusatz in bestehende Chancengleichheits-, Frauenförder- oder Familienprogramme integriert werden, oder soll ein eigenständiges DCC-Programm konzipiert werden?

Neben den Daten aus der Mitarbeiterbefragung können Workshops mit DCCs zu aussagekräftigen Hinweisen für die konkrete Gestaltung der DCC-Richtung im Unternehmen führen. Diese Workshops wirken gleichzeitig auch schon als kom-

---

[508] Vgl. z.B. Ansel 1993.
[509] Vgl. Corpina 1996.

munikativer, aktiver Kopplungsförderer mit hohem Aufmerksamkeitspotential und können als Startpunkt für mündliche Multiplikation angesehen werden. Die Gefahr besteht sicherlich auch, daß durch solche Workshops Erwartungen geweckt werden, die vom Unternehmen letztlich nicht eingelöst werden können. Daß DCCs jedoch auch ökonomisch und unternehmerisch denken (können), zeigen die Ergebnisse der vorliegenden Erhebung (vgl. Empirie) sowie die Untersuchung von *Punnet et al.*: „Overall, [interviewed] women [expatriates] clearly felt a need for organizations to pay attention to the dual-career/expatriate issue. Their demands were not extreme and they acknowledged that organizations must consider the costs and benefits associated with dealing with their concerns."[510]

5.3.2 Einwände gegen Kopplungsförderer

Neben der internen betrieblichen Relevanzeinschätzung möglicher Aktionen für DCCs – als erste „Hürde" im Kommunikationsprozeß – stehen den genannten Vorteilen und Nutzeneffekten solcher Maßnahmen Kosten, organisationale und personelle Hindernisse und letztendlich auch Gegenargumente gegenüber. Viele Fragen werden sich, nachdem sich ein unspezifisches Rauschen zur Irritation transformiert hat, auf genau diese Abwägungen beziehen. *Punnet et al.* fanden eine relative Unsicherheit in diesem Bereich auf Seiten der Praxis: „Most [Human Resource Executives] thought that it was important but were unsure of the cost/benefit trade-off."[511]

In der Untersuchung von *Corpina* wurde deutlich, daß viele der befragten Experten (Personalverantwortliche aus Personalabteilungen) die von ihm vorgeschlagenen Unterstützungsmaßnahmen zwar durchaus für sinnvoll hielten, jedoch vielfach kommentierten, daß diese mit zu großem Aufwand verbunden seien. Insbesondere, wenn die Arbeitsmarktlage für qualifizierte Mitarbeiter entspannt sei, zeigten sich aufwandsreduzierende Einstellungen. Ein Experte antwortete auf die Maßnahme der aktiven Rekrutierung von DCCs: „Wieso soll ich DCCs erschließen und mir Probleme ins Haus holen, wenn genügend andere gleichwertige Kandidaten rekrutierbar sind?"[512]

---

[510] Punnet et al. 1992, S. 589
[511] Punnet et al. 1992, S. 588
[512] Corpina 1996, S. 260

Insgesamt waren die Argumente der Experten in *Corpina's* Befragung durch eine eher reaktive als aktive Haltung gegenüber DCCs gekennzeichnet. Unterstützungsmaßnahmen wurden immer noch im Sinne von Gefälligkeiten angesehen, die sich der Mitarbeiter verdienen müsse.[513]

Als ein Gegenargument bzgl. einer Initiativhaltung des Unternehmens gegenüber DCCs wurde z.B. das bereits diskutierte Muster der „Respektierung der Privatsphäre" angeführt. Ebenso wurden die erst im Anfangsstadium befindliche allgemeine Wahrnehmungslage – „das Bewußtsein wäre einfach noch nicht soweit" – oder der fehlende externe Druck als Argument für ein Verbleiben in der Passivität gebraucht.[514] Ein anderes Argument bzgl. des Aufwandes der Unterstützung des Partners war, daß sich gerade durch die inhärente Dynamik dieser Partnerschaftsform langfristige oder institutionalisierte Maßnahmen nicht rentieren würden. Insbesondere die Bildung von Netzwerken sei ein zu großer Aufwand hinsichtlich der geringen Zielgruppenzahl.

Resümierend kann gesagt werden, daß sich in jedem Unternehmen spezifische Kommunikationsprozesse bzgl. der Abwägung einer DCC-Unterstützung ergeben werden, die sich durch Argumente und Gegenargumente – wie in allen Entscheidungslagen – auszeichnen werden. Was hier erneut sehr deutlich wird, ist, daß die letztendliche Entscheidung tatsächlich im System Unternehmen verbleibt und das System Wissenschaft definitiv Umwelt ist (vgl. Ausführungen im Kapitel 1.3).

5.3.3 Unternehmensbeispiele

Daß die oben aufgeführten Maßnahmen nicht nur im Forschungsbereich kommunizierte *Möglichkeiten* darstellen, sondern auch schon *umgesetzt* werden, soll die folgende Auflistung von Unternehmen dokumentieren, die DCCs als wichtige Zielgruppe erkannt haben und unterschiedliche Strategien gewählt haben, dieser gerecht zu werden bzw. diese angemessen zu unterstützen.

Vor dem Hintergrund vermehrter Ablehnung von Versetzungsangeboten in den späten 80ern wurde bei **Colgate-Palmolive** 1992 das „Spouse Assistance Pro-

---

[513] Vgl. Corpina 1996.
[514] Vgl. Corpina 1996.

gramm" im Rahmen der Versetzungsinstrumente eingeführt. Dieses Programm enthält u.a. die folgenden Punkte:

- Informieren der Arbeitnehmer und der Partner über Karriereentwicklungsmöglichkeiten im Gastland.

- Begleiten durch Orientierungs-Sitzungen/Gespräche mit dem verantwortlichen Vorgesetzten sowie dem geeigneten entsprechenden Personalmanager.

- Nutzung interner und externer Mittel, um bei der Sicherstellung der Arbeitserlaubnis im Gastland zu helfen.

- Übernahme aller Kosten bei der Antragstellung für eine Arbeitserlaubnis.

- Aktive Hilfestellung durch die Nutzung der Netzwerke des Unternehmens durch die Mitgliedschaft in und Beziehungen zu vielen personalwirtschaftlichen Vereinigungen in der ganzen Welt.

- Spouse Reimbursement Account: Für die weitere Unterstützung der Partner bei der Stellensuche bzw. der Weiterführung ihrer Karriere (Kosten der Jobsuche, Inanspruchnahme von Beratungsservicen, Kosten des Selbständigmachens (seed money)) vergibt die Firma eine Ausgleichszahlung von $ 7500.

- Tuition Reimbursement: Wird alternativ eine Weiterführung der Ausbildung gewünscht, wird auch diese von der Firma finanziert.[515]

Ein sehr ähnliches Programm wird zur Zeit in die bestehenden Versetzungsrichtlinien bei der Firma **Knoll AG** (Ludwigshafen) integriert.

Aufbauend auf einer bereits seit 1987 bestehenden Task Force *Work and Family Comitee* bei **Du Pont**, die u.a. zur Einführung von Arbeitszeitflexibilisierungskonzepten, einem Bewußtseinstraining für Manager bzgl. Arbeit und Familie und einem Betriebskindergarten geführt hat,[516] wurde 1989 eine eigene Abteilung mit dem Namen *Workforce Partnering Devision* gegründet.[517]

---

[515] Vgl. Beamish & Morrison & Rosenzweig 1997.
[516] Vgl. Hall 1990.
[517] Vgl. Smith 1992.

Mobil Corporation hat ein *Spouse Employment Assistent Program* in sein 1990 eingeführtes *Work and Family Program* integriert.

Das Unternehmen **Caltex Petroleum Corporation** in Texas/USA verfügt über ein auf Versetzungen und Entsendungen ausgerichtetes DCC-Progamm, das u.a. einen Reisekostenzuschuß von 7500 Dollar beinhaltet, um nicht mitgezogene Partner öfter besuchen zu können, sowie Arbeitsgenehmigungen, Hilfe bei der Jobsuche, Finanzierung von Ausbildung/Umschulung des Partners und Bewerbungstraining integriert.[518]

Das Unternehmen **Novartis** in der Schweiz hat seit 1. Januar 1999 eine DCC-Versendungspolitik als Resultat einer Benchmarking-Studie und einer Datensammlung in Zusammenarbeit mit der *DGfP* eingeführt. Das Ziel war die Einführung eines DCC-Programmes.

Levi Strauss & Co. bietet seit 1990 im Rahmen von Versetzungen mit Hilfe von Karriereberatern Beschäftigungs- bzw. Karriereberatungen für Partner an (*employment assistance for spouses*): „the counselor will polish a resume, help with obtaining credentials, if necessary, and provide job leads and networking contacts."[519]

Als Resultat einer Mitarbeiterbefragung bzgl. der Einstellung der Mitarbeiter zu Auslandsversendungen wurde 1995 bei **Shell** das *Spouse Employment Centre* gegründet,[520] das vor allem den Partnern von Expatriates umfangreiche Beratung und Informationsressourcen zur Verfügung stellt.

Über betriebsinterne Praktiken hinaus gibt es Beratungsunternehmen, die sich auf DCCs spezialisiert haben. Hierzu zählen z.B. die beiden Beraterinnen **Ellen S. Amatea und E. Gail Cross**, die – finanziert vom **Florida Department of Education** – Workshops für junge DCCs (vorwiegend StudentInnen) anbieten. Themen sind u.a die Ergründung des DCC-Lebensstils (Besonderheiten etc.), die Bewertung von Rollenkonflikten und Bewältigungsstrategien, die Klärung persönlicher Erwartungen und die gemeinsame Entscheidungsfindung des Paares.

---

[518] Vgl. Hildebrandt-Woeckel 1998, von Ogger 1999.

[519] Feuerstein 1998, S. 29

[520] http://www.outpostexpat.nl/sec

Bereits erwähnt wurde das in Chicago ansässige Beratungsunternehmen **Jannotta, Bray & Associates.**[521] **CGA Cornelius Grove & Associates** in Brooklyn/New York bietet einen umfangreichen Service für ausländische Mitarbeiter. Generell wird der Partner bei allen Expatriat-Trainings oder Coaching-Workshops mit einbezogen. Des weiteren wird ein spezieller „*Crossroads-Workshop*" für den Partner eines Expats angeboten, der eine Kombination aus klassischer Karriereberatung (Selbsteinschätzung, Stellensuche etc.) und landesspezifischer Informationen über Beschäftigung und Netzwerke darstellt.[522]

Auch **CDS Career Development Services** aus Rochester/New York haben ein *Partner Relocation Assistance Program*, das u.a. die folgenden Unterprogramme beinhaltet: *Pre-Relocation Decision Making-Program* und *Comprehensive Career Assistance.*[523]

Ein umfangreiches Programm hält **Morrell & Associates, Inc. Relocation Partnership Group** in New Jersey für seine Kunden bereit: *Spouse Career Assistance, Household Goods Management, Area Orientation, Pre-Decision Candidate Evaluation, V.I.P. Tour, Inter-Assist (International Program), Rental Assistance, Temporary Housing Assistance, Financial Counseling, Educational Counseling, Spouse Career Counseling.*[524]

Die gemeinnützige Institution „**Working Partners**" („ a non-profit, non-governmental agency), die an die *World Federation of United Nations Associations* (WFUNA) angeschossen ist, hat in ihrer Vision verankert „global development through the utilisation of expatriate partners' skills" zu unterstützen. Auch dieses System berät und unterstützt beide Seiten, Expatriates und Unternehmen.[525]

Auch in Deutschland findet sich der Partner von Mitarbeitern in einigen Konzepten von Beratungsfirmen wieder. Das **IFIM Institut für Interkulturelles Management** in Königswinter bietet z.B. das Seminar „*Herausforderung Auslandseinsatz*" an, dessen Zielgruppe junge Führungskräfte und ihre Partner/innen sind, die sich im Vorfeld einer Auslandsentsendung mit den Chancen und Schwierigkeiten auseinandersetzen wollen, um zu einer fundierten Ausreiseentscheidung zu gelangen.

---

[521] Vgl. Bourne 1992.

[522] http://www.grovewell.com/spouse. html.

[523] http://www.careerdev.org/services/corporate/index.html

[524] http://www.erc.org/mempages/MorrellAssoc_Morrell.html

[525] http://freespace.virgin.net/working.partners

Auch die **ECG Eaton Consulting Group** führt zielgruppenspezifische interkulturelle Trainings, die auf Auslandseinsätze vorbereiten, mit Paaren durch. Bei den Trainings wird besonderer Wert darauf gelegt, daß das Paar zusammen an dieser Vorbereitung teilnimmt, wenn möglich sind auch die Kinder dabei. In dem Training geht es entsprechend nicht nur um den beruflichen Auslandseinsatz, sondern auch darum, wie die Familie im neuen Umfeld zurechtkommen kann.[526]

Daß die Partnerberatung auch im universitären Bereich zu finden ist, sei an den folgenden Beispielen demonstriert. Die **University of North Carolina** at Charlotte hat bereits seit 1995 ein eigenes *Dual-Career Couples Employment Assistance Program*. Hier ein Auszug aus dem Memorandum: „The University of North Carolina at Charlotte is committed to the recruitment and retention of highly qualified and productive faculty, administrators, and other professional staff members. We recognize that career decisions and productivity are influenced by family considerations. The Dual-Career Couples Employment Assistance Program has been jointly developed by the Office of the Provost, the University Career Center, and the Department of Human Resources to address some of the special employment needs and concerns of dual career couples."[527] Ähnliches gilt für die **University of Michigan**, die ihren Studenten und Fakultätsmitgliedern u.a. Beratungen zu Karriereverlauf, Jobsuche, Familienproblemen und eben DCC-bezogenen Themen kostenlos zur Verfügung stellt.[528] Die **University of Wisconsin Madison** unterstützt die akademischen Partner durch einen finanziellen Fond (*Dual-Career Couple Hire Fund*), der es ihnen ermöglicht, an der gleichen Universität an einem entsprechenden Institut zu arbeiten.[529] An der **Texas A&M University** wurde ein *Dual-Career Relocation Service* eingerichtet.[530] Im deutschsprachigen Raum kann die **ETH Zürich** angeführt werden, die insbesondere „ausländische Partnerinnen und Partner von Professoren und Professorinnen bei der Integration im schweizerischen Arbeits-

---

[526] http://www.eatonconsultinggroup.com

[527] http://www.uncc.edu/humanres_is/policy/pim-48.htm

[528] http://www.cpp.umich.edu/cpp/test/cpptest/grad/dualcareers.html

[529] http://www.wisc.edu/provost/hiring/spousal.html

[530] http://www.tamu.edu/hrd/employment/partner.pdf
http://www.tamu.edu/dean_of_faculty

markt"[531] unterstützt. Auf einer entsprechenden Internetseite der ETH finden sich darüber hinaus weiterführende links zum Thema DCCs.[532]

5.3.4 DCC-Konfliktstrategien

Auf der Seite der DCCs gibt es selbstverständlich entsprechende Ansätze, um die beschriebenen Kopplungshemmnisse, aber auch innersystemische Konflikte zu bewältigen. Der folgende Abschnitt befaßt sich mit diesen Möglichkeiten, geht – den Arbeitsfokus beachtend – jedoch nicht zu sehr in die Tiefe.

„The union of two highly educated individuals with diverse goals, strong achievement needs, demanding schedules, and multiple role responsibilities requires considerable skills in dealing with conflicts and in negotiating compromises. If parenting roles are added, further complications arise."[533] Individuelle Reflexion über Handlungen und Einstellungen, Arbeiten an der Partnerschaft, Engagement für und mit dem Partner sind nur einige Stichwörter, die den Erfolg einer Karrierepartnerschaft beeinflussen und Elemente von Bewältigungsstrategien sind. Unabhängig davon, ob das Paar bereits auf einen reichen und ausgereiften Erfahrungsschatz an Techniken und Methoden zurückgreifen kann oder sich aus der Vielzahl an ratgebender Literatur Hilfe erliest: Kernziel ist das Internalisieren von Interaktionsmechanismen, die zur Lösung von Konflikten beitragen. Sie setzen also am Individuum bzw. am Paar selbst an. Aus der jahrzehntelangen soziologischen und psychologischen Erforschung der DCC-Lebenssituation und der Streßfaktoren hat sich als Konsequenz bereits ein breites Spektrum an anwendungsorientierter Streßbewältigungsliteratur ergeben[534]

Inhalt vieler Bücher ist die Darstellung geeigneter und praktisch erprobter Strategien zur Bewältigung von DCC-Problematiken. Sie können unterschieden werden in Methoden, die für Verhaltensweisen und Einstellungen des Individuums konzipiert wurden – sogenannte personenzentrierte Strategien – und Techniken, die an der Partnerbeziehung ansetzen – die paarzentrierten Strategien. Eine kleine Auswahl an

---

[531] http://www.president.ethz.ch/dualcareer.html

[532] http://www.equal.ethz.ch/dcc/dcc.html

[533] Thomas & Albrecht & White 1984, S. 513

[534] Vgl. u.a. Cooper & Lewis 1993, Balswick & Balswick 1995, Carter & Carter 1995; Lizotte & Litwak 1995; Barnett & Rivers 1996.

Stichwörtern zu diesen Strategien ist in der unten aufgeführten Abbildung wiedergegeben.

Personenzentrierte Strategien	
Aktionen	Haltungen
• Entspannungstechniken • Zeitmanagement • Organisationsmanagment	• Überdenken von persönlichen Standards • Kompromißbereitschaft • Erwartungshaltungen revidieren • Priorisierungen innerhalb und zwischen Rollen • Aufsplittung: Mentales Fokussieren auf Rollen zu verschiedenen Zeiten, um Effizienz zu steigern und negative Gefühle und Druck zu reduzieren • Streßoptimierung (eine kognitive Restrukturierungstechnik, in der Streß als unvermeidlich erkannt wird und Streßarten alternativer Lebensstile zum Vergeich präferiert werden.[535])

---

[535] Vgl. Bebbington 1973.

Paarzentrierte Strategien	
Aktionen	**Haltungen**
• Kommunikation und Metakommunikation: Kenntnis und beständige Anwendung effektiver interpersoneller Fähigkeiten • Problem- bzw. Konfliktlösungstechniken aufgrund unterschiedlicher Präferenzen, Wünsche und Bedürfnisse • Gemeinsame Entscheidungstechniken	• Toleranzfähigkeit verbessern • Erwartungshaltungen dem Partner gegenüber verändern bzw. vermindern • Konfliktlösungs- statt Problemorientierung

Tabelle 8: Personenzentrierte und paarzentrierte Bewältigungsstrategien (Quelle: selbst erstellt u.a. aus Lawe & Lawe 1980)

Bereits diese Auswahl macht deutlich, welche Vielzahl an Fähigkeiten sozialer Kompetenz „notwendigerweise" beherrscht werden „sollte". Zu beobachten ist jedoch, daß gerade junge Akademiker zwischen 20 und 30 Jahren ein Defizit an diesen „skills" erkennen lassen. Der einseitige Fokus der akademischen Lernumwelt auf der einen Seite und die relativ überschaubare (=geringe) Lebenserfahrung auf der anderen Seite sind Situationsfaktoren, die die eigenen Ausdrucksmöglichkeiten einschränken; z.B. die eigenen Lebensstilpräferenzen zu formulieren, innerhalb widerstreitender Lebensziele zu priorisieren und gleichzeitig mit denen des Partners zu vereinbaren etc. Weiterhin herrscht in dieser Lebensphase noch eine starke Orientierung an den Vorstellungen anderer. Beides zusammen ergibt eine eher unzureichende Grundlage an individuellem und partnerschaftlichem Handwerkszeug. Darüber hinaus belegen verschiedene Studien die Differenz zwischen Vorstellung und späterer Wirklichkeit. Viele junge Frauen und Männer haben insbesondere vor Karrierebeginn unrealistische Vorstellungen bzgl. des zu erwartenden Stresses einer Doppelkarrierepartnerschaft. Außerdem differieren die Ansichten auch stark bzgl.

der Vorstellungen dessen, was für die Erhaltung eines Gleichgewichtes angesichts zweier Karrieren notwendig ist.[536]

Sind die Bewußtseinssysteme nicht mit den notwendigen Kompetenzen ausgestattet, z.B. (auch durch die Erziehung) erlernt oder mit Hilfe von Ratgebern angelesen, so können die Paare mittlerweile – bei Bedarf und Wille – psychologische Einzelpaarberatungen oder Workshops aufsuchen, die gezielt die individuelle Ebene bearbeiten (vgl. S. 169, Amatea & Cross Workshop). Eine wichtige konfliktlösende Fähigkeit von DCCs ist „...their ability to depart from traditional norms and find creative solutions to the dilemmas inherent in the lifestyle."[537]

---

[536] Vgl. Gunnings 1989, Stolz-Loike 1992.
[537] Spiker-Miller & Kees 1995, S. 40

6 Zusammenfassung und Zwischenfazit

Ein Teil des Wissenschaftszieles, nämlich die deskriptive Erarbeitung der Gegenstandsbereiche DCCs und Unternehmen auf Grundlage der neueren Systemtheorie wurde mit den bisherigen Kapiteln umgesetzt. Beim Aufspannen des systemtheoretischen Kontextes unter Mitführung der Leitfragen ging es dabei insbesondere um die bisher in der DCC-Literatur vernachlässigte Interdependenzbeobachtung zwischen den beiden Systemen Unternehmen und DCCs.

Unternehmen werden systemtheoretisch als ein konstanter Strom von temporären Ereignissen und als Produzenten und Reproduzenten von selbstreferentiell miteinander verbundenen Entscheidungen, (Selektionen kontingenter Kommunikationen) betrachtet, in denen Mitglieder als inklusive Entscheidungsträger fungieren.

DCCs, deren hier erarbeiteter und errechneter Indikatorwert zwischen 5-8% für Deutschland liegt, bilden eine Zielgruppe, die im Wissenschaftssystem immer mehr Relevanz erhält und zudem noch als eine „ständig wachsende" demographische Untergruppe bewertet wird.

Das DCC-System unter systemtheoretischer Betrachtung ist ein Interaktionssystem aus zwei strukturell gekoppelten (interpenetrierten) Bewußtseinssystemen, in denen jeweils Karriereorientierung systemerhaltend prozessiert wird.

Die Mitgliedsrolle stellt dabei die Verbindung zum System Unternehmen her: Über das doppelte Wirken der Bewußtseinssysteme im DCC-Kommunikationssystem einerseits und personifiziert als funktionales Mitglied (Mitarbeiter) im Unternehmen andererseits sind DCCs mit Unternehmen strukturell gekoppelt.

Genau diese strukturelle Kopplung und die Implikationen, die sich hieraus für beide Systeme ergeben, sind allerdings den wenigsten Unternehmen bewußt.

Hierzu läßt sich mit Bezug zur Leitfrage U1

Wie beobachten Unternehmen DCCs?

U1	Unternehmen $\Longrightarrow$ DCCs

resümieren, daß bereits die allgemeine Interdependenzwahrnehmung (oder strukturelle Kopplung) mit mitgliedspersonifizierten Bewußtseinssystemen aus Non-DCC-Kommunikationssystemen in Unternehmen erst im Ansatz vorhanden ist.

Daß Umweltrauschen in diesen wenigen Fällen zu Irritationen der Unternehmenssysteme führt, liegt an der Art der Irritationsangebote u.a. von Spezialsystemen (z.B. Total E-Quality e.V.). Diese setzen dabei gezielt auf Kopplungsförderer bzw. auf bekannt-unternehmenssensible Ansatzpunkte: So nutzt Total E-Quality e.V. mit seinen Awards eindeutig die weltweite Zertifizierungswelle. Awards und Zertifikate werden z.Zt. von Unternehmen als deutliche Anreize gesehen, einen Wettbewerbsvorteil durch Imagegewinn zu erhalten. Der Transport des Themas Gleichstellung in die Entscheidungsprozesse der Unternehmen ist offensichtlich schon in einigen Fällen gelungen. Aber auch hier ist Voraussetzung, daß das jeweilige Unternehmen intern kommuniziert/entscheidet, daß die Implementierung von Gleichstellungspolitiken und -instrumenten bei der Zielgruppe der avisierten Bewerber die antizipierte Wirkung hat. Die Relevanz wird also nicht außerhalb des Systems gesetzt, sondern ist vielmehr eine *systeminterne* unternehmensspezifische Bewertungsselektion. In dem Sinne, daß nur Kommunikation Wirklichkeit und damit (spürbare) Wirkung schafft, ist das Unternehmenssystem in dem Augenblick DCC-sensibel, wenn es die Fremdreferenz DCCs intern (nachhaltig) kommuniziert und sich diese Kommunikationen in Entscheidungen transformieren.

Aus der Beobachtung der Ignoranz oder der Nichtexistenz einer problemspezifischen Selektion läßt sich normativen Gedankensträngen folgend fragen, warum Unternehmen die Interdependenzen berücksichtigen *sollten* bzw.:

Warum sollten Unternehmen DCC- Systeme fremdreferieren?

Steht hier einem Erkenntnisgewinn über die private Sphäre ein korrespondierender betriebswirtschaftlicher Parameter gegenüber? Mit anderen Worten: Was bringt die Erkenntnis derartiger struktureller Kopplungen an betriebswirtschaftlichem Nutzen?

Diese normative Frage wurde vom Wissenschaftssystem oftmals beantwortet, beispielhaft sei Friedlander genannt: „..one's homelife is the major competitor with the organization for the person's energy, time and devotion."[538] Neben diese eher kompetetive Argumentation läßt sich auch eine konvergierende stellen: „Not only

---

[538] Friedlander 1994, S. 61

210

will working partners be in sync, but organizations and the work force will be more in tune as well"[539]

Aus der systemtheoretischen Sichtweise ergibt sich im Zusammenhang mit der überwiegenden Kopplungsignoranz und mit erneutem Bezug zur Leitfrage U1 noch die folgende Fragestellung:

Warum ist ein Unternehmen DCC-sensibler als ein anderes Unternehmen? Oder anders: Warum bestehen inter-organisationale Fremdreferenzunterschiede?

Die Anwort ergibt sich kongruent aus der Einmaligkeit und Kontingenz von Systemidentitäten in Verbindung mit der operativen Geschlossenheit der Systeme (vgl. Kapitel 4.3.7), die sich in gewordenen (historischen), gegenwärtigen und werdenden Strukturen und Prozessen manifestieren sowie aus den sich hieraus ergebenden Ausgestaltungen und Wirkungen von strukturellen Kopplungen und Irritationswahrscheinlichkeiten (u.a. durch DCC Systeme).

Hieraus läßt sich mit Bezug zur Leitfrage schließend folgern, daß die Unkenntnis und Reaktionslosigkeit von vielen Unternehmen sich erklären läßt, daß für Unternehmen DCCs und ihre Probleme nur unspezifisches Rauschen darstellen bzw. daß DCCs nicht genügend starke oder nicht genügend weitreichende Irritationskraft ausüben, als daß sich diese im System Unternehmung in Kommunikationen und Anschlußkommunikationen und letztendlich in Entscheidungen und Handlungen transformiert.

Der Umkehrschluß besagt entsprechend, daß in anderen (einigen) Unternehmen mit systemeigener Umwelt und systemeigenem (historisch gewachsenem) Operationsmodus das DCC-Rauschen zur DCC-Irritation transformiert wurde und zu – ebenfalls systemspezifischen – Kommunikationen respektive personalwirtschaftlichen Aktionen führt.

Eine sich aufdrängende Frage nach *der* Systemkonstellation und *den* Umweltzuständen (etc.), die Rauschen in *jedem Fall* in Irritation verwandeln und damit DCC-Bewußtsein generieren, kann unter systemischer Sicht demnach nicht beantwortet werden.

---

[539] Sekaran & Hall 1989, S. 177

Auf die Abhängigkeiten von systemspezifischer Wahrnehmung machten u.a. auch *Berthoin Antal, Dierkes & Häner* aufmerksam. Sie fanden heraus, daß die Gestaltungsfähigkeit von unternehmerischen Politiken, ausgerichtet an gesellschaftlichen Anforderungen, (auch) davon abhängt, wie das Unternehmen seine Umweltmöglichkeiten und -risiken wahrnimmt. Die Autoren fanden in einer Studie heraus, daß die *Unternehmenskultur* entscheidend für die Ausgestaltung dieser Wahrnehmung ist. Diese Wahrnehmung wiederum determiniert die Bereiche, in denen sich ein Unternehmen als eher veränderungsresistent oder eher veränderungs- bzw. lernfähig erweist.[540] Heruntergebrochen auf Teilsysteme bzw. auf Mitglieder von Unternehmen, dokumentiert diesen Zusammenhang das folgende Zitat über Top-Manager:

„Despite all of their intellectual and sincere commitment to affirmative action, I would argue that many top management groups, made up of white males in their 50s or 60s simply do not understand how a younger couple could both want to have both career and family"[541]

Hieraus läßt sich schließen, daß generationale Werthaltungen zur Bildung von Erwartungen beitragen und damit strukturverstärkend bzw. -verhärtend wirken. Diese reduzieren also die Wahrscheinlichkeiten der Systemänderung durch irritative Interventionen.

Weiterhin ist der Grad der Sensibilität immer eine relative Größe. Intraorganisational ergibt sich die Relativität in Bezug auf frühere Zeitpunkte, bringt also Entwicklungsstränge in den Blick. So kann eine systeminterne Steigerung von Wahrnehmung z.B. an erhöhten Entscheidungsfällen abgelesen werden. Interorganisational könnte anhand von aufgestellten Sensibilitäts-Indikatoren eine Rangfolge von Unternehmenssystemen vorgenommen werden. Diese Indikatoren könnten z.B. das Vorhandensein vom DCC-Politiken, Förderprogrammen, einer DCC-spezifischen Datenerhebung bzw. Auswertung u.ä. sein.

---

[540] Vgl. Berthoin Antal & Dierkes & Hähner 1997.

[541] Hall 1990, S. 12

Die jeweils zweite Leitfragen dieser Arbeit auf Unternehmens- sowie auf DCC-Seite,

Welche Konzepte und Erwartungen hat das Unternehmen zu Karriere und Mobilität?

| U2 | Unternehmen $\Longrightarrow$ K,M |

Welche Konzepte und Erwartungen haben DCCs zu/an Karriere, Flexibilität und Mobilität?

| D2 | DCCs $\Longrightarrow$ K,F,M |

ergaben sich aus der Hintergrundfrage zum einen, welche Rolle das Konzept Karriere als Definitionskriterium für DCCs auf der „Gegenseite" spielt und zum anderen, inwiefern das problematische Kopplungshemmnis Mobilität unterschiedlich prozessiert wird. Auf das Konzept Flexibilität wird näher im empirischen Teil eingegangen.

Karriere wird in den meisten Unternehmen immer noch lediglich expansorisch konnotiert und ist stärker am unternehmensinternen Stellengefüge orientiert als an den Mitarbeitern. Es wurde allerdings auch gezeigt, daß einige Unternehmen die Komplexität des Konstruktes mittlerweile erkannt haben und entsprechende organisationale Strukturveränderungen initiiert haben, die dieser gerecht wird (vgl. Kapitel 5.2.2.2).

Bei den DCCs, also denjenigen, die definitorisch eine Karriere verfolgen, aber auch bei anderen Karriereorientierten läßt sich der Wandel der Bedeutungszuschreibungen deutlich erkennen. Selbstbestimmung, -verwirklichung, Freude und Sinn in der Arbeit sind nur einige Stichworte, die nicht (mehr) in das traditionelle Karriereraster passen.

Nicht nur aufgrund dieser feststellbaren Diskrepanz (Kopplungskonflikt) zwischen den Systemen (Unternehmen, DCCs/Karriereorientierte) läßt sich ahnen, daß sich Irritationen in Unternehmen langsam, aber stetig vermehren werden; auch wirtschaftliche Entwicklungen wie Verschlankungen von Hierarchien, Netzwerkorganisationen etc. (vgl. Kapitel 5.2.2.2) lassen vermuten, daß eine Konzeptveränderung bzgl. Karriere immer wahrscheinlicher wird.

Abschließend soll noch auf die dritte DCC-Frage,

Wie beobachten DCCs sich selber, ihre Partnerschaft (Familie) und ihre Doppelkarriere?

eingegangen werden. Im empirischen Teil findet hierzu eine noch detailliertere Untersuchung statt.

Für DCCs ist, wie dargestellt, die Fremdreferenz Lebenssphäreninterdependenz insbesondere unter dem Aspekt der Vereinbarkeit, von sehr hoher Relevanz. Obwohl zwischen den Geschlechtern durchaus noch ein Unterschied bzgl. der Dominanz dieser Frage im Leben und für das physische und psychische Wohlergehen auszumachen ist (vgl. Kapitel 5.2.5.1), hat sich insgesamt die Einstellung zur Vereinbarung verändert: Sie ist von einem Wunsch zu einem Anspruch avanciert, d.h. Vereinbarkeit wird nicht nur als Verhaltensdirektion an sich selbst, sondern auch vermehrt als Forderung an das Unternehmen gestellt.

Der Einfluß des Partner in einer Doppelkarrierepartnerschaft hat unterschiedliche Ausprägungen. Er reicht von der Priorisierung der Karriere des Partners bis hin zu konkreten Karriereunterbrechungen. Trotz der hier also offenbar noch bestehenden Rollenmusterkonflikte und Rollenüberlastungen sehen die meisten DCCs die Karriereorientierung des Partners unter dem Gesichtspunkt der erhöhten Souveränität, Entlastung und Entscheidungsfreiheit bzgl. beruflicher Belange eher positiv.

Zu den weiteren Nachteilen, die DCCs ihrer Doppelkarrierebeziehung zusprachen, zählen allgemeine Arbeitsüberlastung, wenig Zeit für den Partner und für soziale Kontakte, ein verlangsamter Karriereprozeß und teilweise auch gesellschaftlicher Druck. Aber auch hier wiegen die konnotierten Vorteile, nämlich erhöhte Selbstachtung, Zusammenhalt, Austausch, Kräftegleichgewicht etc., die Nachteile auf.

Zur Empirie:

Auch der anschließende empirische Teil ist – wie der theoretische – so konstruiert, daß er beide Seiten – Unternehmen und DCCs – beobachtet. Dabei wird zum einen hinterfragt, wie sich das untersuchte Unternehmen selbst beobachtet (U3), welchen DCC-Sensibilisierungsgrad es hat, welche Prozesse hierzu geführt haben und welche unternehmensinternen Kommunikationen über die Konstrukte Karriere und Mobilität bestehen.

Zum anderen wird untersucht, wie sich das DCC-System selbst beobachtet, welcher Sinn zugewiesen wird, welche Mitteilungshandlungen im System erfolgen. Mit anderen Worten, wie nehmen DCCs sich selbst wahr, welche Wirklichkeit konstruieren DCCs, welche Ereignisse, Möglichkeiten etc. haben Irritionswahrscheinlichkeit, im DCC-System prozessiert zu werden (D3). Bezugnehmend auf die dargestellten Systemstrukturen stellen sich Fragen nach der Karriereorientierung im DCC-System (D2, D3) sowie nach den auf die Strukturen wirkenden Erwartungshaltungen der psychischen Systeme bzgl. des Systems Unternehmen (D1).

7 Empirische Untersuchung – Theoretische und konzeptionelle Vorüberlegungen

„Fragen sind ewig, Antworten zeitbedingt" (chinesisches Sprichwort)

7.1 Ziel der empirischen Untersuchung und Implikationen

Ziel dieser empirischen Arbeit ist die Beantwortung der dieser Arbeit zugrunde liegenden Leitfragen (vgl. Kapitel 1.2) und der hieraus abgeleiteten Forschungsfragen. Dieses Ziel soll durch eine qualitative Beobachtung und Beschreibung des spezifischen Gesellschaftsausschnittes – ein Unternehmenssystems und mit diesem gekoppelte DCC-Systeme – mit Hilfe der Systemtheorie als Beobachtungsstrategie in Form einer Feldstudie erreicht werden.

Als Beobachtungstheorie kann die Systemtheorie nach *Luhmann* jedoch nicht wie eine Erklärungs- oder Methodentheorie niveaugleich, quasi umweglos auf das Konkrete angewendet werden. Aber sie kann mitgeführt werden, sie bestimmt die Art der Gedankenkonstruktion und -verbindung und dient in Form einer „Brille" als Hilfsmittel zur Ausweitung von Beobachtungsvielfalt und -variation.

Bevor im Kapitel 8 der operative Teil der Empirie dokumentiert wird, stehen am Anfang zum einen Ausführungen über die sich aus dem „Beobachtungswerkzeug" Systemtheorie ergebende Forschungsstrategie, zum anderen die Konzeption des eigentlichen Forschungsprozesses.

7.2 Die Forschungsstrategie

7.2.1 Die Konstruktionsstrategie

Nicht die Prüfstrategie empirischer Forschung, also die Konzentration auf Hypothesenprüfung zum Zwecke der Erkenntnissicherung und der Deduktion von Problemlösungen liegt dieser Arbeit als Forschungsansatz zugrunde, sondern eine Konstruktionsstrategie. Im Sinne einer iterativen Heuristik stellt sie theoretisch geleitete **Fragen** an die Realität und führt durch entsprechende Methoden (vgl. Kapitel 7.3.3) zur Gewinnung von **Erfahrungswissen**. Den Vorzug von Fragen vor Hypothesen begründet die folgende Aussage:

„Während Hypothesen stets nach Legitimation durch Begründung verlangen, erhalten theoretisch geleitete Fragen ihre Legitimation durch den mit ihrer Hilfe erzielten bzw. erzielbaren Erkenntnisgewinn."[542]

Die empirische Forschung wird hier also mehr als Lernprozeß und weniger als ein zielgerichtetes Streben nach Begründungen verstanden.

7.2.2 Komplexität und Verzeitlichung

Wie eingangs definiert, sind die „Untersuchungsgegenstände" – hier also Systeme – temporalisierte Ereignisse. In ihrer intertemporalen Kausalität und Komplexität entziehen sie sich, bedingt durch die Einschränkungen der simultanen Wahrnehmung, einer einfachen Beschreibung. Hinzu kommt die Linearität von Sprache, die dazu führt, daß jede Beschreibung Verkürzung und Verdichtung von Erkenntnis ist.

Da sich diese in der Beobachtung und der Dokumentation der Beobachtung inhärente Reduktion nicht eliminieren läßt, soll sie gerade deshalb aufgezeigt werden und als mitlaufendes Bewußtsein präsent bleiben. Durch die auf den gesamten Forschungsprozeß angelegte Beobachtungsdokumentation soll dem Verzeitlichungsaspekt methodisch entsprochen werden (vgl. Kapitel 7.3.3).

7.2.3 Multipler Erkenntnisgewinn

Als weiteres wird im Sinne der eingangs beschriebenen komplexitätserweiternden Erkenntnisgewinnung (vgl. Kapitel 7.1) eine möglichst umfassende Vorgehensweise angestrebt. Aus der Erkenntnis heraus, „... daß ein Abstellen alleine auf die offizielle, autorisierte, durch legitimierte Entscheidungsträger verkündete Wirklichkeit eine Verkürzung der Realität und ein Verfehlen relevanter Aspekte organisationaler und individueller Wirklichkeit bedeutet"[543], wird sich nicht singulär auf die weitverbreitete Befragung von Experten beschränkt.

Konzeptleitend ist das Bemühen, die kontingente Vielfältigkeit an Formalem, Formellem und Informellem, an Explizitem und Implizitem zu erfassen und die Diffe-

---

[542] Kubicek 1977, S. 16
[543] Mayerhofer 1996, S. 76

renz sichtbar zu machen zwischen intendiert realisierten und emergent realisierten Strategien,[544] allgemeiner: zwischen Bewußtsein und Handlung, zwischen Oberfläche und Hintergrund. Diese Art der Erkenntnisgewinnung reiht sich also in postmoderne Gedankengänge ein.[545]

7.2.4   Externe Beobachtung

Zu fragen ist nach dem Nutzen einer system**externen** Beobachtung für das Unternehmen und für die Forschung. Abgesehen von Evaluationsstudien reicht ein Blick auf die aktuell große unternehmensseitige Nachfrage nach externen Beratern, um hier einen Bedarf festzustellen.[546] Die Frage ist, warum konsolidieren Insider Outsider. Dies hat offensichtlich unterschiedliche konkrete Gründe. *Willke* spekuliert theoretisch, daß sich Unternehmen selbst für zu komplex und intransparent halten, um sich allein durch Selbstbeschreibung zu verstehen bzw. Änderungen herbeizuführen.[547] Demnach könnte man sagen, die Nachfrage nach externer Beobachtung resultiert u.a. in der hierin gesehenen Erwartung von Unternehmen, einen alternativen Pool an Selbstbeschreibungen zu erhalten, diese Alternativen mit der Systemwirklichkeit zu vergleichen und aus dieser Differenzsicht Veränderungen zu initiieren.

Als Lieferant von (Außen- und Innen-)Perspektiven soll die vorliegende Forschung sowohl diesen konkreten Bedarf decken als auch der allgemein gestellten Forderung nach Wissenstransfer aus Forschung in die Praxis – und zurück – begegnen.

7.2.5   Systemvernetzungen

Die *Forscherin* oder *Beobachterin* selbst ist als personifiziertes Bewußtseinssystem gekoppelt an das (vorliegende) Forschungssystem und ist somit ein selbstreferentielles System, das gleichzeitig zu den zu untersuchenden Systemen arbeitet. Unterscheidungsnotwendig ist daher die Darstellung der beobachterinternen Differenzen in Form von Vorgedanken, Theorierahmen, strukturellen Vorgehens- und Verstehensräumen etc., wie es in diesem Abschnitt bereits umgesetzt wird. So entstehen

---

[544] Vgl. Minzberg & Waters 1985.
[545] Vgl. Weik 1997.
[546] Vgl. Kieser 1998, Kohr 2000.
[547] Vgl. Willke 1987.

218

durch Interpretationsleistungen Beobachterwirklichkeiten. Die Untersuchung selbst mit ihren Mitgliedern/Personen (Forscherin, Unternehmensvertreter, DCCs) bildet ein System bzw. Systeme.[548] Implizit wird hier eine grundsätzliche, Netzen allgemein inhärente Gleichwertigkeit der stattfindenen Kommunikationen (z.B. im System Interview) angenommen. Daß die Beobachtung der Forscherin resultierend in Form dieser Arbeit dokumentiert wird, ist zwar in diesem Zusammenhang die wahrscheinlichere, resultiert aber nicht in der Bildung einer Bewertungsreihenfolge der anderen, ebenso dokumentierbaren Beobachtungen der anderen gekoppelten Bewußtseinssysteme.

Sich in den Untersuchungskontext hineinzubegeben, gezielt und nicht gezielt (unerwartete) Informationen zu sammeln, den Prozeß zu beobachten, zu reflektieren und gleichzeitig Teil des Prozesses zu sein, ist Ziel des Vorgehens. Dabei bilden nicht Bestätigung oder Widerlegung von Annahmen, sondern die Sammlung möglichst vieler differenzierter Antworten und Erfahrungen den Antrieb.

In dem Sinne, als daß nicht die Unternehmung, sondern nur ihre Beobachter (Mitglieder) beobachtet werden können, ist es Aufgabe der forschenden Beobachtung, zu erfassen, „... wie die Organisationsmitglieder ihre jeweiligen organisatorischen Wirklichkeiten sehen und wie sie ihre Handlungen interpretieren."[549] Hierzu gehört gleichzeitig, daß die Interpretationen der Forscherin mit den Mitgliedern abgeglichen werden.[550] Das Verstehen des Intervenierenden (des Forschers/Beraters), als Rekonstruktion der Selbstbeschreibung des intervenierten Systems, kann zwar weder die Distanz zwischen Umwelt und System überwinden noch gar Beherrschbarkeit schaffen, aber es kann zumindest die Wirkungen von Interventionen kalkulierbar machen.[551]

7.2.6 Differenzierung statt Generalisierung

Nach *Kasper* ist bei einer radikalen Anwendung des interpretativen Paradigmas eine über Einzelorganisationen hinausgehende Generalisierung gar nicht möglich, „... d.h. eine allgemeingültige Übertragung der Aussagen und daraus ableitbare, allge-

---

[548] Vgl. Lutz 1990.
[549] Kieser 1998, S. 46
[550] Vgl. Kieser 1998.
[551] Vgl. Willke 1987.

meine Gestaltungsempfehlungen scheinen aufgrund der organisationsspezifischen Umstände weder vertretbar noch sinnvoll, da eben in der anderen Organisation y völlig andere Verhältnisse bestehen. Der Anspruch, theoretisch gestützte Gestaltungsempfehlungen zu geben, verträgt sich nicht mit dem subjektivistischen Wissenschaftsverständnis."[552] Oder mit den Worten *Fischers*: „... es gibt die Rezepte einfach nicht, die ewig verlangt werden und die immer und überall die richtigen wären."[553] Diese erkennbar ideographische Tendenz wird durch die Anwendung der Systemtheorie noch verstärkt.

So wird hier die Methode der (generalisierenden) Synthese weniger zur Rezepturgenerierung als eher in der Funktion des „Aufmerksammachens" für Gemeinsamkeiten und rekonstruierte Zusammenhänge sowie für die Darstellung der Verschiedenartigkeit verwendet.

7.2.7 Qualitative Methoden

„Methoden ermöglichen es der wissenschaftlichen Forschung, sich selbst zu überraschen."

Luhmann[554]

Entsprechend der multiplen Erkenntniszielsetzung im Zusammenhang mit dem „interpretativen" Paradigma bzw. den (interdisziplinär) wissenschaftstheoretischen Denkansätzen der Systemtheorie und des Konstruktivismus und der Betrachtungsweise, daß Organisationen und Umwelt soziale Konstrukte der Wirklichkeit sind, ergeben sich **qualitative** Methoden als die entsprechenden Zugänge. Sie ermöglichen im Vergleich zu **quantitativen** Methoden ein angestrebtes ethnologisches, teilnehmendes Verstehen.[555] Hierzu zählen z.B. teilnehmende Beobachtung, Inhaltsanalysen sowie offene oder narrative Interviews etc[556] (siehe Kapitel 7.3.3).

---

[552] Kasper 1990, S. 117, vgl. aber auch die Ausführungen zur Individualität der Unternehmen von Tlach 1997 bzw. Probst & Rauch 1995 und auch schon früher Vogel 1988, S. 31:„Es kann nur Lösungen für diese eine in Frage stehende Organisation geben."

[553] Fischer 1992, S. 34

[554] Luhmann 1997, S. 37

[555] Vgl. Kasper 1990.

[556] Vgl. Mayring 1996. In dem Themengebiet „Karriere, Beruf, Familie" finden sich schon einige Forschungen und Untersuchungen, die qualitative Methoden bzw. einen Metho-

Weiterhin sind qualitative Methoden für die in dieser Arbeit intendierte Bearbeitung netzartiger Kontexte mit mehrdimensionalen Verbindungen und für die Beobachtung der Individualisierung von Systemen nutzenstiftender.

7.3 Der Forschungsprozeß

Die oben dargestellte Forschungsstrategie ist die handlungsleitende Denkhaltung, auf der die konkrete Vorgehensweise der empirischen Untersuchung basiert. Im folgenden werden nun die Konstruktionselemente des Prozesses zusammengestellt, die sowohl den Vorraum der Untersuchung, die gewählten Beobachtungseinheiten als auch die eingesetzten Methoden beinhalten.

7.3.1 Das empirische Rahmenprojekt

Den Rahmen der empirischen Untersuchung bildete eine interaktive, prozeßorientierte Kooperation mit Personalverantwortlichen aus dem Bereich Auslandsversetzungen des Unternehmens **WIND.**

Anmerkung: Aufgrund der internen Informationen und Daten sowie Originaltonaufzeichnungen, die im folgenden dokumentiert sind, bat das Unternehmen, daß weder der Firmenname noch andere Kürzel und Referenzen explizit genannt werden, die auf die Identität des Unternehmens schließen lassen. Daher sind alle diesbezüglichen Informationen kontexterhaltend verändert oder mit in geschweiften Klammern versehenden Platzhaltern {*alias*} versehen.

Die anfangs lediglich als Informations- und Erfahrungsaustausch-Projekt intendierte Kooperation wandelte sich im Prozeßverlauf zu einem personalpolitisch höchst relevanten Realisierungsprojekt.

---

denmix verwendet haben, vgl. z.B. Ellguth & Liebold & Trinczek 1998, Lange 1996, Notz 2001.

Initiiert aus Themeninteressen und durch Kontaktaufnahme von Seiten des jetzigen Projektleiters wurde diese Kooperation auf dem Verständnis einer gegenseitigen Bereicherung und des synergetischen Nutzens angestoßen. Die von der Forscherin dargelegte Vorgehensweise prozeßorientierter Dokumentation und reflexiver Beschreibung fand uneingeschränkte Zustimmung. Durch dieses Vorgehen konnte auch das zweite aktionsorientierte Ziel, nämlich eine prozeßinduzierte Sensibilisierung/Irritierung der Teilnehmenden, umgesetzt werden, resultierend in organisations- und erkenntnisspezifische personalwirtschaftliche Aktionen und Politiken.

Die Funktion der Forscherin wurde in diesem Sinne um die Rolleninhalte einer Moderatorin, Facilitatorin und Katalysatorin sowie um die Funktionen des Lieferns und Vernetzens von Informationen bereichert.

Die Gesamtzeit des Projektes betrug 11 Monate, beginnend im Januar 2000 mit der Kontaktaufnahme, endend mit dem letzten Workshop im November 2000.

7.3.2   Die beobachteten Systeme

Als Vorbedingung für die Beobachtung wurden einige Kriterien gewählt, denen das Unternehmenssystem und die DCC-Systeme entsprechen sollten. Die Wahl genau dieser Kriterien liegt in der Art der Forschungsstrategie, des geplanten prozeßorientierten Forschungsvorgehens und in den jeweiligen Forschungsfragen ableitend begründet.

7.3.2.1   Das Unternehmen

Unter Bezugnahme auf die Leitfrage U1 (Wie beobachten Unternehmen DCCs?) und das Ziel der umfangreichen Erkenntnisgewinnung wurde ein Unternehmen gesucht, das DCCs nicht nur bereits beobachtet, sondern bereits soweit intern irritiert wurde, so daß beobachtbare Handlungen und dokumentierbare Anschlußkommunikationen resultieren. Das Unternehmen WIND verfügte über genau diese Anfangssituation und wurde entsprechend für untersuchungsgeeignet befunden: Es herrschte unternehmensseitig gestiegenes Interesse am Thema und die erhöhte interne Irritation drückte sich u.a. dadurch aus, daß bereits eine erste eigeninitiierte Systemgrenzenerweiterung in Form der Kontaktaufnahme mit der Forscherin stattfand. Das Interesse gründete also nicht nur auf einer beobachteten Randerscheinung ohne handlungsinduzierende Anschlußzukunft, sondern es wurde deutlich, daß hier eine erste Stufe in einem umfangreichen Sensibilisierungs- und Realisierungsprozeß genommen war, ein Umstand, der ergiebige Untersuchungsresultate versprach.

Als Gesprächs- bzw. Untersuchungspartner standen insgesamt sieben themenkundige bzw. zuständige Personalverantwortliche zur Verfügung, die alle der sich später formierenden Projektgruppe angehörten. Auch diese relativ große Zahl an Gesprächspartnern basierte auf der eingangs postulierten Zielsetzung des multiplen Erkenntnisgewinns. Indirekte, aber richtungs- und bedeutungsweisende Impulse kamen von zusätzlichen Gesprächen zwischen Projektgruppenmitgliedern und unterschiedlichen Geschäftsführern.

Die Branche oder die Größe des Unternehmens war hingegen nicht auswahlrelevant, da weder das Thema branchen- bzw. größenabhängig ist noch ein Vergleich nach diesen Kriterien intendiert war.

Kriterien für die Wahl des Unternehmens
• gehoben themeninduzierte, unternehmensinterne Systemirritation
• Prozeßzukunft
• genügend themenkundige, zuständige Gesprächspartner aus dem Personalbereich

Tabelle 9: Kriterien für die Wahl des Unternehmens

7.3.2.2   Die DCCs

Nach dem ersten Workshop wurden auf Anfragen der Forscherin von den Teilnehmern der Projektgruppen Mitarbeiter und deren Partner aus Doppelkarrierepartnerschaften gesucht und angesprochen. Der von der Forscherin an die Projektmitglieder ausgehändigte Fragebogen wurde von diesen an sich bereiterklärende DCC-Paare verteilt. Bei der Auswahl der Personen wurden die folgenden Auswahlkriterien beachtet:

Vor dem Hintergrund der Variabilität und Art einiger zur Untersuchung stehender Konstrukte (z.B. Zielvorstellungen) erschien es aus Vergleichsgesichtspunkten sinnvoll, eine relative Homogenität der Gruppe anzustreben. Es wurde daher im Rahmen dieser Arbeit auf Führungs-(nachwuchs-)kräfte fokussiert. Weiterhin sollten sich beide Partner selbst als karriereorientiert einschätzen. Der Partner sollte darüber hinaus ebenfalls angestellt, also nicht selbständig tätig sein (vgl. Anhang Nr. 4, Fragebogen)

Um Aussagen unter generationalen Aspekten vergleichbarer zu machen, erfolgte eine Eingrenzung beider Partner auf die Jahrgänge 63-73 (für das Jahr 2000 entspricht das den 27-37-jährigen). Nach der Einteilung von *Rabinowitz & Hall* in altersabhängige Karrierestadien[557] kann diese Gruppe zu der frühen Karrierephase gezählt werden, die sich auch dadurch auszeichnet, daß ihr berufliches Involviertsein stärker durch Tätigkeitsmerkmale (job characteristics) wie Vielfältigkeit, Autonomie, Identität mit der Aufgabe und Feedback beeinflußt ist, als dies der Fall für spätere Karrierestadien ist.

Eine Mitarbeit im Unternehmen von mindestens 1½ Jahren wurde als zusätzlicher Begrenzungsfaktor gewählt, um die Einschätzungssicherheit unternehmensrelevanter Fragen zu erhöhen.

Kriterien für die Wahl der DCCs
• Nachwuchsführungskräfte bzw. junge Führungskräfte
• Selbsteinschätzung: karriereorientiert
• beide Partner zwischen 27-37 alt
• mind. 1½ Jahre im Unternehmen

Tabelle 10: Kriterien für die Wahl der DCCs

---

[557] Vgl. Rabinowitz & Hall 1981.

7.3.3 Die Methoden

„Theorie und Methode schränken sich gegenseitig ein: Beide sind kontingente Konstruktionen eines Beobachters, da sie sich aufeinander abstimmen müssen, dürfen sie nicht beliebig sein."

Besio & Pronzini[558]

Um dem in der Forschungsstrategie beschriebenen intendierten multiplen Erkenntnisgewinn und der Differenz- und Komplexitätsorientierung zu entsprechen, stehen unterschiedliche empirische Untersuchungsinstrumente im Vordergrund, die sich im Ziel zu einer qualitativen Feld- oder Fallstudie[559] formieren und sich im einzelnen aus den folgenden Methoden zusammensetzen:

Verwendete Untersuchungsmethoden
• Experteninterviews
• teilnehmende Beobachtung in themenzentrierten Gesprächsrunden
• Workshops (moderiert und teilnehmend)
• Qualitativ-quantitativ orientierter Fragebogen
• Dokumentenanalysen

Tabelle 11: In der Empirie verwendete Untersuchungsmethoden

Die aufgeführten Methoden fanden im einzelnen folgendermaßen Einsatz:

Die drei 1½-stündigen Experteninterviews, ein themenzentrierter Workshop sowie entsprechende Gesprächsrunden fanden mit Projektgruppenmitgliedern aus Vertretern der Personalabteilung Auslandsversendungen statt (vgl. Abbildung 28). Der ersten Gesprächsrunde schloß sich ein durch die Autorin moderierter, projektgruppeninterner Workshop mit dem Ziel der Themeneingrenzung an. Zwei vom Unternehmen initiierte und organisierte Workshops (von denen die Autorin einen

---

[558] Besio & Pronzini 1999, S. 385

[559] Im Vergleich zum „Survey" mit vielen Fällen und wenigen Variablen zeichnet sich die Fallstudie durch wenige Fälle mit vielen Variablen aus. Vgl. zu Forschungen mit Fallstudien (case studies) Yin 1994, Travers 2001.

beobachtet hat) bezogen die DCC-Partnerinnen in den Prozeß mit ein. Weiterhin wurde die Seite der DCCs durch einen umfangreichen Fragebogen (vgl. Anhang Nr. 4) abgedeckt. Kontextdaten zum Unternehmen wurden allgemein zugänglichen und speziellen Dokumenten entnommen und entsprechend dem Identitätsschutz des Unternehmens verändert.

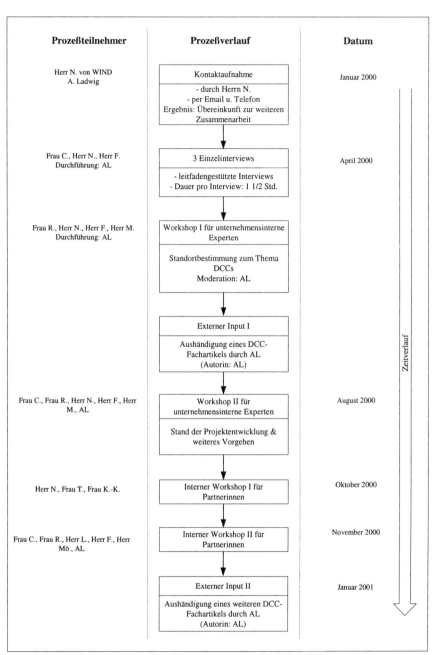

Prozeßteilnehmer	Prozeßverlauf	Datum
Herr N. von WIND A. Ladwig	**Kontaktaufnahme** - durch Herrn N. - per Email u. Telefon Ergebnis: Übereinkunft zur weiteren Zusammenarbeit	Januar 2000
Frau C., Herr N., Herr F. Durchführung: AL	**3 Einzelinterviews** - leitfadengestützte Interviews - Dauer pro Interview: 1 1/2 Std.	April 2000
Frau R., Herr N., Herr F., Herr M. Durchführung: AL	**Workshop I für unternehmensinterne Experten** Standortbestimmung zum Thema DCCs Moderation: AL	
	Externer Input I Aushändigung eines DCC- Fachartikels durch AL (Autorin: AL)	
Frau C., Frau R., Herr N., Herr F., Herr M., AL	**Workshop II für unternehmensinterne Experten** Stand der Projektentwicklung & weiteres Vorgehen	August 2000
Herr N., Frau T., Frau K.-K.	**Interner Workshop I für Partnerinnen**	Oktober 2000
Frau C., Frau R., Herr L., Herr F., Herr Mö., AL	**Interner Workshop II für Partnerinnen**	November 2000
	Externer Input II Aushändigung eines weiteren DCC- Fachartikels durch AL (Autorin: AL)	Januar 2001

Abbildung 28: Prozeßverlauf

227

8 Empirische Untersuchung – Operationalisierung

„Selbstverständlich darf man Aussagen nicht mit ihren eigenen Gegenständen verwechseln."

Luhmann[560]

8.1 Beobachtung des Unternehmenssystems

„Eine systemtheoretische Perspektive anlegen heißt deshalb in erster Linie, die vielschichtige Dynamik, in die Organisationen eingespannt sind, nicht einseitig aufzulösen, sondern sie ernst zu nehmen und sie zur Grundlage der Analyse von Organisationen zu machen."

Willke[561]

8.1.1 Allgemeine Überlegungen

Im Fokus der Untersuchung stand die Beantwortung der forschungsleitenden Fragestellungen anhand des konkreten Falles, also die Darlegung des Ausmaßes und der Qualität der Systemkopplung zwischen DCCs und dem Unternehmen.

Mit der Systemtheorie als Grundlage der Analyse soll hier ein „überlappendes Schichtmodell verschiedener Systemschichten, Problemstellungen und Abstraktionsebenen..."[562] entwickelt werden, dessen Schichten zueinander in Bezug gesetzt werden, um die Wechselseitigkeit, Einmaligkeit, Kontingenz und Komplexität dieses Unternehmens zu verdeutlichen.[563]

Wie in Kapitel 4.3 dargestellt, werden Unternehmen in der Systemtheorie als eine Form von Organisationen und somit als konstanter Strom von Ereignissen bzw. Kommunikationen beschrieben. Die basale, systembildende Operation von Unternehmen sind Entscheidungen[564] als spezifische Form von Kommunikation. Entscheidungen sind das Ergebnis einer Selektion von kontingenten Kommunikatio-

---

[560] Luhmann 1984, S. 30
[561] Willke 1992, S. 18
[562] Stünzner 1996, S. 190
[563] Kennzeichen von Systemen ist eben, daß sie mehr sind als die Summe ihrer Einzeleigenschaften bzw. Elemente.
[564] Vgl. Luhmann 1988a.

nen. Die theoretische Fokussierung auf Entscheidungen bedeutet nicht, daß im konkreten Vorgehen allgemeine Handlungen (neben Entscheidungshandlungen) negiert werden. Sie sind als Substanz, als Anschlußnotwendigkeit für nächste Entscheidungen, als Weiterführungen oder Wiederholungen von Entscheidungen zu betrachten und somit ebenfalls in die Untersuchung mit einzubeziehen. Entscheidungen als Letztelemente, als markierte Bezugspunkte von Verhalten, dienen als strukturierende Möglichkeit der Komplexitätsreduktion und werden als solche gehandhabt.[565]

Luhmann selbst setzt der Erklärungsweite von Entscheidungen in Bezug auf das konkret Komplexe deutliche Grenzen: „Wichtiger [...] ist die Einsicht, daß niemals, auch nicht in Organisationen, der gesamte konkrete Verhaltensfluß des täglichen Lebens mit all seinen vielfältigen Sinnbezügen, seinen aufflackernden Motiven und seinen ständig wechselnden Irritierungen auf Entscheidung zurückgeführt werden kann."[566]

In der hier gestalteten Empirie wird daher nicht nur auf Entscheidung rekurriert, es werden darüber hinaus auch die sich aus Entscheidungen ergebenden *Strukturen* und *Prozesse* beleuchtet. Dies bedeutet nicht die Aufgabe der systemtheoretischen Sicht, es bedeutet nur eine Feineinstellung der Beobachtung auf das Konkret-Komplexe.

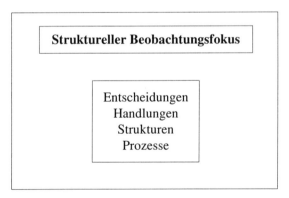

Abbildung 29: Struktureller Beobachtungsfokus für das System Unternehmen

---

[565] Vgl. Luhmann 1981, S. 339.
[566] Luhmann 1981, S. 339

8.1.2 Leitfragen und Kategorisierung

Der inhaltliche Beobachtungsfokus wird durch die anfangs gestellten Leitfragen aufgezeigt. Entsprechend dem beobachteten Unternehmenssystem kommen die Leitfragen U1 bis U3 zur Anwendung, für die hier im empirischen Teil versucht wird, Antworten zu erhalten.

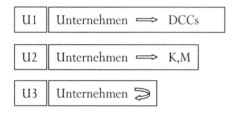

Zur Operationalisierung wurde – abgeleitet aus diesen Leitfragen und der Konstruktionsstrategie folgend – ein heuristischer Bezugsrahmen mit vier Kategorien[567] aufgestellt, aus denen wiederum konkrete Interviewleitfragen generiert wurden. Diese Kategorien sind im einzelnen in der *Abbildung 30* aufgeführt und werden im folgenden näher erläutert.

---

[567] Als Kategorien werden hier Merkmalsträger bezeichnet, deren variable Eigenschaften Gegenstand der Problembeschreibung bzw. Forschung sind. Vgl. Kubicek 1977.

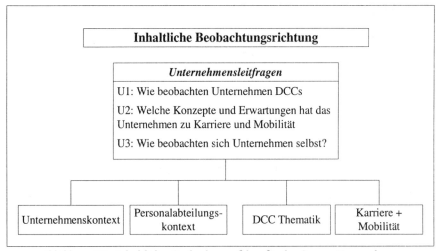

Abbildung 30: Inhaltlicher Beobachtungsfokus für das System Unternehmen

Die aufgeführten Fragen dienten als Leitlinie in der Beobachtung des Unternehmenssystems WIND. Sie wurden sowohl bei der Dokumentenanalyse, bei den Interviews und den Gesprächen als auch bei den Workshops als gedankliche und konzeptionelle Grundlage verwendet. In den Gesprächen wurde darauf geachtet, daß Informationen auf ihren **Interpretations-** bzw. **Bedeutungsinhalt** sowie nach **Zusammenhängen** hinterfragt wurden. Dies entspricht der konstruktivistischen Annahme, daß Strukturen, Regeln und Normen zum einen zwar Konstrukte aus zeitlich sehr stabilen Verhaltenserwartungen, die aus Interaktionserfahrung resultieren,[568] sind, daß aber insbesondere neue Regeln und Strukturen zugleich immer wieder interpretiert werden, bevor sie in Handlungen umgesetzt werden.[569] „The formal aspects of structure that we observe are built up throught interaction."[570] In diesem Sinne sind Organisationsstrukturen sozial und nicht technisch konstruiert.

---

[568] Vgl. Titscher 1995.
[569] Vgl. Kieser 1998.
[570] Pentland 1992, S. 546

Unternehmenskontext

Der Operationalisierungsschritt von der Kategorie Unternehmenskontext zum kontingenten Fragenkatalog – und damit zur selektiven Durchdringung von unternehmerischen Kontextkomplexen – erfolgte anhand einer Auswahl aus den Kategorien des Organisationsbeschreibungsschemas von *Glasl*[571] in Kombination mit Überlegungen von *Martens* und *Jamai* (vgl. Tabelle 12).[572]

Politisch-soziales Subsystem		
Organisationsstruktur	Betriebsklima	Einzelfunktionen, Organe
• Aufbauprinzipien • Führungshierarchien • Linien- und Stabsstellen • (de-)zentrale Stellen • formales Layout • (in-)formelle Kommunikationswege	• Wissen und Können der Mitarbeiter • Haltungen und Einstellungen • Beziehungen • Führungsstile • informelle Zusammenhänge • informelle Gruppierungen • Rollen • Macht und Konflikte	• Aufgaben • Kompetenzen, Verantwortung • Aufgabeninhalte der Funktionen • Gremien • Kommissionen • Projektgruppen • Spezialisten • Koordination

---

[571] Glasl hat nach vorkommenden Bündelungen von Kommunikationen das System Unternehmen in drei Subsysteme unterteilt: in das geistig-kulturelle, das politisch-soziale und das technisch-instrumentale Subsystem. Diesen wurden entsprechende Elemente zugeordnet. Vgl. Glasl 1999, S. 116.

[572] Vgl. Martens 1997, Jarmai 1995.

Geistig-kulturelles Subsystem	
Identität, Kultur	Policy, Strategie
• Mission • Sinn und Zweck • Leitbild • Fernziel • Philosophie • Grundwerte • Image • Selbstverständnis • Geschichte	• langfristige Programme • Unternehmenspolitik • Leitsätze • Strategie, Konzepte • Pläne

Technisch-instrumentelles Subsystem	
Prozesse, Abläufe	Physische Mittel
• primäre Arbeitsprozesse • sekundäre und tertiäre Prozesse (Informations-, Entscheidungs-, Planungs-, Steuerungsprozesse)	• Instrumente • Maschinen • Geräte • Möbel • Transportmittel • Gebäude • Räume • finanzielle Mittel

Tabelle 12: Organisationsbeschreibungsschema
(anlehnend an Glasl 1999, Jarmai 1995, Martens 1997)

233

Die Auswahl aus der Fülle von Informationen, die theoretisch erhoben werden könnten, ist durch eigene Relevanzzuschreibungen und durch forschungsbedingte Begrenzungen (Ressourcen und Zeit) auf die folgenden Fragen determiert.

Organisationsstruktur

- Allgemeine Angaben/Kennzahlen: Branche, Produkte/Dienstleistung, Größe, Mitarbeiterzahl, Geschichte
- Welches sind die Aufbauprinzipien der Organisation?
- Welches sind die „wichtigsten" Abteilungen und Funktionen?

Identität/Kultur

- Welche sind die Grundwerte des Unternehmens?
- Wie würden Sie das Leitbild des Unternehmens beschreiben?

Policy/Strategie

- Welche längerfristigen Strategien bzw. Konzepte sind geplant?
- Wie läßt sich die derzeitige Unternehmenspolitik zusammenfassen?
- Betriebsklima
- Welche Führungsstile dominieren? Geschäftsführung vs. Mitarbeiter: Wie würden Sie das Verhältnis beschreiben? (Art des Verhaltens/Haltung)
- Wie würden sie das Betriebsklima charakterisieren?

Personalabteilungskontext

Entsprechend dem Unternehmenskontext sind für die Generierung der Interviewfragen des Personalabteilungskontextes ebenso Teile des Beschreibungsschemas verwendet worden, die noch durch zusätzliche, als relevant eingestufte Themen ergänzt wurden:

Organisationsstruktur

- Wie ist die Abteilung in die Unternehmensstruktur eingeordnet?
- Wie ist die Abteilung intern strukturiert?
- Wie viele Mitarbeiter hat die Abteilung?
- Welche relative Bedeutung in Bezug auf andere Funktionsbereiche hat die Abteilung?

Policy/Strategie

- Gibt es eine strategische Planung für die Abteilung? Wie sieht diese aus? Wer hat diese mitgeplant?
- Hat diese strategische Planung Bezug zur allgemeinen Unternehmensstrategie?
- Prozesse/Abläufe
- Wie gestalten sich die Kommunikations- und Entscheidungswege?
- Wie sind die Arbeitsprozesse organisiert? Wie wird ein Thema bearbeitet, wie wird es zu einem Projekt?
- In welcher Form erfolgt der Wissens-Input generell und für die neuen Projekte? Woher stammen die nötigen Informationen?

DCC-Thematik

Die Fragenkonkretisierung für die DCC-Thematik ergab sich neben den Leitfragen aus den differenzierten Erkenntnissen und offenen Fragen des theoretischen Teils.

Wahrnehmung und allgemeine Relevanz

- Wann und wodurch haben Sie das erste Mal von DCCs gehört?
- Wie relevant ist das Thema?
- Sehen Sie eine Notwendigkeit für das Unternehmen, sich mit DCCs bzw. mit dieser Thematik zu befassen?
- Welche Prozesse und Strukturen haben zu diesem DCC-Bewußtsein geführt?

Datenerhebung

- Halten Sie Fragen an den Mitarbeiter zur Karriereorientierung des Partners für ein unangebrachtes <u>Eindringen in die Privatsphäre</u>?
- Werden zusätzlich <u>Daten</u> von Mitarbeitern <u>erfaßt</u> wie: Familienstand, Berufstätigkeit/ Karriere des Partners? Wenn ja: Haben Sie Daten über die Verteilung?
- Wie viele DCCs gibt es in Ihrem Unternehmen (geschätzt/genaue Angaben)? Werden DCCs im Unternehmen als <u>Zielgruppe</u> definiert?

Relevante Aspekte der Thematik

- Wo sehen Sie die <u>Hauptpunkte</u> in der DCC-Thematik?
- In welchen Bereichen/Situationen ist die DCC-Thematik besonders <u>unternehmensrelevant</u>? Oder: An welchen Schnittstellen sehen Sie besonders Handlungsbedarf?
- Wie <u>unterscheiden</u> sich DCCs von Mitarbeitern aus traditionellen Paarbeziehungen?
- DCC-Förderung durch personalwirtschaftliche Instrumente
- Haben Sie gezielte <u>personalpolitische Aktivitäten</u>, die die DCC-Problematiken aufgreifen und zu erleichtern versuchen?
- Welche Unterstützungsmaßnahmen würden Sie für Ihr Unternehmen <u>einführen wollen</u>?
- Würden Sie diese Maßnahmen eher im <u>Einzelfall</u> anwenden oder ein <u>DCC-Programm</u> initiieren?

Flankierende Themen: Karriere und Mobilität

Karriere
• Was wird im Unternehmen unter <u>Karriere verstanden</u>?   • Welche <u>Karrieremöglichkeiten</u> gibt es im Unternehmen? (Fach-, Führungslaufbahn etc.)   • Gibt es insbesondere <u>Karriereplanungen</u>?   • Gibt es <u>Karriereplanungen</u> für Mitarbeiter gemeinsam <u>mit dem Partner</u>?

Mobilität
• Wie wird <u>Mobilität</u> im Unternehmen kommuniziert/definiert?   • Wie viele Mitarbeiter werden pro Jahr <u>ins Ausland versetzt</u>?   • Wie <u>wichtig</u> ist Ihrem Unternehmen die berufliche Mobilität der karriereorientierten Mitarbeiter?

8.1.3 WIND – Der Erstkontakt und die Interviews

8.1.3.1 Dokumentenanalyse: Allgemeine Unternehmensinformationen

Presseinfo von WIND aus dem Internet:

WIND im Überblick:

{Logistik}unternehmen mit starker weltweiter Präsenz

WIND ist weltweit für viele {alias} ein Begriff, so für {alias}. Aus dem kleinen, von **Nora WIND** im Jahr {alias} in {Sigma} gegründeten „Betrieb {alias}", ist heute die weltweit tätige WIND-Gruppe geworden, die – am Umsatz von {>50} Milliarden DM gemessen – zu den größten {Logistik}unternehmen in der Bundesrepublik Deutschland gehört. Die internationale Orientierung von WIND begann schon um die Jahrhundertwende. Damals entstanden die ersten Auslandsvertretungen. Heute hat das Unternehmen, das insgesamt rund {>150.000} **Mitarbeiter** beschäftigt, davon knapp die **Hälfte im Ausland**, rund {>150} **Tochter- und Beteiligungsgesellschaften** in {>30} Ländern. {>100} **Standorte**, davon {>80} außerhalb Deutschlands, unterstreichen die Internationalität des Unternehmens. [...]

Wesentlicher Bestandteil der **Unternehmenspolitik** ist die Erhaltung der **Innovationskraft**, die in erster Linie auf einem großen Stamm erfahrener Mitarbeiter basiert. Weltweit arbeiten {>8.000} Logistiker, Naturwissenschaftler, Ingenieure und Techniker an der Verbesserung von Funktion und Zuverlässigkeit bestehender Produkte sowie an der Entwicklung neuer {Produkte und Dienstleistungen}.

Kerngeschäft der WIND-Gruppe ist die **{alias}**. Um diese Position aufrechtzuerhalten, wendet das Unternehmen jährlich beträchtliche Mittel für Forschung und Entwicklung auf. [...]

Nicht nur in der **Breite und Vielfalt der {Produkt- und Dienstleistungspalette}** unterscheidet sich die WIND-Gruppe von anderen Unternehmen, sondern auch in ihrer **gesellschaftsrechtlichen Verfassung**. Seit Juni {alias} ist WIND

238

eine {**Stiftung**} der Bundesrepublik Deutschland: **Heute besitzt die WIND Stiftung** {*alias*} **Prozent des Stammkapitals der WIND KG.** Ihrer Satzung liegt das Testament von Nora WIND zugrunde. Die Stiftung verwaltet das Gesellschaftsvermögen im **Sinne der Gemeinnützigkeit** und verwendet die ihr aus dem Ertrag der WIND KG zufließende anteilige Dividende für gemeinnützige Zwecke. Die Förderungsgebiete der Stiftung umfassen hauptsächlich Gesundheitspflege, Völkerverständigung, Wohlfahrtspflege sowie Bildung und Erziehung.

8.1.3.2   Interviews: Die Interviewteilnehmer

Herr N., Hauptabteilungsleiter Internationale Versetzungen (IV) (seit 1996), ist seit 1955 im Unternehmen. Neben der Durchführung von grenzüberschreitenden Versetzungen von Konzernmitarbeitern gehören Grundsatzregelungen in diesem Gebiet zu seinen Aufgaben. Er führt selber eine Doppelkarrierepartnerschaft.

Frau C. ist als Abteilungsleiterin von IV für die Ländergruppen NAFTA, Mittlerer und Naher Osten, Süd-Europa und Schweiz zuständig. Auch Frau C. ist in einer Doppelkarrierepartnerschaft. Sie ist seit 1988 im Unternehmen und seit 1997 in der Abteilung.

Herr F., seit Februar 1990 bei WIND, ist nach unterschiedlichen internen Stationen seit 1998 Referent in der Zentrale (AMZ). Zu seinen Zuständigkeiten gehören das Finden und Fördern von Führungskräften in zwei Geschäftsbereichen sowie die Betreuung zusätzlicher Gesellschaften in Korea, Japan, China, Indien und der Türkei. Auch er lebt in einer Doppelkarrierepartnerschaft.

Sowohl Frau C. als auch Herr F. waren darüber hinaus Expatriates für das Unternehmen.

8.1.3.3   Interviews: Der Unternehmenskontext

Welches sind die Aufbauprinzipien der Organisation?

Allein in Deutschland hat WIND {>50} Niederlassungen mit {>50.000} Mitarbeitern, die in enger Kooperation mit der Firmenzentrale in {Jota} arbeiten. 1999 konnte WIND dabei weltweit auf einen Umsatz von {>50} Milliarden DM blicken. Das Unternehmen hat {*alias*} Hauptgeschäftsbereiche.

Die {Logistik} bildet mit {>40%} des Gesamtumsatzes den wichtigsten Unternehmensbereich. Er ist in mehrere Geschäftsbereiche unterteilt, denen verschiedene Produktfelder zugeordnet sind.

Welches sind die „wichtigsten" Abteilungen und Funktionen?

Frau C. gibt eine Antwort, die mit denen der anderen drei Interviewten inhaltlich übereinstimmen: „*Es gibt keinen Bereich, der herausragend prägend wirkt. Es gibt sicherlich Personen, die herausragend prägend wirken für das Unternehmen, das ist ganz klar. Aber Bereiche würde ich jetzt nicht besonders hervorstellen wollen. Ich glaub', das ist ein guter Zusammenschluß und Zusammenspiel. Es gibt auch keinen Bereich, der sich jetzt wichtiger empfindet als andere, also das ist ganz interessant, das ist so mein Eindruck.*"

Welches sind die Grundwerte des Unternehmens?

WIND ist trotz seine Größe immer noch KG, nicht Aktiengesellschaft. Zusammen mit dem Stiftungshintergrund ergeben sich hieraus Besonderheiten in den Grundwerten dieses Unternehmens. Herr N.: „*Wir sind im Besitz einer Stiftung, was im Haus bis zu einem gewissen Grad auch spürbar ist. [Inwiefern?] Herr N.: Wir sind natürlich total auf wirtschaftlichen Erfolg ausgerichtet, aber ich möchte schon sagen, daß die soziale Ausrichtung des Hauses spürbar ist.*"

Frau C.: „*Daß wir eine Stiftung sind und niemandem gehören, nur uns selbst, hat zur Folge, daß wir keinen Druck von Aktionären, keinen Druck von Banken haben. Als Unternehmen haben wir noch die Freiheit zu entscheiden, was wollen wir eigentlich, ohne daß uns Fremdeinflüsse zu Dingen zwingen, die z.B. mehr Druck auf die Mitarbeiter verursachen würden.*"

Ein Ausdruck für den sozialen und familiären Einschlag des Unternehmens beschreibt Frau C. wie folgt: „*Es kommt häufig vor, daß Mitarbeiter sagen: ,Ich bin stolz ein WINDler zu sein'. Ich glaube, das gibt es kaum bei anderen Unternehmen, oder zumindestens habe ich so den Eindruck. Ich habe bislang jedenfalls niemanden getroffen, der dieses für sein Unternehmen sagt.*"

Auf den technischen Hintergrund des Unternehmens blickend steht WIND nach Aussage von Herrn F. für *Innovation*, {*alias*}, für *Qualität*, für {*Logistik-Know-How*}, aus dem sich auch das Leitbild (siehe nächste Frage) ergibt.

Neben diesen Grundwerten stehe das Unternehmen aber vor allem, wie viele andere Unternehmen auch, in einem Umbruch, der Schnelligkeit auf allen Ebenen verlangt: *„Nora WIND hätte sich vor Jahrzehnten nicht vorstellen können, mit was für einer Schnelligkeit wir heute leben, mit was für einer Kommunikation wir heute leben. Und das ist der Umbruch, den ich heute so spüre bei WIND. Denn, also wenn ich heute gerade so an Internet denke, da belebt sich so dermaßen viel, das können eigentlich auch wir kaum noch erfassen, wie schnell das alles geht. Das spielt natürlich auch für einen {Dienstleister} wie WIND eine erhebliche Rolle, weil Bestellungen innerhalb von Sekunden herausgehen und Kunden eigentlich auch erwarten, daß das innerhalb von Sekunden dort ist. Dieses just-in-time und die Schnelligkeit – das ist eigentlich das, woran wir arbeiten müssen."* (Frau C.)

Wie würden Sie das Leitbild des Unternehmens beschreiben?

Das abgebildete Leitbild-Logo {alias} beinhaltet das Resultat eines Forums der leitenden Direktoren im Jahre 1999. Die Hauptbegriffe Kundenorientierung, Qualität und Innovation und sind allerdings nicht neu bei WIND; in dieser kompakten, imagebildenden, plakativ-eingängigen Art sind sie aber erstmals demonstrativ zusammengefaßt und in Form von Plakaten überall im Unternehmen wiederzufinden.

✓ Kundenorientierung
✓ Qualität
✓ Innovation

Abbildung 31: WIND Logo/Leitbild {alias}

Neben diesem sichtbaren Label gibt es einige speziellere Leitbilder, z.B. für internationale Personalpolitik. Doch diese werden nur selten schriftlich festgehalten und auch wenig ausdrücklich kommuniziert. Herr N. faßt diesen „Zustand" wie folgt zusammen: *„[Wir sind] kein Unternehmen von Hochglanzbroschüren. Wir spotten manchmal und sagen, was da so manche Firma schreibt, wenn da nicht xy, sondern WIND stünde, das könnte man sicherlich auch unterschreiben. Das sind ja in der Regel sehr flache, sehr allgemei-*

ne Aussagen. Das ist Teil der Kultur, daß wir so etwas nicht haben, und manches Mal sind wir nachgerade stolz darauf oder auch etwas verschämt, weil wir es nicht haben. Wir schwanken da so hin und her." Insgesamt resümiert er, seien die mündlichen Kommunikationen über die Grundsätze von WIND wichtiger und würden auch entsprechend stattfinden.

Welche längerfristigen Strategien bzw. Konzepte sind geplant? Und wie läßt sich die derzeitige Unternehmenspolitik zusammenfassen?

Gerade aus der Außergewöhnlichkeit der Unternehmensform ergibt sich nach Meinung von Herrn N. das immer mitlaufende Ziel der Unabhängigkeit und Gesundheit des Unternehmens. Zu den wichtigsten Zielen gehört, *„Weltmarktführer in vielen Gebieten zu bleiben".* Dieses soll und wird durch die oben zusammengefaßten Fähigkeiten, Qualität und Innovation sowie durch inneres und äußeres Wachstum (Akquisition) erreicht.

Ein weiteres Ziel ist **Internationalisierung.** Herr N.: *„Unsere Kunden sind international tätige Unternehmen und schon von daher müssen wir auch international tätig sein. Wir wachsen schneller im Ausland, unser Auslandsanteil am Umsatz steigt überproportional und das bestimmt die Zielrichtung und das bestimmt das Tempo."*

Unter dem Stichwort **adäquate Diversifizierung** ist eine weitere Bemühung zusammenzufassen: *„Wir wollen nicht nur {Logistiker} sein."* Die zwei Standbeine {G. und P.} *„sind größenmäßig weit unter dem {Logistikbereich} angesiedelt, die wir aber pflegen und weiter bewahren wollen, um nicht nur {Logistiker} zu sein."* (Herr N.)

Als ein sehr wichtiger strategischer Punkt für jetzt und die Zukunft wird die Verbesserung der **Kundenzufriedenheit** gesehen.

Welche Führungsstile dominieren? Geschäftsführung vs. Mitarbeiter: Wie würden Sie das Verhältnis beschreiben? (Art des Verhaltens/Haltung)

„Das ist natürlich sehr vielfältig. Es gibt nicht einen Führungsstil und ich denke, man muß auch sehr skeptisch sein, wenn eine Firma von sich behauptet, wir haben diesen Führungsstil." (Herr N.) Jedoch gibt es eine Besonderheit, die sich auf die Geschichte von WIND bezieht: *„Unser Unternehmen war immer ausgerichtet auf Leitfiguren, wir haben zur Zeit erst*

242

den 5. Vorsitzenden unserer Geschäftsführung in einer $\{>90\}$-jährigen Geschichte. Wenn ein und dieselbe Person lange Zeit Geschäftsführer bei uns ist, dann hinterläßt so etwas natürlich Spuren." (Herr N.)

Frau C. meint zudem, daß der Führungsstil geprägt sei *„durch ein offenes, kommunikatives Miteinander und selten bis gar nicht mit Druck oder Aggressivität. Das ist hier überhaupt nicht gefragt und so arbeitet man auch nicht miteinander."* Mit gutem Beispiel vorangehen, Motivation, ein offenes Miteinander, „sich kümmern" um den Mitarbeiter und ein durchgängiger Teamgedanke sind andere genannte Stichworte. Dieser Teamgedanke macht sich z.B. auch in einer von Herrn N. angesprochenen relativ hohen Sitzungs- bzw. Besprechungsrate bemerkbar: *„Es gibt ein ganzes Netzwerk von routinemäßigen, regelmäßig stattfindenden Zusammenkünften mit bestimmten Themen, keine Palaverclubs, sondern mit abgegrenzten Themen, mit einer strikten Tagesordnung, mit Ergebnisprotokollen."*

Hinzuzufügen ist, daß diese offene Führungskultur auch für die Geschäftsführung gilt. *„Man kann auch Fehler machen, man kann sie zugeben, man kann darüber reden, ohne daß gravierendste Auswirkungen erfolgen."* (Frau C.)

Diese strukturgewordene hohe Kommunikationsdichte in der Mitteilungsform von Gesprächen und die offensichtlich positive subjektive Bewertung dieser Kommunikationsart ist zum einen durchaus systemindividualisierend zu bezeichnen und paßt zum anderen auch zu der vorherigen Aussage von Herrn N., daß mündliche Absprachen der schriftlichen Form vorgezogen werden (*„[Wir sind] kein Unternehmen von Hochglanzbroschüren*).

Wie würden sie das Betriebsklima charakterisieren?

„Was ich an WIND sehr schätze, ist eigentlich, daß es nicht nur eine Unternehmenskultur gibt." (Herr F.) Diese multiple Unternehmenskultur läge vorwiegend in der Unternehmensstruktur begründet, an dem Konglomerat vieler, quasi eigener Firmen, an der Vielzahl regionaler Standorte sowie an der hohen inhaltlichen Variationsbreite unter den einzelnen Geschäftsbereichen. Als Beispiel: Die Bereiche $\{$E., K., Unternehmenskommunikation$\}$, *„das sind ganz andere Kulturen, die kann man eigentlich nicht oder nur schwer miteinander vergleichen. Und doch... das ist alles WIND."* (Herr F.)

243

Interessant ist, daß hier offensichtlich interne Subsysteme mit einer eigenen Individualität beobachtet werden, daß aber trotzdem die Grenzziehung „WIND" deutlich und ohne Zweifel weiter existiert! Die Gleichzeitigkeit und die Paradoxie, die in dieser Aussage erkennbar werden, werden zwar wahrgenommen (das Zögern von Herrn F., dargestellt durch die drei Punkte), doch als gegeben und nicht problematisch angesehen. Aus diesen Subsystemen mit ihren Unterschiedlichkeiten ergeben sich nach Herrn F. auch Vorteile. Nicht nur, daß Herr F. persönlich diese Vielfalt als sehr bereichernd empfindet, er vermutet zudem, daß diese ein Grund für die geringe Fluktuation bei WIND ist (ca. 1,2%). Anders ausgedrückt, ist die Kopplung mit den Bewußtseinssystemen der Mitarbeiter der Subsysteme sehr stabil, Bewußtseinsstrukturen und Subsystemausprägungen entsprechen sich demnach in hohem Maße.

8.1.3.4   Interviews: Der Personalabteilungskontext

Wie ist die Abteilung in die Unternehmensstruktur eingeordnet? Wie ist die Abteilung intern strukturiert? Wie viele Mitarbeiter hat die Abteilung? Welche relative Bedeutung in Bezug auf andere Funktionsbereiche hat die Abteilung? Wie gestalten sich die Kommunikations- und Entscheidungswege?

Die Funktion „Personal" ist zusammen mit Sozialwesen und Recht unter dem Geschäftsführungsbereich D zusammengefaßt. Hierunter gliedern sich zentrale Personalabteilungen, die wiederum in drei Gruppen eingeteilt sind: Bereich Personalentwicklung/-weiterbildung, WIND-Kolleg, Wind Institut), Personalgrundsatzfragen und Personaladministration (Arbeitsrecht, Betriebskrankenkasse, Werkverpflegung etc.) und allgemein „Mitarbeiter" (AMZ, Führungsnachwuchs, internationale Versetzungen (IV), Traineeprogramme, Hochschulkontakte etc.). Neben diesen Personalfunktionen der Zentrale gibt es die regionalen Personalabteilungen an den Standorten. Die genaueren Beziehungsstrukturen zwischen Zentrale und regionalen Abteilungen beschreibt Herr F. wie folgt:

„Zunächst einmal sind wir hier in der zentralen Personalabteilung. Wir haben eine Grundlagen- oder Leitfunktion für die Personalabteilungen draußen am Standort. D.h. es werden hier sehr viele Grundlagen, sehr viele Regelungen verfaßt, die dann für die Personalabteilungen gelten."

Die Personalabteilung der Zentrale, in der alle drei Interviewten tätig sind, übernimmt also sowohl spezifische zentrale Regelungsfunktionen als auch funktionale Unterstützungen (z.B. bei Standorten ohne eigenes Personalressort).

„Wenn Sie also fragen, sind wir eher zentralistisch oder eher dezentral organisiert, dann muß man ganz klar sagen: sowohl als auch! Die regionalen Personalabteilungen sind schon sehr autark in ihren Bereichen. Sie stellen natürlich selber ein oder planen das mit ihrer Leitung. Und der Personalleiter bspw. berichtet auch nicht dem Leiter Personal Zentrale, sondern er berichtet seinem Geschäftsleiter am dortigen Standort. Das ist ein Zeichen dafür, daß das Ganze eigentlich dezentral organisiert ist.“ (Herr F.) Ein zentrales Berichtswesen und verschiedene, zentral verfaßte Instrumente sind dann das Gegenzeichen für zentrale Struktureinflüsse. Das Instrument Mitarbeiterentwicklungsseminar z.B. wird von der Zentrale vorgegeben, aber die Ausgestaltung und Ausführung erfolgt dezentral in den Bereichen bzw. Standorten.

Auch hier läßt sich also wieder eine Gleichzeitigkeit von zwei Systemen ausmachen: Zentrale/Standorte – dezentral/zentral. Die Möglichkeit einer gleichzeitigen dezentralen Existenz liegt offensichtlich vorwiegend an der vorgegebenen, überschneidungsfreien Funktionsaufteilung zwischen den Systemen als auch an der explizit gewollten, subsystemgeprägten Anschlußkommunikation an zentral vorgegebene Anfangsentscheidungen.

Speziell für den Bereich Internationale Versetzungen (IV) präzisiert Herr N. diese Entscheidungsdelegation: *„Wir sind ein **Dienstleister** zur Durchführung internationaler Versetzungen. Wir bestimmen die Regeln, die dafür angewandt werden, die weitgehend firmenintern sind, und wir führen es durch. Wir nehmen keinen Einfluß darauf, wer international versetzt wird und warum. Diese Entscheidung trifft der jeweilige Bereich.“*

Aufgrund des Anstiegs des Umfanges der Versendungen pro Jahr wurde 1996 eine Funktionsanpassung vorgenommen: Die Auswahl und Reintegration der Kandidaten, die vorher auch in der Abteilung funktional verankert waren, wurden an die Fachabteilungen übertragen. Bei IV verblieb von da ab „nur“ noch der gesamte „Mittelbau“, d.h. alles, was mit der konkreten Versendung zusammenhängt.

Die relative Bedeutung des Personalwesens wird als hoch und einflußreich eingestuft. Die Verankerung dieser Funktion auf oberster Geschäftsbereichsebene ist sicherlich u.a. ein Zeichen dafür. Die Gleichwertigkeit zu anderen Funktionsbereichen wird deutlich in folgendem Zitat: „*Die Personalabteilung ist wirklich gleichwertiger Partner, und wenn bei Stellenbesetzungen oder Umgruppierungen oder Gehaltsfestlegungen die Personalabteilung ihr Veto einlegt, dann kann es in der Regel nicht durchgeführt werden.*" (Frau C.)

Neben dieser allgemeinen Bedeutungszuweisung ist auch die Wahrnehmung und entsprechende Kommunikation über die eigene Abteilung sehr interessant. Innerhalb der Personalabteilungen wird die IV Internationale Versetzungen nämlich fast als Exot gesehen. Diese Bezeichnung und die eingeschätzte Wichtigkeit dieser Abteilung ergeben sich, lt. Aussagen, aus dem spezifischen Know-How, das für internationale Versetzungen erforderlich ist. „*Insofern sind wir notwendig, und durch die Notwendigkeit kann man vielleicht eine gewisse Wichtigkeit ablesen. Aber wir sind nicht mehr oder weniger wert als andere Personalabteilungen.*" (Frau C.)

In diesem Zusammenhang betont Frau C. noch die Unterschiedlichkeit zu „normalen" Personalabteilungen: Fragen nach Kindern, zum Partner, zu gemeinsamen oder getrennten Wohnsitzen etc., die üblicherweise bei der Einstellung nicht gefragt werden, gehören hier zu den wichtigsten Standardfragen (siehe DCC-Thematik). Dies erfordert viel Offenheit und Integrität auf Seiten der Mitarbeiter der Abteilung, damit die zu versendenden Mitarbeiter Vertrauen aufbauen.

Gibt es eine strategische Planung für die Personalabteilung? Wie sieht diese aus? Wer hat diese mitgeplant? Hat diese Bezug zur allgemeinen Unternehmensstrategie?

Aufgrund der strukturellen Verankerung der Personalfunktion auf höchster Ebene gibt es auch eine definierte Personalstrategie, die vom Geschäftsführer D generiert, kommuniziert und kontrolliert wird. Der Bezug zur gesamten Unternehmensstrategie ist daher implizit gegeben. Obwohl die Planung eher top down erfolgt, werden auch bottom up Erfahrungen weitergegeben, und es „*kann natürlich auch Situationen geben, wo Mitarbeiter unsere Geschäftsführung ansprechen, weil sie sie vielleicht in einem nicht ganz geschäftlichen Rahmen treffen, auf Veranstaltungen oder irgendwo. Diese Gespräche können Auswirkungen haben, z.B. daß irgendwelche Neuorientierungen stattfinden können.*" (Frau C.)

Dieses Zitat unterstützt die oben festgestellte Systemeigenart der hohen Bedeutung von mündlichen Kommunikationen. Offensichtlich werden auch gerade Kommunikationen mit unwahrscheinlicheren Fremdreferenzen und Orten des Geschehen, die jedoch mit Mitgliedern der höchsten Entscheidungsebene entstehen, also höchst irritierend beobachtet, die sogar Systembewegung und –richtung beeinflussen können. Daß genau diese Beobachtung im weiteren Prozeß eintritt, ist ein bemerkenswerter und interessanter Nebeneffekt (siehe weiter unten).

Ein kleines Beispiel für eine strategische Ausrichtung und der personalabteilungsspezifischen Umsetzung des Unternehmenszieles „Internationalisierung" und „Mobilität" ist der Grundsatz der **Querdurchlässigkeit.** *„Wir möchten, daß die Mitarbeiter eben nicht nur an einem Standort, in einem Bereich verbleiben, sondern wir möchten eben für den Wechsel zwischen Standorten und Bereichen und Funktionen sorgen."* (Herr F.)

Wie sind die Arbeitsprozesse organisiert? Wie wird ein Thema bearbeitet wird, wie wird es zu einem Projekt?

Wird ein Thema akut, findet also häufig Anschlußkommunikation statt, war es bisher so, daß sich jemand dieses Themas annimmt. Dieser wird dann als „Inhaber des Themas" bezeichnet (Rolle). Von diesem Rolleninhaber werden unterschiedliche Mitarbeiter, Entscheidende, Interessierte zusammengesucht, um das Thema zu bearbeiten. *„Da mag es Leute geben, die quasi von Amts wegen zuständig sind, es mag Betroffene geben, Interessierte, die man auch suchen wird, nicht wahr? Ich meine, man möchte ja selten jemanden dienstverpflichten, sondern man möchte ja Leute haben, die an dem Thema interessiert sind und dann auch mit Engagement das Thema behandeln wollen."* (Herr N.)

Daß die Verantwortung (und auch die Erfolgsmeldungen) für ein Thema bzw. Projekt nicht bei einer Person alleine liegt, sondern allen Projektmitgliedern zukommt, kann als ein weiterer kultureller Aspekt, aufbauend auf dem Gedankengut der Firmengründerin, gedeutet werden. Sinngemäß sagte diese zu Lebzeiten: *„Wer kann in solch einer Firma schon sagen, ich habe etwas allein gemacht. Es sind immer mehrere beteiligt."*

In welcher Form erfolgt der Wissens-Input generell und für die neuen Projekte? Woher stammen die nötigen Informationen?

Aus den längeren Denkpausen, die dieser Frage folgten, kann geschlossen werden, daß die Frage nicht zu den Standardfragen gehört, die interviewgeübte Personalverantwortliche öfter hören und daß die Antworten entsprechend nicht aus früheren Interviews repliziert wurden. Interessant ist, angesichts der vorherigen Dominanz mündlicher Kommunikation, daß das Internet als erstes Medium des Wissens-Inputs genannt wurde. Dies kann dahingehend interpretiert werden, daß dieses Medium allein durch seine Allpräsenz und Schnelligkeit als Erst-Input gewählt wird. Insgesamt überwiegen im weiteren Interview die auf persönlicher Kommunikation basierenden Wissensquellen wie interne Spezialisten, Unternehmensberatungen, verschiedene DGfP Arbeitskreise und andere Netzwerke sowie Kontakte zu Mitbewerbern. Spezialzeitschriften werden als ein weiteres schriftliches Informationskondensat für Wissen angegeben.

Aufgrund der verzögerten Antworten wird weiterhin vermutet, daß zu dieser Frage die spontane und bewußte Wahrnehmung fehlt und somit die beschriebenen Input-Quellen nur einen kleinen Ausschnitt aus den tatsächlich eingesetzten Quellen darstellen.

8.1.3.5   Zusammenfassung

Mit Blick auf die Leitfrage U3: Wie beobachtet das Unternehmen sich selbst?

U3	Unternehmen ⋑

kann bereits aus den ersten Abschnitten ein Teil eines Gesamtbildes beobachtet werden: Es präsentiert sich hier ein internationales Industrieunternehmen mit Hauptsitz in Deutschland, das sich in seiner {>90}-jährigen Geschichte von einer kleinen Frima zu einem Großkonzern entwickelt hat. Die weltweite Präsenz mit einer großen Anzahl von Niederlassungen, die umfangreiche Produkt- und Dienstleistungspalette sowie die gesellschaftsrechtliche Stiftungsverfassung zeichnen den Unternehmenskontext aus. Das Unternehmen wurde und wird heute noch einerseits stark durch Einzelpersonen (damals vor allem durch die Gründerin Nora WIND), andererseits durch den Stiftungscharakter (familiär/sozial) geprägt.

Die zentral entwickelten aktuellen Leitwerte Qualität, Innovation und Kundenorientierung sind an den hier kommunizierten Unternehmensstrategien Erhalt der

248

Weltmarktführerschaft, weitergehende Internationalisierung sowie adäquate Diversifizierung ausgerichtet.

Führungsstiltendenzen, die wahrgenommen werden, sind ein offenes, kommunikatives Miteinander, durchgehende Teamorientierung und insbesondere eine hohe Kommunikationsdichte.

Durch die vielen Standorte und die entsprechenden funktionalen Abgrenzungen hat sich eine Mischung aus einer mitlaufend rahmenbildenden, unterschiedlich stark ausgeprägten WIND-Kultur und einer jeweiligen spezifizierten Sub-Systemkultur gebildet. Diese Gleichzeitigkeit bestätigt dabei zum einen die in Kapitel 4.3.6 umrissene Unmöglichkeit einer objektiven Einheitsfeststellung eines Unternehmens, oder hier, einer Unternehmenskultur. Zum anderen führt die Gleichzeitigkeit laut Angabe der Interviewten u.a. zu stabilen Kopplungen der Mitarbeiter an das Unternehmenssystem, auszumachen an einer niedrigen Fluktuation.

Die spezielle Abteilung „Internationale Versetzungen" (IV) reiht sich als eine Stabsabteilung neben anderen in ein Gefüge aus zentralen Personalfunktionen und dezentralen Standortpersonalabteilungen ein. Die Verankerung der allgemeinen Personalfunktion in der Geschäftsführungsebene zusammen mit der zunehmenden Internationalisierung beeinflussen das Selbstverständnis von IV, deren befragte Mitglieder sich als Dienstleister mit relativ hohem Einfluß sehen und die durch ihr Spezialwissen quasi als (positiv konnotierte) Exoten fremdwahrgenommen werden.

8.1.3.6   Erstkontakt: Die DCC-Thematik

Bevor auf die Ergebnisse der Interviews im nächsten Kapitel eingegangen wird, soll zunächst der Beginn des DCC-Projekt-Systems rekonstruiert werden. Dieses bedeutet auch, daß der Beobachtungswinkel vom „eigentlichen" Erhebungsvorgang – so das übliche Vorgehen – erweitert wird.

Anlaß für den Erstkontakt zwischen Herrn N. und der Autorin war der von Herrn N. bezeichnete *„kritische Zeitpunkt"* im Unternehmen WIND (siehe auch weiter unten). Herr N. erfuhr in Gesprächen mit *DGfP-DCC-Arbeitskreis-Mitgliedern* von dem vorliegenden Dissertationsvorhaben und führte daraufhin, in dem Bewußtsein der Relevanz des Themas, einen ersten E-Mail-Kontakt und ein anschließendes

Gespräch im Januar 2000 herbei. In diesem wurde die definitive Bereitschaft auf Seiten der Abteilung Internationale Versetzungen deutlich, in dieser Thematik „*ir-gendetwas tun zu wollen*" und dafür auch externe Hilfe – in diesem Falle durch die Autorin – in Anspruch zu nehmen. Interessant war – im nachhinein betrachtet – die damalige Selbsteinschätzung bzgl. der bei WIND bereits vorhandenen Förder-maßnahmen für DCCs. So ordnete Herr N. das Unternehmen als sehr interessiert ein, doch wirklich „tun" würden sie noch wenig (vgl. hierzu auch weiter unten).

Auf diese Zustandsmeldung hin wurde ein Termin vereinbart zu einem gemeinsa-men Workshop in der Zentrale von WIND, drei Monate später. Weiterhin wurden 1½-stündige Interviews mit drei Personalverantwortlichen geplant. Da der Work-shop als ein deutlicher Sensibilisierungsschritt bewertet werden kann, wurden die Interviews bewußt zeitlich vor diesen gelegt. Die Interviewteilnehmer sollten in ih-ren Einzelgesprächen mit der Autorin einen durch den Workshop unbeeinflußten, eigenen Meinungsstand zur DCC-Thematik aufzeigen.

8.1.3.7   Interviews: DCC-Thematik

Wann und wodurch haben Sie das erste Mal von DCCs gehört? Wie relevant ist das Thema? Sehen Sie eine Notwendigkeit für das Unternehmen, sich mit DCCs bzw. mit dieser Thematik zu befassen? Welche Prozesse und Strukturen haben zu diesem DCC-Bewußtsein geführt?

Das Thema DCCs ist bei allen Befragten schon lange bekannt. Sicherlich gehört zum erhöhten Bewußtheitsgrad die Tatsache, daß alle drei Interviewteilnehmer sel-ber in einer Doppelkarrierepartnerschaft leben! Ein weiterer Grund ist die be-schriebene hohe Schnittmenge der DCC-Thematik mit dem Thema Auslandsver-sendungen.

Es wird bemerkt, daß es auch schon vor 20 Jahren DCCs gab, daß das Thema also schon damals – zumindest für die Paare – relevant war. Heute wird es für das Un-ternehmen zu einem relevanten Thema, weil es von den DCC-Mitarbeitern selbst „*ins Unternehmen getragen*"(Frau C.) wird. Ganz deutlich zeigt sich hier also eine Diffusion von Kommunikationsleistungen vom DCC-System an das strukturell ge-koppelte Unternehmenssystem.

Aus dieser Diffusion resultiert zudem noch eine von Frau C. beobachtete Veränderung der Problemhaltung bei den DCCs: *„Heute habe ich den Eindruck, daß sich die Paare das manchmal zu leicht machen mit ihren persönlichen Entscheidungen ..."* und sich fordernd an das Unternehmen wenden. *„Ich habe besonders häufig den Eindruck, daß sich die Personen selbst noch nicht einmal miteinander klar sind, was passieren soll, daß mindestens ein Teil des Paares die Diskussion zudem noch scheut."*

Es wird also beobachtet und interpretiert, daß die Kommunikationen in DCC-Systemen in früheren Zeiten wahrscheinlicher in klare Entscheidungen mündeten. Ob dies am Entwicklungsstand der beteiligten Bewußtseinssysteme, den damaligen Kommunikationsregeln oder einer weniger multiplen Entscheidungslage, die weniger interne Handlungsalternativen bot, liegt, ist offensichtlich nicht selbsterklärend und bedürfte der Beobachtungsleistung anderer Untersuchungen.

Festzustellen ist, daß DCCs bei der Abteilung Internationale Versetzungen (IV) bei WIND zu einer deutlich wahrgenommenen Zielgruppe zählen. So wurde z.b. bereits vor zehn Jahren anläßlich einer Konferenz des *Auswärtigen Amtes*, das damals große Unternehmen und Institutionen mit weltweiten Aktivitäten eingeladen hatte (Thema: Vermittlung von Ehepartnern an Arbeitsstätten im Ausland), ein Netzwerk gegründet.

Doch weder dieses Netzwerk, das sich nach einiger Zeit wieder auflöste, noch der im Anschluß von der *DGfP* gegründete Arbeitskreis war nach Meinung von Herrn N. bisher weiterführend oder hilfreich. Das aus diesen Mißerfahrungen gewonnene Resümee von ihm ist, daß ein solches Netzwerk für gegenseitige Versetzungshilfe und als Pool für Jobangebote nicht funktioniere, da es auf diesem Wege zu keinen Vermittlungen kam.

Das Thema, so Herr N., wurde aber im Laufe der Zeit *„immer brennender"*. Mit anderen Worten: Die Beobachtung, daß Partner von Mitarbeitern eigene Karrierevorstellungen haben und daß gleichzeitig die Mobilität der Mitarbeiter dadurch vielfach gestört oder gehemmt wird, fand Wiederholung. Dieser mehrmalige, gleichartige Beobachtungsinhalt, in Verbindung mit vereinzelten aktiven Forderungen nach Lösungsmöglichkeiten von Seiten der DCCs an die Unternehmung, führte im weiteren zu einer konkreten Thematisierung. Der *kritische Punkt* war erreicht, das Thema geriet aus der Einzelfall-Entscheidungsphase in die Konzept-Entscheidungsphase: *„Wir haben sicherlich viele Einzelfälle in der Vergangenheit gelöst, ha-*

251

ben aber m.E. nach jetzt einen Punkt erreicht, daß wir mal darüber reden müssen. Und das heute nachmittag zum ersten Mal in einem bestimmten Kreis. Dies ist zunächst einmal ein Kreis von Interessierten, und dann schauen wir mal." (Herr N.)

Was die Einstellung zur Relevanz des Themas für andere Teile des Unternehmens anbelangt, so vertritt Herr N. eine sehr realistische und differenzierte Ansicht: *„Ich glaube nicht, daß es eine WIND-einheitliche Meinung gibt. Und ich bin mir sicher, wenn man mit den Geschäftsführern, und es gibt z.Zt. {alias}, darüber spricht, hört man auch unterschiedliche Meinungen, ob das ein Thema der Firma ist, ob das eine Privatangelegenheit ist, wie wichtig das ist. Da spielt sicherlich auch die persönliche Erfahrung eine wichtige Rolle. Wie es zu vielen Fragen in einer solchen großen Firma viele Meinungen gibt. Es arbeiten halt hier viele Leute, und daher gibt es auch viele Meinungen und die sind nicht immer alle gleich."*

Interessant wird diese Aussage insofern, als im weiteren Prozeßverlauf gerade die unterschiedlichen Erfahrungswelten der Geschäftsführer eine Rolle spielen (vgl. Kapitel 8.1.5).

__Halten Sie Fragen an den Mitarbeiter zur Karriereorientierung des Partners für ein unangebrachtes Eindringen in die Privatsphäre? Werden zusätzlich Daten von Mitarbeitern erfaßt wie: Familienstand, Berufstätigkeit bzw. Karriere des Partners? Wenn ja: Haben Sie Daten über die Verteilung? Wie viele DCCs gibt es in Ihrem Unternehmen? (geschätzt/genaue Angaben)__

In der Situation der Auslandsversetzung ist die Frage nach der Berufstätigkeit des Partners eine Standardfrage. Herr F.: *„Auf jeden Fall. In allen meinen Gesprächen, in allen, ist das Thema Mobilität und die private Situation ein Gesprächspunkt. Ich führe sehr viele Kontaktgespräche im In- und Ausland. Und in allen Ländern der Welt und auch in Deutschland natürlich, frage ich das."* Im allgemeinen, insbesondere bei der Einstellung neuer Mitarbeiter oder bei Inlandsversetzungen gilt aber auch bei WIND: *„Das ist Privatangelegenheit unserer Mitarbeiter."* Entsprechend sind auch keine Daten über die Anzahl der DCCs im Unternehmen vorhanden.

Weiterhin wurde berichtet, daß das aktive Ansprechen von Mobilitätshemmnissen aufgrund der Karriere des Partners überwiegend vom Mitarbeiter erfolgt. Bemerkenswert ist dabei, daß der deutlich kommunizierte hohe Stellenwert von Mobilität bei WIND anscheinend keinen Grund für den DCC-Mitarbeiter darstellt, ein persönliches Problem in diesem Bereich anzusprechen. So jedenfalls die Beobachtungen der Interviewten (vgl. dagegen die Ergebnisse des PartnerInnen-Workshops und die DCC-Befragungsergebnisse in der Empirie, Kapitel 8.1.6, 8.2.2.3). Herr N. faßt das Feld zwischen „Privatsphäre der Mitarbeiter beachten" und „der Mitarbeiterinitiative offen gegenüber sein" so zusammen: *„[Die Mitarbeiter] dürfen auf jeden Fall [fragen]. Ob sie [die Versetzung] möchten, das ist dann jeweils ihre Entscheidung. Deswegen würde ich die Initiative beim Mitarbeiter sehen, aber es darf zur Sprache gebracht werden."* Frau C. spricht in diesem Zusammenhang auch noch einmal die sozial geprägte Stiftungskultur an: *„Wenn der Mitarbeiter familiäre Probleme hätte, würden wir die familiären Probleme normalerweise voranstellen gegenüber den Geschäftsinteressen."*

Wo sehen Sie die Hauptpunkte in der DCC-Thematik? In welchen Bereichen/Situationen ist die DCC-Thematik besonders unternehmensrelevant? Oder: An welchen Schnittstellen sehen Sie besonders Handlungsbedarf?

Zum Zeitpunkt des Interviews fanden alle drei Befragten – außer der Versetzung – keine weiteren Schnittstellen oder Bereiche, wo die Doppelkarrieresituation mit der Unternehmenssituation (potentiell) konfliktär agiert. Die Mobilitätsfrage ist in diesem Zusammenhang die einzig beobachtete. *„Zwei Karrieren können ja gut parallel laufen. Da sehe ich kein Problem. So lang nicht die Mobilität ins Spiel gebracht wird, die es schwierig macht, eine Beziehung fortzusetzen."* (Frau C.) *„Also wenn es an einem Standort passiert, sagen wir mal, wenn man jetzt im Raum {Sigma} lebt und der Partner macht irgendwo anders seine Karriere, sei es bei WIND oder außerhalb, dann sehe ich da keine Beeinflussungen, keine Hinderungsgründe oder keine Probleme."* (Herr F.) *„Also aus meiner Wahrnehmung [ist das DCC-Thema in anderen Bereichen] nicht [relevant]."* (Herr N.)

Erst nach Hinweisen und Beispielen seitens der Interviewerin kamen zögernd Bemerkungen:

[Interviewerin: *„Würden Sie sagen, daß das DCC-Thema, abgesehen von Versendungen, noch in anderen Bereichen ein relevantes Thema ist?"*] Herr F: *„Gut, das ist natürlich immer dann ein Thema, wenn es um die Entsendung geht."* [Interviewerin: *„Nur dann?"*] Herr F: *„Dann ist es auf jeden Fall ein Thema. Wenn ich mal innerhalb Deutschland sehe, wenn ich mal Mitarbeiter, sagen wir jetzt, von München nach Hannover versetze, ist es auch ein Thema, natürlich. Aber es ist noch im Bereich des Privaten."* [Interviewerin: *„Beispiel: Arbeitszeit.*

Wäre das noch ein Thema, in dem man DCCs unterstützen könnte?"] „Na gut, das ist natürlich noch ein zentraler Punkt. Wenn man Karriere macht, dann investiert man natürlich sehr viel Zeit im Unternehmen, das ist ganz klar. Und wenn beide Karriere machen, dann sieht man sich relativ selten, vielleicht am Wochenende nur. Das ist aber, meine ich, insofern akzeptabel, wenn man sich sehen kann." (Herr F.)

[Interviewerin: *„Stichwort: Koordination von Beruf, Partnerschaft und Familie. Ist das evtl. relevant?"*]

Frau C.: *(seufzt, Pause)* [Interviewerin: *„Könnten die Flexibilitätsansprüche vielleicht höher sein?"*]

Frau C.: *„Wobei, Dual-Career Couples und Kinder ist ja noch einmal eine Steigerung des Problems. Da bietet WIND aber unheimlich viel Teilzeit, das ist kein Problem."* – Herr F. *„Wenn dann das Thema Familie hinzukommt, dann wird es schwierig. Wir machen das ja gerade selber durch, meine Frau und ich."*

In diesen Zitaten wird die Wirkung von externen Beobachtungsimpulsen sehr deutlich. Der Beobachtungswinkel der Interviewten hat sich erweitert. Jedoch wird auch deutlich, daß die Beobachtungen nicht dem eigenen Erfahrungsbild der Abteilungsarbeit entspringen und auch nur vereinzelt als Probleme, mit denen sich das Unternehmen auseinander setzen sollte, bewertet werden.

Wie unterscheiden sich DCC-Mitarbeiter von Mitarbeitern aus traditionellen Paarbeziehungen?

Auf diese Frage gab es relativ wenig Resonanz. Herr F. bestätigte: *„Sie haben natürlich [in einer Doppelkarrierepartnerschaft] ganz andere Möglichkeiten der Information. Ich sehe die Unterschiede weniger in der Qualifikation als vielmehr in den Informationsaspekten. Man bekommt eben doch ganz andere Impulse durch die Karriere des anderen."* Herr N. sieht zum Zeitpunkt der Frage keine besonderen Unterscheidungsmerkmale der DCC-Mitarbeiter zu traditionellen Partnerschaften.

Offensichtlich sind die im Wissenschaftssystem bzw. in bestimmten Forschungssystemen beobachteten Unterschiede in diesem System nicht sichtbar, werden zumindest weder beobachtet noch kommuniziert. Die Irritation ist zu schwach. Allerdings wurden insgesamt DCCs mit ihren psychologischen Eigenheiten bisher in den Systemen IV und dem DCC-Projekt nicht fremdreferiert. Lediglich für das IV-

System relevante Einzelaspekte der DCC-Systeme wie die Mobilitätsbereitschaft waren und sind relevant.

Haben Sie gezielte personalpolitische Aktivitäten, die die DCC-Problematiken aufgreifen und zu erleichtern versuchen?

Grundlage für die Prozeßbegleitung durch die Autorin war die Wahrnehmung u.a. von Herrn N., daß WIND zu wenig bis gar nichts für DCCs tue. Diese Aussage war auch – wie beschrieben – ein Anlaß für den Erstkontakt im Januar. Im Laufe der Interviews, des anschließenden Workshops und der Gesprächsrunde wurde jedoch deutlich, daß diese Aussage – aus der Sicht der Autorin – als eine Untertreibung zu werten ist. Viele Maßnahmen, die in der Literatur unter DCC-Maßnahmen zu finden sind, bietet WIND teilweise schon seit Jahren an. In den Interviews kamen dann, auf die gezielte Frage hin, unterschiedliche Aussagen und damit Wahrnehmungen zutage. Herr F. z.B. meinte: *„Also ich bin da so ein bißchen vorbelastet. Ich habe selber mal so ein Seminar besucht über DCCs in London, zu diesem Thema eben. Und habe ein bißchen den Vergleich zu anderen Unternehmen finden können und da war ich eigentlich ganz zufrieden. Während andere Unternehmen noch darüber stritten, ob sie für die Partnerin auch den Sprachkurs bezahlen – also wirkliche Basics – sind wir bei WIND bereits über diesen Punkt hinaus."*

Wie oben erwähnt, hat Herr N. hier eine eher zurückhaltende Ansicht: *„Wir haben wenig Maßnahmen seitens des Unternehmens, um auf ein solches Problem unter Umständen einzugehen."* Doch nach erneutem Hinterfragen zählt auch er einige Beispiele auf. *„Zunächst haben wir die Möglichkeit zu beraten. Ob unser Rat erwünscht wird oder ob er gefragt wird, ist eine ganz andere Frage. Man kann Hinweise geben, und man kann vielleicht das Denken eines Gesprächspartners auch in eine andere Richtung lenken. Wir haben, wenn es um Mobilität in andere Länder geht, die Möglichkeit, **den Partner einzubeziehen in sämtliche Vorbereitungsmaßnahmen**, nicht wahr? Was natürlich auch mobilitätsfördernd ist. Aber das ist **beschränkt auf internationale Personalbewegungen**. Wenn jemand von dem einen Teil Deutschlands in den anderen Teil wechselt, haben wir keine Möglichkeiten. Wir haben **finanzielle Unterstützung** und organisatorische Hilfsmaßnahmen wie z.B. für **doppelte Haushaltsführung** und **Heimfahrten**. Das sind in der Tat Maßnahmen, die aber zum großen Teil **nicht typisch sind für die DCC-Problematik**, sondern das gilt auch alles* *für einen Partner, der sich zur Zeit um die Erziehung der Kinder kümmert.*" [Hervorhebungen durch die Autorin.]

Dieses Zitat unterstützt eine von Herrn N. in einem nachträglichen, informellen Gespräch geäußerte Aussage über die WINDler-Mentalität: *„Wir hier bei WIND verkaufen uns nicht gut. Wir untertreiben meistens."* Selbstverständlichkeiten werden nicht mehr erwähnt. Dem Partner z.B. einen **Job am Versetzungsstandort** zu vermitteln bzw. danach zu suchen, ist für die Abteilung etwas Alltägliches. Frau C. betont: *„Aber das hat für mich nichts zu tun mit einem Programm Dual-Career Couples, sondern das ist absolut selbstverständlich."*

Alle Aktivitäten, die sowieso schon zum Standard gehören, fielen aus der Anspruchs- und damit Beobachtungshaltung für die Entwicklung eines DCC-Programmes quasi heraus. Die bereits bestehenden Strukturen sind kommunikationsfern geworden, weil sie nicht mehr beobachtet werden. Diese Diskrepanz der Eigenwahrnehmung zur reflektierten, vergleichenden Fremd- oder Außenwahrnehmung bzgl. der tatsächlichen Unterstützungsaktivitäten für DCCs bei WIND, und insbesondere in der Abteilung Internationale Versetzungen, wird auch noch einmal im Laufe des Workshops deutlich.

Welche Maßnahmen gibt es nun tatsächlich bei WIND für die Unterstützung (auch) von DCCs? Die folgende Tabelle gibt den Inhalt einer unternehmensinternen Broschüre wieder.

Unterstützungsmaßnahmen für Auslandsversetzung bei WIND	
• Beratungsgespräch	*Vertragsbedingungen, Infos über Land, Infrastruktur, Mentalität, Kultur; Beantwortung von Fragen, Aufdecken von persönlichen Bedürfnissen*
• Sprachschulung	*Kursangebote aller Kategorien noch vor Übersiedlung*
• Information über Land und Leute	*Pauschalbetrag für Landesliteratur, Vermittlung von Kontakten zu Mitarbeitern, die in dem betreffenden Land gelebt/gearbeitet haben. Informationssuche vor Ort*

• Interkulturelle Vorbereitung	*Seminar, in dem die Kulturstandards des Ziel- und Heimatlandes kennengelernt werden. Verhaltensorientierung*
• Gesundheitsvorsorge	*Veranlassung von Vorsorgemaßnahmen (Impfung) und Beratungen durch den werkärztlichen Dienst*
• Auslandsvorbereitungs-Seminar	*Zweitägiges Seminar. Beantwortung individueller und konkreter Fragestellungen, Austausch mit anderen zu Versetzenden*
• Reisen in die Heimat	*Finanzierung einmal pro Jahr*
• Krankenversicherung	*Private Gruppenversicherung möglich. Berücksichtigung der anfallenden Mehrkosten in der Vergütung*
• Berufstätigkeit	*Arbeitsvermittlung durch ein Netzwerk mit anderen internationalen Großunternehmen.* *Wiederbeschäftigungszusage für mitreisende Partner, die auch bei WIND arbeiten*
• Kinder/Schule	*Finanzierung von Schulgebühren/Lehrmaterialien/ Internatsgebühren bis zum Abitur*
• Kinder, die in Deutschland geblieben sind	*Unterhaltskostenzuschuß für in Ausbildung befindliche Kinder bis 27 Jahren* *Finanzierung einer Besuchsreise ins Versendungsland einmal im Jahr für jedes Kind*

Tabelle 13: Unterstützungsmaßnahmen für Auslandsversetzung bei WIND

Die Zielgruppe dieser Broschüre ist eher peripher an berufstätige Partner ausgerichtet. In den später stattfindenden PartnerInnen-Workshops fand dieser Umstand deutlich Erwähnung. Die PartnerInnen hätten sich in der Auflistung überhaupt nicht wiedergefunden bzw. nicht ernstgenommen gefühlt.

Die folgenden Instrumente, die allerdings – wie erwähnt – nicht unter einem speziellen DCC-Programm laufen, gehören bei WIND ebenfalls zum „Standard".

Sonstige „DCC-unspezifische" Unterstützungsmaßnahmen bei WIND
• Beteiligung an Netzwerken mit anderen Unternehmen zur Stellenvermittlung
• Beschäftigung des Partners im Unternehmen, wenn möglich
• Langzeitbeurlaubung mit Wiedereinstellungsgarantie
• Gleitzeit und wöchentliche und monatliche Arbeitszeitmodelle, Sabbatical
• Job Sharing
• Unbezahltes Freistellen, kurzfristige Beurlaubungen
• Telearbeit (wenn möglich)
• Fachlaufbahnen, Projektlaufbahnen und alternative Karrierewege
• Fortbildung (offene Seminare) während der Familienfreistellung
• Familienbeauftragte, -seminare, -arbeitsgruppen
• Sonstige Maßnahmen zur Förderung des Betriebsklimas und Unterstützung von Familien

Tabelle 14: Sonstige „DCC-unspezifische" Unterstützungsmaßnahmen bei WIND

Welche Unterstützungsmaßnahmen würden Sie für Ihr Unternehmen einführen wollen?

Bereits im Interview kamen einige Ideen zur Sprache, wobei sowohl die vorherige Auseinandersetzung mit dem Thema als auch die noch vorhandenen Fragen und das gedankliche Abwägen erkennbar sind. *„Ja, Ideen habe ich etliche, aber ob die gut sind und realisierbar sind und realisiert werden sollten, da hab' ich oft so meine Zweifel. Ja, man kann vieles tun, nicht wahr? Man kann sich* **verpflichten**, *eine andere Arbeitsstelle für den Partner zu finden, als* **Personalberater**, *Headhunter oder Jobhunter tätig werden. Wir könnten, wenn es um internationale Versetzung geht, die* **Altersversorgung** *und damit die soziale Sicherheit des Partners* **mitfinanzieren** *usw. Man kann da sehr, sehr teure Dinge tun. Ob wir das tun wollen, müssen wir uns sehr genau überlegen. Nicht nur weil es Geld kostet, sondern man muß auch personalpolitische Auswirkungen bedenken. Diskriminieren wir beispielsweise dann alle die Partner von Mitarbeitern, die zur Zeit nicht berufstätig sind?"*(Herr N.) [Hervorhebungen durch die Autorin.]

„Wo wir noch besser werden können, ist sicherlich das Thema Unterstützung des Partners al-lein, hinsichtlich **Karriere**, also **Beratung des Partners** bzw. auch Vermittlung, Hilfe bei der Vermittlung in diesem Land, wenn es überhaupt möglich ist. Wir müssen auch die rechtli-chen Rahmenbedingungen insgesamt sehen, ja? Da kann man sicherlich noch eine ganze Men-ge machen. [...] Also, **Netzwerke** über das Unternehmen hinaus ist ein Stichwort, bis hin zur **Zusammenarbeit mit Personalberatern**, die vielleicht für bestimmte Partner eine bessere Beratung geben können, als wir das als Personalleute bei WIND können, weil wir uns in der Chemie oder in der Textilindustrie nicht so gut auskennen. Ja? Und auch **technische Bera-tung**." (Herr F.) [Hervorhebungen durch die Autorin.]

Durch die Erfahrungen seiner Frau mit **Telearbeit** fand diese Art der Unterstüt-zung für DCCs bei Herrn F. besonders Erwähnung. WIND sei in diesem Bereich bereits recht weit, allerdings betonte Herr F. auch, daß „*die Bereitschaft da sein [muß], so etwas zu akzeptieren, und die ist noch nicht in allen Bereichen gleich gut ausgeprägt. Man kann das zwar als Unternehmen propagieren [...] trotzdem: Wenn die Vorgesetzten da nicht mitspielen, dann geht es eben nicht. Man muß viele positive Beispiele schaffen, dann geht es auch immer besser.*"

Weiter nach den ersten, **nötigen** Maßnahmen in dieser Richtung gefragt, sprach Herr F. die oben erwähnte Selbstverständlichkeit bzgl. bereits Vorhandenem an: „*Dann zunächst erst einmal sammeln: Was haben wir da eigentlich tatsächlich? Weil, viele Maßnahmen werden ja nie unter dem Begriff DCCs aufgeschrieben, sondern es ist zum Teil Selbstverständnis, es ist z.T. aus der Vergangenheit heraus einfach weitergeführt worden. D.h. eine Sammlung der wichtigsten Daten und dann Vermarktung letztendlich. Verbunden mit ei-ner Aufgabe, die da lauten könnte: Was können wir da noch mehr machen? Wie können wir noch besser werden?*"

Würden Sie diese Maßnahmen eher im Einzelfall anwenden oder ein DCC-Programm initiieren? Wieder gab es hierzu unterschiedliche Ansichten. Frau C.: „*(seufzt) Ich frage mich, ob das Problem so groß ist, für uns, daß wir es institutionalisieren müssen. Wir lösen Einzelprobleme und Einzelfälle. So ist es im Moment. Aber ich würde das Problem nicht für so gravierend halten, muß ich ehrlich sagen.*"

So meinte Herr F: „*Also ich denke schon, daß wir das zu einem Programm ausbauen könn-ten. Wir haben bei WIND ein Frauennetzwerk beispielsweise, und ich wünschte mir, daß wir mit denen gemeinsam ein Programm erarbeiten. Die Tatsache ist nun mal, daß die meisten Betroffenen wirklich Frauen sind, insbesondere bei einem von Männern dominierten Unterneh-*

men wie WIND, aufgrund {alias} usw. Da kann man ein Programm draus machen, ja." Herr N. hielt sich zu diesem Zeitpunkt noch etwas bedeckt: *„Wir sind dabei zu über-legen, ob das ein Projekt wird. Wir sind noch nicht so weit zu sagen, daß das ein Projekt ist. Und auch die Zielsetzung ist noch gar nicht so klar."*

Zusammenfassung

Die Wahrnehmung für die Partner der zu versetzenden Mitarbeiter war bei IV – je-doch nicht im gesamten Unternehmenssystem – schon vor zehn Jahren vorhanden. Diese war aber nicht groß genug, um das System nachhaltig zu irritieren. Der Part-ner ist allerdings in Gesprächen im Mitarbeiter-IV-System immer ein Thema ge-wesen, ganz im Gegensatz zu normalen Einstellungsgesprächen in den Standort-personalabteilungen. Es wurde bisher jedoch immer vom Mitarbeiter erwartet, daß er die Initiative übernimmt, über den Stand der Mobilitätsbereitschaft des Paares zu sprechen. Dies war früher offensichtlich nicht der Fall, da evtl. vorhandene Pro-bleme im DCC-Kommunikationssystem verblieben. Heute dagegen wird von Seiten der DCCs vermehrt aktiv mit dem Unternehmenssystem und insbesondere mit IV gekoppelt, und die DCC-spezifischen Fremdreferenzen werden kommuniziert. Die Kommunikationsdichte über die Problematik verdichtete sich im Laufe der Zeit und gipfelte in einem Irritationshöhepunkt, der letztendlich Entscheidungen und Handlungen in Form der Aktivierung und Generierung des DCC-Projekt-Systems auslöste.

Deutlich wird in den Interviews die Geschlossenheit des Systems, (üblicherweise würde man hier den traditionellen, wertenden Begriff Systemblindheit verwenden), die sich durch ein lediglich auf Mobilität ausgerichtetes Prozessieren auszeichnet. Andere Felder – ausgehend etwa vom Blickfeld der DCCs – werden nicht wahrge-nommen. Es werden entsprechend auch keine Unterschiede bzgl. Fähigkeiten oder Persönlichkeitsmerkmale zu anderen Paarkonstellationen gesehen.

Systemtheoretisch schlüssig ist auch, daß Systemprozesse intensiver präsent sind als die ebenfalls in den hier interpenetrierten Bewußtseinssystemen der Interviewten vorhandenen Fremdreferenzen der eigenen DCC-Kommunikationen (zur Erinne-rung: Alle drei Interviewten sind DCCs). Externe Beobachtungsangebote durch die Autorin führen zum Nachdenken, werden aber (zunächst) nur kurzzeitig fremdre-feriert.

Die Kommunikation im Interview-System über die Fremdreferenz DCC-Instrumente ist zunächst durch eine selektive Nichtwahrnehmung gekennzeichnet, da potentielle Instrumente von den Bewußtseinssystemen zunächst nicht als solche erkannt werden. Die Nichtaktivierung von zur Kommunikation Passendem wird von den Einzelnen selbstreflektiert dem unternehmenseigenen Kommunikationshabitus zugeschrieben, der sich durch Zurückhaltung und Untertreibung auszeichnet. Erst der Anstoß zur Reflexion und durch externe Bestätigung durch die Autorin wird der Zugang zu Vorhandenem geöffnet und in die weiteren Projekt-Kommunkationen integriert. Die Instrumente sind z.Zt. entsprechend nicht unter einem DCC-Programm zusammengefaßt, sondern zum einen entsprechend dem Systemhintergrund für Expatriates erdacht und zusammengestellt worden, zum anderen können sie allgemeinen, DCC-unspezifischen Maßnahmen zugerechnet werden. Daß sich der Fokus auf die Partnerthematik im Laufe der Interviews verstärkte, kann aus den Antworten auf die Frage nach den „am meisten notwendigen Veränderungen" gesehen werden: verstärkte Unterstützung des Partners durch (Karriere-)Beratung und finanzielle Ausgleiche.

Bemerkenswert ist, daß die Entscheidung für eine bloße Einzelfallbetrachtung des Problems selbstreflektiert zur Auflösung des Projekt-Systems führen würde (es wäre nicht genug Irritation für den Erhalt vorhanden) und hier ein interessanter Prozeß des Systemerhalts zu beobachten ist, der vorhandenes, erstes Zögern und Hinterfragen durch kommunikativen, rhetorischen Konsens über die Entwicklung eines Programms eliminiert.

8.1.3.8   Interviews: Karriere

Was wird hier im Unternehmen unter Karriere verstanden?

Herr N. gibt eine individuell-expansorische Definition: „*[Karriere bedeutet] die berufliche Entwicklung nach oben eines Mitarbeiters.*" Über diese Einzelaussage hinaus wurde den Personalverantwortlichen zu der obigen Frage zusätzlich ein Bogen mit Aussagen und Gegenaussagen zum Begriff Karriere ausgehändigt. Auf diesem sollten sie ankreuzen, welche Aussagen eher auf die bei WIND kommunizierten Einstellungen zu Karriere zutreffen. Diese Frageliste entspricht dem im Fragebogen an die DCCs integrierten Teil über Karrierekonnotation (vgl. Anhang Nr. 4, Fragebogen), mit dem Unterschied, daß die Personalverantwortlichen explizit nach den „im Unternehmen kommunizierten Einstellungen" befragt wurden, also eine Fremdbeobachtung zu leisten war, die DCCs dagegen nach ihren eigenen Einstellungen gefragt wurden.

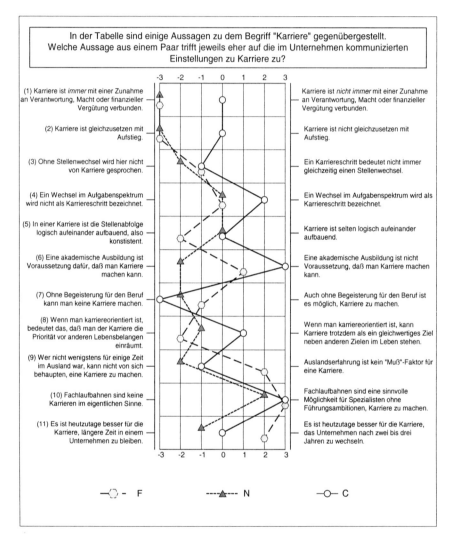

Abbildung 32: Unternehmensinterne Einstellung zum Konzept Karriere – Antworten der drei interviewten Personalverantwortlichen

Hintergrund für diese ausführliche Differenzierung in Einzelaussagen war die in Kapitel 5.2.2.2 dargestellte Vielschichtigkeit der Konnotationsmöglichkeit zum Begriff Karriere. Aus der Kombination dieses bedeutungskomplexen Konstruktes mit einem konstruktivistischen Verständnis von Wahrnehmung und Beurteilung wurde weiterhin angenommen, daß sich die Aussagen der drei Experten, obwohl diese alle lange Zeit bei WIND arbeiten, deutlich unterscheiden würden – auch und obwohl die Art der Frage deutlich darauf abzielte, die WIND-Kultur und *nicht* die persönliche Meinung des Einzelnen zu reflektieren. D.h. ein eindeutiges Ergebnis mit gleicher Beantwortung der Fragen wurde von vornherein eher bezweifelt.

Die Annahmen spiegeln sich letztendlich tatsächlich und deutlich in den Profilen wider: Von Eindeutigkeit kann hier nicht gesprochen werden. Diese dokumentierte Unterschiedlichkeit kann als eine weitere Bestätigung für die ausgesprochene Notwendigkeit gelten, scheinbar eindeutige und nicht mehr hinterfragte Konzepte und Begriffe (wieder) zu hinterfragen bzw. erneut anzuschauen.

Bei der detaillierteren Betrachtung der Profile ist interessanterweise festzustellen, daß die beiden männlichen Interviewten (N. und F.) eine hohe Übereinstimmung im ersten Teil der Fragen haben. Hier werden die „typischen" Einstellungen zu Karriere behandelt. Da die Fragen auf der linken Seite eher der „traditionellen" Karrieredefinition und die rechte eher der weiteren, „moderneren" Definition zuzurechnen ist, könnte man die Aussage treffen, daß beide Männer eher noch eine traditionelle Einstellung im Unternehmen WIND sehen. Inwieweit hier jedoch auch noch *eigene* Anschauungen mitspielen, ist nicht eindeutig zu erkennen. Im Vergleich hierzu liegen die Antworten von Frau C. in sechs Fällen mindestens zwei Ausprägungen rechts von denen ihrer Kollegen und nur in drei Fragen überhaupt im linken Bereich. Sie hat also eine deutlich „modernere" Wahrnehmung des WIND-Karrierekonzeptes.

Während die Herren im oberen Bereich noch deutlich übereinstimmen, ist die fast konträre Beantwortung in den Fragen zur Notwendigkeit von Mobilität (Auslandsaufenthalt (9) und Unternehmenswechsel (11)) sehr erstaunlich. Geht man von der bei WIND kommunizierten Mobilitätsnotwendigkeit aus (siehe auch Kapitel 8.1.3.9), die durch die 2er-Wertung von Herrn F. negiert wird, kann als eine Möglichkeit geschlossen werden, daß der Beantwortung deutlich von der Unternehmenspolitik abweichende Erfahrungen zugrunde liegen. Seine Aussagen zum Auslandseinsatz im nächsten Abschnitt lassen zudem eine auch individuell deutlich differenziertere Betrachtung von Mobilität erkennen.

Am deutlichsten differieren die drei WINDler in der Beurteilung der Bedeutung einer akademischen Ausbildung für Karriereziele (6). Aus der Außensicht betrachtet erstaunt dies, da doch alle drei mit der gleichen Vielfalt an Mitarbeitern und deren entsprechenden Hintergründen in Kontakt kommen und somit nicht nur die **kommunizierte** Karrierepolitik, sondern auch die **tatsächlichen** Laufbahnen verfolgen können. Hier stellt sich wieder die Frage, in welchem Ausmaß die Antworten doch eher individuelle Vorstellungen und auch Wünsche statt reflektierte Unternehmenszustände wiedergeben. Eine andere Interpretationsmöglichkeit wäre, daß es gar kein einheitlich kommuniziertes und zu beobachtendes Karrierekonzept bei WIND gibt. Gleiches gilt für die Antworten zu der Frage nach der Priorität der Karriere im Vergleich zu anderen Lebensbereichen (8), die zunächst – ohne zu interpretieren – deutlich die traditionelle Linie der beiden Herren und die „Rechtsseitigkeit" der Antwort von Frau C. dokumentiert.

Auch wenn letztendlich keine eindeutige Interpretation und somit Antwort auf dieses Ergebnis gegeben werden kann, bleibt doch die Aussage, daß hier unterschiedlich konnotiert wird, welchen Hintergrund es auch immer dafür geben mag.

Welche Karrieremöglichkeiten gibt es im Unternehmen? (Fach-, Führungslaufbahn etc.)

„Ja, es gibt neben der Führungslaufbahn die Fachlaufbahn und es gibt die Projektlaufbahn. Und es sind beide auf der gleichen Ebene, gleichwertig. Nehmen Sie mich als Beispiel. Ich bin in der Fachlaufbahn, weil ich keine große Abteilung habe, sondern nur eine Sekretärin. Deswegen bin ich nicht „weniger wert" als ein Kollege, der als Personalleiter eine große Abteilung hat? Und das gleiche gilt für jemanden, der ein Projekt bearbeitet." (Herr F.)

Herr N. fügt noch eine verfolgte Zielsetzung auf diesem Gebiet hinzu: *„Es gibt den Wunsch – das ist ein ganz wichtiges personalpolitisches Ziel –, auch den Wechsel zwischen den Laufbahnen zu realisieren, zu fördern."*

Gibt es insbesondere Karriereplanungen?

Bei dieser Frage gibt es die beiden Denk- und Antwortmöglichkeiten der organisationalen Stellenplanung und der individuellen Laufbahnplanung. Letztere gibt es bei WIND im Sinne einer kompletten Vorausplanung nicht: *„Es gibt nicht die Planung der Karriere eines Mitarbeiters von der Wiege bis zur Bahre."* (Herr N.) Eine durchdachte Stellenfolge mit zugehörigem Anforderungsprofil, wie es in allen größeren Unternehmen üblich ist, gibt es bei WIND dagegen auch. Hier ist auch die Karriereabstimmung mit dem Mitarbeiter integriert: *„Wie in allen Unternehmen haben wir verschiedenen Stufen der Hierarchie und wir haben ganz klare Vorstellungen, was eine Führungskraft können soll, an Erfahrungen mitbringen soll. Er soll nämlich verschiedene Positionen durchlaufen haben, verschiedene Aufgaben gemacht haben, an verschiedenen Standorten. Querdurchlässigkeit als Stichwort. Wir wollen die „Kaminkarriere" vermeiden, wo jemand in einer Abteilung als Auszubildender einsteigt und hinterher der Abteilungsleiter wird und darüber hinaus vielleicht noch Geschäftsführer des Bereichs. Wir wollen funktionsübergreifende Wechsel, auf gleicher Ebene und auf höherer Ebene. Und das ist eingebettet in Mitarbeiterentwicklungsprogramme bis hin zur Karriereplanung für den einzelnen."* (Herr F.)

Für alle Mitarbeiter gibt es in diesem Zusammenhang eine jährlich im Frühjahr stattfindende Mitarbeiterentwicklungsdurchsprache. Hier werden die Entwicklungschancen aller Mitarbeiter erörtert, die nächsten beruflichen Schritte vorgeplant und festgelegt und Maßnahmen zur Realisierung besprochen. Die eigenen Vorstellungen kann der Mitarbeiter dann in dem ebenfalls einmal jährlich stattfindenden Mitarbeitergespräch einbringen, wo über Leistung und Zielsetzungen gesprochen wird. *„Und es gibt eine Weiterentwicklung des Mitarbeitergesprächs, das ist das sog. Mitarbeiterentwicklungsgespräch, das der Mitarbeiter initiieren darf, wenn er Auskunft haben möchte über seine beruflichen Entwicklungsmöglichkeiten."* (Herr N.)

Nachgefragt nach dem allgemein zugrundegelegten Planungshorizont für Karrierekandidaten, stellt Herr F. dar: *„Wir bilden jedes Jahr einen sog. Förderkreis aus Mitarbeitern, von denen wir glauben, daß sie Karrierepotential haben. Dieser Pool hat eine Fristigkeit von 0 bis 4 Jahren, d.h., wenn Sie so wollen, machen wir Karriereplanung mittelfristig. Der Pool wird jedes Jahr wieder aktualisiert, das ist also ein fortlaufender Prozeß. Der Planungshorizont im Abteilungsleiterbereich reicht sogar bis zu acht Jahren."*

Gibt es Karriereplanungen für Mitarbeiter gemeinsam mit dem Partner?

Herr N.: *„Nach meiner Wahrnehmung tun wir das bislang nicht."*

Zusammenfassung

Wie erwartet führte die Profilbefragung zu keinem einheitlich ablesbaren WIND-Karriere-Konzept. Dies bestätigt die in Kapitel 4.3.6 erwähnte Unmöglichkeit der Einheitsfeststellung von komplexen Konstrukten, insbesondere wenn ihre Komplexität durch eine derartige Frage erst bewußt gemacht wird. Weiterhin wird auch die Frage aufgeworfen, inwiefern überhaupt Bewußtseinssysteme vollkommen frei von eigenen Konzepten, Unternehmenskonzepte reflektieren können, eine Intention, die allen Experten-Befragungen implizit, unhinterfragt zugrunde liegen!

Unterschiedliche Karrierepfade sind im Unternehmen vorhanden, und es wird von Seiten des Unternehmens auf eine hohe Diversifikation der Einzellaufbahnen Wert gelegt. Eine mitarbeiterindividuelle Karriereplanung wird allerdings nicht durchgängig verfolgt, wobei die Mitarbeiterentwicklungsgespräche und der Förderkreis bereits in diese Richtung gehen. Karriereentscheidungen werden vorwiegend durch Kommunikationen an den Fremdreferenzen Vakanzen und potentielle Vakanzenfüller induziert. Eine Karriereplanung, die die gesamte Lebenssituation des Mitarbeiters und des Partners berücksichtigt, gibt es noch nicht.

8.1.3.9 Interviews: Mobilität

Wie wird Mobilität im Unternehmen kommuniziert/definiert? Wie wichtig ist Ihrem Unternehmen die berufliche Mobilität der karriereorientierten Mitarbeiter?

Bei WIND ist Mobilität ein in allen Bereichen stark kommuniziertes Anliegen der Firma an die Mitarbeiter. Herr N.: *„Mobilität ist unerläßlich in einem Unternehmen wie diesem, was schon alleine in Deutschland sehr viele Standorte hat und in aller Welt."*

Herr F. bestätigt diese Aussage: *„Also es wird immer wieder als wichtig kommuniziert. Die Aufnahmekriterien für diesen Förderkreis umfassen auch die Mobilität. Jemand, der niemals mobil ist, sollte eigentlich nicht im Förderkreis sein. Aber Mobilität ist nicht eine Sache, die man hat oder die man nicht hat, sondern die verändert sich natürlich. D.h. es ist ein Prozeß, und wir lassen das auch zu, daß jemand sagt, ich bin für zwei, drei Jahre nicht mobil, aus* *welchen Gründen auch immer. Und das ist durchaus akzeptabel, ja? Wenn jemand das aber über 10 oder 20 Jahre sagt, dann ist das nicht mehr akzeptabel."*

Auf die Nachfrage, ob Mobilität bei WIND ein Muß sei, erwiderte Herr F jedoch: *"Nein, es ist kein Muß. Wobei ich sage, leider, weil ich finde, in einem internationalen Unternehmen ist eigentlich die Kenntnis von anderen Kulturen bzw. das Arbeiten in anderen Kulturen ganz wesentlich. Das hat mir auch sehr bei meiner Arbeit geholfen. Mobilität besteht als klar formuliertes Ziel. Wir wünschen den Auslandseinsatz, aber es gibt natürlich viele Männer, die Abteilungsleiter und darüber hinaus auch Geschäftsleiter sind, die nie im Ausland waren. Diese Zahl wird aber kleiner."* Bei Herrn F. kann eine differenzierte, kontextbezogene Einstellung zum formulierten Mobilitätsziel festgestellt werden: *"Man muß es im Einzelfall betrachten. Es gilt natürlich auch für Leute, die eine besondere Fähigkeit, Fertigkeit, Know-How besitzen, die wir vielleicht im Ausland gar nicht entsprechend nutzen können. In vielen Entwicklungsbereichen ist das der Fall, da macht das gar keinen Sinn."*

Interessante Aspekte bzw. Anzeichen einer Veränderung in der Kommunikation des Systems IV über das Mobilitätskonzept der eigenen Firma finden sich, später im Prozeß, im Gruppengespräch (vgl. Kapitel 8.1.5). Die externe Irritation durch die Interviewerin/Autorin und die resultierende verstärkte interne Kommunikation im System werden sichtbar.

Wie viele Mitarbeiter werden pro Jahr ins Ausland versetzt?

"Aus Deutschland werden pro Jahr zwischen { >200} für längerer Zeit entsandt." (Herr N.) Im Jahre 2000 waren es genau {*alias*}. Das entspricht einem Prozentsatz von ca. 0,25% der Mitarbeiterzahl in Deutschland. Im Vergleich dazu wurden z.B. bei Shell 1996 bereits 5.700 Mitarbeiter versandt, was 5,35% der Mitarbeiter entspricht.[573] Diese Zahlen geben an, wie viele Mitarbeiter in einem Jahr „rausgehen", jedoch noch nicht, wie viele sich bereits am Auslandsstandort befinden. Anfang 2001 befanden sich bei WIND insgesamt { >400} deutsche Mitarbeiter an internationale Standorten (>0,5%), im Juni war der Stand bei { >500} (>0,6%). Unter diesen { >500} international versetzten sind {*alias*} Frauen, was einen Prozentsatz von 6% ausmacht. Als Vergleich: Bei Shell sind auch 10% Frauen unter den Versetzten.

---

[573] Vgl. Kuenzle 1997

8.1.4 WIND – Der Projektgruppen-Workshop

Gleich im Anschluß an die drei Einzelinterviews fand ein etwa dreistündiger Workshop statt, an dem die folgenden Mitarbeiter teilnahmen: Herr N. und Herr F. sowie zwei neue Projektmitglieder Frau R. und Herr M.

Frau R.'s Aufgaben bei WIND bestehen zu 50% aus der Leitung des Projektes „Frauenförderung in der WIND-Gruppe" und zu 50% aus der Mitarbeit in der Abteilung „Mitarbeiterentwicklung, Beschäftigungsbedingungen für Führungskräfte"

Herr M. ist zum einen im Geschäftsbereich B. für Führungskräfte zuständig und hat gleichzeitig Koordinationsfunktion als Personalleiter in diesem Bereich. Er ist seit 1990 bei WIND beschäftigt.

Ziel des Workshops war die durch Herrn N., dem Initiator des gesamten Treffens, eingebrachte Vorgabe der **„Standpunktbestimmung zum Thema DCCs"**. Er stellte dieses Ziel gleich zu Anfang dar und begründete die Anwesenheit einer WIND-Externen (resp. der Autorin) vor allem den zwei dazu gekommenen Beteiligten:

Herr N.: *„Ich meine, wir haben bei WIND bisher zu diesem Thema keinen Standpunkt, keine policy. Zumindest ist mir eine solche nicht bekannt. Und da ich meine, daß es nicht nur ein Thema ist, das relevant wird bei grenzüberschreitenden Personalbewegungen, sondern überhaupt bei Personalbewegungen oder bei anderen Gelegenheiten, hab ich mir einfach mal ein Herz gefaßt und versucht, einen kleinen Kreis zusammen zu bekommen. Parallel dazu entstand der Kontakt zu Frau Ladwig. Wir haben ein paar Mal miteinander telefoniert und das hat uns schließlich dazu veranlaßt, sie hier heute mit einzuladen in diesen Kreis, in der Erwartung, daß wir von ihren bisherigen Erkenntnissen und ihren bisherigen Arbeiten, von denen sie uns noch berichten wird, auch etwas profitieren können."*

Systemtheoretisch betrachtet ist diese kommunikative Inklusion der Autorin durch Herrn N. nicht nur eine definitive Systemgenerieurng bzw. -grenzziehung (System DCC-Projekt), sie erhöht auch die Irritationswahrscheinlichkeit des Systems IV/AMZ für weitere externen Einflüsse. Es wird zudem vermutet, daß diese Inklusion das Ziel einer zusätzlichen Legitimation oder Fundierung im Sinne einer Absicherung durch gezielte Außeninformationen verfolgt.

Nach dieser Einleitung und kurzer gegenseitiger Vorstellung sprach Frau R. sofort die unterschiedliche Relevanz des Themas in ihren beiden Bereichen an. Während in ihrer Abteilung DCCs eher ein Randthema sind, stellt sie fest, daß es *„in der Frauenförderung doch häufiger aufkommt. Dort wird es auch diskutiert, auch WIND-übergreifend, z.B. mit dem Verein „Frauen in der Wirtschaft."* Die anderen Teilnehmer gingen hierauf ein, indem sie ihre eigenen Erfahrungen mit dem Thema in ihrem Aufgabenbereich vorstellten. Herr F.: *„Das Thema DCC habe ich am eigenen Leibe mehrfach, zum Teil schmerzlich, aber zum Teil auch gewinnend erfahren können, und durch die Tätigkeit bei IV habe ich auch viele Fälle kennengelernt, wo es ein großes Thema war. Und ich habe es auch immer etwas vermißt, daß wir keine Politik oder keine einheitliche Sprachregelung hatten. Es gibt immer wieder Meinungen im Raum, und es gibt auch schon bestehende Regelungen – wir hatten darüber gesprochen [an die Autorin gewandt]. Wir können schon etwas anbieten, aber es ist nicht strukturiert zu diesem Thema hin. Und ich wünsche mir da eben mehr Struktur und auch vielleicht ein Programm, das nicht nur wichtig für Ihr Thema [erneut an die Autorin gewandt] sein könnte, sondern auch ganz allgemein für die IV-Arbeit, also für Entsendungen, aber auch für unsere allgemeine Arbeit, nämlich Stellenbesetzungen, sowohl im Inland als auch im Ausland. Und insofern bin ich froh, hier dabei sein zu dürfen."*

Herr N. stellt daraufhin noch einmal konkreter die Zielsetzung dieses Zusammentreffens dar: *„Ich wünsche mir eigentlich, daß wir am Ende dieses Nachmittags eine gemeinsame Idee haben, was wir schaffen sollen, bei WIND. Wie ein Konzept etwa aussehen sollte. Das muß dann sicher noch weiter bearbeitet werden, muß dann irgendwann auch mal zur Beschlußfassung durch verschiedene Hierarchieebenen gehen, aber daß wir heute vielleicht den ersten Schritt auf diesem Wege tun und eine gemeinsame Meinung aus unserem Kreis heraus bilden."*

Der Vorschlag der Autorin, die Agenda für diesen Nachmittag durch Kartenabfrage[574] mit der Frage: „Welche Fragen sollen angesprochen werden bzw., was sind die wichtigsten Themen?" zu generieren, stieß auf Zustimmung, und es entstand die folgende Abfolge:

---

[574] Metaplan-Moderations-Methode

```
                    AGENDA
        1. Definitionen/
           Namensgebung
        2. Ist es ein Problem?
        3. Was ist das Problem?
        4. Was können wir tun?
```

Zu 1. Definitionen und Namensgebung

Gleich zu Anfang eröffnete Herr F. mit seinem ersten Punkt eine interessante, grundlegende Diskussion. Durch seine Frage nach der Definition von Karriere und der sich in der Runde anschließenden Fragestellungen, „Was sind eigentlich DCCs?" wurde im weiteren Verlauf die gesamte Thematik auf ein ausgeweitetes Beobachtungsfeld bezogen. Es wurde anschließend von allen hinterfragt, inwiefern ein mögliches Programm wirklich nur für DCCs ausgelegt sein sollte. Bereits in der Anfangsfrage war die Kommunikation also durch ein analytisch-unterscheidendes, differenziert-problematisierendes Vorgehen gekennzeichnet.

Herr F.: (1)„*Die erste Frage ist, wollen wir eine Definition eigentlich voranstellen. Was heißt eigentlich ,Karriere'? Sonst kommt jeder zu uns und sagt: ,Ja, also meine Frau, die hat auch ihre Karriere, und daher müssen Sie als Unternehmen Geld zur Verfügung stellen, damit auch sie weiterkommt.' Wollen wir dazu etwas sagen, oder wollen wir es einfach so akzeptieren, wie man es uns anträgt? Das würde mich interessieren. Es gibt ja auch die double-income couples, im Gegensatz zu Karrierecouples.*"

Herr N. ging über die reine Definitionsfrage hinaus und erwog mögliche Probleme einer zu eng gefaßten, sprich nur auf DCCs bezogenen Ausrichtung.: „*Ich sehe die Gefahr der Diskriminierung von Non-DCCs. Die gibt's auch. Es gibt ja nicht nur DCCs, sondern auch Non-DCCs. Was ist mit der bis vor zwei Jahren berufstätigen Frau, die sich jetzt der Erziehung ihrer 1 ½-jährigen Zwillinge widmet und nur zur Zeit gerade nicht berufstätig ist. Die an sich nach wie vor eine Karriere verfolgt, aber es zur Zeit halt nicht „beweisen" kann. Dahinter steckt natürlich ein Abgrenzungsproblem.*"

270

Auch die Frage, ob man zwischen Partnern, die bei WIND arbeiten und solchen, die nicht bei WIND sind, unterscheiden sollte, wurde als Zusatzfrage in den Raum gestellt.

Die Erkenntnis, wie schwer es ist, DCCs wirklich zu erkennen und zu benennen, wird formuliert: *"Also, ich meine, daß diese Firma voll ist von Leuten, die irgendwann mal in diese Firma gekommen sind, um Karriere zu machen, und wie es das Leben so bringt, die Mehrzahl davon macht keine. Bekommen die dann einen Aufkleber oder so? In der Form: Du machst noch Karriere, Du machst nicht mehr Karriere. Selbst wenn man es unterscheiden könnte, sagt man es dann noch?"* (Herr N.) Resümierend stellte er fest: *"Ich mache ja keinen Hehl daraus, daß ich mir diese Unterscheidung, DCC und DEC, sehr, sehr schwer vorstelle. Meine Wahrnehmung aus dem Kontakt mit Betroffenen ist, daß die keinen Unterschied machen. Ich tu mich wahnsinnig schwer, das zu unterscheiden und bin eigentlich sehr dafür, beide in einen Topf zu werfen."*

Offensichtlich stellt die Unterscheidung des Wissenschaftssystems zwischen DCCs und DECs in diesem (Unternehmens-)System kein sinnhaft zu verfolgendes Schema dar, zumindest nicht bis hinunter auf Entscheidungs- und Handlungsebene wie z.B. zur Generierung von DCC-spezifischen Programmen. Die Karriereorientierung als Unterscheidungsmerkmal ist zwar als Wissen in den Bewußtseinssystemen der interpenetrierten speziellen Subsystemen IV/AMZ enthalten, bildet aber ein zu schwaches bzw. nicht greifbares und ablesbares Kriterium für Zuordnungen und damit für Entscheidungen. Dies ist somit ein anschauliches Beispiel für die System(-prozeß)unterschiede zwischen Wissenschaft und Unternehmen, wie sie in Kapitel 5.2.3.4 dargestellt wurden.

Zu einem anderen Zeitpunkt (PartnerInnen-Workshops[575]) verstärkte sich die Sinnhaftigkeit der Unterscheidung von karriereorientierten, berufstätigen und nicht-berufstätigen Partner jedoch noch einmal, zumindest bei Herrn N. Von den überwiegend anwesenden DECs und nicht-berufstätigen Partnerinnen kamen wenig wirklich konkrete Vorschläge für die Überwindung von Mobilitätshemmnissen – ein Ziel dieser Workshops. Für die Bewußtseinssysteme der Partnerinnen war das Thema Mobilität offensichtlich zwar soweit schon relevant, als daß sie am Work-

---

[575] Diese Workshops wurden in der im August stattfindenden Gesprächsrunde als nächster Schritt vorgeschlagen und im Oktober und November durchgeführt, vgl. Kapitel 8.1.6.

shop teilnehmen wollten, jedoch war „*der Leidensdruck bei den DECs relativ gering und war bei den nicht-berufstätigen Frauen überhaupt nicht vorhanden*" (Herr N.)

Trotz dieser einmaligen speziellen Sinnbestätigung der Unterscheidung wird sie, wie gesagt, nicht für das weitere mobilitätshemmnisabbauende Prozessieren des Systems als sinnvoll betrachtet, da auch DECs oft mobilitätsgehemmt sind. Den Vorschlag von Herrn N., die Gruppe auf DECs auszuweiten, begrüßten alle Beteiligten. Herr F.: „*Im Prinzip schließ ich mich da an. Meine Denkweise ist auch in diese Richtung. Überall wo es Partnerverhältnisse gibt und wir mit Mitarbeitern über Veränderung sprechen, betrifft das immer auch den Partner. Und wie auch immer, ob der Partner jetzt Karriere macht oder nun Geld verdient oder gar nichts tut, es ist das gleiche Problem, meines Erachtens.*"

Frau R.: „*Ich würde sogar fast noch einen Schritt weitergehen. Wenn man z.B. das Buch nimmt: „Wie wir arbeiten werden." Dort steht u.a., daß zukünftig auch soziale Arbeit mehr an Wert gewinnen wird. Dann wird das Einkommen irrelevant. Ich würde da auch keine Unterscheidung machen. Denn das würde auch bedeuten, daß wir Arbeit plötzlich werten. Dann ist plötzlich die Arbeit einer Sekretärin oder eines Bandarbeiters weniger wert als die Arbeit einer Führungskraft.*"

Beide Kommunikationsangebote, sowohl das von Herr F. als auch von Frau R., haben die Fremdreferenz Unterscheidung von Zielgruppen gewählt. Offensichtlich läuft gleichzeitig bereits eine Bewertung mit, indem hier der Akt der Unterscheidung gleichgesetzt wird mit Diskriminierung oder Ausschluß. In den strukturell an das Kommunikationssystem (die Gesprächsrunde) gekoppelten Bewußtseinssystemen der Teilnehmer wird also die ordnende Funktion von Strukturierung weniger stark wahrgenommen und referiert als die einschränkende Funktion von Strukturbildung. Vor dem Hintergrund normativer Konzepte wird versucht, unentgeltliche und entgeltliche Arbeit bewertungsgleich zu setzen: „*Ich glaube, jemand der im karitativen Bereich tätig ist und engagiert ist und auch kein Geld verdient, daß der ein sehr erfülltes Leben, Arbeitsleben hat, für sich gesehen.*" (Herr F.)

Zu beachten ist, daß das DCC-Projekt-System hier kommuniziert, nicht bewerten zu wollen, daß aber bei der Entscheidung einer Versetzung paarintern die Stelle einer Sekretärin durchaus nicht gleichwertig mit der Stelle einer Abteilungsleiterin bewertet wird.[576]

Zu 2 und 3: Ist es ein Problem? und Was ist das Problem? Welche Erfahrungshintergründe gibt es hierzu?

Herr F. erschuf durch eine seiner Bemerkungen diesen Punkt der Agenda und stellte damit eine systemtheoretisch weitreichende Frage *„Gut, die Frage, die sich daraus jetzt ableitet ist: Ist es uns wert, uns mit diesem Thema zu befassen und auch Ressourcen bereitzustellen. Gut, Probleme gibt es immer, wenn es um Veränderungen geht. Ist es so stark, daß wir uns damit befassen müssen?"*

Hier dient offensichtlich das Explizitmachen von sonst unentdeckt verlaufenden Relevanzabwägungen – also die Reflexion an Relevanz –, dazu, Anschlußkommunikationen zu legitimieren. Dieses Kommunikationsangebot mit Systemauflösungspotential und der damit inhärente Zwang zum Direktanschluß wird von allen verstanden. Herr N. schließt dann auch mit seiner Antwort diese bestehende Öffnung:

„Ja, ganz eindeutig ist es ein Problem, weil viele Kandidaten nicht zu wirklichen Kandidaten werden, weil sie nicht bereit sind, oder sich nicht in der Lage sehen, mobil zu sein."

Die sinkende Mobilitätsbereitschaft (u.a.) auf der DCC-Seite in Verbindung mit dem IV-Systemsinn der Versetzung von Mitarbeitern wird also nicht nur als Fortführungsargumentation für die Projektarbeit (System Projekt), sondern auch als ein Hauptfaktor der Störung des IV-Systems wahrgenommen. Die sich ergebende Konsequenz für das IV-System ist es, Mobilitätshemmnisse abzubauen. Mobilitätshemmnisse resultieren aber vor allem aus der Karriereorientierung der Partner. Aus der Beobachtung beider Systeme ergibt sich hier also ein zusätzlicher Konflikt *zwischen* den Systemen. Beispielsweise würde die Maßnahme des „Aufzeigens von Alternativen zur Karriere" von Seiten des IV-Systems für dieses System eine Konfliktlösung bedeuten, gleichzeitig impliziert die Alternative aber auch die Unterbrechung der Karriere des Partners, was gleichbedeutend mit der Auflösung des Systems DCC wäre!

Herr F. hinterfragt – offensichtlich extern irritiert – noch einmal die Begrenzung des DCC-Themas auf Mobilität, ändert aber letztendlich nicht seine Meinung:

---

[576] Siehe hierzu Untersuchungen zur Priorisierung der Karrieren, aufgeführt in Kapitel 5.2.2.

„Geht es eigentlich immer nur um Mobilität? Diese Frage haben Sie [die Interviewerin/Autorin] heute morgen gestellt. Die hat mich ein bißchen zum Nachdenken gebracht. Wenn Sie mich fragen, wenn man Stellenbesetzung betreibt, dann geht es in der Regel um Mobilität. Die Stellenbesetzungen, die ich am Standort mache, sind für mich aber eigentlich kein Problem. Da brauche ich keine Lösungsansätze. Das müssen die Mitarbeiter irgendwie mit sich selbst ausmachen. Sehen Sie, es wird immer dann ein Problem, je weiter es weg geht. Wir sind ein wirtschaftliches Unternehmen und wir wollen ein Problem lösen. Und das ist bei mir, in meinem Bereich ganz klar: Mobilität.“

Wie oben bereits angedeutet ist die zentrale Unterscheidung im System IV Versetzung/Nicht-Versetzung bzw. Mobilität/Immobilität. Entsprechend ist auch eine klar auf diese basale, systembildende Mobilitätsentscheidung ausgerichtete Kommunikation feststellbar. Andere Aspekte der DCC-Thematik bilden teilweise noch unspezifisches Rauschen. Ein Beispiel ist die Reaktion auf die von der Autorin aufgebrachte Frage, ob Arbeitszeiten ein relevantes Thema für DCCs sein könnten. Herr F.: „Wir haben ab einer bestimmten Ebene von Führungskräften Arbeitszeitsouveränität. D.h. es geht gar nicht mehr um Arbeitszeit an sich, sondern nur mehr um die Aufgabe, um die Erfüllung der Aufgabe. Und da ich besonders diese Führungskräfte im Fokus habe, die sich in dieser Arbeitszeitsouveränität befinden, ist das Thema Arbeitszeit kein Thema.“

Eine kritische Haltung zu dieser Aussage hatte Frau R., evtl. als ein Ausdruck eines anders gerichteten Blickwinkels, der aus der Zugehörigkeit zu einer anderen Abteilung (nicht IV) bzw. aus Gesprächen mit Mitarbeitern im Frauenförderprojekt resultiert. Sie sieht strukturelle Hemmnisse für dieses Arbeitszeitkonzept: „Die Frage ist, wie wird es gelebt? Es gibt wenige, die die Arbeitszeitsouveränität wirklich nützen. Das sind immer nur Ausnahmen. Es stellt sich halt die Frage, inwieweit besteht überhaupt die Möglichkeit, diese Souveränität anzuwenden?“

Auf die Frage, ob es ein Problem darstellt und ob es sinnvoll und notwendig ist, Karrierepartner zu thematisieren, geht Frau R. auch über ihre eigenen Erfahrung hinaus und bringt allgemeine demographische Argumente in die Diskussion,.: „Und ich denke, ich seh' das zukünftig als immer größer werdendes Problem, weil wir halt immer „gleichwertigere“ Partner künftig haben werden. Also immer mehr Menschen haben werden, die eine hervorragende Berufsausbildung haben und natürlich auch das Ziel haben, diese Berufsausbildung anzuwenden. Und von daher denke ich: Es ist ein wachsendes Problem.“

Vor dem Hintergrund, daß allein das System den Möglichkeitsraum darüber vorgibt, wie und wodurch es sich beeinflussen läßt, ist die festzustellende Erhöhung der Irritationen in dieser Abteilung bzgl. DCCs durch die vermehrte Kommunikation an der Differenz Mobilität/Immobilität festzumachen. Das Übergewicht hin zur Unterscheidungsseite der Immobilität, also alle erfahrenen Mobilitätshemmnisse, ist dabei verantwortlich für die dargestellte Art und Weise der Transformation von Rauschen in Systemkommunikationen. Es ist weiterhin festzustellen, daß sich das Systemprozessieren fast ausschließlich an der Referenz Mobilität erhält, andere Kopplungen mit DCCs werden nicht gesehen oder nicht für relevant gehalten.

Nachdem die Frage, *ob* DCCs ein Thema, ein Problem darstellen, mit Ja beantwortet wurde, kreiste ein Großteil der weiteren Diskussion um die zentrale Frage: *Was* ist das Problem?

Anfangssätze waren entsprechend mobilitätsfokussiert. Herr N.: „*Die eingeschränkte Mobilität unserer Mitarbeiter führt oft zu Mehrkosten für das Unternehmen durch doppelte Haushaltsführung. Außerdem gibt es Erwartungen unserer Mitarbeiter, die häufig enttäuscht werden. Es gibt Mitarbeiter, die meinen, die Firma müsse für sie eine Stelle für die Freundin besorgen. Wenn dies nicht gelingt, führt es zu Enttäuschungen.*"

In diesem Satz wird eine verständliche Haltung der Vermeidung von Problemen – hier in Form von Enttäuschung der Mitarbeiter – erkenntlich. Das kommunizierte Bemühen um den Erfolg – die Versetzung und die Zufriedenheit der Mitarbeiter – wird von den Auswirkungen des Erfolges, nämlich die Bildung von Erwartungshaltungen bei den Mitarbeitern, als gefährdet betrachtet. Der folgende Satz unterstützt dies noch. Herr N.: *Es gab ein wunderbares Beispiel, alles hat geklappt, alle waren zufrieden. Da hieß es dann: talk about it! Reden Sie darüber. Ganz IV hat aufgeschrien, als wir das gehört haben. Weil, natürlich dieses wunderbare Beispiel so wunderbar ist, daß es in der Wirklichkeit kaum vorkommt. Und je mehr Leute davon wissen, desto mehr sind enttäuscht, daß es mal, aus Engagement vieler Leute, mit Glück geklappt hat. Aber das kann man nicht beliebig vervielfältigen. Das ist die Gefahr dabei.*"

Es wird bereits eine Grundstruktur in Form überwiegender Haltungen abgrenzbar: Positive Motivationswirkungen bzw. Anspornwirkungen gelungener, erfolgreicher Beispiele werden nicht kommuniziert, sondern der sich evtl. daraus ergebende negative Anspruchsaufbau auf Seiten der zu versetzenden Mitarbeiter. Dies wird verstärkt durch die Wahrnehmung von externen Erfolgsdrücken durch Konkurrenzsysteme: *„Der Markt in dem Feld, das klang schon mehrmals an, ist in Bewegung. Viele Firmen denken darüber nach. Nicht nur WIND hat das Problem, viele andere Firmen auch. Als Resultat daraus entsteht ein neidvoller Blick auf andere Firmen, also z.B. wenn {Firma x} etwas tut, was WIND nicht tut, sind die WINDler neidisch.“* (Herr N.)

Zusammenfassend wurden als Erfahrungshintergründe und damit Begründungen und Ausdifferenzierungen des Themas im Bezug auf WIND genannt:

- Abnehmende Mobilitätsbereitschaft der Mitarbeiter

- Wettbewerbsdruck/Blick auf andere Unternehmen

- Kündigungen der Mitarbeiter, weil sie selber Partner sind (Follower)

- Erwartungsgegensätze zwischen dem Unternehmen und den Mitarbeitern:

Erwartungen von WIND:

- Mobilitätsforderung

- Querdurchlässigkeit

- „Mitarbeiter soll am Arbeitsort wohnen“

Erwartungen von den Mitarbeitern:

- Wunsch nach Karriere ohne Mobilität

- Unterstützung durch WIND (z.B. bei Auslandsversetzung)

- ein Unternehmen, das sich den ändernden (partnerschaftlichen) Umständen anpaßt

Zu 4: Was können wir tun?

Einzelmaßnahme vs. Programm

[Interviewerin: *„Was wäre anders, wenn es, statt Einzelmaßnahmen wie bisher, ein Programm gäbe?“*]

Herr F: *„Was wäre anders? Ich glaube, wenn es ein Programm gäbe, dann hätte ich im Vorfeld eine größere Anzahl Mitarbeiter, auf die ich zugehen kann, weil sie von vornherein sagen, 'ich könnte mir eine Veränderung (sprich Versetzung) vorstellen.' Und so – ohne Programm –*

276

ist es in der Natur der Sache schon eingeschränkt, weil viele von vorneherein schon sagen, 'nein, das kommt für mich nicht in Frage.'"

Das Argument, daß ein Programm als Facilitator dienen würde, um Barrieren abzubauen bzw. gar nicht erst entstehen zu lassen, entspricht genau den im theoretischen Teil dargestellten Erklärungen zur Sinnhaftigkeit von Kopplungsförderern. Gleichzeitig würde es automatisch zu einer Arbeitserleichterung für die Mitarbeiter von IV und einer entsprechend höheren Erfolgsquote kommen.

Herr F. stellte jedoch gleich darauf – mit Bezug auf noch bestehende Rollenmuster – bewußt seine eigenen Überlegungen in Frage: *„Wenn wir ein Programm hätten, würden wir dann tatsächlich Barrieren abbauen? Ein Beispiel: Eine Kandidatin sagt von vorneherein zu einer Versetzung Nein, weil ihr Mann auch eine entsprechende Karriere macht. Ich kann es mir nicht vorstellen, sie selber kann es sich nicht vorstellen, daß der Mann aufhört und dann mitgeht, auch wenn wir ein Programm hätten."*

Herr N. bezieht weniger die Gegenposition und stellt mehr die Grenzen und Gefahren eines Programms dar: *„Ich möchte noch einen Gedanken an der Stelle einbringen: Ich denke man kann mit einem noch so phantastischen Programm einen gewissen Personenkreis überhaupt nicht erfassen. Außerdem gibt es noch die Mitnahmeeffekte. Wir haben sehr viel Mobilität, nicht wahr, wir brauchen das. Nicht jeder ist mobil, so wie wir es gerne hätten, aber letztendlich lösen wir unsere Problem immer – ohne daß wir teure Maßnahmen hätten. Hätten wir kostspielige Maßnahmen, gäbe es eine Fülle von Mitarbeitern, die heute mobil sind, mit oder ohne Karrierepartner, die, wenn es finanziell einträglich wäre, mit kassieren. Wir würden an der Wirklichkeit nichts geändert haben, wir würden nur mehr Geld ausgeben."*

Auch diese Art der skeptischen Kostenabschätzung ist ein Beispiel, das in die oben aufgezeigte Strukturform dieses Systems paßt. Es werden Gegenargumente gefunden und auch plastisch und deutlich umschrieben. Trotz dieser umfangreich kommunizierten Gegenseite beenden die Einzelargumente nicht etwa die Kommunikation, sondern leiten eher ein zu der Argumentation der Pro-Seite. Es wird vermutet, daß diese Strategie hier ebenso aus Gründen der Legitimation und Demonstration des Problemgewahrseins verwendet wird. Die Anschlußkommunikation wird u.a. durch folgende Sätze gesichert. Herr N.: *"Ganz grundsätzlich ist das Unternehmen schon bereit, Geld auszugeben."* - Herr F.: *„Wir sind uns hier im Kreis einig, daß wir ein Programm brauchen, ob es DCC heißt, – ich glaube, der Name spielt schon eine wichtige Rolle – aber wir sollten es meiner Einstellung nach nicht auf die Karrierecouples beschränken."*

Was ist bereits vorhanden?

Gleich zu Anfang des Workshops bringt Herr F. die Ist-Situation in einer Frage auf den Punkt: *„Was wir bereits haben? – Mir ist nicht immer ganz klar, was eigentlich alles schon da ist. Da gibt es eine ganze Menge, was wir machen, was wir gar nicht wahrnehmen als Maßnahmen für DCCs. Das fängt ja beim Sprachkurs und bei Infobesuchen in dem jeweiligen Land, aber auch im Inland, an. Mir ist das so klar geworden auf einem Seminar über DCCs, wo viele andere Firmen so stolz über ihre Errungenschaften zu DCCs waren, und ich dann nur ganz verunsichert war und dachte, ist doch nichts Außergewöhnliches, das machen wir bei WIND doch schon lange. Wir machen also schon eine ganze Menge. Das müßte man mal erst einmal sammeln.“*

Es wird die Schwierigkeit deutlich, trotz Problemverständnis, vorhandene Strukturen spontan und aufwandslos als Fremdreferenzen mit dem Themenbereich DCCs in Verbindung zu bringen. Zentral ist dabei der Satz: *„... was wir gar nicht wahrnehmen als Maßnahmen für DCCs.“* Hieraus wird auch klar, wieso es zu den beschriebenen Untertreibungen bzw. verzerrten Selbstwahrnehmungen kommt.

Aufgrund der begrenzten Zeit wurde an dieser Stelle der Vorschlag gemacht, die Sammlung auf einen späteren Zeitpunkt zu verschieben und sofort mit der kreativen Ideenfindung zu beginnen. Der Ist-Zustand, so der Konsens, würde später leicht nachgetragen werden können. Der weitere Verlauf des Workshops war entsprechend mit der Sammlung von Vorschlägen geprägt.

Frau R. brachte die folgenden Ideen für Unterstützungsmaßnahmen an:

- unternehmensübergreifende Stellenbörse

- Maßnahmen, die dem Partner, der Partnerin angeboten werden können, wenn nur eine Arbeitserlaubnis zu bekommen ist

- Realistische Möglichkeiten, die Partnerin/den Partner, die/der nicht bei WIND arbeitet, bei der Jobsuche zu unterstützen, egal wo

Ein weiteres Beispiel für die rekursive Beeinflussung von Wahrnehmungen (in Bewußtseinssystemen) und Kommunikationen, abhängig von der Systemausdifferenzierung und den sich ergebenden Unterschiedlichkeiten dieser interpenetrierten

Systeme zu anderen Systemkopplungen, ist das folgende Zitat von Frau R.: „*Ein Thema, was bei uns besonders häufig vorkommt ist: Kinderbetreuung. Wenn beim Ortswechsel z.B. die betreuende Oma wegfällt, ist das ein ernsthaftes Problem.* Oder „*Soziale Netzwerke*": *DCCs verbringen viel Zeit mit Reisen, um sich zu sehen und vermissen dann die Möglichkeit, Freundschaften zu schließen, in Sportclubs zu gehen oder was auch immer. Was kann man für die tun, daß sie sich doch irgendwie sozial eingebettet fühlen?*" Während im System Frauenförderung mit Frau R. als Leiterin familiäre und soziale Fremdreferenzen prozessiert werden, verbleiben die Kommunikationen, wie schon gezeigt, im IV-System bei mobilitätsorientierten Fremdreferenzen. Weder die Fremdreferenz „Kinder" noch die „sozialen Netzwerke" wurden in den Einzelinterviews (IV/AMZ) eingeflochten. Darüber hinaus ist diese Beschränkung von Fremdreferenzen ein Beispiel, wie sich das theoretisch formulierte Konzept „Komplexitätsreduktion durch Systeme" tatsächlich am Konkreten beobachten läßt.

Informationsschwäche und Tabuisierung von Themen

Eines der wichtigsten Themen, wie sich auch noch später in den PartnerInnen-Workshops herausstellte, ist das allgemeine Informations- und Kommunikationsdefizit bei den Mitarbeitern als auch bei deren Partnern. Dieses bezieht sich sowohl auf die gesamte Tiefe und Weite der Bedeutung und Interpretation der WIND-Mobilitätspolitik als auch auf die aktuellen konkreten Versendungsinstrumente und Unterstützungsangebote für den Partner. Herr N.: „*Eine ganz beklagenswerte Schwäche unserer Neuorganisation ist, daß uns ein erheblicher Teil an Kandidaten entgeht, aus Ahnungslosigkeit. In der gesamten Partnerthematik ist der Mitarbeiter weitgehend allein gelassen.*"

Einen konkreten kritischen Punkt, der die Zeitpunkte von Informationsgaben und Interventionen betrifft und ein Zeichen einer dysfunktionalen Struktur im Unternehmen darstellt, sieht Herr N. in der Einordnung der IV in den Gesamtablauf Vakanzfeststellung bis zur tatsächlich eintretenden Versendung: „*Und das Thema kommt meist erst dann zu IV, wenn sich die Paare, der Mitarbeiter schon entschieden haben. Das Angebot von IV an die Personalabteilungen, die IV-Hilfe schon früher einzubeziehen, wird nicht bzw. sehr selten angenommen.*"

Abgesehen von der Feststellung, daß dieses Vorgehen bisher nicht funktioniert, wurde hieraus zu diesem Zeitpunkt jedoch noch keine konkrete Lösungsmöglichkeit abgeleitet.

Ein weiteres Beispiel dysfunktionaler Strukturen im Unternehmenssystem, das die Kopplungsmöglichkeit und damit die Kommunikation einschränkt (vgl. Kapitel 5.2 und 5.3), liefert das folgende Zitat. Interessant ist auch hier, daß die Störung deutlich erkannt und auch kommuniziert wird. Herr F.: *„Was noch hinzukommt: Die Personalabteilung ist an sich schon sehr unternehmensleitungsorientiert. D.h. wir sind eigentlich Vertreter der Geschäftsleitung und sind nicht neutral, als daß der Mitarbeiter auch mal sagen könnte, also ich weiß es nicht so recht, eine Schwäche zeigen könnte. Weil er dann immer Befürchtung hat, wir würden diese Schwäche ausnutzen für spätere Diskussionen über diese Person. Deswegen wäre unsere Sozialfunktion durchaus bedenkenswert. Es wäre anzustreben, daß man sich frei zu dem Thema äußern kann und sich informieren kann."*

Einen Vorschlag in Form eines möglichen Kopplungsförderers liegt in der Idee von Herrn N.: *„Was mir so vorschwebt, daß wir bei WIND – ich weiß nicht, wo aufgehängt – so einen* **Career-Consultant** *haben, zu dem man hingehen kann. Quasi wie ein „Beichtvater" in einer Sozialfunktion. Wo Paare hingehen können und dann mal ihr Herz ausschütten können. Wo Leuten auch eine gewisse Anonymität gewährleistet wird."*

Mit Blick auf zu versetzende DCC-Mitarbeiter werden Kommunikationsstörungen in Form intendiert-konfliktvermeidender, aber letztendlich trotzdem konfliktauslösender Kommunikationsverläufe genannt. Die bereits in den Interviews geäußerte Tatsache, daß viele Partner zu IV kommen, die ihre Entscheidung noch nicht getroffen haben, wird von Herrn N. auf eine Tabuisierung des Themas im Paar zurückgeführt. *„Selbst im AVS (Auslandsvorbereitungs-Seminar), wo die Leute hingehen, wenn sie den Vertrag schon unterschrieben haben, kommen plötzlich Themen hoch, wo uns klar wird, die haben zu Hause nicht geredet miteinander."*

Die Ideenfindung zusammenfassend wurden die folgenden Möglichkeiten der aktiven Unterstützung der DCCs und DECs genannt:

Grundsätzliches/interne Haltung:

- weitestgehender Einbezug/Ansprache des Partners
- Auflösung von Tabus bzgl. Partnerschaft („Die Privatsphäre geht uns nichts an")

Information/Beratung

- Karriere- und Lebensberatung für das Paar
- Vorträge über Auslandseinsatz, Paarstrategie (z.B. im Förderseminar)
- Erfahrungsgruppen
- Informationsdatenbank im Intranet über:
  - Erfahrungsberichte
  - Hardfacts des Einsatzes
  - Beschäftigungsalternativen
  - Ansprechpartner
  - Netzwerkmöglichkeiten
- Multiplikatoren im Unternehmen erreichen
- Checklisten für (Vorentscheidungs-)Gespräche zu Hause
- Möglichkeiten/Alternativen für den Partner im Ausland aufzeigen

Job-Suche/Hilfe

- Beschäftigung des Partners bei WIND
- Netzwerke aufbauen
- firmenübergreifende Stellenbörse

Arbeitsorganisation:

- Neue Arbeitswelten (Raum, Zeit): Telearbeit, Home Office

Finanzielle Unterstützung/zweckgebundene Zusatzleistungen für:

- Existenzgründung im Entsendungsland
- Weiterbildung
- Rentenverlustausgleich
- Betreuungskosten
- Besuchsflüge
- Pendlerkosten

Sonstiges:

- Erfahrungsgruppen bilden
- Kinderbetreuung

Sonstige Themen

Über diese Auflistung hinaus ergaben sich noch Diskussionen über einige Themen, die in diesem Gesamtzusammenhang gesehen wurden. Das erste Thema, die Follower, d.h. wenn WIND-Mitarbeiter kündigen, weil sie ihrem versetzten Partner folgen wollen, wird als Problem dargestellt, für das noch kein Bewußtsein besteht. Herr N.: *„Follower sind nicht unser Problem, oder? Wir wissen gar nicht, warum Leute kündigen. Aber es ist kein Problem, was uns bewußt ist, daß uns scharenweise Führungskräfte verlassen, weil ihre Frau für eine andere Firma ins Ausland geht.“*

Herr M.: *„Es kündigt in der Regel der Partner, der am wenigsten verdient. Und dann geschieht dies sicherlich auch nicht geschlechtsspezifisch: Ich glaube, ein Mann würde weniger eher kündigen als eine Frau, um zu folgen, weil es natürlich auch mit der kulturellen Akzeptanz zu tun hat. Es gibt auch Länder und Kulturen, wo es überhaupt nicht akzeptabel wäre, daß der Mann zu Hause den Haushalt schmeißt und die Frau arbeitet. Die ganzen ostasiatischen Kulturen gehören dazu.“* In diesen beiden Sätzen wird die in den Interviews bereits beschriebene männerdominierte WINDkultur sehr deutlich. Sie läuft erkenn-

282

bar in den Kommunikationen mit. Das Wirken alter Rollenmuster zeigt sich z.B. auch an der geringen Quote von versendeten Frauen. (Bei WIND liegt der Prozentsatz der versendeten Frauen bei 6%.)

Frau R.: „*Warum gehen so wenig Frauen ins Ausland? Bleiben die hier, weil ihr Mann ebenfalls Karriere bei der gleichen oder einer anderen Firma macht und sie daher sagen, wir stehen gar nicht für Auslandsentsendungen zur Verfügung? Oder sind es Frauen, deren Mann zu Hause bleibt und sagt, ich mach zwar keine Karriere, aber ich kann es mir auch nicht vorstellen, als Hausmann tätig zu sein?' Oder der sagt, ‚ich will nicht drei Jahre meinen Beruf unterbrechen, egal was ich dann mache. Wenn ich zurück komme bin ich „nichts mehr wert" und habe keinen Einstieg hier mehr?' Warum gehen diese Frauen nicht ins Ausland? Umgekehrt, was könnte man den Partnern anbieten, daß die Frauen trotzdem ins Ausland gehen könnten? Die Frage ist, um wieviel würde sich unser Potential erhöhen?"*

Die letzten beiden Sätze weisen auf einen Vorschlag für aktive Frauenförderung hin und bestätigen damit den Systemhintergrund von Frau R. erneut. Interessant ist die Mitteilungsart der Frageform. Sie fördert zwar das gedankliche Prozessieren in den Bewußtseinssystemen, bleibt aber gleichzeitig auf einer unverbindlichen Ebene.

Am Ende des Workshops betont Herr N. noch einmal sein Bestreben, dieses Thema weiterzuverfolgen. „*Wissen Sie, dieses Unternehmen hat auch etwas von einer Behörde. Wir sind so etwas ähnliches wie ein Finanzministerium. Es dauert. Da kann man verzweifeln. Ich möchte, daß wir da „zu Potte" kommen.*" Zum einen wird hier erneut ein systeminternes Kommunikationshemmnis präsentiert, zum anderen wird aber auch sehr deutlich, daß dieses Hemmnis nicht die Beendigung des Projekt-Systems zur Folge haben soll. Die zur Strukturträgheit entgegengesetzte hohe Motivation bzgl. einer Projektfortführung wird zudem spürbar und noch durch anschließende direkte Abfragen an die anderen Workshop-Teilnehmer nach Bereitschaft, Interesse und Zeit untermauert. Mit der abschließenden Vereinbarung eines weiteren Treffens wird Selbstreferenz referiert.

Zusammenfassung

Das Ziel des Workshops, eine Standortbestimmung zum Thema zu generieren, kann als gelungen eingestuft werden. Hierzu wurden nicht nur konkrete Maßnahmen gesammelt, es wurden auch grundlegende Fremdreferenzen in Frageform referiert wie „Was ist Karriere?", „Was ist der Unterschied zwischen DCCs und DECs?", „Wie wollen wir unsere Zielgruppe eigentlich definieren/eingrenzen?" Bezüglich der letzten Frage werden dabei vom System bewußt Inklusionen (DECs werden mit aufgenommen) und Exklusionen (keine Follower) vorgenommen.

Die Relevanz und Prägnanz des Themas wird festgestellt, nachdem es intensiv gedanklich und kommunikativ durchgespielt wurde und auch eine latent mitgeführte Systemauflösungstendenz nicht gescheut wurde. Ganz deutlich wird, wie ausschlaggebend allein die Stärke der Relevanz ist, um einem Thema Kommunikationszukunft zu gewährleisten und um somit ein System aufrecht zu erhalten. In diesem Sinne kann diese Kommunikation als legitimierende Grundsatzkommunikation, die spätere Anschlüsse determiniert, bezeichnet werden.

Sichtbar wird auch, wie IV-interne Systemoperationen zu potentiellen Konflikten in bzw. Auflösungen von DCC-Systemen führen kann (Beispiel: hohe Mobilitätsforderung, Abbau von Mobilitätshemmnissen um jeden Preis (Stichwort: Alternativen zur Berufstätigkeit/Karriere)).

Insgesamt wird deutlich, wie stark IV-determiniert das Projekt-System prozessiert, da als Zentralreferenz das Thema Mobilität vorherrscht und andere Aspekte nur temporär und peripher aus dem Bereich des Rauschens geholt werden. Ebenfalls auf die personelle Dominanz von IV-lern in diesem Projekt-System zurückzuführen ist die Tatsache, daß einige Kommunikationsangebote von Frau R., die nicht im IV-System eingegliedert ist, nicht weiterverfolgt werden. Einige Charakteristiken des Systems sind beobachtbar geworden, nämlich eine eher skeptische, auf mögliche externe Enttäuschungswirkungen fokussierte, absichernde Haltung der beteiligten Bewußtseinsysteme bezüglich erfolgreicher DCC-Versetzungen. Gleichzeitig ist die Selbstreflektion im System sehr ausgeprägt und zumindest dysfunktionale Störungen von Kopplungen mit anderen Personalabteilungen werden erkannt. Weiterhin ist der gesamte konkrete Ideenoutput des Workshops bemerkenswert umfangreich, geht man davon aus, daß über das Thema in dieser Art das erste Mal diskutiert wurde und auch sämtliche bereits vorhandenen Unterstützungsinstrumente hier explizit nicht genannt wurden.

8.1.5 WIND – Die Gesprächsrunde der Projektgruppe

Die Einberufung der Projektgruppe zu einem Treffen am 8. August 2000, bei dem Herr N., Herr M., Herr F., Frau C., Frau R. sowie die Autorin anwesend waren, hatte einen aktuellen Prozeßimpetus zum Inhalt: Die Kommunikationserweiterung der DCC-Referenz auf den Geschäftsführungskreis.

Herr N. begrüßte die Anwesenden zunächst und stellte die Agenda der Runde vor:

AGENDA

1. Durchsicht der Notizen von Frau Ladwig vom vorherigen Treffen

2. Bericht von Frau C.: Gespräche mit Geschäftsführer T im Auslandsvorbereitungsseminar und Geschäftsführer D.

3. Weiteres Vorgehen:

   • Ziele überdenken und präzisieren

   • Erweiterung der Arbeitsgruppe um Geschäftsbereichspersonalabteilung und Standortpersonalabteilungen?

   • Workshops mit Mitarbeitern und Partnern, um Wünsche/Erwartungen der Mitarbeiter zu erfassen?

Der letzte Agendapunkt läßt erkennen, daß bei den Projektmitgliedern zwischenzeitlich Gedanken und entsprechende Kommunikationen stattgefunden haben, die zwar nicht mehr direkt beobachtbar sind, die sich aber schon in Form von konkreten Entscheidungsvorschlägen ausdifferenziert haben.

Nachdem nach fünf Minuten des Durchsehens der Protokollpunkte keinerlei nennenswerte Beiträge vorlagen, leitete Herr N. direkt auf den zweiten Punkt über:

„Inzwischen gab es eine Weiterentwicklung des Ganzen, d.h. es tat sich Rückenwind auf. Ich möchte noch einmal vergegenwärtigen, daß wir damals überhaupt die Frage gestellt haben: Ist es ein Thema? Und dann zu dem Ergebnis gekommen sind: Ja, es ist ein Thema. Dann können wir in der Zwischenzeit sagen: Ja, es ist in der Tat ein Thema!

Und zwar fand, wie jeden Monat, ein Auslandsvorbereitungsseminar (AVS) statt, an dem Frau C. auch teilnahm. Es gab, wie bei jedem AVS, u.a. eine Gesprächsrunde mit einem Geschäfts-

führer von WIND und da kam dieses Thema ganz stark hoch. Frau C. wird uns jetzt berichten, was sich genau abspielte und was sich dann danach entwickelt hat."

Frau C. beschrieb zunächst einmal die ungewöhnliche und deshalb wohl auch so anstoßgebende Zusammensetzung der Gruppe im AVS: *„Es ist eine außergewöhnliche Gruppe gewesen, da tatsächlich alle begleitenden Partner Hochschulabsolventen waren und in mehr als 50% der Fälle in Positionen arbeiten, wo wir sagen würden, das sind sogenannte Karrierepositionen. Eine Partnerin war z.B. Abteilungsleiterin bei IBM und, und, und. Also, höchst anspruchsvolle Tätigkeiten. Und wir hatten zudem eine außergewöhnliche Situation, daß im Seminar fünf „Packages"[577] dabei waren, d.h. WIND-Paare, die beide rausgehen und wo wir in allen Fällen auch eine Position im Ausland anbieten konnten. Das heißt, sie müssen sich die Seminargestaltung vorstellen, fünf Packages und ca. 15 höchst qualifizierte mitreisende Partner. Sehr außergewöhnlich, muß man sagen. Denn, wenn wir mal ehrlich sind, üblicherweise sind 50% der mit ausreisenden Partner heute Hausfrauen, die entweder gerade im Erziehungsurlaub sind oder mit drei Kindern nicht die Möglichkeit sehen, arbeiten zu gehen. Es war eine außergewöhnliche Situation. Und es waren z.T. auch Frauen dabei, die Kinder haben und trotzdem „fulltime" arbeiten."*

Diese Gruppe stellte nun den Anlaß für eine längere Diskussion mit einem der anwesenden Geschäftsführer dar, und kann zeitpunktbezogen als markante Peripetie der Kommunikationsdichte über DCCs und deren interne Wahrnehmungen, Zustände und Kommunikationen im Unternehmen festgemacht werden:

„Und, diese Partnerinnen haben ihm [dem Geschäftsführer T] sehr höflich und zurückhaltend, aber auch in bestimmter Form ihre Meinung zum Ausdruck gebracht über den Auslandseinsatz. Wobei dabei nicht zum Ausdruck kam, daß sie finden, WIND tue zu wenig oder WIND verhält sich nicht fair gegenüber den Personen. Sondern sie haben M. eigentlich geschildert, wie die Sachlage ist. Und ich bemerkte, wie bei T. währenddessen insgesamt ein Denkprozeß einsetzte. Hier war etwas, über das er sich vorher nie Gedanken gemacht hat.

Ich hatte im Anschluß an das AVS auch noch einmal mit ihm kurz gesprochen, unter vier Augen. Und mir blieb eins in Erinnerung, daß er nämlich gesagt hat: ‚Mir war gar nicht klar, wie sich die Welt da draußen geändert hat!'"

---

[577] Beide, sowohl der WINDler als auch der Partner, haben einen Vertrag von WIND bekommen.

Diese prägnante Aussage in Verbindung mit der diesem Seminar folgenden, Anstoß gebenden Anschlußkommunikation des Geschäftsführers in Form einer Aktionsanordnung an IV, läßt erkennen, wie sehr an Hierarchien (Strukturen) aufgehängte Kommunikationen das Ausmaß und die Ausprägung von prozeßverändernden, multiplizierenden Anschlußkommunikationen anderer Systemen – hier das DCC-Projekt-System – beeinflussen bzw. beschleunigen.

„Diese Situation haben wir natürlich bei fast allen unseren Geschäftsführern. Die kommen nur mit Personen zusammen, die auch, sag ich mal, zwischen 45plus sind und deren Frauen nicht arbeiten. Also hat sich der Herr T. offensichtlich noch keine Gedanken darüber gemacht, daß es heutzutage Personen geben könnte, die ihre Frau nicht einfach in den Koffer packen und sagen, ‚So, wir gehen jetzt ins Ausland und du wirst es schon irgendwie hinkriegen.' So wie es nämlich seine Frau gemacht hat. Und er hat zwar drei Kinder, aber die drei Kinder sind alle noch nicht soweit, daß sie Beziehungen, Lebensbeziehungen eingehen. Und außerdem sind es alles drei Söhne. D.h. er hat sich noch überhaupt keine Gedanken gemacht, wie er reagieren würde, hätte er eine Tochter. Bei Söhnen ist es klar, daß sie arbeiten gehen, und es ist klar, daß sie Karriere machen, und es ist klar, daß sie Frauen heiraten, die so sind wie die Frau, mit der er selbst verheiratet ist. (Frau C.)

Das Bewußtseinssystem des Geschäftsführers ist offensichtlich mit Systemen gekoppelt, die die tradierten Rollenmuster (vgl. Kapitel 5.2.6) basal weiterführen. Wiederum ein Paradebeispiel, wie ein Thema – hier der Wertewandel – durch fehlende Kommunikationen irrelevant verbleibt. Es wird nicht gesagt, daß das Thema im Bewußtseinssystem überhaupt nicht prozessiert wird, jedoch offensichtlich nicht in den unternehmensrelevanten Systemen, mit dem es interpenetriert. Die Gespräche zwischen den DCCs und dem Geschäftsführer sind weiterhin eine anschauliche Konkretisierung von Irritationsangeboten anderer Systeme.

Im folgenden nutzt Frau C. diesen Irritationsfall als Anlaß dafür, Erfahrungen und Beobachtungen des eigenen Bewußtseinsstandes bzgl. der Schnelligkeit und der Auswirkungen des Wertewandels zu kommunizieren.

„D.h., ihm wurde erstmalig klar, daß sich die Welt „da draußen" geändert hat. Ich muß gestehen, obwohl ich selbst Betroffene gewesen bin und es heute immer noch bin, mir war ehrlich gesagt der Wechsel, der in der Gesellschaft stattgefunden hat, auch nicht so bewußt. Ein Wechsel nämlich, der nach meiner Meinung sehr viel mit den gesellschaftlichen Rahmenbedingungen zu tun hat. Denn die Masse der Personen, die nachdrängt – diejenigen unter 35 – ist

eben nicht mehr traditionell erzogen oder in einer traditionellen Lebensbeziehung: Die Frau bleibt zu Hause und sorgt für die Kinder. In den Gesprächen, die ich auch anschließend geführt habe, wurde mir zunehmend klar, daß diese Frauen, – vorwiegend sind es ja Frauen – die heute 25 bis 30 sind, erzogen worden sind, daß diese arbeiten. Also in ihrem Gedankengut nicht mal einen Gedanken daran verschwenden, daß sie nicht arbeiten könnten, sondern mit absoluter Selbstverständlichkeit an die Sache herangehen. Sie könnten sich einfach nicht vorstellen, nicht zu arbeiten. Ich bin 37 und bin eigentlich noch eher groß geworden mit dem Gedanken, daß ich sagen mußte, daß ich emanzipiert sein will. D.h. ich wurde gelehrt, emanzipiert zu denken. Mir fiel auf, wenn ich mit Personen rede, die heute 30 sind, daß die es nicht gelernt haben, emanzipiert zu denken, die sind es! Das ist der große Unterschied. D.h. selbst in wenigen Jahreszyklen kann man schon einen sog. Generationensprung erkennen, wo sich dieser Aspekt vollkommen geändert hat."

Frau C. erzählt aus ihrer eigenen Erfahrung stammende Beispiele des Generationenwechsels, die sie gleichzeitig als Begründung wählt, um die offensichtlichen Wahrnehmungsdefizite des Geschäftsführers zu erklären. Diese Argumentation findet nicht bei allen Teilnehmern sofort Verständnis.

Herr N.: *„Trotzdem hat mich das nicht zuletzt total verblüfft, daß ihm [dem Geschäftsführer] in dieser Art und Weise die Augen aufgingen. Herr T. ist ja nicht 84 Jahre alt, sondern Anfang 50."*

Ein kleineres Randthema einer beispielhaften Abgrenzung zur Konkurrenz drehte sich um die für Unterstützungsprogramme bestimmte Zielgruppe: unverheiratete Paare. Während WIND hier keine Unterscheidung zwischen verheirateten oder in Partnerschaft lebenden Mitarbeitern macht, wird diese Unterscheidung in anderen Unternehmenssystemen durchaus beobachtet. Frau C.: *„Ich habe ihm [dem Geschäftsführer] auch gesagt, daß wir das Problem kennen, daß andere Unternehmen das Problem vielleicht noch nicht einmal erkannt haben, aber selbst wenn sie es kennen, eigentlich nicht viel tun. Bei der letzten Umfrage, an der wir uns beteiligen sollten, wurde uns klar, daß die meisten großen Unternehmen noch nicht mal unverheiratete Partner akzeptieren. Letztendlich sind wir im Denken einen Quantensprung weiter als andere Unternehmen. Seit sechs Jahren machen wir das. Die meisten machen das bisher nicht."*

Herr N.: *„Wir bekamen die Umfrage vom Unternehmen F., die für sich im Kern überlegen, ob sie unverheiratete Partner wie verheiratete Partner behandeln sollen. Es hat uns verblüfft,* *daß ein Unternehmen wie F. den Schritt, den wir vor immerhin schon sechs Jahren getan haben, jetzt überlegt zu tun."*

Frau C.: *„D.h. es ist letztendlich auch ein Thema, wenn man es aufgreift, was weit über „normale" Überlegungen hinausgeht. Also, da sind wir Lichtjahre weiter als andere Unternehmen."*

Resultat der vom Geschäftsführer gesammelten Eindrücke war die Feststellung der eindeutigen Relevanz des Themas und eine sofortige ergebnisorientierte Unterstützungserklärung: *„Er sagte dann, er sieht das Problem als wirklich dringend an. Er möchte dieses Thema unterstützen und wird seinen Geschäftsführungskollegen darüber entsprechend informieren und wollte von mir eine kurze Zusammenfassung haben, wie wir dazu stehen, eine Stellungnahme insgesamt haben."* (Frau C.)

Die dem AVS folgenden Wochen waren dadurch bestimmt, daß Geschäftsführer T. den für Personal und Recht zuständigen Geschäftsführers D informierte, der wiederum IV beauftragte, eine DCC- und Auslandsversetzungs-Policy zu erstellen. Es wurden weitere notwendige Schritte im Prozeß überlegt.

In der Gruppe wurde u.a. festgestellt, daß unter den Geschäftsführern Sensibilitätsunterschiede bestehen. Frau C.: *„Ich bin mir bis jetzt noch nicht ganz klar, ob Herr D das bis in alle Details in dem Maße verinnerlicht hat, wie T das Thema aufgenommen hat. Aber er hat zumindest nach dem weiteren Vorstoß von Herrn T gesehen, daß etwas passieren muß."*

Das beschriebene Ereignis, das zu diesem definitiven Prozeßstand führte, faßte Herr N. wie folgt zusammen: *„Also, das Thema ist bewußtgemacht worden durch dieses individuelle Erlebnis, was Herr T in dieser Diskussion hatte. Es ist Rückenwind da! Wir haben sicher etwas zur Weiterbildung beider Herren getan, denn wie deutlich geworden ist, beiden war dieses Themengebiet in dieser Form gar nicht bewußt oder bekannt."*

Wirkung dieses Ereignisses war wiederum eine ebenfalls erhöhte Kommunikations- und Entscheidungsdichte in der Abteilung IV.

Im Fokus standen dabei erneut die Mobilitätshemmnisse, die, um sie aufzulösen, in die Gegenargumente, nämlich „Wünsche und Erwartungen der PartnerInnen" umformuliert wurden. Selbstreflexion des internen Prozessierens führte zu der Entscheidung, die Systemgrenzen zu verlassen und bewußt strukturell zu koppeln: mit den DCC-Systemen.

Frau C.: *„Ich bin zu dem Schluß gekommen, daß es keinen Sinn hat, daß wir uns bei WIND hinsetzen, wir, die wir hier sitzen und uns überlegen, was für Wünsche die Personen haben. Denn das kann immer nur bedeuten, daß wir versuchen, zu reflektieren, was für Wünsche wir vielleicht denken, was andere haben könnten, die aber so individuell sein können, daß wir sie gar nicht alle erfassen können. Wenn wir uns nur hinsetzen und überlegen und jemand etwas vorschlägt, was vorstellbar wäre, dann wird sofort WIND-seitig argumentiert, warum das nicht gehen würde oder weil es zu teuer ist. Wir müssen uns eigentlich damit beschäftigen, was die Personen eigentlich wollen, welche Wünsche diejenigen haben, die es betrifft. Und das kann, meine ich, nicht WIND-gesteuert sein."*

Interessant ist, daß in diesem Zitat erneut die starke Orientierung der Bewußt-seinssysteme am IV-Spezifischen deutlich wird. Frau C. sieht sich, obwohl sie selber in einer DCC-Beziehung ist, zu diesem Zeitpunkt nicht als Partnerin, die genau weiß, was sie (vom Unternehmen) bzgl. der DCC-Mobilitäts-Situation will, son-dern bleibt hier in einer fachbezogenen, distanzierten Rolle.

Für das Ziel der Sammlung von Wünschen wurde der Vorschlag gemacht, Work-shops – geleitet durch externe Moderatoren – mit Betroffenen zu veranstalten. Die Zielgruppe für die Workshops wurde wie folgt präzise eingegrenzt:

- Personen, die kurz vor der Ausreise stehen

- Personen, bei denen der Auslandseinsatz noch nicht unmittelbar bevorsteht, von denen man aber weiß, daß dieses Thema irgendwann relevant wird

- Personen, die schon einmal international versetzt wurden

Später wurde diese Gruppe noch weiter eingegrenzt, indem nur die Partner von Mitarbeitern (vgl. weiter unten) eingeladen werden sollten.

Die Ergebnisse dieser Workshops sollten in einem nächsten Schritt in der Projekt-gruppe detailliert besprochen und danach überprüft werden, *„was ist machbar, was nicht, was kostet es, was müssen für Aktivitäten laufen."* (Herr N.)

Bis Mitte Januar wurde von Herrn D ein Termin für die Vorlage von Maßnahmen-vorschlägen inklusive Kostenschätzungen gesetzt.

Im weiteren Verlauf des Projektgruppentreffens wurden zwei für das Unterneh-menssystem zentrale Diskussionspunkte angesprochen: die Mobilitätspolitik bei

WIND und der Wertewandel. Die Aufnahme des Themas Mobilität, also das fremd-dreferentielle Spiegeln an internen Prozessen und Strukturen, kann mit großer Wahrscheinlichkeit auch auf die Irritationsleistung durch den an die Gruppenmit-glieder verteilten Artikel der Autorin, in dem Mobilität als ein wichtiger Ansatz-punkt behandelt wird, zurückgeführt werden. Insbesondere das Thema Mobilität stellt sich bei WIND als eine Fremdreferenz dar, die die unterschiedlichsten Sy-steme durchgängig beeinflußt, sei es durch ständiges und offenes Fremdreferieren, sei es durch das in Bewußtseinssystemen offensichtlich häufige und dadurch kom-munikationsleitende Mitlaufen. Die folgende Diskussion macht zudem noch deut-lich, daß Mobilität – obwohl strukturierend und klarstellend intendiert – doch eine höchst unterschiedlich prozessierte Fremdreferenz bei WIND ist.

Frau C.: *„Als ich bei Herrn D war, habe ich seine Grundfeste erschüttert, indem ich einmal in den Raum geworfen habe, mit unserem permanenten Druck auf die Mitarbeiter, daß sie mobil sein sollen, schaffen wir uns ein Riesenproblem, und der Druck ist ungeheuer, den er da ausübt. Ich habe ihn also gefragt: Mobilität um jeden Preis, ist es das, was wir wollen?"*

Auch Herr N. und Frau R. sehen die Notwendigkeit, das Mobilitätskonzept zu hinterfragen. Herr N.: *„Lassen Sie mich das in dem Kreis hier auch noch sagen, in einem noch größeren Kreis möchte ich das eigentlich gar nicht aussprechen …wenn wir von Rich-tungsänderung sprechen, müssen wir vielleicht auch überlegen, ob wir unsere Erfordernisse an die Mobilität, an die Auslandserfahrung unserer Mitarbeiter vielleicht überdenken. Ist das über-haupt durchsetzbar? Oder treiben wir manche Leute – in Einzelfällen – auch aus dem Haus mit diesem Erfordernis, was wir so hoch aufhängen?"* Frau R.: *„Das kann ich nur bestätigen."*

[Autorin: *„Das würde ich jetzt gerne hinterfragen. Was meinten Sie eben mit dem Satz: Man könnte das in einer größeren Runde gar nicht besprechen? Ist das Mobilitätserfordernis so sehr verankert bei WIND?"*]

Herr N.: *„Ich denke, wir haben in den letzten 20 Jahren große Anstrengungen bei WIND unternommen, um das Erfordernis von Mobilität in unseren Mitarbeitern zu verankern. Und ich denke, daß es heute ziemlich weit verbreitet ist."*

Herr M.: *„Absolut. Die Leute haben schon ein schlechtes Gewissen. Die kommen zum Teil schon zu uns und sagen: ‚Wir möchten lieber nicht in den Förderkreis, weil das ja bedeutet, daß wir mobil sein müssen. Wir wollen aber nicht mobil sein.' […] Und ich weiß, daß man* *bereits in den USA oder auch in Frankreich sagt, daß man bei WIND nicht weiterkommt, wenn man nicht wenigstens einmal in Deutschland war."*

Frau C.: *„Und das ist genau die Richtungsänderung, über die wir diskutieren müssen. Also, ich meine die Richtungsänderung bezieht sich auf jeden Fall auf Mobilität [...] Z.T. schicke ich Leute ins Ausland, für die diese Zeit nur persönlich etwas mehr an Lebenserfahrung einbringt. Für das Tätigkeitsfeld in Deutschland müßte er jedoch nicht im Ausland gewesen sein. Aber der Mitarbeiter „muß" halt gehen, weil wir inzwischen das Primat der Mobilität so stark angekurbelt haben. [...] D.h. Mobilität per se, ohne Ansehen der Person und der Tätigkeit, kann es nicht sein."*

Herr M.: *„Ein Punkt ist wichtig: Mobilität für alle Funktionen macht keinen Sinn. Ich bin immer verpflichtet gewesen zu sagen, wir müssen uns genau angucken, warum jemand mobil sein muß, und warum er nicht mobil sein sollte."*

[Autorin: *„Hier höre ich jetzt zwei Richtungen, einerseits das Erfordernis und andererseits das Hinterfragen dieses Erfordernisses?"*]

Frau C.: *„Ja, wir werden uns ja selber untreu. Wir sagen als Firma: Wir wollen mobile Mitarbeiter. Jetzt drehen wir die Schraube zurück. Das paßt ja nicht zusammen. Also, deshalb sagen wir, die Richtungsänderung heißt: Wir müssen Maßnahmen erarbeiten, die Mobilität möglich machen."*

Herr N.: *„Es ist in diesem Unternehmen, so wie WIND dasteht, undenkbar, daß wir verzichten auf das Erfordernis der Mobilität. Dieses Unternehmen braucht mobile Mitarbeiter."*

Eine mögliche Art von Erkenntnis ist, sich zu vergleichen. Herr F. hinterfragt durch den Vergleich – WIND vs. Firma R. – das verankerte, für sachzwingend erachtete, aus der Standortvielfalt abgeleitete Mobilitätserfordernis von WIND: *„Die Firma R. hat eine andere Mobilitätskultur. Die sind sehr stark stabil pro Geschäftsbereich, die wechseln relativ wenig zwischen den Geschäftsbereichen. Und doch verdient die Firma ein sehr gutes Geld, die sind sehr erfolgreich. Deshalb stelle ich die Frage: Ist das, was wir momentan an Problemen haben bei WIND, an Lieferproblemen, an Qualifikationsmängeln, teilweise an Qualität, liegt es daran, daß wir die guten Leute ähnlich wie eben gerade geschildert, zwingen zu gehen oder nicht? Und das ist tatsächlich eine Frage, die man generell mal stellen muß, weil ich denke, die Mobilität wird insgesamt trotzdem gefordert bleiben."*

Viele der letzten beschriebenen Kommunikationsangebote haben systemkritische und sinnzweiflerische Tendenzen, die zur direkten Reflexion aufrufen und haben dadurch ein starkes internes Irritationspotential. Aus offensichtlichen Gründen des Systemerhalts bricht die Reflexion jedoch oftmals ab bzw. wird durch eine abschließende Bestätigung des generellen Sinns von Mobilität, sozusagen eine Rückreferenz auf das Bestehende, in systemnahe Bahnen gelenkt. Auf der anderen Seite zeugt es von einer gewissen Stabilität dieses Systems und von einem Möglichkeitsraum für „bahnbrechende" Kommunikationen innerhalb des Gesamtsystems Unternehmen WIND. Es ist nicht selbstverständlich, daß derartige Fragen aufgeworfen werden bzw. aufgeworfen werden „dürfen". Ganz deutlich wird in dem Gespräch die tiefe Verankerung, die funktional begründete, verfestigte Strukturierung von Mobilität bei WIND, die die Vorsicht und das Bewußtsein für die Reichweite jeder Anschlußkommunikation sofort präsentiert.

Eine spezielle Themenkopplung an Mobilität ist der Wunsch von WIND als Unternehmen, daß Familien von zu versendenden Mitarbeitern auf jeden Fall mit ins Ausland kommen sollen. Hierzu liegt eine entsprechende Richtlinie vor. Zum Zeitpunkt der Herausgabe dieser Richtlinie wurde jedoch nur von der damals verbreiteten, „normalen" Partnerschaft ausgegangen. Daß die Richtlinie jedoch auch heute noch stark verwurzelt ist, bringt das folgende Zitat zum Ausdruck: *„...daran müßte er [Herr D] aber noch länger knabbern, weil er grundsätzlich nach wie vor der Meinung ist, für uns ist es in jeder Hinsicht besser, wenn die Familie mit im Land ist. Aus Gründen der Integration und auch aus der Ansicht heraus, daß WIND wegen der Karriere seiner Mitarbeiter keine Familien auseinanderreißen will."* (Frau C.)

Zwei weitere „Gefährdungspotentiale" für die Aufrechterhaltung des Mobilitätsmaßstabes werden genannt, wobei das erste ein konkret zu beobachtendes Phänomen darstellt, nämlich die derzeitige Stellensituation in Deutschland, und das zweite Potential ein hypothetisch konstruiertes Szenario ist, in dem die Mitarbeiter überhaupt nicht mehr mobil wären und sich somit auch das System IV auflösen würde. Herr M.: *„Es gibt aber noch einen Punkt, den merke ich zur Zeit: Wir haben im Inland eine sehr gute Stellensituation. Zur Zeit könnte ich jedem raten, sich nicht zu bewegen, die Stelle kommt sowieso daher. Wir haben jetzt einen Fall in xy. Der Mitarbeiter soll aus dem Förderkreis genommen werden, weil er nicht mobil ist. Aber der Mitarbeiter bekommt so viele Stellenangebote, der sagt sich, ,Ja, was wollt ihr überhaupt? Ob ihr mich jetzt im Förderkreis laßt oder nicht, ich bekomme die tollen Stellen hier vor Ort sowieso.'"*

Herr N.: „Wir sind alle schon in Diskussionen oder Vorträgen [im AVS] gefragt worden: Was passiert eigentlich, wenn wir es ablehnen zu wechseln? [...] Und ich gebe immer die Antwort: Es passiert überhaupt nichts. Sie werden halt, wenn sie ein drittes oder viertes Mal abgesagt haben, nicht mehr gefragt, das ist das einzige, was passiert. Nur, und jetzt kommen wir [IV] wieder: Nicht auszudenken, daß es bei allen unseren Mitarbeitern so wäre. Ich meine, solange zwei von zehn nicht mehr gefragt werden, ist das nicht schlimm, gibt ja noch acht andere. Aber wenn alle zehn nicht mehr gefragt werden, weil sie immer nein sagen, dann haben wir ein Problem. Und deswegen sitzen wir beisammen."

Obwohl das Szenario allen Anwesenden recht unwahrscheinlich erscheint, wirkt das bloße Durchdenken schon problemsteigernd, womit diesem Satz eine merkliche Aktivierungsfunktion zukommt. Außerdem wird in der Aussage „es würde nichts passieren" ein Umstand „verschönt": Die Ablehnung eines Angebotes bedeutet zwar keine aktuelle Stellengefährdung, jedoch ganz klar eine deutliche Eingrenzung der Karrieremöglichkeiten (z.B. Herausnahme aus dem Förderkreis, siehe oben).

Diffizil werden dann auch die Fälle betrachtet, wo eine Karriere – sogar bis hin zum Geschäftsführer – ohne Auslandsaufenthalt möglich war oder der Auslandsaufenthalt nicht zur Gehaltsverbesserung bei Rückkehr führte.

Herr F.: „Es gibt Leute, die haben Karriere nur in S. gemacht. Und andere Leute, die müssen ins Ausland gehen und kommen zurück und bekommen das gleiche Gehalt, das sie vorher hatten. Es gibt also keinen Mobilitätsbonus in diesem Sinn. Oder umgekehrt, müßten wir einen Mobilitätsmalus vergeben, wenn man nicht mobil ist? Das wäre auch eine Form der differenzierten Betrachtung von Mitarbeitern, die (noch) keine Auslandserfahrung haben."

Insgesamt werden hier die im theoretischen Teil erarbeiteten kopplungshemmenden, systemdifferenten Kommunikationen über die Fremdreferenz Mobilität hier als konkrete Probleme im DCC-Projekt-System fremdreferiert. Es wird festgestellt, daß im Unternehmen die systemnotwendige Entscheidung getroffen wurde, daß Mobilität begründet unerläßlich ist. Ebenso wird darauf hingewiesen, daß gleichzeitig die Mitarbeiter, bis hin zu Geschäftsführern, den Sinn in dieser Entscheidung nicht immer sehen, entsprechend anders intern (in ihren jeweiligen Subsystemen) prozessieren und somit mangelnde Motivation für Versetzungen aufgebaut wird. Resultat ist die beschriebene, abnehmende Mobilitätsbereitschaft, ein hier gut beobachtbarer Bewußtseinszustand, nicht nur bei denen, die mit DCC-Systemen gekoppelt sind.

Frau C: „[...] *Sie können versichert sein: Die größten Schwierigkeiten haben wir mit den Geschäftsleitern, die noch nie im Ausland waren, wenn es um eine Auslandsversendung ihrer Mitarbeiter geht. Wenn einer selbst im Ausland war und an der Schaltstelle sitzt, dann wird der seinen Mitarbeiter ganz anders motivieren.*“

Als Gedanke wird ein weiterer möglicher Kopplungsförderer kommunikativ von Herrn N. angeboten: „*Viele Leute bei WIND sagen, Auslandstätigkeit muß honoriert werden, und zwar die Auslandstätigkeit an sich. Wir honorieren den Auslandseinsatz, d.h. der Mitarbeiter verdient während des Aufenthaltes mehr, nicht unbedingt wenn er wieder zurück ist.*“

Aber auch diese kritischen Ansichten werden als Sonderfälle deklariert und geben somit der Unternehmensentscheidung nach grundsätzlicher Mobilitätsforderung wieder Halt.

Herr N. geht zur nächsten Fremdreferenz über und betont, wie wichtig es sei, sich den generellen Wertewandel und insbesondere die sich verbreitende Alternative der doppelten Haushaltsführung bewußt zu machen: „*Das war uns auch ein wichtiges Anliegen, diese gesellschaftlichen Veränderungen, die sich ergeben in einer relativ kurzen Zeit, über wenige Jahre, mal bekannt und sich bewußt zu machen und uns damit von Dogmen zu verabschieden. Wissen Sie, ich halte es ja für gut, daß die Firma nicht verlangt, daß Familien sich trennen. Aber sie sollte es dulden. Sie sollte nichts dagegen haben.*

Wir haben mittlerweile knapp 40 Fälle in Europa mit getrennter Haushaltsführung. Wenn die Mitarbeiter also dazu bereit sind – eben um z.B. die Karriere des Partners aufrechtzuerhalten – warum sollte man dann was dagegen haben?“

Später faßt Herr N. den offengelegten Kopplungskonflikt zusammen und betont die Notwendigkeit, hier fördernd einzuwirken: „*Wir müssen Mittel und Wege finden, die Mobilität unserer Mitarbeiter vor dem sich verändernden gesellschaftlichen Hintergrund zu bewahren. Und das müssen wir uns auch etwas kosten lassen. Das ist ein Preis dieser Konfiguration WIND.*“

Resümiert man die Diskussion, so wird klar, daß sich ein Sensibilisierungsfortschritt ereignet hat und die Fremdreferenz nicht nur mehr aus der Beobachtungsrichtung Auslandsversetzung beobachtet wird, sondern es sich zu einem allgemeineren Mobilitätsthema verwandelt hat. „*Ich habe natürlich – durch das Thema jetzt mehr sensibilisiert – in den letzten Wochen auch ein bißchen aufmerksamer zugehört oder auch kon-*

kret gefragt und in meinem eigenen Bereich noch mal Revue passieren lassen, wie viele doppelte Haushaltsführungen wir in Deutschland schon haben. Wir sprechen sonst ja immer nur vom Ausland. Ich denke, das Thema ist ein ganz enormes auch in Deutschland! – Welche Möglichkeiten wir auch in Deutschland überhaupt haben, Mitarbeiter mit berufstätigen Partnern im Inland zu versetzen, wo es allein um die Anerkennung von Zeugnissen und Abschlüssen geht und natürlich auch um die grundlegenden Infrastrukturangebote wie eben Kinderbetreuung usw. Und es ist eben nicht nur Ausland, sondern im Inland haben wir auch eine ganze Menge Versetzungen. Wenn ich mir die Statistiken von unserem Herrn V. angucke, wieviel Bewegung wir auch zwischen den Standorten haben, das ist enorm. Und wenn man dann mal hinter die Kulissen guckt, wie viele Leute offiziell eine doppelte Haushaltsführung haben und wie viele zusätzlich inoffiziell zwei Haushalte haben.“ (Herr M.)

Herr N.: *„Was Sie sagen, bestärkt mich, Herr M. Es ist nicht nur ein Auslandsthema, sondern es ist ein generelles Thema. Und wie wir alle wissen, nach Paris ist es nicht so weit wie nach Berlin. Eigentlich wundert es mich, daß uns die Personalabteilungen der Geschäftsbereiche nicht das Haus einlaufen und nach neuen Regelungen fragen. Nicht wahr, wir haben das Thema zur Sprache gebracht. Tatsächlich ist es aber so, und da fühl' ich mich jetzt auch bestärkt durch eine ganze Reihe von Diskussionen, die wir mit örtlichen Personalabteilungen in der Zwischenzeit geführt haben, daß sehr, sehr viele angedachte Personalbewegungen im Vorfeld scheitern aus diesem Grund.“*

Zum einen wird hier die Stärkung einer Fremdreferenz durch sich aufeinander beziehende Kommunikationen in unterschiedlichen Systemen am konkreten Beispiel dokumentiert. Zum anderen wird hier noch einmal die erhöhte Systemirritation offensichtlich. Unter anderem kann diese Irritationserweiterung wieder auf die im ausgehändigten Artikel angebotene, über die reine Entsendungsthematik hinausgehende Problemsicht der Autorin zurückzuführen sein. Z.B. befaßt sich ein Abschnitt mit der Notwendigkeit einer adäquaten Erhebung von DCC- und DEC-Mitarbeiterzahlen. Im weiteren Gesprächsverlauf fand dieses Spezialthema ebenfalls Erwähnung. Herr M.: *„Wir haben doch auch einen erheblichen Bestand an Quellen. Wir müssen unsere Daten, unsere Empirie auf sichere Beine stellen und schauen, wie viele DCCs sind es denn?“* Herr N.: *„Das wäre die Ist-Situation, die wir genau gar nicht kennen. Wir haben keine Zahlen darüber, wie viele Mitarbeiter und Partner eigentlich getrennt leben und wie viele von denen betrachten das als vorübergehende Erscheinung. Da fehlt es uns an Material. Das zu beschaffen bedarf sicherlich einiger Mühe und Zeit und Aufwand.“*

Erweiterung der Projektgruppe

Der nächste wichtige Punkt war die Ausweitung der Projektgruppe, also eine Systemgrenzenerweiterung. Die Steigerung der Wichtigkeit und die bewußt gemachte Reichweite des Themas rechtfertigen offensichtlich dieses Vorgehen.

Herr N.: „... *daß wir uns da vielleicht ein bißchen konzentrieren können auf Bereiche, wo das Thema vielleicht auch besonders drängend ist. [...] Ich würde mit der Erweiterung des Kreises zunächst einmal einen Schritt an die Basis gehen, [...] wo die Problematik auch tagtäglich in stärkerem Maße auftaucht.*"

Frau C. unterstützt dieses Aussage: „*Ich hätte gerne ein paar Standortpersonalabteilungen, die unter dem permanenten Druck stehen, Leute finden zu müssen. Als ich das letzte Mal mit Frau Z. gesprochen habe, sagte sie, daß sie permanent Absagedruck habe, daß Leute gar nicht mehr mit ihr sprechen wollen, weil sie nicht schon wieder in die Situation kommen wollen, ihr absagen zu müssen.*"

Zusätzlich wurde noch beschlossen, eine kurze Pressemitteilung – also eine schriftliche subsystemübergreifende Mitteilungsart – an alle Personalabteilungen (Zentrale und Standorte) herauszugeben, in der das Projekt bekanntgegeben würde.

In der Diskussion um die Zusammensetzung des Workshops wurde der Vorschlag favorisiert, sich nur auf die Partner zu beschränken. Die Mitarbeiter dieser Partner sollten, wie oben beschrieben, entweder bereits im Versetzungsprogramm sein, kurz davor stehen, versetzt zu werden oder zumindest schon einmal auf Mobilität angesprochen worden sein. Gerade der letzte Punkt, der Einbezug von Mitarbeitern, die noch vor keiner konkreten Auslandsentscheidung stehen, wurde für wichtig gehalten, um u.a. den Einflußradius von IV zu erweitern. Ein anderer Aspekt war der Erhalt einer anonymen Atmosphäre: „*Das müßte man vielleicht anonym machen. Also nicht gerade mit Tarnkappe, aber das man gar nicht groß sagt, wer man ist und was der Partner bei WIND für eine Stelle inne hat. [...] Um genau dieses Hindernis zu vermeiden: ‚Was darf ich da sagen? Was wirkt sich da negativ auf meinen Mann, meine Frau aus?‘*" (Herr N.)

Weiterhin wurde beschlossen, daß die Partner der Teilnehmer aus dem Förderkreis stammen sollten, da diese „*... wissen, irgendwann kann das auf mich mal zukommen.*"(Herr N.) – „ *...da ist bei den Partnern auch eher der Druck da. Die wissen, mein Partner macht Karriere.* " (Herr M.)

Es wurden vier Workshops vorgeschlagen, die mit 10-12 Personen pro Workshop dimensioniert wurden. Herr F.: *"Ich würde schon sagen, 40 Leute sollten wir schon haben."* Die Diskussionspunkte „externe vs. interne Moderation" und „Ort" wurden zugunsten einer intern für Entwicklungsfragen zuständigen Stabsabteilung entschieden.

Vor dem Hintergrund der zuvor diskutierten Öffnung des Themas und des Personenkreises war es interessant zu hören, daß die Workshop-Zielsetzung ausschließlich für Auslandsversetzungen definiert wurde. Es wird noch einmal bestätigt, daß das IV-systeminterne Schema stärker richtungsweisend wirkt als aktuelle erweiterte Gedanken:

[Autorin: *„Ich habe noch einmal eine Frage. Geht es bei diesem Thema wirklich nur um die Ideen der Auslandsversendung? Weil vorher ja die Idee aufkam, daß das ein allgemeines Thema von Versetzungen wäre."*]

Herr N.: *„Ja, weil wir sind Partei, uns interessiert nur das Ausland. Alles andere interessiert uns nicht."*

Der Einwand von Frau R. hierzu – *„Ich möchte da noch einmal einhaken, was die Frau Ladwig gefragt hat: Beschränken wir uns nur aufs Ausland oder betrachten wir auch das Inland? [...] Mein Tenor wäre eigentlich, daß man nicht nur das Thema Ausland betrachtet. Ich würde das Thema Deutschland nicht vernachlässigen, weil ich denke, da ist es ein ganz wichtiges und auch ein ganz aktuelles Thema."* – wird von Frau C.'s u.a. auch terminlichen Argumenten überstimmt: *„Ja, aber wir haben wirklich im Ausland ganz andere Probleme. [...] In Deutschland haben wir ja gar nicht das Problem, daß es befristete Entsendungen sind von max. 3-5 Jahren. [...] Und deshalb auch mein Vorschlag, weil wir unter Zeitdruck sind, – ich betone immer, er [Herr D] will im Januar die fertigen Ergebnisse aus dem, was wir erarbeitet haben und aus dem, was wir für machbar halten – und daher ist es logisch, daß wir uns erst einmal auf das Ausland konzentrieren. So hab ich das auch mit ihm besprochen – da ging es ums Ausland."*

Neben der vorrangigen Sammelfunktion wird von Herrn M. noch die Zielsetzung der Kommunikation und der Zeichensetzung im Sinne einer Öffnung der Firma WIND für diese Problematik herausgestellt.

Herr M.: *„Viele Frauen, unter anderem meine auch, sagen: Eigentlich ist das Thema bei WIND kein Thema und es ist eigentlich auch politisch ziemlich unter der Decke gehalten. Eigentlich will man das ja gar nicht. Hier würde man [mit einem Workshop] ein deutliches Zeichen setzen, daß wir uns damit beschäftigen wollen."*

Wie recht Herr M. mit seiner Einschätzung über die Fremdbeobachtung gegenüber WIND hat, wird im Workshop ganz explizit (vgl. weiter unten). Jedoch ebenso deutlich wird die unterschiedliche Wahrnehmung (und Selbstbeobachtung) in der Diskussionsgruppe zu dieser Aussage:

Herr F.: *„Also das, was da jetzt eben anklang, sehe ich nicht so. Also, wir kümmern uns schon sehr stark um diese Probleme, wir kehren das jetzt, glaube ich, nicht unter die Decke."* – Herr M.: *„Gut, aber wenn das der Eindruck wäre, wäre das schlimm."* – Herr N.: *„Ich fürchte auch, daß das der Eindruck ist."*

Am Ende des Gesprächs wurde die Autorin erneut gefragt, ob von ihrer Seite Interesse bestünde, den Prozeß weiter zu begleiten. Nachdem dies bejaht wurde, wurde die Teilnahme der Autorin an einem der geplanten Workshops vereinbart.

Ein Telefongespräch mit Herrn N. Anfang November informierte die Autorin über den am 28. Oktober stattgefundenen ersten Workshop, an dem zehn Frauen, deren Männer bei WIND arbeiten und einen Job im Ausland angeboten bekommen haben, beteiligt waren. Sein Resümee war: *„Wir haben einiges gelernt, was wir beim nächsten Mal anders machen werden."* Der Umstand, daß nicht alle Frauen Partnerinnen aus DCC-Systemen waren, sondern auch DECs unter den Teilnehmerinnen waren, führte seiner Meinung nach schon dazu, daß insgesamt nicht sehr viele Vorschläge und Wunschvorstellungen zusammenkamen. Weiterhin wurde klar, daß bei den Teilnehmerinnen ein Informationsdefizit herrschte, u.a. auch über die bereits bestehenden Versendungspraktiken bei WIND. Dieses Defizit sollte beim nächsten Workshop durch einen vorgeschalteten Vortrag beseitigt werden.

Bezüglich der konkreten Vorschläge beurteilte Herr N. den Workshop als „nicht sehr viel Neuwert bringend". Es gäbe nur wenige, wirklich neue Ideen, die geeignet erscheinen, die Mobilitätsblockade aufzulösen. Eine der Hauptaussagen war, wie erwartet, der Wunsch/die Forderung, daß WIND sich aktiv an der Suche nach einer Arbeitsstelle für die Partnerin im Versetzungsland beteiligen solle.

Aus dem anschließenden Gespräch zwischen Herrn N und Herrn Mö. (neues Projektgruppenmitglied) ergab sich der Beschluß, das Thema Mobilität künftig in die Förderseminare für aufstiegspotentielle Mitarbeiter aus allen Ebenen fest einzubauen.

8.1.6   WIND – Der PartnerInnen-Workshop

Am Samstag, den 18. November, fand der zweite Workshop von 9.30 bis 17 Uhr in den Räumlichkeiten der Zentrale in {Jota} statt. Neben einer Moderatorin und der Autorin waren noch folgende Projektgruppenmitglieder anwesend: Frau C., Frau R., Herr F., Herr Mö., Herr L.

Bereits beim kleinen **informellen Frühstück** begannen die Teilnehmerinnen und die Projektgruppenmitglieder ungezwungene, teils sehr konkrete Gespräche über das Thema. Die Atmosphäre war von Anfang an durch Offenheit und hohe Kommunikationsbereitschaft gekennzeichnet.[578] Wie üblich in Moderationen dieser Art, nahmen die Teilnehmer auf den im Halbkreis stehenden Stühlen Platz, und der Workshop wurde offiziell von der Moderatorin eröffnet. Nach der **Kurzvorstellung des Tagesprogramms** erfolgten zur Aufwärmung und zum **Kennenlernen** zwei Aufstellungen.[579] Diese Raumstellungen brachten eine weitere Lockerung der Stimmung. Die anschließende **Vorstellungsrunde** orientierte sich an den Fragen: „Was hat Sie beschäftigt, als Sie die Einladung zum heutigen Workshop erhalten haben?" und „Was sollen bis heute nachmittag für Sie an Fragen, Themen besprochen sein?" schrieben die Teilnehmer auf Karten, anhand derer sie sich anschließend vorstellten.

Um einen Überblick über die Heterogenität der Gruppe zu bekommen, sind zu jedem Teilnehmenden einige Stichworte zusammengestellt. Die kursiven Namen stellen dabei Projektgruppenmitglieder dar.

---

[578] Sicherlich wurde dies durch die informelle, bequeme Kleiderordnung, wie sie in der Einladung gewünscht wurde, noch unterstützt.

[579] Reihenbildung aus der jeweiligen Anreiseentfernung der Teilnehmer und Selbstplatzierung auf dem „Globus" (= Raum) zu der Frage: Wo, in welches Land würden Sie gerne hingehen/leben?

Frau A., Mathematikerin mit zwei Kindern im Alter von 10 und 12 Jahren, bezeichnete sich selbst als „Exot" in dieser Runde, da sie *„auf keinen Fall"* ins Ausland gehen wolle. Als Grund für ihre immobile Einstellung gab sie die Familie bzw. die Kinder an. Weiterhin sieht sie sich als Vertreterin/Sprecherin für andere Bekannte, die bzw. deren Partner auch bei WIND arbeiten und die ähnliche Ansichten vertreten. Ihre Erwartungen waren zum einen, daß WIND die Familie oder die Kinder als Mobilitätshemmnis akzeptiert. Zum anderen wollte sie, daß man – aber vor allem auch ihr Mann – *„es wagen kann, bei WIND Nein zu einem Auslandsversetzungsangebot zu sagen."*

Herr Mö. ist Personalleiter in B., hat zwei Kinder und seine Frau ist wieder berufstätig, allerdings in einem ihren Qualifikationen nicht entsprechenden Bereich. Alle drei Jahre seien sie bisher umgezogen. Er wäre gerne ein halbes Jahr zu Hause geblieben und hätte mit seiner Frau, die ebenfalls im Personalwesen ausgebildet ist, Jobsharing gemacht. Von dem Workshop erwarte er vor allem einen regen Austausch von Erfahrungen.

Frau B., 31, lebt z.Zt. in {Rho} und ist berufstätig. Die Hauptfrage, die sie sich stellte, war, ob die Wünsche, die hier gesammelt werden, wirklich umgesetzt würden, also nicht ins Leere liefen. Da sie selber bald Kinder haben möchte, stellte sich für sie die spezielle Frage nach den Hilfestellungen seitens WIND in Bezug auf die gesundheitliche Versorgung im Ausland, die Wohnungssuche und z.B. einen Kindergartenplatz.

Frau D. wohnt seit vier Jahren in R. Beide, sie und ihr Partner, arbeiten bei WIND und haben einen zweijährigen Sohn. Ein Auslandseinsatz sei bei ihnen seit Jahren im Gespräch, jedoch wäre bisher noch keiner von beiden im Ausland gewesen. Da sie schwanger sei, wäre die Frage nach der Weiterführung des Berufes z.Zt. sowieso nicht relevant. Ihr seien, was die Unterstützung durch WIND anbelangt, neben einer fundierten sprachlichen, vor allem eine interkulturelle Vorbereitung wichtig.

Herr F. berichtete von seiner eigenen „Betroffenheit": Zunächst sei er im Ausland gewesen, dann hätte seine Frau, die auch bei WIND arbeitet, eine Stelle angeboten bekommen. Seine Erwartungen an den Workshop beschrieb er mit *„dem Abgleich der Einstellungen der Gruppe mit meinen eigenen".* Weiterhin wünschte er sich, daß am Ende viele Alternativen der Beschäftigung im Ausland zusammengetragen würden.

Herr E. brachte zum Ausdruck, daß er sich gefreut hätte über diese Einladung, diese Initiative von WIND. Es wäre gut zu wissen, daß sich WIND in diesem Thema engagiert. Er und seine Partnerin wären bisher noch nicht längere Zeit im Ausland gewesen, lediglich für kurze Zeit. Wenn er die Wahl hätte, würde er gerne „ganz weit weg", je fremder die Kultur, desto interessanter und spannender. Er möchte zum einen am Ende des Workshops konkrete Maßnahmen wissen, die WIND zum Auslandseinsatz anbietet, zum anderen, inwiefern für die Reintegration gesorgt würde. Abschließend stellte er die Frage, inwiefern bei einem so komplexen und differenzierten Thema überhaupt universelle Lösungen möglich wären.

Frau G., 30 Jahre, kommt aus N. und ist Abteilungsleiterin Markforschung bei der Firma xyz. Über die Einladung wäre sie positiv überrascht gewesen. Sie kenne das Auslandsthema von der Kindheit her: Ihr Vater wäre öfter versetzt worden, aber ihre Mutter wäre nie gefragt worden. Daher fragte sie sich auch: „Ist dieser Workshop ernst gemeint?" Sie möchte weiterhin erfahren, was WIND bereits mache und was geplant sei.

Frau H., 25 Jahre alt, lebt in S. und müsse jetzt, da ihr Mann eine Stelle in den USA bekommen hätte, ihren Job aufgeben. Auch sie wäre positiv überrascht von der Einladung gewesen. Sie hoffe immer noch, daß es für sie möglich sein würde, in den USA zu arbeiten. Sie erwähnte, daß ihre Firma ihr für diese Zeit ein Budget zur Weiterbildung zur Verfügung stelle.

Frau I., Französin, seit sieben Jahren in Deutschland, verfolgt eine erfolgreiche Karriere und ist schwanger. Auch ihr Mann hätte eine Stelle angeboten bekommen und sei seit Juli bereits am Einsatzort: Shanghai. Eine Auslandsversetzung wäre immer ein Thema gewesen, sie hätten viel darüber gesprochen. Für Frau I. wäre ein Wechsel innerhalb Europas kein Problem gewesen, doch nach Shanghai werde sie nicht mitgehen.

Auch der Partner von Frau J. hat eine Stelle in den USA angeboten bekommen. Während dieser Zeit werde sie ein MBA machen, wobei sie von ihrer Firma finanziell unterstützt werde. Sie freue sich über die Einladung und darüber, daß WIND den ersten Schritt gemacht hätte. Sie erwarte von WIND vor allem mehr und viel früher Informationen – auch für die Partner (u.a. über das Land)!

Frau K. ist zusammen mit ihrem Mann in der Schweiz, wo sie – glücklicherweise, wie sie sagt – eine Stelle als Lehrerin gefunden hätte. Dreimal hätten sie, ihr Mann und sie, ein WIND-Angebot für die Schweiz abgelehnt. Nun seien sie seit Anfang des Jahres in Valis und seien sehr zufrieden. Sie habe sich über die Einladung gefreut. Auch die Vorbereitung durch WIND (u.a. das AVS) habe ihr gut gefallen, sie hätte es aber begrüßt, wenn es ein Seminar gegeben hätte, das *vor* der Entscheidung stattgefunden hätte. Schade fände sie es, daß WIND bisher noch keinen finanziellen Zuschuß für den Rentenausgleich zahle.

Frau L. arbeitete bis vor kurzem in London und ist seit Oktober wieder in B. Sie ist bei einer Unternehmensberatung beschäftigt. Sie fände es *„toll, daß wir als Partnerinnen in so einem Rahmen unsere Interessen auch mal vertreten können"*. Ihr Wunsch sei der Austausch mit anderen Betroffenen. Eine spezielle Frage, die sie sich stellte, sei, inwiefern WIND bei einem Auslandseinsatz den Kontakt zur Familie, zu Freunden koordiniere. Weitere Themen wären: Wie wird vorbereitet? Wie sieht es mit der Ausbildung der Kinder aus? Gibt es Reintegrationsmaßnahmen? Wie stehen die Chancen speziell in Amerika zu arbeiten?

Frau M., 24 Jahre und Medizinstudentin im Examen, hätte mit ihrem Partner ebenfalls schon lange Gespräche über die Möglichkeit der internationalen Versetzung gehabt. Dabei sei sie zu dem Schluß gekommen, *„daß der Preis für die Partnerin unsäglich groß"* sei. *„Man steht doppelt ausgebremst da."* Ihre Wünsche an WIND: Eine höhere Flexibilität, z.B. kürzere Auslandssequenzen, statt drei Jahre am Stück; Informationsaustausch zwischen den Neu-Betroffenen und denen, die schon mal im Ausland waren oder noch sind. Insgesamt wünsche sie sich, daß der Informationsanteil an den Partner genauso groß wäre wie an den WIND-Mitarbeiter. Die Einladung hätte sie sehr gefreut und sie würde sich *„stundenlang an Samstagen zusammenfinden, wenn man damit etwas erreichen könne."*

Frau N. kam aus Berlin angereist, wo sie auch erfolgreich berufstätig ist. Ihr Mann hätte vor 1 ½ Jahren ein Angebot nach Italien bekommen, das er angenommen hat. Sie hätte sich nach langen Gesprächen entschieden, ihren Job in Berlin nicht aufzugeben. Seitdem führen sie eine typische Wochenendbeziehung. Zum jetzigen Zeitpunkt sei sie immer noch froh, daß sie nicht mitgegangen sei. Das Seminar sähe sie als ein *„tolles Signal, daß sich hier bei WIND tatsächlich Gedanken gemacht werden."* Ihr sei es für diesen Tag wichtig, Informationen zu bekommen, aber vor allem, die eigenen Gedanken einfach mal aussprechen zu können.

Frau R. als WINDlerin sieht sich sozusagen auf der anderen Seite: Sie wäre in der Vergangenheit diejenige gewesen, die die Versetzungsangebote bekommen hätte und ihrem Mann „zugemutet" hätte, fünf Jahre lang von A. nach S. zu pendeln. Sie frage sich manchmal schon, wie lange man diese Mobilität dem Partner bzw. der Partnerschaft zumuten könne.

Herr L., Verantwortlicher der Personalabteilung in {Rho}, ist ebenfalls Betroffener. Er sei vier Jahre lang in Spanien gewesen und seine Frau hätte vor Ort nicht arbeiten können. Er schätze die Erfahrungen, die er im Ausland gemacht hat und hätte eine ganz andere Einstellung dazu als vorher. Eine Auswirkung sei, daß er die Mitarbeiter seiner Abteilung regelmäßig und unverbindlich nach deren Mobilitätsbereitschaft bzw. -willen befrage.

Frau C. berichtete anschaulich und sehr offen über ihre persönlichen Erfahrungen und Gedanken bei ihrem 3-jährigen Aufenthalt in der Türkei. Ihr Mann, ebenfalls WINDler, hätte damals dieses Angebot bekommen und sie hätte sich daraufhin bewußt entschieden, dort nicht zu arbeiten. Sie erzählte, durch welche Krisen sie in der ersten Zeit gegangen sei, welche Veränderungen sie an sich vollzogen hätte, daß sie einer ehrenamtlichen Tätigkeit mit viel Engagement nachgegangen sei und wie wertvoll sie diese Zeit im nachhinein empfinde.

Wie von Herrn N. geplant, folgte auf die Vorstellungsrunde ein Informationsvortrag von Frau C. über die Praktiken (Vertragsbedingungen und Vorbereitungsmaßnahmen) des internationalen Mitarbeitereinsatzes bei WIND (vgl. Anhang Nr. 2). Hierdurch wurde ein gewisser Informationsgleichstand unter den Teilnehmenden geschaffen.

Eine Aussage von Frau C. sei beispielhaft genannt für den Hintergrund, vor dem die internationale Versetzungsarbeit bei IV gesehen wird: *„Es hat keinen Sinn, jemanden zu überreden, ins Ausland zu gehen! Die Mitarbeiter müssen das wollen!"* Die sehr geringen „Abbruchraten" von unter 1% können als Anzeichen dafür gesehen werden, daß Mitarbeiter (und Partner), die sich entscheiden zu gehen, auch tatsächlich „wollen" und sich entsprechend auf ihren Auslandseinsatz vorbereiten bzw. von WIND vorbereitet werden.

Ausgestattet mit der zur Frage umformulierten **Zielsetzung** des Workshops: „Was würden Sie von WIND als Unterstützungsmaßnahmen bei der gesamten Thematik „Auslandseinsatz" erwarten?" wurde die Gruppe aufgefordert, sich in zwei **Arbeitsgruppen** zu teilen und an dieser Frage zu arbeiten. Die Vorschläge – auf Karten an Metaplanwände gepinnt – wurden anschließend von jeweils einer Vertreterin der Gruppe vorgetragen.

Zusammenfassend können **drei Cluster von Vorschlägen** subsumiert werden:

1. Timing

2. Information

3. Konkrete Maßnahmen

Eine die gesamten Vorschläge umrahmende Aussage, die immer wieder und von beiden Gruppen kommuniziert wurde, war darüber hinaus: **Ernstnehmen des Partners.**

Der von den Teilnehmerinnen[580] gewählte Begriff „Ernstnehmen" impliziert zum einen den reinen Vorgang der (umfangreichen) Systemgrenzenerweitung durch das Unternehmen auf den Partner des Mitarbeiters. Zum anderen steht hinter dem Begriff eine Art Forderung nach Gleichwertung. Es wird von der Unternehmung also nicht nur eine *Beobachtungsleistung,* sondern auch eine *(Auf-)Bewertungsleistung* (relevant/nicht relevant) gefordert.

Beispiele hierfür kommen in folgenden Maßnahmenvorschlägen besonders zur Geltung:

- gesamte Information, die der Mitarbeiter im Vorwege bekommt, auch dem Partner zukommen lassen

- einen Mentor nicht nur für den Mitarbeiter, auch für den Partner oder für das Paar

---

[580] Der einzige männliche Vertreter aus der Reihe der „Partner" mußte leider bereits vor der Gruppenarbeit gehen. Daher gab es also zu diesem Zeitpunkt nur noch Frauen als Gruppenteilnehmer.

- Miteinbezug des Partners in die Gespräche mit dem Vorgesetzten/der Personalabteilung, Hintergründe erfragen
- Absage/Ablehnung eines Angebotes bzw. Immobilität akzeptieren
- Familie/Kinder als Entscheidungsgrund für eine Absage akzeptieren

Die Planung und Durchführung eines solchen Workshops wurde in diesem Sinne entsprechend als ein sehr positiver Schritt, als ein adäquates Zeichen des „Ernstnehmens" von den Teilnehmenden interpretiert und honoriert.

Zum Cluster **Timing** wurden die folgenden Vorschläge unterbreitet:

- genug Zeit im Vorwege für die Kündigung, den Umzug, Neubewerbung etc.
- mehr Möglichkeit, die Planung des Einsatzes und der Vorbereitung flexibel zu gestalten, z.B. Vorbereitungskurse auch am Wochenende belegen zu können (kein Zwang, extra Urlaub zu nehmen)
- viel frühzeitigere Interaktion zwischen Unternehmen und dem Paar: *Vor* der Entscheidungsfindung

Der letzte Punkt ist verbunden mit dem nächsten Cluster: **Informationen**. Es war allen Teilnehmerinnen wichtig, daß sich das *Timing der Informationen*, also wann Informationen fließen bzw. zu welchem Zeitpunkt Informationen zugänglich sind, verbessern müsse. Weiterhin gab es noch Anregungen den *Inhalt* der Informationen und das *Mittel* der Übermittlung betreffend:

Inhaltlich wollen die Partnerinnen informiert werden über:

- alle wichtigen/notwendigen Informationen zum Auslandsaufenthalt allgemein
- zielgruppenspezifische Aspekte und
- das Versendungsland

Die Vorschläge für geeignete **Mittel** des Informationstransfers waren u.a.:

- umfangreiche Infoplattform im Intranet
- unverbindliche Informationsveranstaltungen/Vorträge
- Berichte Ehemaliger

- Email-Foren

- Broschüren[581]

- Stammtisch in Deutschland und vor Ort (mit WINDlern aus dem Ausland, die jetzt in Deutschland sind; mit WINDlern, die im Ausland gearbeitet haben)

- Reisen zum Kennenlernen des Landes und des Standortes

- Wiederholen dieses Workshops

Unter **konkreten Maßnahmen** wurden u.a. folgende Maßnahmen gesammelt:

- Interkulturelles Seminar

- Hilfe bei der Jobsuche und Bewerbung

  - Behördengänge, -infos

  - Vermittlung von Ansprechpartnern

  - Übersetzungen von Bewerbungen

  - Weiterleitung der Bewerbung

  - Plazieren von Anzeigen

  - (Re-)Aktivierung des Unternehmensnetzwerkes

- bei Paaren, bei denen der Partner nicht mitgegangen ist: Telefonbudget, Flugbudget

- (Teil-)Finanzierung von Weiterbildungsmaßnahmen

- Beschäftigungsmöglichkeiten für den Partner bei WIND prüfen

- soziale Absicherung: Krankenversicherung, Lebensversicherung, Rentenausgleich, wenn sinnvoll

- Kinder: Schulversorgung, Sprache, Nachhilfe, Rückkehrerleichterung, Schulgeld etc.

---

[581] Die derzeitig noch aktuelle Broschüre wirkte lt. Aussagen auf die berufstätigen Partnerinnen eher „abschreckend".

Die Vorschläge wurden insgesamt von den teilnehmenden Projektgruppenmitgliedern interessiert und ohne bewertende Kommentare aufgenommen. Einige der Ideen entsprachen entweder bereits vorhandenen Maßnahmen oder Maßnahmen, die auch im Projektgruppentreffen zusammengetragen wurden.

An einer Stelle in der Präsentation ergab sich noch einmal eine interessante Diskussion über die Mobilitätspolitik bei WIND: Die sich selbst als „Exot in dieser Runde" bezeichnende Frau A. knüpfte beim Punkt „Familie/Kinder als Entscheidungsgrund für eine Absage akzeptieren" an und führte ihren eigenen Hintergrund zu dieser Forderung auf. Ihrem Mann wurde vor rund einem Jahr eine Stelle im Ausland angeboten, die er abgelehnt hat. Den familiären Konflikt, der sich jedoch in der Zeit zwischen Angebot und tatsächlicher Ablehnung ergeben hatte, beschrieb sie als *„dramatisch"* und versuchte ihn in wenigen Worten auszudrücken: Ihr Mann hätte die Stelle auf der einen Seite grundsätzlich schon gerne angenommen, sah aber auf der anderen Seite auch die Argumente ähnlich, die hinter der Ablehnung seiner Frau gegenüber einer Auslandsversetzung standen (Ausland = Herausreißen der Kinder aus ihrem sozialen Netz; ungewisse Qualität der schulische Ausbildung im Versetzungsland etc.). Nachdem dann die interne Priorisierung in endlosen Gesprächen zu Hause erfolgt war, kam hinzu, daß ihr Mann sich sehr schwer tat, den eigentlichen Schritt zu tun: zur Personalabteilung zu gehen und abzusagen. Dahinter, so ihre Interpretation, würden folgende Gedanken ihres Mannes stehen: *„Wenn ich jetzt absage, kann ich meine Karriere vergessen, Angebote vor Ort werde ich jetzt nicht mehr erhalten. Was passiert, wenn ich im nächsten Jahr wieder nach meiner Mobilität gefragt werde? Ich arbeite bei WIND, und bei WIND muß man mobil sein. WIND ist aber auch sozial eingestellt, also müßte man hier doch eigentlich das familiäre Ablehnungsargument vollends akzeptieren."*

Das weiter oben von der Projektgruppe offengelegte Kopplungshemmnis bzgl. der Fremdreferenz Mobilität wird hier also noch einmal deutlich von Seiten eines DCC-Systems herausgestellt.

Bezugnehmend auf den Punkt des „erneuten Fragens nach der Mobilitätsbereitschaft" setzte *Herr F.* ein, der Betreuer von Herrn A. Er erklärte, daß er grundsätzlich in jedem jährlichen Mitarbeitergespräch die Frage nach der Mobilität stelle. Dies sehe er aber auf keinen Fall als Forderung an und würde von ihm auch nicht so kommuniziert werden. Sein grundsätzliches Vorgehen, jedes Jahr erneut zu fragen, begründete er mit der Erkenntnis, daß Mobilität kein konstanter Zustand sein muß, daß sich die Mobilitätsbereitschaft also im Laufe der Zeit und sich wandelnder Lebensumstände ändern könne.

Diese Kommunikation ist zum einen ein Ausdruck für die Vielgestaltigkeit des Themas Mobilität und der Komplexität der hiermit verbundenen kognitiven Wahrnehmungen. Sie ist gleichzeitig ein Beispiel für eine mißverstehende dritte Selektion einer Kommunikation: Die neutral gemeinte Frage von *Herrn F.* wird als bedrückende und konfliktauslösende Forderung von Herrn A. und auch Frau A. verstanden. Die Bewußtseinssysteme, die mit diesem Kommunikationssystem gekoppelt sind, hatten bzw. haben unterschiedliche Sinnzuschreibungen und Bewertungsmuster, die bisher unaufgedeckt geblieben waren. Anzumerken wäre hier, daß die Wahrscheinlichkeit, daß derartige Fehlkommunikationen keine Einzelfälle sind, hoch ist. Hier liegt ein weiterer Ansatzpunkt möglicher zukünftiger, reflektierter Selbstbeobachtung einzelner Subsysteme bei WIND.

Eine Anschlußkommunikation fand gleich nach den Erklärungen von Herrn F. statt und dokumentiert die statuierte Unterschiedlichkeit eines wählbaren Verhaltens als Reaktion auf eine gleichartige Wahrnehmung: Die übrigen anwesenden Personalverantwortlichen teilten offensichtlich die von *Herrn F.* aufgestellte Erkenntnis über Variabilität von Mobilitätsbereitschaft. *Frau C.* resümierte jedoch für sich, daß bei ihnen in IV bei einer einmaligen Angebotsablehnung der Mitarbeiter im nächsten Mitarbeitergespräch *nicht* wieder gefragt werde. Dieses wird nicht nur explizit im Mitarbeitergespräch zum Ausdruck gebracht, sondern auch begleitet von der ausdrücklichen Aufforderung an den Mitarbeiter, bei einer Änderung seiner Mobilitätsbereitschaft auf die Personalabteilung zuzugehen. Die Initiativrolle wird in diesen Fällen also bewußt abgegeben, um genau die Entstehung von Drucksituationen zu vermeiden oder zumindest zu verringern.

Den Abschluß des Workshops bildete eine **Feedback-Runde**, in der alle Teilnehmer ihr Interesse und ihr Gefallen an dieser Art Kommunikation zum Ausdruck brachten. Dabei wurde von allen die entspannte und kommunikative Atmosphäre reflektiert und insbesondere von den Partnerinnen die Initiative an sich noch einmal positiv kommentiert. Die Projektgruppenteilnehmer brachten ihre Freude über die vielen Vorschläge und anregenden und erkenntnisbringenden Diskussionen zum Ausdruck und bedankten sich bei den Partnerinnen. *Frau C.*, die den Workshop ebenfalls als gewinnbringend bezeichnete, schränkte ihre Aussage allerdings in einem Punkte ein: Sie würde noch so vieles sehen, was nicht angesprochen wurde, so z.b. den gesamten Bereich der Alternativen zur Erwerbstätigkeit, wenn die Weiterführung der Berufstätigkeit im Land für den Follower nicht möglich ist. Aus diesem Grund hält sie die Fortsetzung dieses Workshops nicht nur für wahrscheinlich, sondern für „unbedingt notwendig."

Wie weiter oben bereits dargestellt, können sämtliche Ansätze von Seiten IV, Alternativen für eine Beschäftigung im Ausland zu finden, dazu führen, daß sich DCC-Systeme auflösen. Daher erscheint es fast logisch, daß in dieser Runde mit vielen DCC-Partnerinnen keine Vorschläge aus dieser Gedankenrichtung kamen.

Zusammenfassung

Der Workshop kann als eine aktive Einladung vom Unternehmen zum strukturellen Koppeln aufgefaßt werden. Es zeigt sich, daß diese Einladung angenommen wurde und zu gegenseitigen (positiven) Irritationen geführt hat; anders ausgedrückt, Rauschen ist in spezifische Form übergegangen. Dabei ist festzustellen, daß eine solche Annäherung, also die bewußte strukturelle Kopplung, auf Seiten der (DCC-) Partnerinnen als sehr hoch eingestuft wird. Der Prozeß des Workshops hat merklich dazu beigetragen, die Idee von Seiten der Projektmitglieder zu untermauern, Input von der Zielgruppe selbst generieren zu lassen. Es erscheint beinahe, daß die DCC-Systeme nur auf diese Initiative des Unternehmens gewartet hätten.

8.1.7 WIND – Statusbericht und Lösungsansätze

Resultierend aus den beiden PartnerInnen-Workshops wurde von der Abteilung IV ein Statusbericht für die obere Führungsebene erstellt, in dem Ergebnisse, Interpretationen und Lösungsansätze zusammengefaßt und diskutiert werden. Die Dokumentation, die der Autorin vorliegt, ist sozusagen kondensierte Kommunikation des Systems Projektgruppe zum Thema und läßt ganz deutlich sowohl in den Inhalten als auch in den Formulierungen das erhöhte Problembewußtsein erkennen.

Es wurden die vier Schwerpunktthemen Informationspolitik, doppelte Haushaltsführung, attraktive Alternative zur Berufstätigkeit für den Partner und Fortsetzung

310

der Berufstätigkeit für den Partner als Ansätze für Handlungsbedarf aus dem Workshop subtrahiert.

Die von der Arbeitsgruppe gewählte Clusterung oder Schwerpunktsetzung unterscheidet sich von dem oben dokumentierten Protokoll des Workshops. Hierin spiegelt sich wiederum deutlich ein bewußtseinssystemspezifisches Wahrnehmen und Verarbeiten von Informationen wider.

8.1.7.1 Informationspolitik

Aus den Erkenntnissen, daß *„Unwissenheit [..] demnach zu Ablehnung eines Auslandsangebotes bereits im Vorfeld führen [kann]"* und daß der *„Partner sehr einflußreich hinsichtlich der Entscheidung für einen Auslandseinsatz [ist] und sich wegen mangelnder Information u.U. dagegen entscheiden [wird]"*, resultiert für die Arbeitsgruppe die Wichtigkeit einer umfangreichen und adäquaten Informationspolitik.

Daß trotz vorhandener Informationen ein Defizit bei den Mitarbeitern und ihren Familien besteht, wird dahingehend interpretiert, daß *„das bereits vorliegende Informationsmaterial (z.B. Intranet) nicht vom Mitarbeiter abgerufen bzw. nicht in ausreichendem Maße in die Familien transportiert wird. Dadurch findet die wichtige Auseinandersetzung innerhalb der Familie zu diesem Thema nicht bzw. nicht früh genug statt."*

Aus dem Partnereinfluß und dem bestehenden Defizit wurde folgende grundsätzliche Handlungsanweisung abgeleitet: *„Informationen müssen durch kompetente Ansprechpartner aktiv in die Organisation hineingetragen werden, unter Einbeziehung der Partner/Innen."*

Eines der wichtigsten Statements, das auch schon auf dem Workshop von Frau C. erkannt und wiederholt wurde, ist, daß die grundsätzliche Auseinandersetzung mit dem Thema Auslandsversetzung *„bereits vor einem tatsächlichen Angebot stattfinden"* muß. Hierzu müssen die *„jeweiligen Personalreferenten [..] in der Lage sein, ausreichend fundierte Informationen zu geben oder aktiv Kontakte zu den kompetenten Ansprechpartnern zu vermitteln."*

Der Problemsicht folgten die in der Tabelle aufgeführten Lösungsansätze.

Lösungsansätze für die Informationspolitik
• Informationsmaterial bewußt zur Verfügung stellen. Auch unter Verwendung entsprechender Videos/CDs, die der Familie einen ersten Eindruck über Auslandsentsendungen geben können
• im Rahmen von Förderkreisseminaren Beiträge zum Thema „Auslandsversendung bei WIND" vorsehen
• Info-Workshops oder Info-Tage für Mitarbeiter und Partner
• im Rahmen des Bildungsangebotes Veranstaltungen zum Thema Ausland für Mitarbeiter und Partner anbieten
• Know-How über Auslandseinsatz in den Standort Personalabteilungen verstärken (auch Schulung für neue Personalreferenten)
• erfahrene Auslandsrückkehrer als Informationsträger und Motivatoren institutionalisieren

Tabelle 15: Lösungsansätze für die Informationspolitik

8.1.7.2   Doppelte Haushaltsführung

Unter dieser Überschrift „versteckt" sich die Thematik der Berufstätigkeit bzw. Karriereorientierung des Partners – mithin also die DCC-Problematik. Die Überschrift ist insofern etwas irreführend gewählt, da sich in den Lösungsansätzen Vorschläge finden, die mit doppelter Haushaltsführung nicht direkt etwas zu tun haben. Die Wahl der Überschrift geht jedoch offensichtlich auf die weiter oben dokumentierte Grundhaltung bei WIND ein, nach der der Partner möglichst mit ausreisen solle und somit grundsätzlich nur ein Haushalt vorhanden sein solle. Mit dieser Überschrift kommuniziert die Projektgruppe an die Geschäftsführung also klar das Ziel der Veränderung dieser prägnanten Grundhaltung. Verwendet werden hierzu Fremdreferenzen der Workshopteilnehmerinnen; Ausdrücke wie „übereinstimmend", „deutlich zum Ausdruck gebracht", oder „ein großer Teil" geben dabei den Argumenten zusätzlich noch sprachliches Gewicht. Nachfolgend einige Zitate aus dem Statusbericht zu diesem Punkt:

„Ein großer Teil der Teilnehmer lebte oder lebt heute aus beruflichen Gründen getrennt von seinem Partner und nimmt die Nachteile, die sich hieraus ergeben, unter dem Aspekt der beruflichen Verwirklichung in Kauf."

312

„Die Teilnehmer verstehen die Zielsetzung von WIND, Mitarbeiter gemeinsam mit ihren Familien zu entsenden, halten sie jedoch in einer wachsenden Zahl von Fällen für nicht mehr realisierbar."

Ein weiterer wichtiger Punkt, der Grundsätze von WIND berührt, ist die in den Lösungsansätzen auftauchende Möglichkeit von kurzfristigen Entsendungen (vgl. Tabelle 16). Dies ist ein bedeutsamer Veränderungsvorschlag gegenüber der bestehenden Mobilitätspolitik, die bisher auf eine Versendungsdauer von mindestens drei Jahren besteht. Ebenso „revolutionär" bzgl. bisheriger Unternehmenskommunikation ist der letzte Lösungsansatz (vgl. Tabelle 16), der die Bewertung solcher kurzfristigen Einsätze betrifft.

Lösungsansätze für die doppelte Haushaltsführung
• Doppelte Haushaltsführung innerhalb Europas aktiv anbieten
• Heimatreisen innerhalb Europas nicht „nur" alle zwei Wochen, sondern im wöchentlichen Rhythmus per Vertrag anbieten
• Bedingungen für eine doppelte Haushaltsführung in Übersee verbessern. Statt Heimreise alle drei Monate, monatlichen Rhythmus anbieten
• Möglichkeit eines „Home-Office-Days" pro Woche anbieten
• auch kurzfristige Entsendungen von nur 1-2 Jahren fördern (z.B. Abordnung statt Versendung)
• auch kurzfristige Einsätze von mehr als sechs Monaten sollten im Unternehmen als „Auslandseinsatz" gewertet werden.[582]

Tabelle 16: Lösungsansätze für die doppelte Haushaltsführung

---

[582] Bisher werden Abordnungen bis zu 12 Monaten nicht als Auslandseinsatz erfaßt und erscheinen auch nicht im Personalblatt.

8.1.7.3 Soziale Absicherung und attraktive Alternativen zur gewohnten Berufstätigkeit

Obwohl beide Themen im Workshop nur relativ am Rande erwähnt wurden, sind sie hier zum Schwerpunktthema postuliert worden. Es wird deutlich, daß hier unterschiedliche Relevanzen verteilt werden und daher die Kommunikation entsprechend inhaltlich abwandelt. So wurden Alternativen zur Berufstätigkeit – bis auf den Wunsch nach Weiterbildungsfinanzierung – von den Teilnehmerinnen gar nicht kommuniziert, womit diese Fremdreferenz bei diesen eindeutig noch im Bereich des Rauschens liegt. Dies wird auch im Statusbericht erkannt und mit Gründen verbunden: *„Die Angst, untätig im Ausland sitzen zu müssen, ist deutlich spürbar. Auch das Risiko, nach dem Auslandseinsatz keinen Anschluß mehr an die sich verändernde Berufswelt zu finden, spielt eine erhebliche Rolle bei der Entscheidungsfindung."* Die auslandserfahrene und fachkundige Frau C. dagegen sieht in den „Alternativen" zwar noch wenig beachtete, aber dennoch potentielle Gegenspieler bei Fällen, in denen die Weiterführung der Berufstätigkeit des Partners nicht möglich ist. Die Bearbeitung und Schwerpunktsetzung von „Alternativen", mit denen sich allerdings auch die DCC-Systeme auflösen, geht auf die Zielsetzung des Abteilungssystems zurück, Versetzungshemmnisse abzubauen. Entsprechend der wenigen, aus dem Workshop zu ziehenden Wünsche der Teilnehmerinnen werden als Lösungsansätze auch nur die folgenden zwei aufgeführt.

Lösungsansätze für soziale Absicherung und Alternativen zur Berufstätigkeit
• Budget für Aus- und Weiterbildung für den mitreisenden Partner
• Budget für private Altersversorgung (z.B. Lebensversicherung) für den mitreisenden Partner

Tabelle 17: Lösungsansätze für soziale Absicherung und Alternativen zur Berufstätigkeit

8.1.7.4 Fortsetzung der Berufstätigkeit im Aufenthaltsland

Das letzte Schwerpunktthema handelt von der Thematik der gewünschten Fortsetzung der Berufstätigkeit. Im Rahmen der Statusbeschreibung wurde auf die

314

Schwierigkeiten der außereuropäischen Versetzung, von Sprachbarrieren und von fehlenden landesnotwendigen Qualifikationen aufmerksam gemacht. Weiterhin wird im Rahmen der Lösungsvorschläge, wie auch schon in den Interviews, darauf hingewiesen, daß in der Vergangenheit internationale Netzwerke als Stellenpool *„zu keinen befriedigenden Lösungen"* geführt haben. Insbesondere bei diesem Schwerpunktthema fällt auf, daß in der Gruppe hierzu eine eher problematisierende als konstruktive Haltung eingenommen wird, die sich auch schon in den Gesprächen zeigte. Der Satz: *„Wir gehen jedoch davon aus, daß die Problematik der berufstätigen, mitreisenden Partner auch in diesen Unternehmen [des Netzwerkes] zwangsläufig zu einem Umdenken führen muß. Die Bereitschaft zur Unterstützung wird daher wachsen"* läßt jedoch eine Tendenz zur Haltungsänderung erkennen.

Lösungsansätze bei Fortsetzung der Berufstätigkeit
• Prüfung, ob eine Beschäftigung des mit ausreisenden Partners bei WIND möglich ist
• Vorbereitungsmaßnahmen für die spätere Beschäftigung im Aufenthaltsland intensivieren
• Sprachkursangebot erweitern
• Aktiv auf deutsche Unternehmen zugehen, die am Aufenthaltsstandort vertreten sind.

Tabelle 18: Lösungsansätze bei der Fortsetzung der Berufstätigkeit

Das **weitere Vorgehen** der Projektgruppe wird im Statusbericht durch Benchmarking mit eigenen Regionalabteilungen und im Rahmen des *DGfP*-Arbeitskreises, Detailklärungen, Abstimmungen mit anderen Abteilungen, Sensibilisierung für den Themenkomplex, Netzwerkbildung und Kosten- Nutzenberechnungen vermerkt.

In einem Gespräch mit Frau C., nach der Aushändigung des Statusberichtes, stellte die Autorin die Frage nach dem Stand der Dinge und der Resonanz der Geschäftsführung auf den Statusbericht: *„Die Resonanz war von allen Seiten super, total positiv!"* D.h. sowohl von Geschäftsführungsseite als auch von Seiten anderer Kollegen, die den Bericht durch *„irgendwelche Kanäle"* bekommen hatten, kam ein positives Feedback. Frau C. kommentierte noch, daß sie sich natürlich sehr freue über diese Entwicklung, aber befürchte, daß jetzt Erwartungen geweckt wurden, die evtl. – nach der Kostenkalkulation – nicht alle erfüllt werden könnten. Hier wiederholt sich ein bereits bei Herrn N. beobachtetes Muster der Furcht vor Erwartungsaufbau.

8.1.8 WIND – Zusammenfassung

Als erster Teil der empirischen Untersuchung fand die Beobachtung des Unternehmenssystems bzw. des Subsystems DCC-Projekt statt. Das System DCC-Projekt wurde erst durch eine Zweiseitigkeit einer vorgeschalteten Kommunikation konstituiert, die zum einen aus dem selbstreferentiell beobachteten Informations- und Handlungsbedarf bzgl. DCCs auf Seiten des Unternehmens WIND – mit Herrn N. als Mitglied repräsentiert –, zum anderen aus dem Informations- und Untersuchungsangebot der Autorin bestand. Interwiews, Projektsitzungen und Workshops waren die unterschiedlichen Mitteilungsarten in diesem sich bildenden Kommunikationssystem.

Der Unternehmenskontext WIND, innerhalb der sich die Beobachtungen ereigneten, kann als sozial orientiert, familiär und stark technisch ausgerichtet beschrieben werden, wobei dem Stiftungshintergrund eine prägende Eigenschaft zuzuschreiben ist. Das eher männlich dominierte Unternehmen ist, wie andere Unternehmen auch, von Umbruchbewegungen der Umwelt beeinflußt und begegnet diesen Herausforderungen u.a. mit den Leitwerten Kundenorientierung, Qualität und Innovation. Weiterhin ist das Unternehmen durch eine durchgängig hohe Kommunikationsorientierung gekennzeichnet, die sich z.B. in vielen strukturierten Meetings ausdrückt. Die Unterscheidung zentral/dezentral prägt sowohl Unternehmenskultur als auch die Funktionen: Diversifizierte Subkulturen und Standortentscheidungen bestehen gleichzeitig mit einem umspannenden „WIND-Bild" und den zentral generierten Entscheidungen.

Diese Gleichzeitigkeit findet sich ebenso in der Struktur der Personalfunktionen wieder, bei der zentrale und dezentrale Funktionen sinnreich koexistieren. Das System IV – als Spezialabteilung für Auslandsversendungen mit klarer Dienstleistungsorientierung – ist ein Subsystem, dessen Existenz sich aus der stetigen internationalen Expansion des Unternehmens abgeleitet hat. Mobilität ist in diesem System die zentrale Leitdifferenz. Die selbstreferentielle Fremdbeurteilung der Abteilung wird mit Aspekten wie „exotisch" und „auf speziellem Know-How basierend" umschrieben. Querdurchlässigkeit als zentrales Karriereleitbild dient dem System als zusätzliche Orientierung.

Das Thema DCC ist zumindest in den Bewußtseinssystemen aller Systemmitglieder bekannt, und es wurden auch schon spezielle Kommunikationssysteme in diesem Zusammenhang getestet, wie z.b. der *DGfP*-Arbeitskreis und das unternehmensübergreifende Netzwerk.

Die für diese Arbeit so zentralen, weil hinterfragten Prozesse des Relevanzaufbaus (Warum werden DCCs relevant?) und somit des Kommunikationssystemaufbaus werden deutlich: Die mit dem Unternehmen und dem IV-System gekoppelten DCCs haben die Kommunikationen generiert, „ins Unternehmen getragen". Eines der wichtigsten Fremdreferenzen ist dabei die abnehmende Mobilitätsbereitschaft bzw. das Auftreten offensichtlicher Mobilitätshemmnisse.

Diese Hemmnisse wurden vom System IV, das eben genau an der Leitdifferenz Mobilität orientiert ist, in alltäglichen Prozessen vermehrt wahrgenommen und letztendlich als (Kopplungs-)Konflikt realisiert, der Entscheidungen zur Auflösung bedarf.

Vor diesem Hintergrund ist die beobachtete einseitige, kommunikative Fokussierung auf den Auslandsaspekt im IV-System verständlich bzw. erklärbar. Eine Erweiterung des Blickwinkels erfolgt teilweise erst nach Irritationsangeboten der Autorin. Teilweise waren diese Irritationen wiederum nicht stark genug bzw. waren für das spezialisierte IV-System zu allgemein (bspw. bei der Entscheidung, die PartnerInnen-Workshops nur auf den Auslandsaspekt hin auszurichten).

Die Selbstbeobachtung bzgl. vorhandener personalwirtschaftlicher Förderinstrumente ist durch blinde Flecke gekennzeichnet. Die Diskrepanz zwischen Eigen- und Fremdwahrnehmung wird noch durch die „WINDler-Mentalität" der Untertreibung verstärkt. Selbstverständlichkeiten werden nicht mehr erwähnt bzw. Beobachtungen erfolgen nicht, weil sie mit der Thematik gar nicht in Verbindung gebracht werden. Bestehendes wird der neuen Fremdreferenz nicht zugeordnet.

Bzgl. des unternehmensinternen Konzeptes zum Konstrukt „Karriere" konnte die Unmöglichkeit der eindeutigen Abgrenzung resümiert werden.

Das Konzept „Mobilität" ist, obwohl es unter Selbstbeobachtung klar als wichtiges und zentrales Merkmal des Systems WIND deklariert wird, ebenso mehrseitig konnotiert. Die im Gespräch erfolgte Reflexion bringt diese teils gegenläufigen Beobachtungsrichtungen unterschiedlicher Systeme an die Oberfläche: Mobilitätsgehemmte DCCs, Fachleute bestimmter Aufgabenbereiche, deren Auslandsversetzung sinnlos erscheint, Geschäftsführer, die nie im Ausland versetzt waren und daher wenig mobilitätsorientiert sind etc.

Das DCC-Projekt ist also zum einen zentral mit der Fremdreferenz Mobilität verknüpft, zum anderen bestehen starke Kopplungen zum IV-System, die allerdings durch später in den Prozeß hinzukommende Mitglieder anderer Personalabteilungen teilweise entschärft werden. Bemerkbar ist die starke IV-Präsenz z.B. in dem Verbleiben der Kommunikation in bekannten Systemgrenzen trotz gestiegener Sensibilisierung. In den Kommunikationsangeboten ist eine abwägende, eher skeptische Grundhaltung zu beobachten, die gleichzeitig aber nie Zweifel an der Fortführung des Projektes aufkommen läßt.

Im Laufe des Kommunikationsprozesses wird die Sinnhaftigkeit eines DCC-Programmes immer mehr untermauert, und das Ziel des Systems DCC-Projekt verschiebt sich von der Standortbestimmung hin zur Förderprogrammgenerierung.

Einige Kopplungshemmnisse werden dabei offenkundig, wie die relative Trägheit mancher Strukturen, die enge Kopplung von IV an die Geschäftsführung und eben die ambivalent kommunizierte Fremdreferenz Mobilität. Diese stören aber letztendlich nicht den Prozeßfortgang.

Das weitere Geschehen ist dann auch durch steigende Dynamik gekennzeichnet, angestoßen durch die intensive Irritation eines Geschäftsführers im System AVS, die zu einer fast kaskadenartigen Anschlußirritation anderer Systeme führt. Die Stabilisierung des DCC-Projekt-Systems und die Ausweitung der Relevanz im Gesamtsystem WIND sind das Resultat. An diesem Prozeßstand werden die Entscheidungen zur Durchführung von PartnerInnen-Workshops und die Erweiterung des Systems um weitere Personalverantwortliche getroffen.
Insbesondere die Workshops erwiesen sich als eine deutlich kopplungsfördernde Aktion, die die Systemgrenzen überschritt, zu reichhaltigen Inputangeboten beteiligter Bewußtseinssysteme führte und somit das DCC-Projekt-System erfolgreich irritiert hat.

Resümierend ist festzustellen, daß es sich hier um einen klar erkennbaren, dynamischen Prozeß der steigenden Sensibilisierung eines Kommunikationssystems handelt, dessen intensive Irritation rekursiv in anderen Systemen zu Irritationen führte und letztendlich Kommunikationsdichte aufbaute, die zu evolutionären Zwischen- und Letztentscheidungen evolvierte. Viele, im theoretische Teil dieser Arbeit aufgeworfenen Aussagen wurden dabei durch die dargestellte Beobachtung bestätigt bzw. fanden bildhafte Konkretisierung.

8.2   Beobachtung der DCC-Systeme

Die Projektgruppenteilnehmer nahmen auf Anfrage der Autorin die für DCC-Paare konzipierten Fragebögen (vgl. Anhang Nr. 4) an sich mit dem Ziel, sie an die entsprechend passenden Mitarbeiter weiterzugeben. Der Rücklauf war, so erschien es zu Anfang, mit acht Fragebogen (also vier Paaren) zu gering. Nach den ersten Auswertungen wurde der Autorin jedoch klar, daß diese Gesamtheit ein gerade noch überschaubares Darstellungs-, Vergleichs- und Interpretationsvolumen ausmachte. Eine größere Zahl an Paaren hätte aufgrund des umfangreichen Antwortpotentials zu Unübersichtlichkeit geführt. In die folgende qualitative Auswertung des DCC-Fragebogens gehen demnach die Aussagen von vier DCC-Systemen ein, bei denen (mindestens) einer der Partner bei WIND beschäftigt ist. Die Paare haben sich die folgenden anonymen Namen gegeben: Selene, Tahoe, Licht und Malaysia.

In der untenstehenden Tabelle sind demographische und biographische Daten zusammengefaßt, um eine erste Einordnung der Teilnehmenden vornehmen zu können und um vier Rahmen zu konstruieren, die im weiteren sukzessive mit weiteren Informationen vervollständigt werden. Hervorzuheben ist, daß zwei Paare zur Zeit im Ausland, nämlich Amerika und Malaysia, sind.

	Paar „Selene" w/m	Paar „Tahoe" w/m	Paar Licht w/m	Paar Malaysia w/m
Unternehmen	WIND/ WIND	WIND/ WIND	Allianz/WIND	WIND/ Blaupunkt
Jahrgang	66/64	-/64	71[583]/64	67/69
höchster Ausbildungsabschluß	Hochschule/ Hochschule	Fachhochschule/ Fachhochschule	Hochschule/ Hochschule	Hochschule/ Fachhochschule
Berufsbezeichnung	M.A./ Dipl.-Ing.	Dipl.-Informatik./ Dipl.-Informatik.	Dipl.-Kffr./ Dipl.-Ing.	Dipl.-Phil./ Dipl.-Betriebsw.
derzeitige Position (Land)	Redakteurin, Presserefe-rentin (D)/ Einkauf (D)	Manager Engineering (USA)/ Manager (USA)	Referentin (D)/Gruppenl eiter (D)	„passiver Mit-arbeiter" (Malaysia)/ Sales & Market Manager (Malaysia)
Arbeitszeit, Stunden pro Woche	28h/50h	>40h/>40h	45h/48h	-/50h
Bruttoeinkommen bis...	110.000 150.000	>150.000 >150.000	90.00 150.000	110.000[584] 130.000

---

[583] Nach den vorgenannten Jahrgangskriterien für DCC-Systeme wäre dieses Paar nicht mit in die Untersuchung gekommen. Aufgrund des geringen Rücklaufs wurde jedoch das Kriterium in diesem Fall nicht streng verfolgt.

[584] Es wird angenommen, daß sich diese Zahl auf das Einkommen vor der Versetzung nach Malaysia bezieht

Familien-stand	verheiratet	verheiratet	in Partner-schaft	in Partner-schaft
Kinder	1 Kind, 4 Jahre	keine	keine	keine
Haushalte	1	1	1	1

Tabelle 19: Übersicht über die in die Auswertung eingegangenen DCC-Paare

8.2.1 Wie beobachten DCCs ihre Unternehmen und was erwarten sie?

D1	DCCs ⟹ Unternehmen

Für die Auswertung der **Fragen 2-9**, in denen obige Leitfrage operationalisiert wurde, wurden nur die sechs WINDler herangezogen, um deren Aussagen mit den bisherigen Beobachtungen bzgl. des Unternehmens WIND aus den Interviews, Workshops und Dokumentationen zu vergleichen.

Die Frage, für was ihr Unternehmen steht, welche **Leitlinien** es hat (**Frage 2**), haben alle Befragten ausführlich beantwortet. Bei den sechs WINDlern hat jedoch nicht einer alle drei Stichworte des einprägsamen Logos genannt.

Die drei Worte fanden sich in den Aussagen verstreut wieder, jedoch nicht überzeugend oft: Qualität wurde dreimal genannt, Innovation einmal und Kundenorientierung auch nur von einem Befragten. Erstaunlich ist, wie oft sich die nicht im Logo dokumentierte, grundlegende „Soziale Einstellung" von WIND wiederfindet, die man eher zur Unternehmenskultur zurechnen würde: Mit „sozialer Verantwortung", „Solidität" oder „Sicherheit" bezeichnet wurde diese Grundhaltung immerhin vier von sechsmal aufgeführt! Zwei WINDler fügen in den Leitlinien die {alias}orientierung an, ebenfalls zwei verweisen darauf, daß Verantwortung und Qualität vor Gewinn stehen.

321

Die subjektive **Übereinstimmung** zu den genannten Leitbildern ist sehr hoch (**Frage 3**), unabhängig vom Unternehmen.[585] Sieben von acht stimmten auf einer 5er Skala[586] der Gesamtheit der Unternehmensleitlinien größtenteils zu. Ein WINDler stimmte dem Leitbild, so wie er es angegeben hat, sogar völlig zu. Ein identisches Bild ergibt sich bei der Frage nach der **Wichtigkeit der Identifikation** (**Frage 4**: *„Eine Identifikation mit den Unternehmensleitlinien halte ich generell für...“*). Gefragt nach einem eventuellen **Veränderungsbedarf** bei den Leitlinien (**Frage 5**: *Besteht Ihrer Meinung nach für die Unternehmensleitlinien Veränderungsbedarf?*) antworteten entsprechend der hohen Identifikation nur zwei WINDler (drei von sechs sahen keinen Veränderungsbedarf, einer gab keine Antwort). Die Antworten zeigen jedoch keine neuen Leitlinien auf, sondern kommentieren eher die bestehenden. Insbesondere die innere Strukturiertheit und die Kommunikation nach außen bewogen zu Veränderungsvorschlägen:

„nicht so brav, flexibler werden; positive Eigenschaften, die da sind, auch nennen.“

„Mut und Innovation fördern, stärken; Bescheidenheit zugunsten besserer PR zurückstellen, ohne überheblich zu werden“

Einige der schon in den Unternehmensleitlinien zu findenden Attribute wurden von den WIND-Mitarbeitern auch der **Unternehmenskultur** (**Frage 6**: *Mit welchen Stichworten würden Sie für sich die Unternehmenskultur ihres Unternehmens zusammenfassen?*) zugeschrieben:

„vertrauensvoll, inhaltlich orientiert (sachlich) solide“

„Gewinnmaximierung mit sozialer Verantwortung / sozialem Engagement angestrebt“

„fördernd und liberal“

Aber auch die {*alias*} und männerdominierte Seite von WIND wird genannt:

„{alias}, männlich, international, vielseitig, flexibel, sicher“

„{...Logistik}“

---

[585] Bei dieser Frage wurden die Antworten aller Partner einbezogen, da hier nicht Attribute des Unternehmens verglichen werden, sondern der individuelle Übereinstimmungsgrad festgestellt werden sollte.

[586] 1=stimme überhaupt nicht zu, 2=stimme wenig zu, 3=stimme teil/teils zu, 4=stimme größtenteils zu, 5=stimme völlig zu

Wiedergefunden hat sich auch die von mehreren Interviewteilnehmern (Projektgruppe) geäußerte Eigenart im Unternehmen WIND, *„daß man sich nicht verkaufen könne, sich klein mache."* Die Antworten der Fragebogenteilnehmer lauteten:

„manchmal zu vorsichtig und zögerlich, oft zu obrigkeitshörig"

„Anstreben und dabei nach außen eher unscheinbar bleiben"

Vier der WINDler gaben an, einiges bis viel **über die Unternehmenskultur von WIND gewußt zu haben**, bevor sie sich für den Job bzw. das Unternehmen entschieden haben. Zwei dagegen wußten eher wenig von der Kultur, bevor sie anfingen (**Frage 7:** *Wie hoch war Ihr Kenntnisstand über die Unternehmenskultur (UK), als Sie sich für dieses Unternehmen bzw. den Job entschieden haben?*).

Frage 9 sollte einen kleinen Ausschnitt in den komplexen Prozeß der Entscheidungsfindung der DCCs, im jetzigen Unternehmen und im jetzigen Job zu arbeiten, geben (*Als Sie sich damals für a) Ihr Unternehmen und b) den angebotenen Job entschieden haben, welche Entscheidungskriterien waren für Sie dabei relevant?*). Hierzu wurde beleuchtet, welche vorgegebenen Kriterien von den Bewußtseinssystemen selektiert wurden, also welche spezifischen Umweltdaten (wie z.B. Arbeitsplatzsicherheit, Gehalt u.ä.) zu welchen Irritationen führten. Die 5er-Relevanz-Skala dieser Frage wurde für die Auswertung in die Cluster *relevant* (4 und 5) und *irrelevant* (1 bis 3) aggregiert.

Bezüglich der relevanten Kriterien für die Wahl des Unternehmens standen die wählbaren Kriterien **Image** und **Karrieremöglichkeiten** mit einer Häufigkeit der Nennung (relevant bzw. sehr relevant) von jeweils 87,5% an erster Stelle. Das **Produkt** war interessanterweise häufiger ausschlaggebend in der Entscheidung (75%) als die **Vergütung** (62,5%) und die **Arbeitsplatzsicherheit** (62,5). Von geringer oder keiner Relevanz wurden dagegen die Kriterien **Branche** und die vom Unternehmen angebotenen **Sozialleistungen** gesehen: Beide erhielten einen Häufigkeitswert von 37,5%.

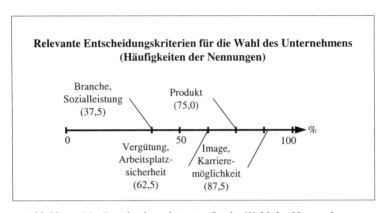

Abbildung 33: Entscheidungskriterien für die Wahl des Unternehmens

Bei der Entscheidung für den derzeit ausgeübten Job wurden andere Kriterien als entscheidungsrelevant bezeichnet: Für alle Befragten (100% Häufigkeit) waren die **Aufgaben** im Job und die **Weiterbildungsmöglichkeiten** relevant bzw. sehr relevant, gefolgt von den **Karriereaussichten** (87%) und der **Position** (75%). Das **Gehalt** stand in der Häufigkeit der Nennungen mit 50% genau mittig. **Kollegen bzw. Mitarbeiter** wurden nur in 25% der Nennungen für relevant gehalten. Irrelevant, da nicht einmal im relevanten Cluster erscheinend, wurde die Arbeitsorganisation beurteilt. Dies erstaunt insbesondere, da sich in diesem Kriterium Potential – z.B. in Form von Telearbeit und flexiblen Arbeitszeiten – für die Vereinbarung zweier Karrieren bzw. zweier Lebenssphären verbirgt. Eine mögliche Interpretation wäre, daß im DCC-System prozessierte Fremdreferenzen wie z.B. Karrierevereinbarung bei der konkreten Entscheidungssituation des einzelnen Bewußtseinssystems für oder gegen einen bestimmten Job, (noch) nicht mit-referiert werden.

In einer aktuellen Studie des Unternehmens *Modalis* über Entscheidungskriterien von High Potentials ergaben sich sehr ähnliche Ergebnisse. Auf die Frage, was einen Arbeitgeber attraktiv macht, standen auch bei den 389 Befragten job-, aufgaben- und karrierebezogene Kriterien an vordersten Stellen: schnelle Verantwortungsübernahme (15,2% der Teilnehmer hatten dieses Kriterium als 1. Nennung), flexible, abwechslungsreiche Aufgabenstellung (13,9%), internationale Karriere (13,1%).

Sehr unterschiedlich zu den Antworten der DCCs waren jedoch die Beurteilungen hinsichtlich des Arbeitsklimas und des Gehaltes: Für die High Potentials stand ein freundliches Arbeitsklima mit 16,8% an Platz eins der Kriterien! Das Gehalt hat in deren Beurteilungsspielraum nur einen 12. Platz bekommen (2,6%).[587]

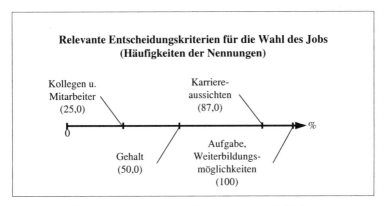

Abbildung 34: Entscheidungskriterien für die Wahl des Jobs

Zusammenfassung

Deutlich wird, daß zunächst jedes Bewußtseinssystem die Leitbilder und die Unternehmenskultur grundsätzlich unterschiedlich beobachtet, obwohl natürlich durch das Gekoppeltsein aller WINDler an die unternehmensinternen Prozesse und die Historie Häufigkeit und Frequenz strukturbildender Kommunikationen und Entscheidungen (hierzu gehört z.b. der Stiftungscharakter des Unternehmens) eine sichtbare Wiederholungsrate der Bezeichnungen erkennen lassen.

Daß Strukturelemente der Unternehmenskultur häufiger genannt wurden als das offiziell kommunizierte Leitbild, bedeutet systemtheoretisch gesprochen, daß ersteres offensichtlich frequentierter in den Bewußtseinssystemen der befragten DCCs mitläuft als letzteres. Die Gründe können in der historisch bedingten Fundamentalität von Unternehmenskulturausprägungen und der vergleichsweise höheren Veränderlichkeit von Leitbildern liegen, die zum Teil aktuellere strategische Entscheidungen widerspiegeln.

---

[587] Vgl. http://www.modalis.com/deutsch/news/index.html

Die genannten Entscheidungsprioritäten für Image und Karrieremöglichkeiten, Aufgabe und Weiterbildungsmöglichkeiten bekräftigen die Eigeneinschätzungen der Befragten in die Kategorie „karriereorientiert". Die Irrelevanzbezeichnung von Sozialleistungen und Arbeitsorganisation könnte so verstanden werden, daß die Verfolgung der Karriere zum Zeitpunkt der Job- und Unternehmenswahl höher rangiert, als die Vereinbarung von Karriere und Privatleben. Aber auch andere Gründe sind in diesem komplexen Feld denkbar.

Insbesondere für die WINDler ist es erstaunlich, daß sie, obwohl sie die soziale Orientierung ihres Unternehmens deutlich wahrnehmen und hier auch eine Werteübereinstimmung vorherrscht, das Kriterium der Sozialleistungen nicht ankreuzten und es somit als nicht entscheidungsrelevant eingestuft wurde. Daß das Gehalt keine große Entscheidungspriorität hat, kann man, anlehnend an die Überlegungen von *Wiltinger & Simon*[588] folgendermaßen interpretieren: Die karriereorientierten Bewerber setzen implizit voraus, daß Jobangebote, auf die sie sich bewerben, alle ein angemessenes Gehaltsniveau haben oder davon ausgehen, daß das Gehaltsniveau in ihrem Tätigkeitsfeld branchenübergreifend relativ homogen sei.

8.2.2 Welche Konzepte und Erwartungen haben DCCs zu/an Karriere, Flexibilität und Mobilität?

D2	DCCs $\Longrightarrow$ K,F,M

8.2.2.1 Karriere

Zwei wichtige Erkenntnisse des theoretischen Teils über Karriere (vgl. Kapitel 5.2.2) war zum einen die Feststellung, daß das Konstrukt der Karriereorientierung aus der subjektiven Selbstzuschreibung resultiert.[589] Zum anderen wurde auf den

---

[588] Vgl. Wiltinger & Simon 1999.

[589] Das CCI Cornell Employment and Family Careers Institute ist z.B. eine Forschungsinstitution, die die kontextbezogenen, persönlichen Einstellungen der Interviewten – u.a. auch die Karriereeinstellung – in ihren Forschungen explizit mit einbeziehen. Vgl. http://www.human.cornell.edu/blcc/cci/outreach.html #A Life Course Focus on Careers.

Wandel und die resultierende Heterogenität der begrifflichen Zuschreibung von Karriere hingewiesen.

Voraussetzung der DCCs für das Ausfüllen des Fragebogens war die Selbstzuschreibung in die Kategorie „karriereorientiert" (vgl. im Fragebogen, Einleitungstext). Mit den **Fragen 10 bis 16** wurde daher angestrebt, die Hintergründe für die persönliche Einordnung im Sinne der impliziten bewußtseinsverankerten Konzepte von Karriere aufzudecken.

Mit der offenen **Frage 10**: „*Was verstehen Sie persönlich unter Karriere?*" konnten zunächst die ersten gedanklichen Definitionen abgefragt werden, ohne diese durch vorgegebene Antworten zu „kontaminieren".

In diesem Teil werden die Definitionen *aller* Befragten paarweise ausgewertet.

Bei der teilzeitarbeitenden Redakteurin des Paares Selene konnten die drei Stichworte: Spannende Aufgaben, Führungsverantwortung und Vereinbarung von Beruf und Familie substrahiert werden: „*nicht stehenzubleiben; spannende, verantwortungsvolle Aufgaben zu übernehmen; später auch mal Führungsaufgaben inklusive Verantwortung für Mitarbeiter zu übernehmen, dabei Familie und Beruf noch mit vereinbaren zu können und diese Wünsche NICHT für den Berufsweg hinten anzustellen.*"

Ihr Mann zählt auch Führungsverantwortung auf, fokussiert aber ansonsten eher auf Selbstbestimmung und Kreativität. „*Wunsch, eine Position zu erreichen, in der man selbstbestimmt (weitgehend) arbeiten kann, Ideen umsetzen kann, das Unternehmen bzw. den Unternehmensteil, für den man arbeitet, beeinflussen kann, Mitarbeiter motivieren/führen/ fördern kann.*"

Beim WINDlerpaar Tahoe, das in den USA arbeitet, erwähnen beide Vergütung als Kriterium für Karriere. Interessant und eigen ist die Wahl der Formulierungen des Mannes: „*Karriere ist Teil meines Jobs.*" Karriere wird also nicht als ein persönliches Ziel, eine subjektive Komponente gesehen, sondern rein jobbezogen wahrgenommen. Diesem Job, nicht der Karriere, werden dann präskriptiv Kriterien zugeordnet „*Mein Job hat mir Spaß zu machen, Herausforderungen zu stellen und mir das notwendige Geld zu bieten.*"

Seine vollzeitarbeitende Ehefrau verbindet mit Karriere eher Erfolg, Sinn und **befriedigendes Arbeiten**: „*Erfolgreich zu arbeiten, Sinnvolles für sich und das Unternehmen zu tun und daraus Befriedigung und Geld zu erhalten.*"

Auch beim Paar Licht finden sich in ihren traditionellen Karriereeinstellungen erstaunliche Paarübereinstimmungen. Beide erwähnen die Kriterien Fortbildung oder Weiterentwicklung und Verantwortungszunahmen: Frau „Licht" (Allianz): *„Fortbildung, Wachsen der Verantwortungsbereiche, Personalverantwortung, Persönliche Realisierung, Gehaltssteigerung und Steigerung der sog. "Statussymbole" im Unternehmen."* Im Gegensatz z.B. zu den Aussagen der Redakteurin (Paar Selene), die in ihrer Karriere gerade die Vereinbarung von persönlichen und beruflichen Belangen anstrebt, läßt sich in der Aufzählung des „Licht"-Mannes der Formulierung *„auch mal persönliche Belange hintenanstellen"* entnehmen, daß eine komplette Vereinbarung nicht gesehen wird: *„Weiterentwicklung, mehr Verantwortung übernehmen / bekommen, positive Gehaltsentwicklung, Mitsprache bei unternehmerischen Entscheidungen, auch mal persönliche Belange hintenanstellen, Flexibilität, weltweiter Einsatz, wechselnde Aufgaben."*

Beim letzten Paar (Malaysia) ergibt sich eine deutliche Unterscheidung der Foki: Während die z.Zt. nicht arbeitende Partnerin *„Karriere als Möglichkeit der persönlichen Entfaltung und [als] Beitrag zur stetigen Entwicklung, auch als Bestätigung der persönlichen Fähigkeiten"* ansieht, richtet sich der Definitionsblick des Mannes auf Verantwortungssteigerung und ist damit eindeutig auf der Seite der traditionellen Karrierekonnotation zuzuordnen: *„Die Möglichkeit innerhalb eines Unternehmens in der Verantwortung der Aufgaben zu steigen. Also: Karriere = mehr Verantwortung."*

Persönliche Stichworte zum Konzept „Karriere"	
• spannende Aufgabe	• Führungsverantwortung
• befriedigende Aufgabe	• Erfolg
• sinnvolle Aufgaben	• Gehaltssteigerung
• Vereinbarung von Familie und Beruf	• Weiterentwicklung
• Selbstbestimmung	• wachsende Verantwortung
• persönliche Entfaltung	• Steigerung der „Status Symbole"
• Kreativität	• Mitsprache bei Unternehmensentscheidungen
• Einfluß auf Unternehmensprozesse	• Karriere steht vor Privatem
• Flexibilität	• weltweiter Einsatz
• wechselnde Aufgaben	

Tabelle 20: Sammlung der persönlichen Stichworte der Paare zum Konzept „Karriere"

Die den Konstruktionsinhalte zugrundeliegenden unterschiedlichen Grundeinstellungen finden sich auch sehr deutlich in den in **Frage 11** abgefragten Aussagepaaren wieder. Intendiert war hier, entsprechend den an die Personalverantwortlichen verteilten Karriereprofilbogen, gegensätzlich formulierte Konzepte (traditionelles vs. modernes/neueres Karrierekonzept – vgl. Fragebogen im Anhang Nr. 4) zu präsentieren, um den Beantwortenden Einordnungsmöglichkeiten zu bieten. Entsprechend wurde gebeten, eine **persönliche Positionierung** mittels eines Kreuzes vorzunehmen (*Im folgenden sind einige Aussagen über Karriere aufgelistet. In welchen finden Sie Ihre Einstellung wieder? (Es ist hier nicht nach der in Ihrem Unternehmen praktizierten Karriereplanung und -durchführung gefragt.*). In den nachfolgenden Abbildungen sind die Positionierungen der Befragten für die einzelnen Paare zu Profilen zusammengestellt worden. Dabei erfolgte zur Klarheit, im Vergleich zum Fragebogen, ein Seitentausch der Aussagepaare 2, 4 und 10. Dies führt dazu, daß jetzt die gesamte linke Seite das eher traditionelle Karriereverständnis und die gesamte rechte Seite die eher neueren Inhalte wiedergeben.

	Traditionelle Karrierekonzepte	Neuere/Moderne Karrierekonzepte
11.1	Karriere ist immer mit einer Zunahme an Verantwortung, Macht oder finanzieller Vergütung verbunden.	Karriere ist nicht immer mit einer Zunahme an Verantwortung, Macht oder finanzieller Vergütung verbunden.
11.2	Karriere ist für mich gleichgesetzt mit Aufstieg.	Karriere ist nicht gleichzusetzen mit Aufstieg (horizontal)
11.3	Ohne Stellenwechsel (horizontal oder vertikal) würde ich nicht von Karriere sprechen.	Ein Karriereschritt bedeutet nicht immer gleichzeitig einen Stellenwechsel.
11.4	Einen Wechsel im Aufgabenspektrum bezeichne ich noch nicht als Karriereschritt.	Einen Wechsel im Aufgabenspektrum bezeichne ich als Karriereschritt.

11.5	In einer Karriere ist die Stellenabfolge logisch aufeinander aufbauend, also konsistent.	Karriere ist selten logisch aufeinander aufbauend geplant.
11.6	Eine akademische Ausbildung ist Voraussetzung für eine Karriere.	Eine akademische Ausbildung ist nicht Voraussetzung dafür, daß man Karriere machen kann.
11.7	Ohne Begeisterung für den Beruf kann man nicht Karriere machen.	Auch ohne Begeisterung für den Beruf ist es möglich, Karriere zu machen.
11.8	Da ich karriereorientiert bin, räume ich der Karriere die Priorität vor anderen Lebensbelangen ein.	Karriere steht für mich als ein gleichwertiges Ziel neben anderen Zielen im Leben.
11.9	Wer nicht wenigstens für einige Zeit im Ausland war, kann nicht von sich behaupten, eine Karriere zu machen.	Auslandserfahrung ist kein „Muß"-Faktor für eine Karriere.
11.10	Nur wenn jemand Führungsverantwortung hat, kann man von Karriere reden. Fachlaufbahnen sind keine Karrieren im eigentlichen Sinne.	Fachlaufbahnen sind eine sinnvolle Möglichkeit für Spezialisten, ohne Führungsambitionen Karriere zu machen.
11.11	Es ist heutzutage besser für die Karriere, längere Zeit im Unternehmen zu bleiben.	Es ist heutzutage besser für die Karriere, das Unternehmen nach zwei bis drei Jahren zu wechseln.

Tabelle 21: Gegenüberstellung der Aussagepaare von traditionellen und neueren Karrierekonzepten

Während für den Manager des **Paares Malaysia** Karriere immer mit einer Zunahme an Verantwortung, Macht und finanzieller Vergütung (11.1), Aufstieg (11.2) sowie Stellenwechsel (11.3) verbunden ist, treffen für seine Partnerin eher die gegenteiligen Aussagen zu (vgl. Abbildung 35). Hier ergibt sich also eine bemerkenswerte Differenz in den beiden Karrierekonzepten, die auch schon in den Antworten in Frage 10 sichbar waren. Schwer zu interpretieren sind allerdings die weiteren Einstufungen der Diplomphilosophin. Offensichtlich ist für die WINDlerin Karriere zum einen gleichgesetzt mit Aufstieg, zum anderen gibt sie auch an, daß Karriere nicht gleichzeitig mit einem Stellenwechsel verbunden ist (diese Bewertung hat sie übrigens mit der Partnerin vom Paar Licht gemeinsam). Dies mag sicherlich vorwiegend an einem unterschiedlichen Verständnis verwendeter Begriffe und Zusammenhänge liegen. Es könnte sein, daß sie hier den Stellenwechsel als einen räumlichen Wechsel (Raumwechsel, Standortwechsel) interpretiert, ansonsten erscheint diese Positionierung eher inkonsistent. Übereinstimmend, konsistent und sehr traditionell dagegen ist die Positionierung des Paares, daß ein Wechsel im Aufgabenspektrum noch keinen Karriereschritt bedeutet (11.4) und auch Fachlaufbahnen entsprechend nicht als Karriere betrachtet werden können (11.10).

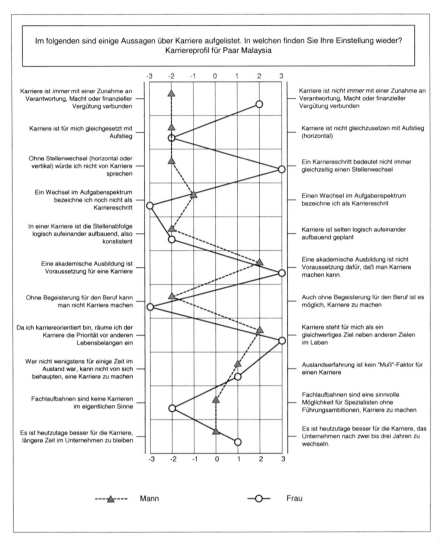

Abbildung 35: Karriereprofil des Paares Malaysia

Interessant ist, daß die Partner in den Aussagepaaren 11.5 – 11.11 relativ in ihren Positionen übereinstimmen, vergleicht man diese mit den anderen Paarprofilen. Daß beide die akademische Ausbildung nicht für karrierenotwendig ansehen und die Gleichwertigkeit von Karriere neben andere Lebensziele setzen, positioniert sie

332

im weiteren wieder eher auf die „modernere" Seite der Karrierekonstruktionen. Es ist also bei beiden kein einseitiges Profil zu konstatieren. Interessant in Anbetracht ihres derzeitigen Malaysiaaufenthaltes ist auch, daß beide eher dazu tendieren, Auslandserfahrung nicht als Karrieremuß einzustufen.

Die Profile des **Paares Licht** sind dagegen sehr unterschiedlich voneinander: Während sich der Diplom-Ingenieur fast vollständig auf der traditionellen Seite einordnen läßt und auch Mobilität in sein Karrierekonzept nicht integriert, liegt seine Partnerin auf der anderen Seite der Skala.

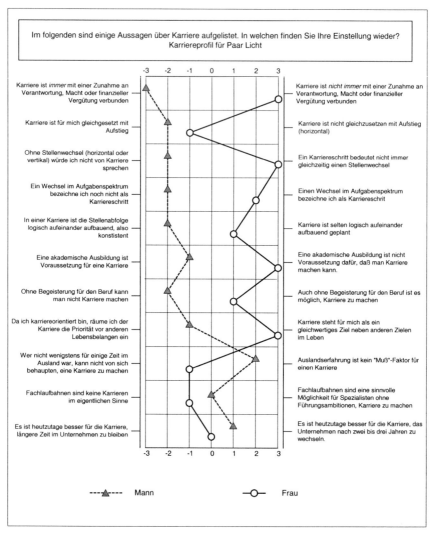

Abbildung 36: Karrierprofil des Paares Licht

Lediglich bei den Aussagepaaren bzgl. des Aufstiegs (11.2), der Fachlaufbahnein-schätzung (11.10) und der Verweildauer im Unternehmen (11.11) stimmt dieses Paar überein. Insbesondere in der Bedeutungszuweisung bzgl. anderer Lebensbe-lange (11.8) – beim Mann die Priorisierung der Karriere, bei der Frau die Gleich-setzung – wird die traditionelle Einstellung des Paares deutlich.

Beim **Paar Tahoe** sieht das Profil des Partners insbesondere in den oberen fünf Aussagen genau gegenteilig aus: Der Diplom-Informatiker hat eine konsistent „moderne" Konnotation zu Karriere. Hierin unterscheidet er sich von den anderen drei männlichen Befragten, die vermehrt noch die traditionelle Seite in der Positionierung wählten (vgl. Abbildung 40)

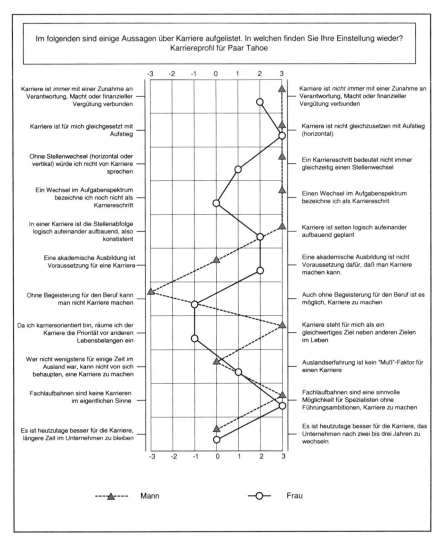

Abbildung 37: Karriereprofil des Paares Tahoe

Insgesamt stimmt dieses Paar ähnlich gut überein wie das Paar Malaysia: Bei sechs Aussagen besteht entweder Übereinstimmung oder nur eine Wertung Unterschied. Sehr interessant ist die differente Positionierung bei der Bedeutungszuweisung: Hier ist das übliche Bild, wie es bei den anderen Paaren zu finden ist, gedreht: Die WINDlerin räumt der Karriere mehr Priorität ein als ihr Partner! Sie ist unter den vier Frauen die einzige mit dieser Ausprägung. Diese durchaus (noch) konfliktwahrscheinliche Einstellung wird jedoch, so ihre Aussage in der späteren **Frage 18** (vgl. Seite 355), durch ihren Mann toleriert. Auch in der Einschätzung der Fachlaufbahnen (11.10) vertritt die Managerin, verglichen mit den anderen Frauen, die neueren Ansichten und liegt hier zudem in Übereinstimmung mit ihrem Partner. Bei dieser Frage könnte die Antwort insbesondere durch den von beiden ausgeübten Beruf Informatiker beeinflußt sein, der sich im Inhaltsspektrum und der Aufgabenspezifik durch einen deutlichen Spezialistencharakter auszeichnet. Fachlaufbahnen sind in diesem Berufsfeld oft die früher fehlende Antwort auf Karriereambitionen. Abschließend kann noch angemerkt werden, daß es zumindest zu hinterfragen wäre, wieso die beiden WINDler angesichts ihres jetzigen Arbeitsortes in den USA und der beschriebenen Auslands-Karrierepolitik von WIND beide eine neutrale Position in der Auslandserfahrungsfrage (11.9) vertreten. Diese Positionierung wurde auch schon beim Paar Malaysia bemerkt.

Paar Selene hat im Vergleich deutlich andere Profileigenschaften: Der Diplom-Ingenieur vertritt, ähnlich wie seine Kollegen, im oberen Aussagebereich die traditionellen Konnotationen. Was die Verknüpfung von Karriere und Aufstieg (11.2) und die Fachlaufbahnen (11.10) angeht, ist er in Übereinstimmung mit den beiden Tahoe-Informatikern. Seine Frau dagegen spricht der Fachlaufbahn das Karrierekriterium ab. Ihre Einstellung, daß Karriere selten logisch geplant ist, ist erkennbar aus ihrer eigenen Karriere abgeleitet (vgl. Frage 22, Seite 357). Da man ihren späteren Aussagen entnehmen kann, daß ihre eigenen Karriereschritte bisher immer mit einem Aufgabenwechsel verbunden waren, erscheint es eher inkonsistent, daß für sie ein Wechsel im Aufgabenspektrum noch keinen Karriereschritt darstellt. Insgesamt stimmt dieses Paar vergleichsweise wenig überein: In nur vier Punkten positionierten sie sich nebeneinander oder gleich.

Trotz der gezeigten Unterschiede gab es auch einige Unterfragen, bei denen eine deutliche Tendenz bei allen Befragten zu erkennen war. Fast alle, insbesondere die Paare Selene und Malaysia und der Tahoe-Informatiker waren der Ansicht, daß man Karriere nicht ohne Begeisterung machen könne. Nur für die Diplomkauffrau der Allianz (Licht) erscheint es möglich, auch ohne diese Begeisterung eine Karriere zu verfolgen. Eine andere Frage, die von allen ähnlich beantwortet wurde, und zwar in eher neutraler, unentschiedener Position, war die letzte Frage nach der Verweildauer im Unternehmen.

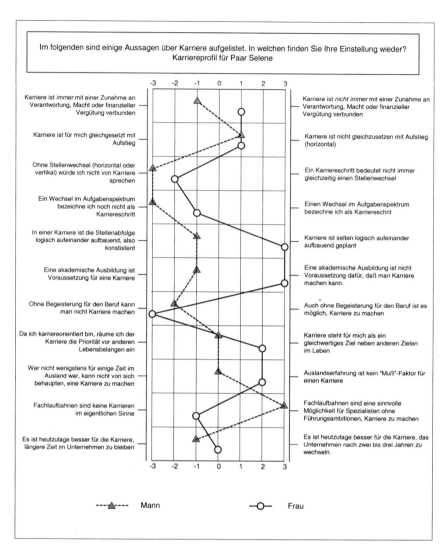

Abbildung 38: Karriereprofil des Paares Selene

Dies kann man interpretieren, daß für die Paare dieses Kriterium wenig karriere-bestimmend ist: Es ist sowohl möglich, Karriere in *einem* Unternehmen zu machen als auch seine Laufbahn durch Unternehmenswechsel zu verfolgen.

Interessant ist weiterhin die Profilzusammenstellung nach Geschlecht. So zeigt sich allgemein zunächst ein relativ gleichförmiges, linkslastiges Bild bei den Männern – mit Ausnahme des Informatikers – und ein deutlich differenzierteres Gesamtbild bei den Frauen (vgl. *Abbildung 39*).

Trotz dieser Differenzierung sind die vier Frauen tendenziell mehr auf der rechten, moderneren Seite vertreten (26 Punkte zu 14 Punkten auf der linken Seite). Weiterhin fällt auf, daß die Frauen viel definitiver antworten: Fast ein Viertel der Punkte (10) liegt auf der 3er-Linie der Skala (zudem noch relativ gleich verteilt unter den Frauen). Bei den Männern liegt dieses Viertel auf der -2er Linie, nur vier Punkte wurden auf den -3er-Wert gelegt. Diese bemerkenswerte Ausprägung der Konnotationsstärken kann die Tendenz andeuten, daß das traditionelle Bild auch bei den Männern ihre Eindeutigkeit verloren hat und gleichzeitig die neuen Werte/Einstellungen besonders von den Frauen deutlich und eindeutig kommuniziert werden. Besonders einig sind sich die Frauen z.B. in der Ablehnung der Schulbuchdefinition, nach der Karriere immer mit einer Zunahme an Verantwortung, Macht oder finanzieller Vergütung verbunden ist und der gängigen Meinung, daß zu einer Karriere eine akademische Ausbildung gehört. Dafür sind sich die befragten Männer deutlich einig, daß die Begeisterung unbedingt für die Verfolgung einer Karriere notwendig ist.

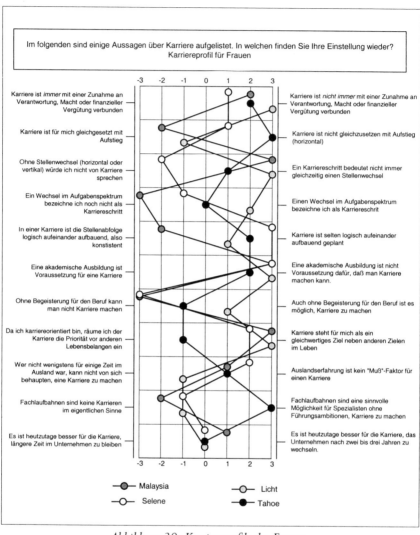

Abbildung 39: Karriereprofile der Frauen

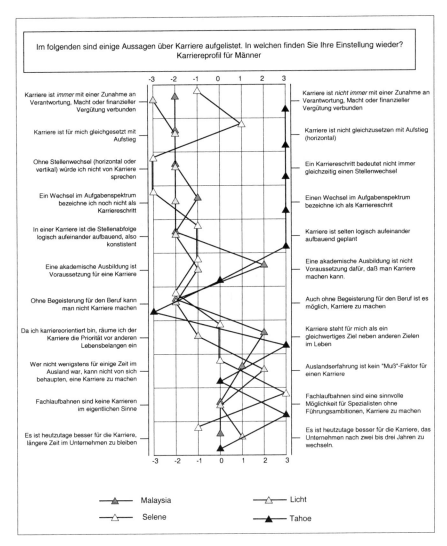

Abbildung 40: Karriereprofile der Männer

Zusammenfassung

Das Ziel der **Frage 11**, die persönlichen Karrierekonnotationen herauszuarbeiten, ist deutlich gelungen. Die im theoretischen Teil aufgeworfene These, daß Karriere weniger ein einheitlich zu definierender Begriff, sondern vielmehr ein subjektiv

341

konstruiertes Konzept ist, wurde ebenfalls dargestellt. Es erwies sich, daß die Seitenlagen (traditionell/modern) in dieser Stichprobe noch immer eher vom Geschlecht des Befragten abhängen und die Aussagen der Forschungen bestätigen.

An die **Frage 11** wurde eine zusätzlich rein assoziative Gegensatzabfrage angeschlossen (**Frage 12:** *Bitte entscheiden Sie sich bei der folgenden Auswahl von Wortpaaren für Ihre persönliche Ausprägung bzgl. Ihrem Konzept von „Karriere".*)(vgl. Tabelle 22). Grundlage für diese assoziative Art der Fragestellung ist die Theorie der semantischen Felder,[590] nach der Begriffe im Bewußtsein mit bestimmten anderen Begriffen gedanklich verknüpft sind. Eine Methode, dieses semantische Feld, hier für Karriere, zu bestimmen, ist das von *Osgood* entwickelte semantische Differential.[591] Die Ergebnisse sind sehr aussagekräftig. So gab es zu einigen Wortpaaren eindeutige Ausprägungen. Dieses waren zum einen Worte, die von der Mehrheit der Befragten gleich assoziiert wurden. Zum anderen gab es Wortpaare, bei denen die meisten DCCs keine Zuordnung vornahmen, indem sie eine sowohl-als-auch bzw. weder-noch Positionierung wählten (Nullposition). Weiterhin gab es einige Wortpaare, bei denen einmal die linke und einmal die rechte Seite favorisiert wurde, das Profil also extrem variabel ausfiel.

„Mit Karriere assoziiere bzw. verbinde ich ..."

(Bitte kreuzen Sie an, welchem von zwei Worten in einer Zeile Sie jeweils eher zustimmen.)

	-3	-2	-1	0	1	2	3	
sympathisch								unsympathisch
aktiv								passiv
egoistisch								altruistisch
vielseitig								einseitig
stark								schwach
....								....

Tabelle 22: *Ausschnitt aus der Assoziationsfrage zum Konzept Karriere (vgl. Fragebogen)*

---

[590] Vgl. Lurija 1982.

[591] Vgl. Osgood 1957. Rosenstiel & Stengel 1987 verwenden in ihrer Untersuchung der Karrieremotivation ebenfalls das semantische Differential.

Karriere wurde von den meisten Befragten mit den folgenden Adjektiven assoziiert (in Klammern steht die Verteilung der Nennungen): **sympathisch** (6x-2, 1x-1, 1x0), **aktiv** (5x-3, 3x-2), **flexibel** (5x-3, 1x-1, 2x1), **mehrfarbig** (5x3, 2x2, 1x-2), **vielseitig** (3x −3, 3x −2, 1x0, 1x1), **stark** (4x −2, 2x-3, 1x-1, 1x0), **mutig** (4x3, 3x2, 1x0),

Bei den folgenden Adjektiv-Paaren dagegen hat die Hälfte der Befragten die Null gekreuzt, waren den Worten gegenüber in Bezug auf Karriere also ambivalent. Die in Kursivdruck gekennzeichneten Adjektive deuten auf eine leichte Tendenz zugunsten dieses Wortes des Wortpaares hin: *jung* − alt (6x0, 1x-1, 1x-2), leise − *laut* (5x0, 2x1, 1x-1), kalt − *warm* (4x0, 3x2, 1x1), *modern* − konservativ (4x0, 3x-2, 1x2), klein − *groß* (4x0, 3x2, 1x3)

Bei den folgenden Wortpaaren fanden sich über alle Befragten verteilt Assoziationspositionen auf beiden Seiten (also sowohl im Minus- als auch im Plusbereich). Es sind gleichzeitig auch die Adjektiv-Paare, die die Heterogenität der semantischen Felder für das Karrierekonstrukt herausstellen (Tendenzen kursiv): *hart* − weich (3x-1, 2x-2, 2x0, 1x1), *egoistisch* − altruistisch (3x-2, 2x-1, 2x0, 1x2), *frei* - unfrei: 3x-2, 1x-3, 1x-1,1x0, 1x1), *gespannt* − gelöst (3x0, 2x-2,1x-1, 2x1), *schwer* − leicht (3x0, 3x-1, 1x-2, 1x1).

Betrachtet man die vier Paare und ihre Profile, so ergeben sich deutliche Unterschiede. Paar Selene zeichnet sich z.B. durch eine hohe Gesamtübereinstimmung aus, was man an der Tatsache ablesen kann, daß hier bei 17 Assoziationspaaren 15 Wertungen nur einen Punkt Abstand bzw. Übereinstimmungen aufweisen (vgl. Abbildung 41).

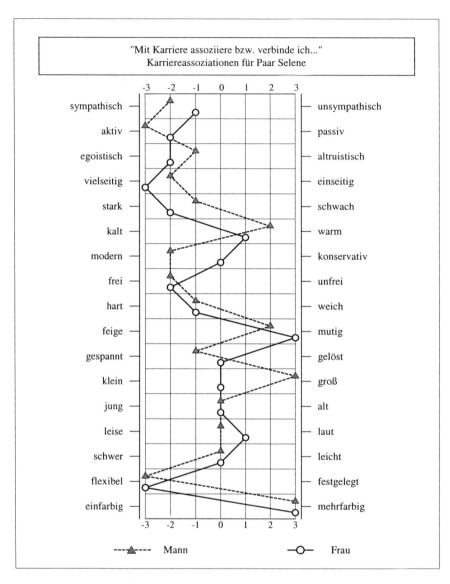

Abbildung 41: Karriereassoziationen von Paar Selene

Das Paar Licht dagegen weist nur 8 derartige Ähnlichkeiten ihrer Wertungen auf. Es überwiegen die Unterschiede, die zudem deutlich aussagen, daß die Allianzmitarbeiterin eher zu einer konservativen Karriereassoziation tendiert – egoistisch, einseitig, konservativ, unfrei, gespannt, festgelegt –, ihr Partner dagegen Karriere schon dynamischer und moderner assoziiert: altruistisch, vielseitig, modern, frei, gelöst, flexibel (vgl. Abbildung 42)

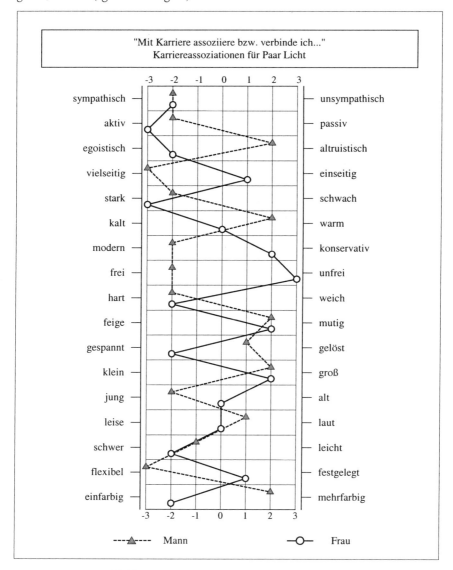

Abbildung 42: Karriereassoziationen von Paar Licht

Beim Paar Malaysia, das immerhin noch 10 nahe Wertungen aufweist, ist zu beobachten, daß die Philosophin, verglichen mit ihrem Partner, dazu tendiert, eher

„extremer" oder „eindeutiger" zu werden, d.h. sie vergab immerhin sechsmal den „Extremwert" 3 oder −3, während er dies nur einmal tat. Entsprechend ist ihre Standardabweichung mit 1,7 höher als seine mit 1,4 (vgl. Abbildung 43).

Während sieben Befragte eine relativ eindeutige Zuordnung zu den Assoziationspaaren vornehmen konnten, viel es dem Informatik-WINDler vom Paar Tahoe sichtbar schwer, sich jeweils für eine Seite zu entscheiden. Nur vier Assoziationen hat er mit einer Wertung versehen. Bemerkenswert ist hierbei, daß dies alles Extremwerte sind, sei es auf der linken (-3) oder der rechten (3) Seite[592].

Betrachtet man die nach Geschlecht zusammengestellten Profile (vgl. Abbildung 45 und Abbildung 46), so fällt die relative Streuung der Aussagen der Frauen zu einer relativen Häufung bei den Männern bei den Wortpaaren modern-konservativ und frei-unfrei auf. Das heißt, die vier Männer sind sich einig, daß sie Karriere gedanklich eher mit den Worten modern und frei verknüpfen.

---

[592] Man könnte auch sagen, er hat digital (0 oder 1) gedacht.

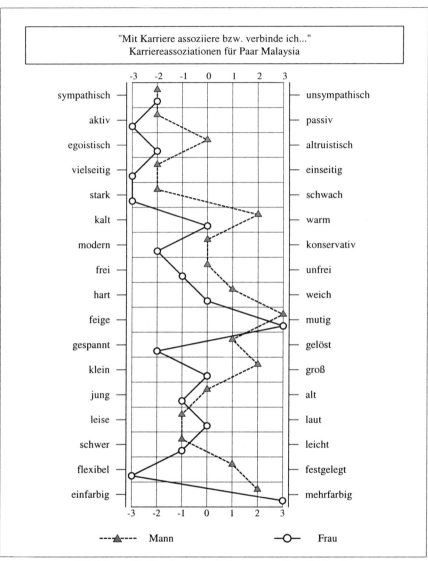

Abbildung 43: Karriereassoziationen von Paar Malaysia

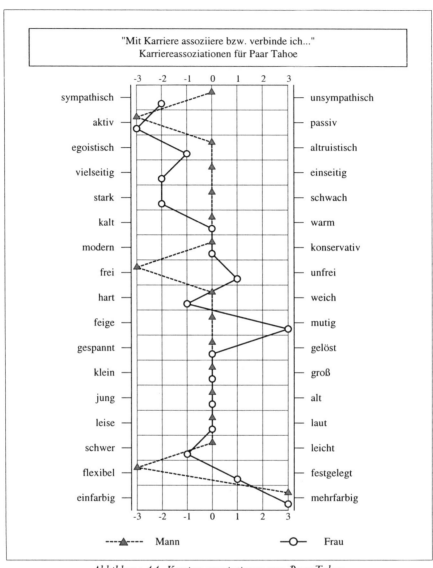

Abbildung 44: Karriereassoziationen von Paar Tahoe

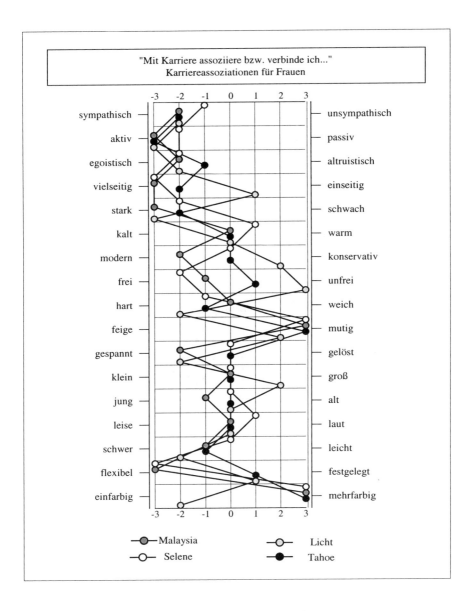

Abbildung 45: Karriereassoziationen der Frauen

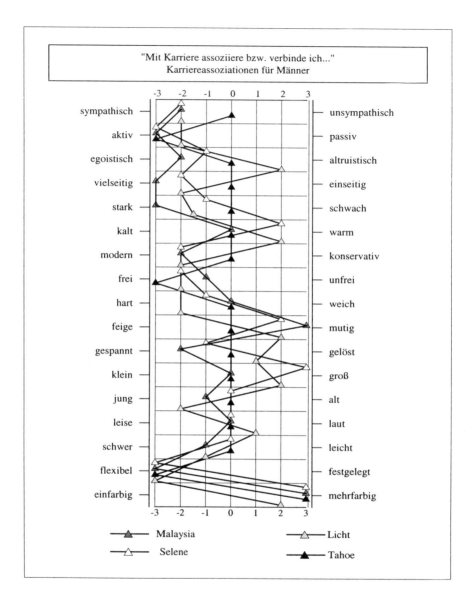

Abbildung 46: Karriereassoziationen der Männer

Zum Abgleich zwischen subjektiven Karrierekonstrukten und im Unternehmen kommunizierten Karrierekonzepten wurde **Frage 13** *(Inwiefern stimmen Ihre Ansich-*

ten über Karriere mit den allgemein im Unternehmen wahrnehmbaren und zugrunde gelegten Ansichten überein?) gestellt. Bemerkenswert ist, daß die Hälfte der Teilnehmenden sieht, daß ihre Konnotationen mit den in ihrem Unternehmen wahrgenommenen Ansichten nur teils-teils übereinstimmen. Die andere Hälfte bewerteten der Abgleich mit „größtenteils übereinstimmend." Nicht ein Befragter sieht eine vollständige Übereinstimmung

An die Definitions- und Konnotationsleistungen anschließend, nehmen die nächsten Fragen die **Karriereorientierung** in den Untersuchungsfokus. Bei der **Frage 14** *(Wo würden Sie sich bzgl. Ihrer Karriereorientierung auf einer Skala von 0 bis 10 einordnen?)* rangierten die Antworten zwischen 5 und 8 mit einem mittleren Skalenwert von 6,5, wobei diese geschlechtsspezifisch eher gleichverteilt sind (Frauen 6,25, Männer entsprechend 6,75).

Eine Abnahme ihrer Karriereorientierung in der Zukunft sehen fast alle DCCs nicht (**Frage 15:** *Wie sehen Sie Ihre Karriereorientierung in der Zukunft?)* Nur die Philosophin sieht ihre Karriereorientierung abnehmen, weil *„die ‚Natur' für bestimmte Zeit bremst."* Ansonsten reiht sie sich aber auch zu den vier Befragten ein, die meinen, daß ihre Karriereorientierung grundsätzlich gleichbleiben wird, weil *„...ich bisher damit glücklich bin (2)*[593]*"*, *„...das meiner Ansicht nach gut ist (6)"*, *„...Karriere organisiert werden kann (7)"*, *„...dies eine Grundeinstellung ist (8)"*. Diese antizipierte Konstanz erstaunt, zieht man die theoretischen Überlegungen heran, daß die Karriereorientierung eine lebensphasenabhängige Variable ist. Die restlichen vier Fragebogenteilnehmer gingen sogar davon aus, daß sich ihre Orientierung bzgl. Karriere in der Zukunft noch verstärken würde, weil *„...ich gerade einen Schritt mache, der es mir leichter macht, meine Ziele zu erreichen (1)"*, *„...meine Auslandsentsendung mich motiviert (3)"*, *„...es Spaß macht (4)"* und *„Ansprüche immer größer werden (5)"*.

Der **Zusammenhang zwischen den verschiedenen Lebenssphären**, die im Kapitel 5.2.3 besprochen wurden, wurde im Fragebogen durch vier Prozentskalen operationalisiert (**Frage 16:** *Welchen Stellenwert – auf einer Skala von 0 bis 100 – haben die folgenden Lebensbereiche und -themen für Ihr persönliches Wohlsein?)*. Die Befragten

---

[593] Die Nummern in Klammern weisen auf die Personen hin, von denen die Zitate stammen. 1 = Frau von Paar Selene, 2 = Mann von Paar Selene, 3 und 4 = Paar Tahoe, 5 und 6 = Paar Licht, 7 und 8 = Paar Malaysia.

sollten mit ihren Kreuzen angeben, welchen Stellenwert sie den Lebensbereichen bzw. -themen (Karriere, Freizeit, Partnerschaft, Familie/Kinder) geben (vgl. Abbildung 47). Die Kreuze sollten weiterhin nicht nur den absoluten Wert in einem Bereich angeben, sondern auch im Hinblick auf die anderen Bereiche gesetzt werden.

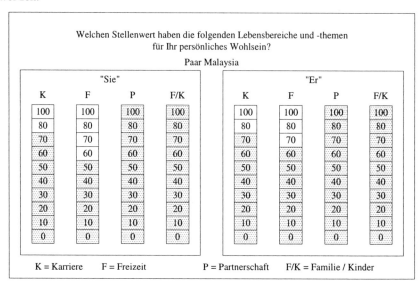

Abbildung 47: Stellenwerte der vier Lebensbereiche Karriere, Freizeit, Partnerschaft und Familie/Kinder für Paar Malaysia

Zunächst fällt auf, daß im Vergleich zur Skalenangabe in **Frage 14** sich hohe Übereinstimmungen mit den Angaben in der Karrierespalte ergeben: Fünf Teilnehmer haben hier einen dem Skalenwert entsprechenden Prozentwert angegeben (Beispiel: In Frage 14 haben sich beide Partner des Paares Malaysia beim Karriereorientierungswert 7 eingeordnet und markierten in Frage 16 entsprechend 70%).

Ein wirklich bemerkenswertes Ergebnis ist, **daß alle DCC-Partner der Partnerschaft jeweils einen höheren Stellenwert gegeben haben als ihrer Karriere!** Der Mittelwert im Karrierebereich liegt bei 70%, im partnerschaftlichen aber bei 90%. Der Freizeitbereich ist für das persönliche Wohlsein in dem Sinne schon weniger ausschlaggebend, hier liegt der Mittelwert bei 65% mit einer geringen Standardabweichung von 18.

352

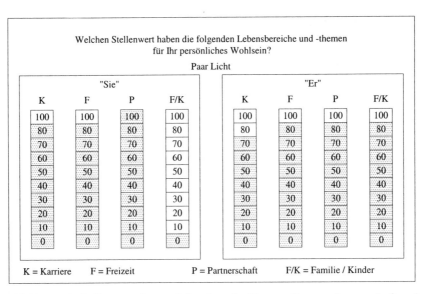

Abbildung 48: *Stellenwerte der vier Lebensbereiche Karriere, Freizeit, Partnerschaft und Familie/Kinder für Paar Licht*

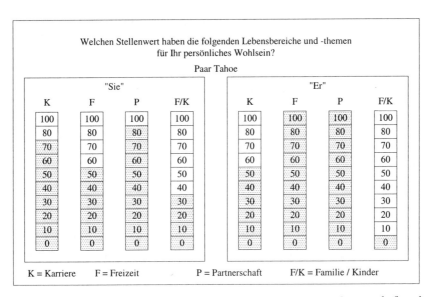

Abbildung 49: *Stellenwerte der vier Lebensbereiche Karriere, Freizeit, Partnerschaft und Familie/Kinder für Paar Tahoe*

Eine extrem hohe Standardabweichung von 78,7 ließ sich allerdings für diese Befragungsgruppe beim Familie-/Kinderbereich feststellen mit Werten von 0 bis 100%. Dieses liegt sicherlich vorwiegend an der derzeitigen Einstellung zu Kindern bei den Paaren (latenter oder akuter Kinderwunsch) bzw. am konkreten Vorhandensein des Nachwuchses. Das Selenepaar, das einzige Paar mit einem Kind, weist hier entsprechend hohe Werte auf (vgl. Abbildung 50). Interessant ist die 100% Bewertung des Mannes, während seine Ehefrau „nur" 70% Stellenwert vergibt. Eine hohe Diskrepanz der Werte beim Paar Licht (vgl. Abbildung 48) in diesem Bereich – sie 0%, er 80% – könnte darauf hinweisen, daß er Kinder möchte, sie aber (noch) nicht, was gleichzeitig auf ein Konfliktpotential im Paar hinweisen würde.

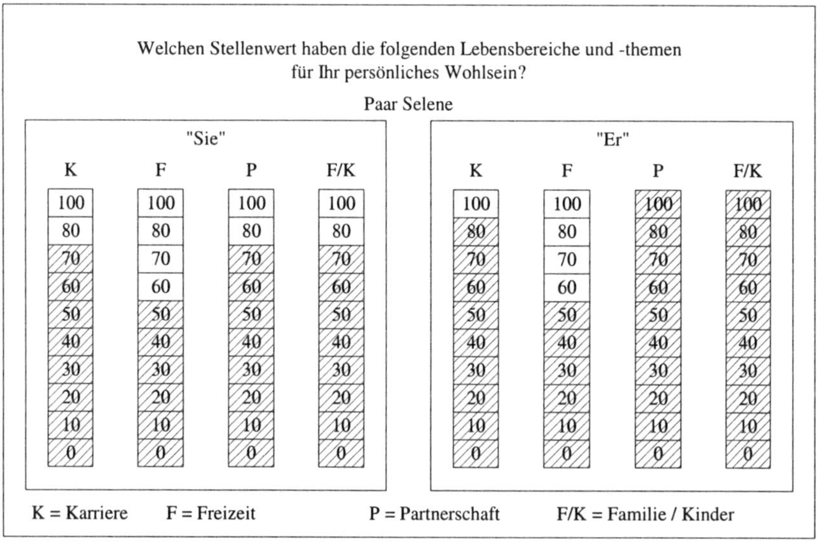

Welchen Stellenwert haben die folgenden Lebensbereiche und -themen für Ihr persönliches Wohlsein?

Paar Selene

"Sie"				"Er"			
K	F	P	F/K	K	F	P	F/K
100	100	100	100	100	100	100	100
80	80	80	80	80	80	80	80
70	70	70	70	70	70	70	70
60	60	60	60	60	60	60	60
50	50	50	50	50	50	50	50
40	40	40	40	40	40	40	40
30	30	30	30	30	30	30	30
20	20	20	20	20	20	20	20
10	10	10	10	10	10	10	10
0	0	0	0	0	0	0	0

K = Karriere   F = Freizeit   P = Partnerschaft   F/K = Familie / Kinder

Abbildung 50: Stellenwerte der vier Lebensbereiche Karriere, Freizeit, Partnerschaft und Familie/Kinder für Paar Selene

Ein im theoretischen Teil bearbeiteter Aspekt (vgl. Kapitel 5.2.5.1) ist die Frage nach dem **Einfluß des Partners auf die Karriere**. In den **Fragen 17 und 18** wurde entsprechend sowohl der Einfluß des Partners auf die Einstellung als auch auf den tatsächlichen Verlauf der Karriere abgefragt (Frage 17: *Hat Ihr jetziger Partner Einfluß auf Ihre* <u>*Einstellung*</u> *zur Karriere?* Frage 18: *Hat Ihr jetziger Partner Einfluß darauf, wie Ihre Karriere* <u>*tatsächlich verläuft*</u>*?*). Das Ergebnis ist interessant: Alle befragten

Frauen meinten, ihr Partner hätte Einfluß auf ihre Einstellung zur Karriere, bei den Männern waren es nur zwei. Dieser Einfluß wurde von den Frauen durchweg als unterstützend bezeichnet:

„Nur mit ihm gemeinsam bin ich soweit gekommen und werde auch nur mit ihm gemeinsam weiterkommen (1)"

„er motiviert mich und toleriert meine Wertung von Karriere (3)"

„Unterstützung meiner Ziele (5)"

Die dritte Partnerin betonte dagegen eher die gegenseitige Abstimmung: *„eine gemeinsame Abstimmung/Organisation ist notwendig (7)"*

Die Männer hielten sich mit Begründungen für diese Antwort zurück. Ein Befragter führte die Verstärkung der Karriereeinstellung durch die Übereinstimmung der Ansätze auf und machte weiterhin deutlich, daß durch die Partnerin eine *„gesunde Korrektur in Richtung Familie (2)"* erfolgt. Der Mann vom Paar Tahoe gab an: *„mein Partner hilft mir (4)"*.

In der nächsten **Frage 18** gaben dann im Kontrast hierzu drei Frauen an, daß ihre Partner keinen Einfluß darauf hätten, wie ihre Karriere *tatsächlich verläuft,* (bei der vierten Frau bestand der Einfluß darin, daß der Partner *„zufällig den Erstkontakt für unseren jetzigen Auslandsaufenthalt"* hatte), drei der Männer dagegen meinten, daß die Partnerin sehr wohl Einfluß auf den Verlauf der Karriere hat. Die zusätzlichen Kommentare bzw. Begründungen für den fehlenden oder vorhandenen Einfluß sind ein sehr deutlicher Ausdruck emanzipatorischer Wirkungen des Wertewandels und zugleich gestaltbildend und Einblick gebend in diese vier beobachteten Doppelkarrierebeziehungen: Während die Frauen ihre Selbständigkeit kommunizierten, betonten die Männer die Abstimmung mit den Partnerinnen!

Die Frauen: *„das hängt letztlich von mir ab. Die Chance nutze oder baue ich auf, er ist ein Gesprächspartner und Katalysator. Aber den konkreten Weg entscheide ich.(1)"* - *„weil es meine Entscheidungen sind (5)"* und *„weil ich eine selbständige Person bin! (7)"*

Die Männer: *„Diskussion u. gemeinsame Entscheidungsfindung bei wesentlichen Karriereschritten; Stärkung durch ,geliebt werden'(2)"* - *„[sie] sagt ja dazu (4)"* - *„Abstimmung ist notwendig. Bei Standortfrage muß eine/einer nachgeben (8)"* und *„weil die Partnerin auch flexibel ist (6)"*

In der Frage **19** wird der Einfluß noch weiter eingegrenzt. Hier wird gefragt, *... ob es in der Vergangenheit Fälle [gab], in denen Sie aufgrund der Karriere Ihres Partners Ihre nächsten Karriereabsichten nicht verfolgt haben.* Die Antworten der Frauen sind in Hinblick auf die vorher stark „emanzipatorisch" kommunizierten Aussagen sehr different zu beurteilen, denn die Karrieren von drei Frauen wurden in der Vergangenheit durch die Karriere des Partners definitiv beeinflußt! Drei von vier Männern führten dagegen keine ähnliche Karriereverlaufsänderung durch die Karriere der Partnerin auf. Die Gründe für diesen Einfluß wurden von den Frauen wie folgt zusammengefaßt: *„Ich hatte ein tolles Angebot – bzw. mehrere verschiedene – in einer anderen Stadt. Und da sich abzeichnete, daß mein Partner dort bleiben würde und ich bzw. wir keine Lust auf eine Wochenendehe hatten, habe ich abgesagt. Ich war davon überzeugt und habe es nicht als Opfer gewertet. Eine gute/richtige Entscheidung, wie es sich heute zeigt.(1)"*

„Mein Partner wurde ins Ausland versetzt. - Schlechte Berufsaussichten für mich." (5)"

„Meinem Partner wurde eine Position im Ausland angeboten. Für diese Zeit habe ich meine Karrierepläne auf Eis gelegt.(7)"

Nach diesen Kommentaren wird die Differenz zwischen dem im Fragebogen kognitiv Kommunizierten und sich im DCC-System ergebenden Entscheidungen und Taten extrem deutlich. Man könnte hier annehmen, daß z.B. eine zu geringe Kommunikation über das Thema Karriereverzicht im System ein Grund wäre. Dies ist jedoch nicht in allen Fällen so. Die Fremdreferenz „Verzicht auf Karriere" wird bei drei Paaren offen kommuniziert (**Frage 20:** *„Verzicht auf Karriere". Ist dies schon einmal Thema in Ihrer Partnerschaft gewesen.*) Beim Paar Licht dagegen, bei dem die Partnerin durch eine frühere Auslandsversetzung des Partners in ihrer Karriere beeinträchtigt wurde, wurde das Thema nach Meinung des Mannes noch gar nicht, nach Ansicht der Frau nur verdeckt thematisiert.

Auf die Frage nach der Zufriedenheit mit dem bisherigen Verlauf der Karriere (**Frage 21**) gaben fast alle eine zufriedene (4x) oder sehr zufriedene (3x) Einstufung ab. Lediglich die Diplom-Informatikerin ist nur teilweise zufrieden. Eventuell liegt dies an ihrem letzten Karriereschritt, der sie von einer Führungs- in eine Fachlaufbahn brachte (vgl. Tabelle 23).

Um ein etwas aussagestärkeres Bild über die einzelnen Karrieren der Befragten zu erhalten (und Antworten auf andere Fragen interpretieren zu können), wurde an

356

dieser Stelle des Fragebogens eine Kurzfassung der bisherigen Karriereschritte er-
beten (**Frage 22:** *Welche Karriereschritte haben Sie bisher (nicht nur in diesem Unternehmen) durchlaufen?*). Es ergeben sich folgende Verläufe:

Paar Tahoe	
Sie: Managerin Engineering	Er: Manager
• Studium, drei Jahre Entwicklung in Software-Haus mit „Themen-Verantwortung" • Wechsel zu Großunternehmen, Projektleitung • Teamleitung, Gruppenleitung • Wechsel in Fachlaufbahn: Weltweite Koordination zu Themen im Unternehmensbereich	• Sachbearbeiter • Projektleiter • Manager

Tabelle 23: Karriereschritte des Paares Tahoe

Paar Selene	
Sie: Redakteurin/Pressereferentin:	Er: Einkauf
• Sofort nach geisteswissenschaftlichem Studium Presse-stelle aufgebaut und später auch geleitet. Große Anerkennung in Branche • Jobwechsel in völlig neuen Aufgabenbereich und in Großindustrie: neue Kenntnisse und Bewährung • Angebot als Assistentin der Geschäftsleitung bekommen, trotz 28-Std.-Vertrag (reduziert) und „fachfremd"	• bereits im Studium fester Mitarbeiter in einem mittelständischen Unternehmen • Start bei WIND als Trainee • nach sehr kurzer Zeit eigenen Verantwortungsbereich übernommen • nach nur zwei Jahren mit weltweiter Koordination von Aufgaben betreut • jetzt Wechsel in völlig anderen Funktionsbereich

Tabelle 24: Karriereschritte des Paares Selene

Paar Licht	
Sie: Referentin	Er: Gruppenleiter
• Neue Aufgabenbereiche • Mehr Verantwortung • Gehaltserhöhung •	• Studium • Abteilungsleiter, neun Mitarbeiter, kleines Unternehmen • Abteilungsleiter, 25 Mitarbeiter, mittleres Unternehmen • Gruppenleiter, 12 Mitarbeiter, Großunternehmen, großer Aufgabenbereich

Tabelle 25: Karriereschritte des Paares Licht

Paar Malaysia	
Sie: z.Zt. nicht berufstätig, aber karriereorientiert	Er: Sales & Market Manager
• Stete Entwicklung sowohl der Verantwortung als auch der Komplexität der Aufgaben. Die internationale Orientierung sowie strategische Horizontierung spielten dabei eine wichtige Rolle.	• Trainee Programm (Marketing / Vertrieb) • Länderreferent (Skandinavien / Osteuropa) • Sales & Marketing Manager Asia / Pacific (in Malaysia)

Tabelle 26: Karriereschritte des Paares Malaysia

Die Karrieren sind überwiegend (5x) nicht nur Ergebnis gezielter Planung, sondern resultieren auch aus zufälligen Gegebenheiten (**Frage 23:** *Ist Ihre bisherige Karriere Resultat eher relativ gezielter Planung, relativ zufälliger Gegebenheiten oder sowohl relativ gezielter Planung als auch relativ zufälliger Gegebenheiten?*). In einer Folgefrage wurde nach den **Planungsaktivitäts- und Planungsentscheidungsanteilen** der Befragten selber, des Unternehmens und evtl. anderer Personen gefragt (**Frage 24**). Die An-

gaben für den Anteil des Unternehmens an der Karriereplanung rangierten gleich-
mäßig von 0% bis 50%. Dieser relativ geringe unternehmensseitige Anteil kann auf
die in Deutschland noch rudimentär eingesetzte individuelle Karriereplanung als
personalwirtschaftliches Instrument zurückzuführen sein (vgl. auch Kapitel
8.1.3.4).

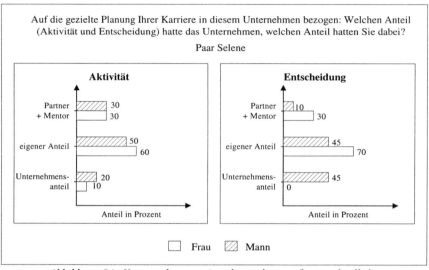

Abbildung 51: Karriereplanung: Anteilsverteilung auf unterschiedliche
Entscheidungsträger für Paar Selene

Auffällig ist die hohe Übereinstimmung der Antworten im Paar im Vergleich zur
relativ hohen Differenzierung im Inter-Paarvergleich. Insgesamt fällt auf, daß der
eigene Anteil an der tatsächlichen Karriereentscheidung am höchsten eingeschätzt
wurde, der unternehmerische Einfluß also auch hier deutlich wenig gesehen wird.
Bei den Paaren Selene und Malaysia spielt beim Entscheidungsprozeß zusätzlich der
Partner eine entscheidende Rolle (vgl. *Abbildung 51* und *Abbildung 53*), während
dies von den anderen beiden Paaren nicht explizit genannt wurde.

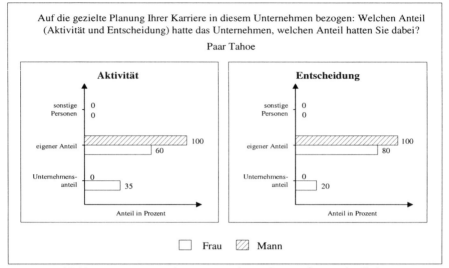

Abbildung 52: Karriereplanung: Anteilsverteilung auf unterschiedliche
Entscheidungsträger für Paar Tahoe

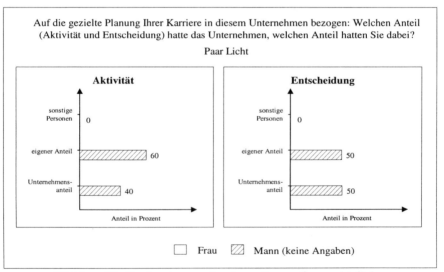

Abbildung 53: Karriereplanung: Anteilsverteilung auf unterschiedliche
Entscheidungsträger für Paar Licht

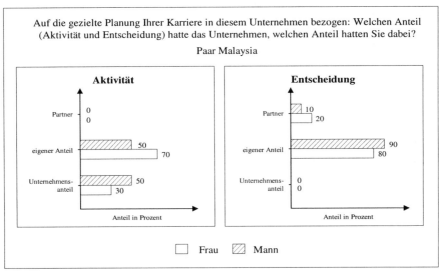

Auf die gezielte Planung Ihrer Karriere in diesem Unternehmen bezogen: Welchen Anteil (Aktivität und Entscheidung) hatte das Unternehmen, welchen Anteil hatten Sie dabei?

Paar Malaysia

Abbildung 54: Karriereplanung: Anteilsverteilung auf unterschiedliche Entscheidungsträger für Paar Malaysia

Anschließend an die vergangenheitsbezogene Frage nach der Karriereplanung wurde nach der **derzeitigen Unterstützung der Karriere durch das Unternehmen** gefragt (**Frage 25:** *Unterstützt das Unternehmen Ihre Karriere?*). Sieben Befragte gaben hier an, daß sie Unterstützung erfahren, die sich im besonderen (6x) durch individuelle Förderung wie Entwicklungs-, Förder- oder Mitarbeitergespräche oder Teilnahme am Förderkreis ausdrückt. Hinzu kommen (5x) strukturelle Unterstützung durch Frauenförderung, Teilzeitarbeit, Unternehmensgrundsätze, Führungskultur- und -persönlichkeiten, Förderkreis, ausgiebige Schulungen und Mitarbeiterbewertungen. Während die Männer mit dieser Unterstützung sehr zufrieden (3x) bis zufrieden (1x) sind, waren die Frauen nur zufrieden (3x) (**Frage 26:** *Wie beurteilen Sie diese (vorhandene oder nicht vorhandene) Unterstützung für sich?*). Die bei der Allianz beschäftigte Diplom-Kauffrau (Paar Licht) erfährt „*prinzipiell keine*" Karriereunterstützung und ist verständlicherweise auch unzufrieden mit dieser Situation. Zu der fehlenden Karriereunterstützung kommt bei ihr die Einschätzung in **Frage 24** hinzu, daß die Entscheidung für die Karriere zu 50% beim Unternehmen läge (vgl. *Abbildung 53*). Dies ist der höchste genannte Anteil überhaupt. In Verbindung mit der Begründung für die fehlende Unterstützung – *„zu wenig Engagement des Vorgesetzten"* – läßt dies auf eine eher hemmende als fördernde Grundhaltung des für die Karriere Mitverantwortlichen schließen.

Zusammenfassung

Die Karriereorientierung in den Bewußtseinssystemen wird als in der Zukunft gleichbleibend kommuniziert, teilweise wird sogar eine Verstärkung der Orientierung erwartet. Alle Befragten – bis auf eine Ausnahme – drücken ihre Zufriedenheit mit ihrem bisherigen Karriereverlauf aus. Die Kopplung mit dem Unternehmenssystem bzgl. der Unterstützung ist demnach ungestört und wird als sehr zufriedenstellend (Männer) bzw. zufriedenstellend (Frauen) bezeichnet. Die Karrieren sind sowohl Resultat von Planung als auch zufälliger Begebenheiten und werden zu einem größeren Anteil durch eigene und weniger durch unternehmerische Aktivitäten und Entscheidungen bestimmt.

Im Hinblick auf die Relativität von Einstellungen ist ein Ergebnis besonders hervorzuheben, daß nämlich trotz allgemein hoher Karriereorientierung, die Partnerschaft bei allen Beteiligten einen höheren Stellenwert für das persönliche Wohlsein erhält. Der Einfluß des Partners auf die Karriere wird differenziert kommuniziert und erscheint bei den Angaben der Frauen inkonsistent. Während diese einerseits angeben, daß der Verlauf ihrer Karrieren wenig bis gar nicht vom Partner beeinflußt wird – was konträr zur erwarteten traditionellen Rollenverteilung gesehen werden kann –, ergibt sich aus den beschriebenen vergangene Situationen das Gegenteil: Die Karriereverläufe von drei der vier Frauen wurden effektiv durch die Karriere des Partners beeinflußt.

8.2.2.2   Flexibilität

Der nächste Fragenblock (**27-29**) befaßte sich mit der DCC-Beobachtung des Konstruktes **Flexibilität**. Erneut wurden die Paare aufgefordert, zunächst ihre eigene Definition von Flexibilität schriftlich darzulegen. Dies hatte wiederum den

Zweck, den in unterschiedlichen Zusammenhängen gebrauchten Begriff Flexibilität in den persönlichen Kontext zu stellen und Wahrnehmungsmuster aufzuzeigen (vgl. insbesondere Frage 27). Aus der Offenheit der Fragestellung ergaben sich Antworten, die oftmals gekennzeichnet waren durch einen definitorischen Anteil und einer emotionalen Tendenz bzw. Einstellungsrichtung des psychischen Systems. Diese Mehrdimensionalität der individuellen Aussagen hätte sich kaum besser in vorgegebenen Fragen erkennen lassen. Im definitorischen Teil ergaben sich zwei Themencluster. So wurde Flexibilität z.b. viermal in Verbindung mit **Veränderung** und dem **Reagieren auf diese Veränderung** gesehen. Die Bewertungen zu diesen Veränderungen sind in den folgenden Zitaten fett markiert *„Veränderung **positiv** gegenüberstehen u. diese als **Chance begrüßen** (2)“, „Sich in geeigneter Weise mit sich ändernden äußeren Gegebenheiten **zumindestens arrangieren**, das **Beste** daraus machen (3)“, „Anpassung an Änderungen (5)“, „Anpassungsfähigkeit an sich verändernde Bedingungen, **Offenheit** für Neues; Angeeignetes aufgeben, um Neues zu machen (6)“*

Ebenfalls viermal wurde auf **inhaltliche Flexibilität** eingegangen, die sich sowohl auf die **Aufgabe** als auch auf den **Standort** und die **Branche** bezog: *„inhaltlich - neue Branchen, Aufgaben übernehmen bzw. kennenlernen, reagieren auf Angebote - nicht starrem Lebensmodell folgen (1)“, Wechsel von Funktions-, Unternehmensbereichen / Standorten (2)“, „Ausland (6)“, Bewältigung eines breiten Aufgabenspektrums an verschiedenen Standorten in verschiedenen Sprachen mit verschiedenen Nationalitäten (8)“.*

Weitere Kommentare bzw. persönliche Zuschreibungen zum Begriff Flexibilität waren die folgenden: *„Zeitliche Flexibilität – viel Arbeit, wenn sie anfällt aber auch mal einen Tag pausieren, wenn die Arbeit getan ist (1)“, „Veränderungen initiieren, anderer Blick auf die Dinge (2)“, „**Toleranz**, keine starren Verhaltens- und Denkmuster (5)“, Flexibilität als Umsetzung des ‚**Loslassens**‘ sowohl in sozialer/familiärer als auch räumlicher Sicht (Region/Land/Kontinent) (7)“.*

Während die genannten Aussagen insgesamt eine neutrale bis sogar positive emotionale Kopplung ausdrücken, tendiert der Kommentar des Diplom-Informatikers dagegen als einziger eher negativ emotional und verfügt zudem noch über keinen begriffsklärenden Anteil: *„Flexibilität ist die einzige Chance (4).“*

Frage 28 versucht, die unterschiedlichen Bereiche, in denen Flexibilität im Beruf kontextwahrscheinlich ist, nach ihren IST- und SOLL-Bewertungen zu differenzieren.

Flexibilität im Bereich **Zeit** war bei der Hälfte der Befragten viel vorhanden und bei der anderen Hälfte zumindest teils/teils vorhanden. Das ist mehr, als von Seiten der Autorin erwartet wurde. Dagegen wurde die Erwartung, daß sich im SOLL-Bereich ein erhöhter Wunsch nach Flexibilität zeigen würde, erfüllt. Siebenmal wurde Flexibilität als wichtig bzw. sehr wichtig angesehen.

Bei der **Wahl des Arbeitsplatzes** sah es schon anders aus. Nur drei Mitarbeiter konnten die Arbeitsplatzwahl flexibel gestalten (Flexibilität *viel vorhanden*), bei drei anderen war diese Flexibilität überhaupt nicht möglich, die restlichen zwei bewerteten ihre Arbeitsplatzflexibilität als gering. Auch hier war erwartungsgemäß der Wunsch nach einer Erhöhung der variablen Arbeitsplatzgestaltung vorhanden. Diejenigen, die Flexibilität in diesem Bereich bereits hatten, wollen sie auch nicht missen (Übereinstimmung IST und SOLL), und die beiden, die die Wahl des Arbeitsplatzes wenig flexibel gestalten können, wollen in diesem Bereich mehr Freiraum. Erwartungsabweichend dagegen ist, daß für zwei der drei Befragten, die über keine Arbeitsplatzflexibilität verfügen, diese auch nicht oder nur wenig wichtig ist.

Der eigene **Entscheidungsspielraum** ist bei vielen Befragten (5x) viel bzw. voll vorhanden (1x). Interessant bei diesen Antworten ist, daß der SOLL-Wert entweder gleich mit dem IST-Wert ist, in zwei Fällen sogar unter dem IST-Wert liegt, jedoch nie über diesem. Das bedeutet, die Flexibilität im Entscheidungsspielraum ist bei den meisten im wahrgenommenen Optimum.

Egal in welchem Bereich, für alle Befragten ist Flexibilität insgesamt wichtig oder sehr wichtig. Dies geht aus den Gesamtnennungen im SOLL-Bereich hervor: Von 32 Bewertungen (4x8) gab es nur zwei Nennungen „weniger wichtig" und zwei Nennungen „teils/teils wichtig."

Die „Selene-Partnerin ist insgesamt zufrieden, jedoch im zeitlichen Bereich hätte sie gerne *„größere zeitliche Flexibilität (1)."* Ihr Mann ist ebenfalls in drei Bereichen zufrieden. Er hat jedoch z.Zt. wenig Flexibilität am Arbeitsplatz, obwohl ihm diese durchaus wichtig wäre. Sein Vorschlag für unternehmensseitige Veränderungen (**Frage 29:** *Wenn (mehr) Flexibilisierung unternehmensseitig möglich wäre, was würden Sie*

364

ändern wollen?) lautet entsprechend: *„kleinere Einheiten mit kürzeren Bearbeitungswegen und mit schnelleren Entscheidungszeiten schaffen. (2)"*

Obwohl die Informatikerin in den Bereichen Zeit und Arbeitsplatz nur wenig oder teilweise Flexibilität realisieren kann, diese gleichzeitig aber für wichtig hält, enthält sie sich eines Änderungsvorschlages. Ihr Partner empfindet Flexibilität in den Bereichen Entscheidung und Aufgabenstellung als sehr wichtig und sieht hier, daß das Unternehmen *„noch mehr Freiraum für Mitarbeiter verbunden mit mehr Verantwortung (4)"* schaffen könnte.

Die *„Möglichkeit des Arbeitens von zu Hause aus (5)"* würde die Allianzmitarbeiterin (Licht) gerne unternehmensseitig vergrößern. Hier stimmt sie mit dem Änderungsvorschlag ihres Partners überein (*„Arbeit von zu Hause (6)"*). Allerdings scheint sie diesen Vorschlag nicht unbedingt auf sich zu beziehen, da sie ihren Wert im SOLL-Bereich Arbeitsplatz relativ gering wählt (2=wenig wichtig). Wichtig sind ihr persönlich allerdings *„mehr Entscheidungsspielräume"*, die sich auch in einer entsprechenden Bewertung in der SOLL-Tabelle (4 – wichtig) wiederfindet.

Ein ähnliche Bild ergibt sich bei der z.Zt. passiven Mitarbeiterin in Malaysia. Obwohl sie für sich die Arbeitsplatzflexibilität als nur teils/teils wichtig (Wert 3) bewertet, würde sie eine *„Erhöhung der Arbeitsplatzregelung für karriereorientierte Frauen/Mütter (7)"* begrüßen. Weniger wichtig (Wert 2) ist ihr auch die persönliche Zeit-Flexibilität. Trotzdem merkt sie an, daß bei WIND *„Teilzeit/Heimarbeit noch rudimentär"* seien und bringt als *„Vorbild: IBM !!"* an. Der Kommentar ihres Mannes bezieht sich auf die langen Arbeitszeiten aufgrund der Zeitzonen: *„Arbeitszeiten: früh im Büro, um Asien zu sprechen/spät im Büro, um USA zu sprechen (8)."* Es wird angenommen, daß der Sales & Market Manager hier eine Veränderung wünscht, gibt jedoch nicht an, wie diese aussehen könnte.

Zusammenfassung

Ähnlich wie das Konstrukt Karriere brachte auch die Abfrage nach der persönlichen Konnotation zu Flexibilität die Unterschiede der Wahrnehmungsmuster zum Vorschein. In einem Teil der Antworten konnte man die Verbindung von Flexibilität zu äußeren, sich verändernden Umständen ablesen. Dabei wurden diese Umstände entweder gar nicht spezifiziert oder auf Veränderung von Aufgaben, Tätigkeiten, Anforderungen und den Arbeitsstandort bezogen

Die Hälfte der Befragten antworteten bzgl. des Begriffes Flexibilität mit der Möglichkeit zur Gestaltung eigener Bereiche. Die Diversifikation der Antworten macht auch deutlich, wie kontextabhängig das Konstrukt Flexibilität ist.

Beim Kontext Zeit ist, vergleichsweise zu den anderen Bereichen, am meisten Flexibilität vorhanden. Insgesamt kann festgestellt werden, daß die Mehrheit der Befragten eine Erhöhung der flexiblen Gestaltung in den abgefragten Bereichen als erstrebenswert empfinden. Die Flexibilität im Kontext „eigener Entscheidungsspielraum" erscheint, nach den Angaben zu urteilen, bei den meisten optimal ausgestaltet zu sein.

8.2.2.3   Mobilität

Mobilität – schon mehrmals als sehr relevantes Thema für DCCs beschrieben – wurde in mehreren Fragen (**Frage 30 bis 51**) thematisiert. Zunächst sollten die Befragten überlegen, welche **Wichtigkeit Mobilität** innerhalb des Landes und ins Ausland hat (**Frage 30 und 31**). Hierbei wurde weiter unterschieden, inwiefern das Mobilsein für die Karriere **notwendig** ist und inwiefern dies **persönlich als wichtig** empfunden wird (**Frage 32 und 33**). Darüber hinaus wurde die wahrgenommene **Sicht des Unternehmens** zu diesem Thema abgefragt, um die Beobachtungsleistung im Sinne der strukturellen Kopplung DCC–Unternehmen zu beleuchten (**Frage 34 und 35**).

Ein erstes Ergebnis ist die deutlich geringere Wichtigkeit der Mobilität im Inland für die Frauen (Ausnahme: Die sich z.Zt. in den USA befindliche Diplom-Informatikerin (vgl. Tabelle 27)) im Gegensatz zu den Männern. Dies gilt sowohl für die Einschätzung bzgl. der Wichtigkeit für die Karriere als auch für die persönliche Bewertung. Die Tabelle 27 zeigt Mittelwerte von 2,25/2,25 bei den Frauen und Mittelwerte von 3,5/3,25 bei den Männern.[594]

---

[594] 1=unwichtig; 2=wenig wichtig; 3=teilweise wichtig; 4=wichtig; 5=sehr wichtig

	für die Karriere wichtig	*Mittel- wert*	*persönlich wichtig*	*Mittel- wert*
Frauen	1,5,2,1	2,25	1,5,1,2	2,25
Männer	4,3,3,4	3,5	4,1,4,4	3,25

Tabelle 27: Wichtigkeit von Inlandsmobilität (für die Karriere/persönlich)

Für die Mobilität ins Ausland liegen die Mittelwert zwar bei den Frauen immer noch leicht unter denen der Männer (vgl. Tabelle 28), doch ist in den Zahlen aller Befragten allgemein eine hohe Karriererelevanz von Auslandsaufenthalten dokumentiert! Interessant an den Zahlen sind die Differenzen zwischen karrierebezogener und persönlicher Bewertung bei drei der vier Frauen. Während die Redakteurin (1) Auslandsmobilität persönlich etwas weniger wichtig einschätzt als für ihre Karriere notwendig, so schätzt die Informatikerin (2) den Auslandsaufenthalt für die Karriere weniger wichtig ein. Ihre persönliche, sehr hohe Präferenz für diese Art der Mobilität ist dagegen sehr hoch. Ähnlich geht es der Mitarbeiterin der Allianz. Die Aussagen der vier befragten Männer in dieser Unterscheidung sind dagegen gleich.

	für die Karriere wichtig	*Mittel- wert*	*persönlich wichtig*	*Mittel- wert*
Frauen	4,4,3,5	4	3,5,4,5	4,25
Männer	4,5,4,5	4,5	4,5,4,5	4,5

Tabelle 28: Wichtigkeit von Auslandsmobilität (für Karriere/persönlich)

Die **Fragen 34 und 35** (34. *Wie wichtig ist Ihrem Unternehmen Ihrer Meinung nach die berufliche Mobilität der karriereorientierten Mitarbeiter im Inland/ins Ausland?*) zielen ergänzend auf die strukturelle Kopplung zwischen Unternehmen und DCCs. Es wird die Beobachtung der Teilnehmer über die **Mobilitätserwartung** im Unternehmenssystem abgefragt. Es zeigt sich, daß die Bewußtseinssysteme der DCCs beobachten, daß die Unternehmen sowohl Inlands- (4x4; 2x5) als auch Auslandsmobilität (3x4; 4x5) für ihre karriereorientierten Mitarbeiter für wichtig bis sehr wichtig halten. Zu sehen ist auch, daß die Männer keine Unterscheidung hinsichtlich inländischer oder ausländischer Mobilität beobachten und insgesamt eine hohe Übereinstimmung der persönlichen und unternehmensseitigen Einstellungen bei Auslandsversetzungen festzustellen ist. Anders sehen dies die Frauen, die den Unternehmen eine Priorität bzgl. Auslandsmobilität zuschreiben. Von acht Möglichkeiten gibt es bei den Frauen nur zwei Übereinstimmungen und diese liegen beide bei der Auslandsmobilität. D.h. die durch die weiblichen Bewußtseinssysteme wahrgenommenen Unternehmenskommunikationen bzgl. Wichtigkeit von Mobilität stimmen in vielen Fällen nicht mit der persönlichen Wertigkeit überein.

Wichtigkeit der ... für das Unternehmen	Inlands-mobilität	Mittelwert	Auslands-mobilität	Mittelwert
eingeschätzt von den Frauen	2,4,3,5	3,5	5,5,3,5	4,5
eingeschätzt von den Männern	4,4,4,5	4,25	4,4,4,5	4,25

Tabelle 29: Wichtigkeit von Inlands-/Auslandsmobilität im Unternehmen, beurteilt von den Befragten

Zusätzlich zu dieser Konnotation wurden die Befragten gebeten, **Überlegungen** aufzuführen, die sie zu der derzeit allgemein zunehmenden **Mobilitätsforderung** von Seiten der Unternehmen haben (**Frage 36:** *Welche Überlegungen haben Sie darüber hinaus noch zu der derzeitig allgemein zunehmenden Mobilitätsforderung von Seiten der Unternehmen?*).

Die Antworten lassen sich grob in drei Kategorien einordnen. In der ersten Kategorie finden sich Antworten, die **Unterstützungen** durch das Unternehmen fordern: „*Mehr Unterstützung der Firma notwendig (2)*", „*Mehr Unterstützung für Mitarbeiter, die gerne mobil sein wollen (3)*", „*Mobilität muß honoriert werden; mobile Mitarbeiter müssen*

*mit ihrer Mobilität nicht alleine gelassen werden, sondern gut am neuen Standort betreut wer-
den; Rückkehr der Mitarbeiter muß gut geplant sein (6)"* , *„der Schritt, Mobilität zu zeigen,
muß vom Unternehmen vorbereitet und unterstützt werden (Seminare, Hilfe bei Umzug, Wohnungssuche...) (8)"*

Die zweite Kategorie der Antworten unterstreicht die **Relevanz der Mobilität**
explizit aus Sicht des Unternehmens, aus der Karriereperspektive und aus persönlicher Sicht: *„Ist für ein globales Unternehmen ein ‚Muß' (4)"*, *„Mobilität wird zur Voraussetzung für Karriere (5)"*, *„Wichtig, da ansonsten interkulturelle Zusammenarbeit und Verständnis nicht möglich. Persönlich auch wichtig für die Erweiterung des Horizontes! (7)"*

Die DCC-Perspektive wird in der dritten Kategorie angesprochen: *„funktioniert nur,
wenn gerade **beide** DCCs arbeiten können und keiner dabei zurücksteckt. Ist das gegeben,
funktioniert alles. In einer globalen Welt kein Visum für mitreisende Partner zu bekommen, ist
ein Relikt aus der Steinzeit (1)"*, *„für DCCs teilweise schwer umzusetzen (2)"*.

In diesen drei Kategorien kommen exakt die gleichen Themen zur Sprache, die
auch in der Projektgruppe referiert wurden. Die Zwei-Seitigkeit, die sich hinter
dem Konstrukt Mobilität verbirgt – Mobilitätsforderung zu Mobilitätsbereitschaft –
wird also offensichtlich auch von diesen Systemen beobachtet und kommuniziert.

Die nächste **Frage 37** intendierte – trotz des Wissens, daß Spontanität von Antworten durch die Fragebogenmethode nicht kontrolliert werden kann – erste, **un-
reflektierte Gedankengänge** der Bewußtseinssysteme, die diese zu einer beruflichen Versetzung haben. Zunächst wurde in **Frage 37a** *(Was ist Ihre erste Reaktion,
wenn Sie an einen Stellenwechsel innerhalb Deutschlands denken?)* nach der Versetzung innerhalb Deutschlands gefragt:

Paar Selene
Sie: *„unnötig, bin schon genug in Deutschland rumgekommen"*
Er: *„langweilig, bis auf einige Großstädte"*

Interessant ist, daß die ablehnende Reaktion des Diplom-Ingenieurs nicht mit seiner Wertung in **Frage 31** übereinstimmt, in der er die inländische Mobilität für sich als wichtig (4) eingestuft hat!

Ähnlich ungereimt erscheint die Antwort der Philosophin (Malaysia), die inländische Mobilität für wenig wichtig (2) hält, aber in ihrer ersten Reaktion sofort einem Wechsel zustimmen würde:

Paar Malaysia
Sie: *„würde ich sofort nach Abstimmung mit Partner zustimmen"*
Er: *„Partner Standort"*

Neben reinen Inkonsistenzen im Antwortverhalten wäre eine andrere mögliche Interpretation, daß sie in **Frage 31 unter** „inländischer Mobilität" aufgrund ihres derzeitigen Aufenthaltsortes einen Stellenwechsel *innerhalb Malaysias* verstanden hat. Wenn dies der Fall wäre, gäbe die Antwort, sofort nach Deutschland zu wechseln, eher Hinweis auf den Wunsch, Malaysia zu verlassen.

Paar Tahoe
Sie: *„Interessiert mich die Aufgabe?"*
Er: *„oh"*

Die Antworten des Paares Tahoe entsprechen ihren Bewertungen in **Frage 31**. Für die Informatikerin ist Mobilität im Inland sehr wichtig, und offenbar ist eines ihrer ersten Entscheidungspunkte die Art der Aufgabe. Ihr Mann hat, ebenso wie bei der nächsten Frage nach der Reaktion auf eine *internationale Versetzung*, lediglich einen Ausruf als Antwort. Das „oh" im Falle der inländischen Versetzung könnte Erstaunen (oder Überraschung) ausdrücken, aus dem wiederum ein möglicher Schluß gezogen werden kann, daß er nicht unbedingt erwartet, ein derartiges Versetzungsangebot zu erhalten, zumal er nicht besonders viel Wert auf ein solches legt (siehe Frage 31: 1 = unwichtig)

Paar Licht
Sie: „*Nur im Falle eines ‚Unternehmenswechsels‘* "
Er: „*Welche neue Aufgabe, welcher Standort, Entwicklungsmöglich-keit, Umfeld?*"

Für den WINDler des Paares Licht ist laut **Frage 31** die inländische Mobilität persönlich wichtig. Entsprechend läßt sich auch aus seiner ersten Reaktion eine Fülle von Kriterien für konkrete Entscheidungsfindung erkennen. Vor dem Hintergrund, daß für seine Partnerin Inlandsversetzungen sowohl für die Karriere (wenig wichtig) als auch für sie persönlich unwichtig sind, in Verbindung mit ihrer in **Frage 26** ausgedrückten Unzufriedenheit hinsichtlich der derzeitigen Unterstützung ihrer Karriere durch das Unternehmen, ist der in ihrer Antwort angegebene Unternehmenswechsel besonders aussagekräftig.

Während in den eben behandelten Antworten eher die individuellen Bereiche und Standortfragen zum Ausdruck kamen, deuten einige Antworten auf die nächste **Frage 37b** – Reaktion auf einen Stellenwechsel *ins Ausland* – auf eine erhöhte Reflexion im DCC-Kontext hin: Von drei Männern wurde die Frage nach einer Stelle für die Partnerin aufgeworfen! Eine solche erste partnerorientierte Reaktion ist bei den Frauen nur in einem der Fälle zu beobachten. Besonders fällt auf – und dies korrespondiert auch mit den Bewertungen in **Frage 33** (persönliche Wichtigkeit der internationalen Mobilität) –, wie durchweg positiv bis „begeistert" die Reaktionen insgesamt ausfallen.

Paar Selene
Sie: „spannend"
Er: „sehr spannend; angestrebt; für beide muß interessante Stelle da sein"

Paar Tahoe
Sie: „Interessiert mich die Aufgabe"
Er: „super"

Paar Licht
Sie: „Sehr interessant!"
Er: „Welche neue Aufgabe, welcher Standort? Vorbereitung für neue Aufgabe und Umzug Betreuung vor Ort, Entwicklungsmöglichkeiten, Stelle für Partner"

Paar Malaysia
Sie: „würde ich sofort nach Abstimmung mit Partner zustimmen"
Er: „Partner Standort"

In der anschließenden **Frage 38** wurde – wieder in der Unterscheidung In- und Ausland – die unten aufgeführte noch konkretere Frage gestellt. Während es bei der **Frage 37** um die Erstreaktion und damit um eine Tendenz der Grundhaltung ging, fokussierte die **Frage 38** (a und b) mehr auf die Karriere und die **rationalen Überlegungen in einer Entscheidungssituation**: *Stellen Sie sich vor, daß Ihnen eine Stelle, die vollkommen Ihren beruflichen (Karriere-)Vorstellungen entspricht, angeboten*

372

wird! Welche Überlegungen fänden in Ihrer Entscheidungsfindung Berücksichtigung, wenn diese Stelle innerhalb Deutschlands wäre/im Ausland wäre:

Bis auf den Informatiker (Tahoe) („*oh*") und den WINDler des Paares Licht führten diesmal alle Frauen und zwei Männer die Beschäftigungsmöglichkeiten für den Partner auf! Die interne Relevanz der Karriere des Partners, die im theoretischen Teil eingehend besprochen wurde, findet hier also einen deutlichen empirischen Ausdruck. Interessant ist, daß die meisten Paare in ihren Überlegungen nicht mehr unterscheiden zwischen Ausland und Inland. Am Rande anzumerken ist die hohe Themenübereinstimmung beim Paar Selene.

Paar Selene: *Aspekte der Entscheidungsfindung bei einem Stellenangebot im...*	
Inland	Ausland
Sie: „*Infrastruktur für Kind; Arbeitsmöglichkeit Partner*"	siehe Inland
Er: „*berufliche Möglichkeit für den Partner; Lebens-/Schulmöglichkeiten für das Kind; Akktraktivität der Standorte*"	siehe Inland

Paar Tahoe: *Aspekte der Entscheidungsfindung bei einem Stellenangebot im...*	
Inland	Ausland
Sie: „*bei Standortwechsel: wie kann ich das sinnvoll für unsere Partnerschaft arrangieren?*"	„*kann mein Partner ebenfalls dort arbeiten?*"
Er: „*oh*"	„*sehr schön*"

Paar Licht: *Aspekte der Entscheidungsfindung bei einem Stellenangebot im...*	
Inland	**Ausland**
Sie: „*Partner? Pendeln? Wochendendbeziehung?*"	„*Partner? Sicherheit des Landes*"
Er: „*Umfeld, Standort*"	„*welches Ausland, Stelle für Partner*"

Paar Malaysia: *Aspekte der Entscheidungsfindung bei einem Stellenangebot im...*	
Inland	**Ausland**
Sie: „*würde ich sofort nach Abstimmung mit Partner zustimmen.*"	siehe Inland
Er: „*Partner, Standort*"	siehe Inland

Daß sich eine hohe Relevanz des Partners in der Entscheidungsfindungsphase ergeben würde, wurde angenommen. Daher wurde in der folgenden Frage noch einmal punktuell das Thema der möglichen **Auswirkungen** eines tatsächlichen Stellenwechsels – ebenfalls im Inland wie im Ausland – angesprochen. Es wurde unterschieden in Auswirkungen auf die **Partnerschaft** und auf die **Karriere des Partners**.

Paar Selene: *Auswirkung auf die Partnerschaft*	
Stellenwechsel im Inland	**Stellenwechsel ins Ausland**
Sie: „*eventuell großer Aufwand für nix*"	„*anregend oder sehr frustrierend, abhängig, ob Partner arbeiten kann*"
Er: „*keine*"	„*keine*"

Paar Tahoe: *Auswirkung auf die Partnerschaft*	
Stellenwechsel im Inland	**Stellenwechsel ins Ausland**
Sie: „*wenn es sich nicht vermeiden läßt: eine Wochenend- / E-Mail-Partnerschaft*"	„*getrennt leben oder der andere findet eine adäquate Stelle im Ausland*"
Er: keine Angaben	keine Angaben

Paar Licht: *Auswirkung auf die Partnerschaft*	
Stellenwechsel im Inland	**Stellenwechsel ins Ausland**
Sie: „*weniger Auswirkungen*"	„*extreme Auswirkungen*"
Er: „*keine*"	„*keine*"

Paar Malysia: *Auswirkung auf die Partnerschaft*	
Stellenwechsel im Inland	**Stellenwechsel ins Ausland**
Sie: „*wenn beide ihre persönlichen Ziele und Pläne nicht unterdrücken müssen, dann kann das nur die Partnerschaft stärken*"	siehe Inland
Er: „*keine*"	„*keine*"

Erstaunlich sind die Antworten aller vier Männer, die, im Gegensatz zu ihren Partnerinnen, keine Auswirkungen einer Versetzung auf die Partnerschaft sehen. Die
stark differierenden Antworten können darauf hindeuten, daß über dieses konkrete
Thema in den DCC-Systemen (noch) nicht referiert wurde oder daß hier ein über
alle Paare gleichverteilter (aber unwahrscheinlicher) kommunizierter Dissens vorliegt. Die Antworten der Frauen sind deutlich problemorientiert und eher negativ
formuliert (einmal optimisitisch (7) formuliert). Alle Frauen antizipieren Auswirkungen, wie sie auch in Kapitel 5.2.5.1 im theoretischen Teil dargestellt wurden.

Paar Selene: *Auswirkung auf die Karriere des Partners*	
Stellenwechsel im Inland	**Stellenwechsel ins Ausland**
Sie: *„je nachdem, ob er einen guten Job bekommt, hilfreich oder Knick"*	siehe Inland
Er: *„je nach Stellensituation"*	*„je nach Stellensituation; insgesamt wohl eher positiv"*

Paar Tahoe: *Auswirkung auf die Karriere des Partners*	
Stellenwechsel im Inland	**Stellenwechsel ins Ausland**
Sie: keine Angaben	keine Angaben
Er: keine Angaben	keine Angaben

Paar Licht: *Auswirkung auf die Karriere des Partners*	
Stellenwechsel im Inland	**Stellenwechsel ins Ausland**
Sie: *„keine"*	*„keine"*
Er: *„geringe"*	*„wahrscheinlich größere (abhängig von Ausland)"*

Paar Malysia: *Auswirkung auf die Karriere des Partners*	
Stellenwechsel im Inland	**Stellenwechsel ins Ausland**
Sie: *„da im selben Unternehmen tätig, ist uns hier eine große Hilfestellung seitens des Unternehmens sicher"*	siehe Inland
Er: *„keine guten"*	siehe Inland

Bezüglich der Auswirkungen eines Stellenwechsels auf die Karriere des Partners gab es sehr differenzierte Ansichten. Das Paar Malysia z.b. hat gegensätzliche Ansichten: Während sie sich durch die Hilfestellung des Unternehmens eine positive Auswirkung vorstellt, nimmt er an, daß die Wirkungen zum Nachteil für die Karriere ausfallen. Gemeinsam indifferent ist dagegen das Paar Selene, das diese Frage von der jeweiligen Situation/Stelle (auch für den Partner) abhängig macht. Das Paar Tahoe gibt im Konsens keine Antworten zu dieser Frage, und das Paar Licht ist sich zumindest für inländische Versetzungen einig, daß es keine oder geringe Auswirkungen gibt. Auch diese Antworten können dahingehend interpretiert werden, daß das Thema von den Bewußtseinssystemen noch nicht bis hinein in diese Kategorien durchdacht (und auch nicht kommuniziert) wurde. Anzeichen für diese Interpretation sind die Worte „wohl (2)" und „wahrscheinlich (6)", die eine eher wage Haltung widerspiegeln, und die komplette Nichtbeantwortung der Frage durch das Paar Tahoe.

Einen deutlichen Einfluß des Partners auf die eigene Entscheidungssituation eines Stellenwechsels empfinden fast alle Paare (**Frage 40:** *Hat Ihr Partner normalerweise Einfluß auf eine Entscheidung für einen Stellenwechsel?*). Nur Herr „Licht" sieht hier einen nur geringen Einfluß durch seine Partnerin. Diese Aussage deckt sich mit der von ihm getroffenen Beurteilung aus **Frage 18** bzgl. des Einflusses auf die Einstellung zur Karriere und zum tatsächlichen Verlauf. Auch hier verneinte er jeglichen Einfluß. Interessant ist, daß die drei Frauen, die in **Frage 18** noch angegeben hatten, daß der partnerliche Einfluß auf den tatsächlichen Verlauf der Karriere nicht vorhanden sei, jetzt meinten, daß ein deutlicher Einfluß bei der Entscheidung für einen Stellenwechsel besteht.

Die große grundsätzliche **Mobilitätsbereitschaft** dieser vier Paare wird in **Frage 41** (*Inwieweit stimmen Sie diesem Satz zu? „Ich möchte in den nächsten Jahren/Monaten beruflich ins Ausland gehen."*) sehr deutlich. Alle, die die Frage beantwortet haben (1 missing), möchten in den nächsten Jahren/Monaten beruflich ins Ausland gehen! Diese Bereitschaft wird allerdings bei fünf Befragten durch die Bedingung eingeschränkt, daß es ihnen durchaus nicht egal ist, in welches Land dieser Wechsel stattfinden sollte. Bemerkenswert ist weiterhin, daß allen Befragten (bis auf die Allianzmitarbeiterin) bereits ein Stellenwechsel ins Ausland angeboten wurde, fünf der Befragten erhielten sogar mehrmals ein Angebot! In den folgenden Tabellen sind die drei **Fragen 42 bis 44** zusammengefaßt (**Frage 42**: *Wurde Ihnen schon einmal/mehrmals eine Stelle im Ausland angeboten?* **Frage 43**: *Wie war damals Ihre Einstellung und wie haben Sie sich entschieden?* **Frage 44**: *Welche Auswirkungen hatte die Auslandsversetzung auf die Partnerschaft/auf die eigene Karriere?*)

Paar Selene		
	Sie	**Er**
Land	Türkei	a) Australien, b) Frankreich, c) Türkei, d) Österreich
Einstellung	Prima, Freude über das Kompliment / Freude später: ja	a) sehr positiv b)positiv c) sehr positiv d) negativ, da deutschsprachig
Entscheidung	nein, wegen Infrastruktur für Kind; paßte nicht in Karriereplanung für Partner	a) negativ b) negativ c) negativ d) negativ
Auswirkungen auf die Partnerschaft	er hätte, anstatt selbst zu wechseln, in seinem Metier bleiben müssen --> negativ	-

378

Auswirkungen auf die eigene Karriere	positiv, Chance	-

Tabelle 30: Mobilitätsbereitschaft von Paar Selene

Bei dem Paar Selene ist am meisten auffällig, daß der Diplom-Ingenieur vier Angebote bekommen hat und alle vier abgelehnt hat. Bezieht man seine Antwort aus **Frage 45** (*Hatte Ihr Partner damals Einfluß auf diese Stellenwechselentscheidung(en)?*) mit hinzu, so basieren die Ablehnungen erkennbar auf im DCC-System kommunizierte Fremdreferenzen. Andersherum ist es genauso: Auch seine Frau hat ein Angebot abgelehnt aus Gründen, die einerseits im DCC-System liegen (Karriere des Mannes), andererseits nachwuchsorientierte Ursachen hatte.

Paar Tahoe		
	Sie	**Er**
Land	positiv	a) USA b) Brasilien
Einstellung	die Stelle muß stimmen	a) positiv b) positiv
Entscheidung	wir sind momentan in den USA	a) ja b) nein
Auswirkungen auf die Partnerschaft	sehr positiv, da Notwendigkeit gemeinsam Fuß zu fassen	positiv
Auswirkungen auf die eigene Karriere	positiv	positiv

Tabelle 31: Mobilitätsbereitschaft von Paar Tahoe

Bei dem Paar Tahoe wurde offensichtlich beiden ein Jobangebot in die USA angeboten. Ob diese Parallelität unternehmens- oder paarinduziert wurde, kann hier leider nicht rekonstruiert werden. Es ist aber offensichtlich, daß das Paar als DCC wahrgenommen wurde (vgl. auch weiter unten, **Frage 60**) und hier ein Fall vorliegt, in dem beide Partner in Amerika eine adäquate Beschäftigung ausüben und mit der Versetzung insgesamt – sowohl die Partnerschaft als auch ihre Karrieren betreffend – sehr zufrieden sind.

Paar Licht		
	Sie	**Er**
Land	-	a) Portugal b) Brasilien c) Indien
Einstellung	-	a) sehr positiv, erster Job nach Studium b)Weiterentwicklung, größere Herausforderung c)grundsätzlich ja, aber zu kurz im Unternehmen / Aufgabe
Entscheidung	-	a) positiv b) positiv c) negativ
Auswirkungen auf die Partnerschaft	-	a) weniger sehen, aber da Eltern meiner Partnerin dort wohnen, kein Problem b) sehr wenig sehen am Anfang; dann Umzug der Partnerin ohne Möglichkeit, ihren gelernten Beruf auszuüben
Auswirkungen auf die eigene Karriere	-	a) und b) sehr gute Erfahrungen gemacht; wahrscheinlich mehr und schneller gelernt, Verantwortung zu übernehmen, größeren Einblick in Unternehmensaktivität bekommen

Tabelle 32: Mobilitätsbereitschaft von Paar Licht

Paar Malaysia		
	Sie	**Er**
Land	a) Italien b) Frankreich	a) Indonesien b) Malaysia
Einstellung	bei beiden: Freude, Offenheit	a) positiv b) positiver
Entscheidung	bei beiden: Zusage	a) Unternehmen hat aufgrund politischer / wirtschaftlicher Umstände das Angebot zurückgezogen b) Zusage
Auswirkungen auf die Partnerschaft	Festigung, Bereicherung	postiv
Auswirkungen auf die eigene Karriere	Fortschritt!	positiv

Tabelle 33: Mobilitätsbereitschaft von Paar Malaysia

Der Diplom-Ingenieur des Paares Licht hat bereits zwei Auslandsjobs hinter sich, die offensichtlich positive Effekte für seine berufliche Laufbahn hatten. Allerdings war die Stelle in Portugal mit der zeitlichen Begrenzung einer Fernbeziehung verbunden, während sich in Brasilien keine adäquaten Beschäftigungsmöglichkeiten für seine Partnerin ergaben und sie somit in ihrer Karriere gebremst wurde. Die Allianzlerin, seine Frau, enthält sich in diesem Teil jeder Angaben. Dies deutet darauf hin, daß sie noch kein Auslandsangebot von ihrem Arbeitgeber erhalten hat. Insgesamt läßt sich herauslesen, daß sie ihre Karriereansichten eher zurückhält (siehe auch **Frage 20**: Thema des Karriereverzichtes wurde in der Partnerschaft nur verdeckt kommuniziert) und der Karriere ihres Partners gegenüber sehr unterstützend eingestellt ist. Letzteres kann man in der Antwort zu **Frage 47** (*Wie stehen Sie zu einer beruflichen Weiterentwicklung Ihres Partners, die mit einem Stellenwechsel innerhalb Deutschlands/ins Ausland verbunden ist?*) lesen: „*Würde ich jederzeit unterstützen.*" Ihr Partner dagegen bekräftigt in seiner Antwort seine Ansicht, daß die Partnerin sowohl normalerweise als auch in den speziell angesprochenen Fällen nur einen geringen Einfluß auf Versetzungsentscheidungen hat.

Beide Partner des Paares Malaysia, die sich auch gerade in dem Land ihres gewählten *alias*-Namens befindet, haben bereits zweimal Auslandsangebote bekommen, wovon die Philosophin beide angenommen hat. Diese Versetzungen führten, so die Antworten in **Frage 19** und **20**, allerdings nicht zu einem Karriereverzicht für ihn bzw. beeinflußte seine Karriereschritte nicht. Seine Zusage des jetzigen Malaysia-Angebotes dagegen führte bei ihr zu einer momentanen Unterbrechung ihrer Karriere.

Die nächste **Frage 46** muß in Verbindung mit den **Fragen 30-33** gesehen werden. Hier geht es darum, ob sich die Einstellung zur beruflichen Mobilität – ins Ausland oder innerhalb Deutschlands – im Laufe der Zeit gewandelt hat. Die Einstellungen fast aller Befragten (Ausnahme Frau Selene) hinsichtlich Inlandsversetzungen sind konstant geblieben, für den Auslandseinsatz gilt dies nur für vier Befragte. Die Gründe für die Partnerin vom DCC-Paar Selene für die Einstellungsänderung in den letzten Jahren bzgl. ihrer heute geringen Inlandsmobilität (vgl. ihre Antwort auf **Frage 31**: Wichtigkeit Inlandsmobilität: *unwichtig*) sind das vierjährige Kind und das dazugehörige Umfeld. Sie vertritt die Ansicht, daß der *„Aufwand [..] in keiner Relation zum relativ geringen Ergebnis"* steht. In dem Maße, wie sich ihre Motivation zu einer Inlandsversetzung verringert hat, hat sich ihre Einstellung zur Auslandsmobilität gewandelt. Sie ist offenbar heute deutlich motivierter, den beruflichen Schritt ins Ausland zu wagen (vgl. hierzu auch ihre Antwort auf **Frage 33**: Wichtigkeit Auslandsmobilität: *teilweise wichtig* sowie **Frage 41**: spontane Bereitschaft, ins Ausland zu gehen: *Ja (allerdings nicht egal wohin)*). Als Gründe hierfür gibt sie an, *„neugierig geworden"* zu sein und *„offener"* durch die Erzählungen ihres Partners von seinen Auslandszeiten. Ihr Partner fügt entsprechend an, daß er *„noch mehr Lust [hat], im Ausland zu arbeiten"*. Diese Erhöhung der Motivation kam bei ihm in den letzten 3 ½ Jahren durch *„viele Dienstreisen ins Ausland"*.

Während sich bei den Paaren Tahoe und Malaysia keine Veränderung ihrer Auslandsmobilität ergeben hat, hat sich beim Diplom-Ingenieur (Licht) *„nach zwei Auslandseinsätzen"* die Bereitschaft einer erneuten internationalen Versetzung aufgrund der *„schlechten Betreuung vor und nach dem Umzug"* insofern verändert, als daß er be-

382

stimmte Voraussetzungen erfüllt sehen möchte: *„Auslandsversetzungen müssen sehr gut vorbereitet werden und auch die Vor-Ort-Betreuung ist sehr wichtig."*

Um auch den Fall zu umspannen, in dem der Partner des Befragten einen Stellenwechsel angeboten bekommt, und um zu ergründen, welche Einstellung hier bei den jeweiligen Befragten besteht, wurde **Frage 47** konzipiert, wieder mit der Unterscheidung „inländischer und internationaler Wechsel". Bis auf den Partner vom Paar Malaysia und der Redakteurin (Selene), deren generelle Demotivation gegenüber einer inländischen Versetzung oben dargelegt wurde, sagten alle Befragten aus, daß sie einer beruflichen Weiterentwicklung ihres Partners, die mit einem Stellenwechsel innerhalb Deutschlands verbunden wäre, grundsätzlich positiv gegenüber stünden. Der Blaupunktmitarbeiter (Malaysia) steht einem beruflichen Wechsel seiner Partnerin deshalb negativ gegenüber, da die beiden *„vorerst in Malaysia bleiben (3 Jahre)"* wollen. Seine Frau sieht diese dreijährige Verpflichtung anscheinend nicht so präsent, da sie angibt, einem Angebot, *„würde ich sofort nach Abstimmung mit Partner zustimmen"*. Vor dem Hintergrund, daß sie z.Zt. ihre Karriere unterbrochen hat und in Malaysia nicht arbeitet, ist es möglich, daß sie in einem Wechsel ihres Partners die erneute Chance für sich sieht, wieder beruflich tätig zu sein. Insgesamt stehen sich also eine grundsätzliche Bereitschaft der Frau und eine karrierebedingte Ablehnung des Mannes gegenüber. Der WINDler von Paar Selene ist ähnlich auf seine Karriere bedacht. Er ist zwar grundsätzlich offen (*„why not"*), fügt aber an, daß der partnerliche Stellenwechsel (Inland wie Ausland) *„auch zur eigenen beruflichen Situation passen"* muß. Stringent ist, daß der WINDler vom Paar Licht, der in der vorherigen Frage seine abnehmende Auslandsversetzungsbereitschaft für sich selbst bemerkt hat, auch bei einem Stellenwechsel seiner Partnerin ins Ausland *„wenig positiv"* gegenübersteht. Sicherlich aufgrund der Tatsache, daß seiner Lebensgefährtin bisher bei der Allianz kein Auslandsaufenthalt angeboten wurde, hält er es weiterhin sowieso für *„eher unwahrscheinlich"*, daß ein solches in der Zukunft erfolgt. Auch hier ist es die Partnerin, die angibt, den Karriereschritt des Partners *„jederzeit zu unterstützen."*

Zusammenfassung

Wie in der Theorie und im ersten empirischen Teil bereits anklang, erweist sich auch hier, daß das Thema Mobilität ein differenziert beobachtbares Konstrukt darstellt. Es sind zwar einige Gemeinsamkeiten festzustellen und tradierte Typen lassen sich noch erkennen. Insgesamt herrscht aber eine eher individuelle Vielfalt der Antworten vor.

Zu den Gemeinsamkeiten gehört die von drei Frauen bewertete geringere Wichtigkeit einer berufsbedingten inländischen Mobilität, die im Gegensatz zu den Aussagen der Männer steht. Die allgemeinen Mobilitätsanforderungen für karriereorientierte Mitarbeiter, die in den Unternehmen kommuniziert werden, werden ebenfalls nicht nur deutlich wahrgenommen, auch deren unternehmenskontextbedingte Relevanz (Mobilitätsforderung) wird explizit gesehen. Genauso werden aber auch die eigenen Einstellungen (Mobilitätsbereitschaft) thematisiert. Es wiederholt sich hier also auf DCC-Seite die auch in der Projektgruppe prozessierte Zwei-Seiten-Sicht des Mobilitätskonstruktes. Dabei fällt auf, daß die persönlichen Ansichten über die Wichtigkeit von Mobilität, insbesondere bei den Frauen, nicht immer mit den wahrgenommenen Unternehmenskommunikationen übereinstimmen.

Interessant ist, daß bereits sieben der Befragten ein Auslandsangebot bekommen haben und immerhin fünf schon international versetzt waren. Die Wünsche nach einer vermehrten unternehmensseitigen Unterstützung vor Ort greifen dann offensichtlich auch auf Erfahrungswerte zurück.

Aus der Tatsache, daß die Fremdreferenz Mobilität in beiden Systemen die Integration der anderen Sicht erkennen läßt, liefert einen unproblematischen Ansatzpunkt für weitere Kopplungen in Form von Unterstützungen. Wichtig hierfür ist eine klare und vor allem differenzierende Kommunikation in den unterschiedlichsten Subsystemen sowie die Generierung subsystemkoppelnder Kommunikationen (Geschäftsführung – IV – DCCs – Personalabteilungen – Non-DCCs – Auslandsstandorte – ASV-Trainer etc.), deren Ziel die Abwägung (Entscheidung) des Einzelfalles sein sollte. Es kommt also sowohl auf bewußte Kommunikationen in Systemen, die Mobilitätsbereitschaft als relevante Fremdreferenz haben, an als auch auf eine starke und reibungslose Kopplung mit den vom Unternehmenssystem formulierten Mobilitätsforderungen. Diese Kopplung sollte dabei nicht nur Raum für

384

die differenten, systemspezifischen Kommunikationen bieten, sondern diesen auch explizit einfordern.

Tradierte Muster werden in den Antworten der Männer erkannt, die keine Auswirkungen eines Auslandsaufenthaltes auf die Partnerschaft sehen. Der generelle Einfluß der Partnerin in der Entscheidungssituation und somit das aktive Referieren zu diesem Thema wird allerdings von bereits drei Männern gesehen.

Interessant ist, daß die drei Frauen, die in **Frage 18** noch angegeben hatten, daß der partnerliche Einfluß auf den tatsächlichen Verlauf der Karriere nicht vorhanden sei, in **Frage 40** meinten, daß ein deutlicher Einfluß bei der Entscheidung für einen Stellenwechsel besteht. Evtl. wird Karriere gerade von Frauen heute als ein noch neues, für sich zu eroberndes Feld angesehen und auch als ein Zeichen gelebter Gleichwertigkeit und Selbständigkeit eingestuft. Unter diesem Blickwinkel kann geschlossen werden, daß der Karriereverlauf an sich eigenständig geplant und gelebt werden will und nicht ein Resultat inhaltlicher Beeinflussung durch den Partner sein sollte. Ein Stellenwechsel, der mit einem räumlichen Wechsel einher geht, wird – so wird hier vermutet – von den Frauen (und hier auch von den Männern) als ein implizit partnerschaftliches Thema angesehen, da in diesem Fall die gemeinsame Lebenssphäre konkret beeinflußt wird.

8.2.3 Wie beobachten DCCs sich selber, ihre Partnerschaft und ihre Doppelkarriere?

Um die von den vier Paaren beobachtete **Fremdwahrnehmung** als DCC zu ergründen, wurde in den **Fragen 48 bis 50** gefragt, welche Einstellung der jeweilige Vorgesetzte, die Kollegen und das Unternehmen als ganzes zu der DCC-Partnerschaftsform haben.

Die Einstellung der **Vorgesetzten** schätzen erstaunlicherweise fünf der Befragten als sehr positiv ein: *„er bewundert beiderseitige Aktivitäten und Engagement (1)“, „sehr positiv, da selbst DCC (2)“, „sehr positiv, da er mit einer Auslandsentsendung 2x Know How bekommen hat (3)“, „sehr positiv (4)“, „Schwierigkeit/Problematik [einer DCC-Partnerschaft]*

385

ist thematisiert. Hilfestellung als Unterstützung (8)". Das Paar Licht gab hier keine Auskunft, da ihnen die Einstellung des Vorgesetzen nicht bekannt ist. Dies gilt auch für die Kollegen und das Unternehmen insgesamt.

Ebenso erstaunlich sind die untereinander gleichlautenden freien Antworten der sich hier äußernden zwei Paare bzgl. der Einstellungen ihrer **Kollegen**: *„suspekt, neidisch oder Bewunderung, ungläubiges Staunen, daß es funktionieren kann (1)"*, *„bisher: sehr positiv, teilweise neidvoll (2)"*, *„sehr unterschiedlich, von Neid bis Mitleid, da der Job uns Tag und Nacht begleitet (3)"*, *„Bewunderung und Neid (4)"*

Während die Einstellungen der Vorgesetzten und Kollegen in den entsprechenden Kommunikationssystemen tatsächlich prozessiert wurden (Antwortmöglichkeit: „obiges wurde so von ihnen kommuniziert"), sind die Aussagen über die Einstellung des **Unternehmens** in sechs Fällen „nur" Vermutungen und somit interne Bewußtseinsprozesse. Diese Vermutungen wiederum beruhen aber auf hier nicht weiter aufschlüsselbaren, anderen Kommunikationen in den unterschiedlichsten Systemen innerhalb des Unternehmens. Die Vermutungen lauten wie folgt: *„gern gesehen, aber bitte kein Aufwand für das Unternehmen, dann wird es schwierig (1)"*, *„hängt vom einzelnen VG ab (2)"*, *„Solange dem Unternehmen daraus keine massiven Nachteile entstehen: positiv (3)"*, *„neutral (4)"*, *„Unterstützung so gut als möglich, allerdings begrenzt (7)"*, *„zeigt Unterstützung (8)"*.

Neben den Einstellungen der Umwelt zu dieser Paarkonstellation sollte noch ergründet werden, welche **Auswirkungen die Karriereorientierung** des Partners **auf das Ansehen des Befragten** im Unternehmen oder **auf seine Karriere** hat **(Frage 51)**. Im Gegensatz zu den recht homologen Antworten zuvor gibt es hier deutliche Wahrnehmungsunterschiede. Auch variiert hier der Kommunikationsstand: Während die Aussagen für vier der sechs antwortenden Befragten wiederum nur Vermutungen darstellen, – *„positiv – als engagiert wahrgenommen (1)"*, *„nicht förderlich für die eigene Karriere (5)"*, *„eher positive Haltung. Entscheidend ist die persönliche Einstellung und der Umgang mit der DCC-Situation !(7)"*, *„neutral (8)"*, geben zwei der Befragten an, daß diese Auswirkungen tatsächlich schon so eingetreten sind und formulieren dies folgendermaßen: *„förderlich, da das Netzwerk größer wird und man über mehr interne Infos verfügt (2)"*, *„positiv und Neid (4)"*.

Eine zu diesem Themenkomplex passende Frage ist **Frage 60**, in der die Beobachtung der Befragten bzgl. der **Wahrnehmung des Unternehmens** konkretisiert werden sollte. Die Frage *„Nahm das Unternehmen Sie persönlich bisher als Partner in einer Doppelkarrierepartnerschaft wahr?"* wurde von sieben Befragten bejaht. Nur der WINDler von Paar Licht verneinte hier. Er empfand diese Nicht-Wahrnehmung bisher jedoch *„OK, da bisher keine Konflikte"* aufgetreten waren. Er wünschte sich jedoch, daß die Thematik *„bei Stellenwechsel hinterfragt werden"* sollte.

Auf die Zusatzfrage, woran die Befragten die existierende DCC-Wahrnehmung festmachen bzw. worin sich diese äußert, kamen die folgenden Erklärungen:

„Nachfrage von Kollegen nach Aktivitäten des Partners (1)", *„teilweise, da Karriereschritte unter dem Thema DCC diskutiert werden (2)"*, *„Zeitgleiche Entsendung ins Ausland (3)"*, *„gemeinsame Auslandsversetzung (4)"*, *„Erkundigung des Vorgesetzten nach Partner (5)"*, *"Hilfe bzw. Unterstützung bei Rückkehr aus Ausland (7)"*, *„gute Unterstützung bei Heimflügen, Krankenversicherung, Job bei Rückkehr (8)"*.

Die theoretischen Ausarbeitungen über die strukturelle Kopplung zwischen DCCs und Unternehmen ließen die hohe Relevanz dieser Systemsicht erkennen. Die folgenden vier Fragen zielen daher wieder auf die Beantwortung der Leitfrage,

Wie beobachten DCCs ihre Unternehmen und was erwarten sie?

D1	DCCs $\Longrightarrow$ Unternehmen

sowie die hieraus abgeleitete spezielle Frage, wie die strukturelle Kopplung von den DCCs wahrgenommen und gewünscht wird.

Die **Frage 52** mit dem Wortlaut: *„Besteht Ihrer Meinung nach auf Mitarbeiterseite ein Bedarf, daß das Unternehmen mehr als bisher auf die **Besonderheiten von DCCs eingeht?"*** wurde von allen Befragten mit Ja beantwortet! Wichtig ist bei einer solchen Frage, weiter nach den **Gründen** für diese Antwort zu fragen *(Ja/Nein, weil...)*. Die Kommentare sprechen für sich selbst:

- *„bislang zu sehr ignoriert (1)"*

- *„die Stellensuche wird bei ins Ausland mitgehendem Partner zu wenig unterstützt (2)"*

- *„Mitarbeiter sollten bei Stellenwechsel unterstützt werden (3)*

- *„es wollen doch selbstverständlich beide Partner Karriere machen (4)*

- *„Partnerschaft = Flexibilitätshemmnis (5)"*

- *„besonders bei Stellenwechsel ins Ausland: Jobvermittlung für Partner (6)"*

- *„weil der weibliche Part meist starke Unterstützung benötigt, um mehrere Ziele zu vereinbaren (7)"*

- *„mehr Support von weiblichen Mitarbeitern im Ausland (8)"*

Die befragten DCCs bringen in ihren Antworten sämtliche forschungsrelevanten und zu Veränderungen aufrufenden Gründe und Themen zur Sprache, die mit dieser speziellen Partnerschaftsform einhergehen und besprochen wurden. Daß nämlich die Existenz einer zweiten Karriere bedeutet, daß beim Partner selbstverständlich der gleichlautende Wunsch vorhanden ist, diese weiterzuverfolgen und diese Tatsache oft zu einem Flexibilitätshemmnis werden kann. Die Ignoranz – trotz genereller (aber zu schwacher) Wahrnehmung des Unternehmens –, sich dieser Problematik durch gezielte und vermehrte Unterstützung anzunehmen, wird deutlich zum Ausdruck gebracht.

In der **Frage 53** wurde die Unterstützungsfrage noch spezifiziert durch die Formulierung *„Wie wichtig finden Sie es, daß das Unternehmen den Mitarbeiter und seinen Partner bei der Balance zweier Karrieren (und einer Familie) unterstützt?* Auch hier waren die Anworten eindeutig: Fünf Befragte hielten diese **Vereinbarungs**unterstützung für sehr wichtig, drei für wichtig!

Die interessanteste Frage ist sicherlich, welche konkreten **dringendsten Maßnahmen** die DCCs sehen (**Frage 54**), mit denen man diese Partnerschaftsform unternehmensseitig unterstützten könnte. Hierzu gab es folgende Kommentare:

- *„sich um die Möglichkeit kümmern, daß der mitreisende Partner einen adäquaten Job findet; Verantwortung für diesen Teil des Paares übernehmen (1)"*

- *„Bei Personalplanung sollte Partner als Variante (nicht wichtigste, aber notwendige) berücksichtigt werden. Z.B.: wie kann Partner bei Auslandsaufenthalt sinnvoll genutzt werden? (7)"*

- *„Frauen-Netzwerk im Ausland; Netzwerk der deutschen Industrie im Ausland; Seminare über Job-Perspektiven (8)"*

- *„Unterstützung bei der internen Stellensuche beim Wechsel eines Partners (3)"*

- *„Vermittlung von Jobs für die Partner bei Stellenwechsel (besonders für Auslandswechsel) (6)"*

- *„wichtig ist, Unterstützung anbieten zu wollen (2)"*

- *„bewußte gemeinsame Planung und Abstimmung mit der Personalabteilung (4)"*

- *„gezielte PE-Maßnahmen; gemeinsame Förderprogramme; Flexibilität bei der Karriereplanung (5)"*

Es fällt auf, daß für fünf Befragte der wichtigste Ansatzpunkt für Unterstützungsmaßnahmen die Situation des Stellenwechsels ist, insbesondere die internationalen Versendungen. Die Häufung des Vorschlages, die berufliche Entwicklung des Partners bei einer Versetzung zu unterstützen, ist bemerkenswert. Diese und auch die auf die generelle Problematik der Vereinbarung zweier Karrieren gerichteten Antworten belegen eindrucksvoll die vorangegangenen theoretischen Überlegungen und früheren Forschungsergebnisse des hohen Relevanzgrades der Partnerkarriere. Sie zeigt gleichzeitig auf, daß hier das DCC-System offensichtlich hohe Kommunikationsfrequenzen hat, in denen es Unterstützung von außen als deutlich prozeßerleichternd einstuft.

Mit der folgenden **Frage 55**, ob die Befragten (wären sie in der Position, dies zu entscheiden) Bewerber aus Doppelkarrierepartnerschaften einstellen würden, sogar eher bevorzugt einstellen würden oder eher nicht einstellen würden, sollte die eigene Beobachtung der Partnerschaft aus der „fremden" unternehmerischen Sicht einleiten.

Im Gegensatz zu den gleichlautenden Antworten zu **Frage 53** sind die Einsichten hier sehr unterschiedlich, jedoch im Paar erstaunlich einheitlich: Das Paar Licht ist sich einig, daß sie einen DCC-Mitarbeiter eher nicht einstellen würden, das Paar

Malaysia würde einen Bewerber mit einem karriereorientierten Partner einstellen und das Paar Tahoe würde diesen sogar bevorzugt einstellen! Die Partnerin vom Paar Selene äußerte sich zu dieser Frage nicht, ihr Partner war der Meinung, daß er als Unternehmer DCC-Bewerber einstellen würde.

Zusammenfassung

Die Referenz der Fremdbeobachtung weist überraschend einheitlich positive Ergebnisse für die Ansichten der Vorgesetzten auf und gemischt neidvoll-positive Resonanzen bei den Kollegen.

Eine generelle DCC-Wahrnehmung von Seiten des Unternehmens besteht wohl, jedoch ist diese sehr bzw. zu schwach. Die Wertung, wie das Unternehmen der DCC-Konstellation gegenübersteht und welche möglichen Auswirkungen auf die Karriere gesehen werden, ist sehr unterschiedlich und basiert zudem nicht auf klaren (und evtl. sogar in Schriftwerken kondensierten) Kommunikationen des jeweiligen Unternehmenssystems. Eine Einheits-Beobachtung kann also von den Befragten (noch) nicht generiert werden, und es bleibt alles im Spekulativen.

Es ist daher auch nicht verwunderlich, daß von Seiten der befragten Systeme die fehlende DCC-Sensibilität der Unternehmenssysteme bemerkt wird und entsprechend ein deutlicher Bedarf für eine spezielle Unterstützung von DCCs gesehen und gewünscht wird, der sich insbesondere in Vorschlägen für den Versetzungsfall konkretisiert.

Insgesamt wurde dokumentiert, daß die bereits im ersten Abschnitt dieser Arbeit (1.1 Hintergrund der Arbeit) aufgezählten Hintergründe, Defizite und Auswirkungen in diesem konstruierten Befragungssystem deutlich kommuniziert wurden.

Nach diesem Einschub erneuter DCC-Unternehmensbeobachtung fokussieren die letzten Fragen wieder auf die Leitfrage D3,

Wie beobachten DCCs sich selber, ihre Partnerschaft (Familie) und ihre Doppelkarriere?

Zunächst wurde der generelle partnerschaftliche Kontext beleuchtet: Die Partnerschaften dauerten von 4 bis 14 Jahren und auch die Zeit der Karriereorientierung
rangierte von 2 bis 14 Jahren (vgl. Tabelle 34). Hier kann man sich als Beobachter
bewußt machen, welche Unterschiede zwischen den DCC-Systemen bestehen werden allein aufgrund der Zeit der Karriereorientierung! So kann ein Paar wie Selene
auf 8 bzw. 14 (je nach Einschätzung des Befragten) Jahre karriereorientierter
Kommunikation zurückblicken. Beim Paar Licht, das immerhin schon 11 Jahre
zusammen ist, existiert das DCC-System dagegen erst zwei Jahre!

	Die Partner-schaft be-steht seit ... Jahren. (w/m)	beide sind seit ... Jah-ren karriere-orientiert (w/m)
Selene	14	14
	13	8
Tahoe	7	5
	7	7
Licht	11	2
	11	2
Malaysia	4	4
	4	4

Tabelle 34: Dauer der Partnerschaft und der
Karriereorientierung

Frage 58 intendierte, die DCCs zur Eigenreflexion zu bringen und zu ergründen,
welche **Wertungen für diese Partnerschaftsform** kommuniziert werden. Obwohl es sich hierbei um eine offene Fragestellung handelt, gab es eine überraschend
übereinstimmende Wortwahl unter den Befragten und damit auch eine Übereinstimmung deren interner Bewertungen: *Verständnis, Unterstützung* und *Austausch* waren die am häufigsten genannten positiven Aspekte der DCC-Partnerschaft!

Selene
Sie: „*bereichernder* **Austausch**; **Verständnis** *für Einstellung des anderen;* **Unterstützung** *bei Aktivitäten; es wird normal*"
Er: „**Verständnis** *für die Situation des anderen; sich gegenseitig befruchten*"

Tahoe
Sie: „*Man* **unterstützt** *und motiviert sich gegenseitig;* **Verständnis** *für berufliche Probleme, da der Partner das Umfeld aus eigener Erfahrung kennt*"
Er: „*Job macht Spaß*"

Licht
Sie: „*gemeinsame Ziele, Einstellung zum Leben;* **Ideenaustausch**"
Er: „*größeres gegenseitiges* **Verständnis** *für Probleme (auch wenn mal mit ins Privatleben genommen); Hilfe bei Lösung von Problemen, da Erfahrungen existieren*"

Malaysia
Sie: „*gegenseitige Stimulierung und Befruchtung. Das* **Verständnis** *des Partners ist größer, besonders wenn im selben Unternehmen oder Branche*"
Er: „**Verständnis** *bei Alltagsproblematik;* **Unterstützung** *bei Entscheidungen*"

Tabelle 35: Positive Empfindungen der Befragten bzgl. ihrer Doppelkarrierepartnerschaft

Ähnlich gleichlautend waren die Themen, die die Befragten persönlich als problematisch an dieser Partnerschaftsform erachten. Entsprechend den Ergebnissen aufgeführter früherer Forschungen empfanden auch diese vier Paare den *Zeitmangel* als problematisch. Weitere Gründe, die in dieser ebenfalls offenen Frage genannt wurden, waren der *Abstimmungsaufwand* und die *Vereinbarung der Karriere* beim Auslandseinsatz.

Selene
Sie: „*zu wenig Zeit füreinander zu haben*"
Er: „*zu wenig Zeit; logistischer Abstimmungsaufwand (vor allem, wenn Kind krank)*"

Tahoe
Sie: „*zu starke Fokussierung und Priorisierung auf Beruf / Karriere leicht möglich*"
Er: „*Zeitmangel*"

Licht
Sie: „*Vereinbarung dieser Ziele bei Versetzung ins Ausland*"
Er: „*bei Auslandseinsätzen leidet eine Karriere; teilweise Probleme bei unterschiedlichen Arbeitszeiten; weniger Zeit für gemeinsames Leben*"

Malaysia
Sie: „ ,*Abschalten' ist schwerer. Abstimmung und Lebensplanung werden aufwendiger, da komplexer*"
Er: „*Freizeit! Samstag (in Deutschland) müssen Besorgungen getätigt werden*"

Tabelle 36: Problematische Empfindungen der Befragten
bzgl. ihrer Doppelkarrierepartnerschaft

Ähnlich partnerschaftsreflektierend wurde die nächste **Frage 61** auf die **Eigenschaften und Fähigkeiten** gelenkt. Die Befragten sollten darlegen, welche eigenen Eigenschaften und Fähigkeiten sie (auch) den Interaktionen in ihrer Doppelkarrierepartnerschaft zu verdanken haben. Um die Interdependenz zwischen Privat- und Berufssphäre zu betonen, wurde eingrenzend nach den Fähigkeiten gefragt, die die Befragten auch im Beruf anwenden können.

Die selbstreferierten Fähigkeiten erscheinen aus der Perspektive eines Personalverantwortlichen oder angesichts vieler unternehmensseitig aufgestellter Bewerberprofile durchgehend wünschenswert und sind gleichzeitig sicherlich nicht bei jedem Bewerber oder Mitarbeiter zu finden. Hierzu zählen insbesondere *Kritikfähigkeit*, *Umgang mit kritischen Situationen* und *Toleranz*. Interessant ist, daß die von Unternehmensseite an DCCs möglicherweise eher gesehene *fehlende* Flexibilität – eben aufgrund der Karriere des anderen – von den DCCs selber genau gegensätzlich gesehen wird: Drei der Befragten geben explizit an, daß eines ihrer auch partnerschaftsinduzierten Eigenschaften *Flexibilität* sei!

Selene
Sie: *„Team- und Kritikfähigkeit; Organisationsvermögen; klarere Sicht auf mich, meine Fähigkeiten und Ziele"*
Er: *„offen für Neues; Kreativität"*

Tahoe
Sie: *„Umgang mit so mancher kritischen Situation; Fachwissen"*
Er: *„Flexibilität und Toleranz"*

Licht
Sie: *„Analysefähigkeit; strategisches Vorgehen bei Problemen"*
Er: *„andere Sichtweisen von Problemen; Ausgeglichenheit durch Wissen, daß ruhiger Pol vorhanden ist außerhalb des Büros"*

Malaysia
Sie: *„Flexibilität wurde verstärkt; interkulturelles Bewußtsein ist praktisch gegeben, nicht nur Theorie; Anpassung an fremde / andere Kultur"*
Er: *„Flexibilität; Mobilität"*

Tabelle 37: DCC-induzierte Verstärkung/Entstehung von Eigenschaften

Wirklich interessant zu beobachten ist die „ausgleichende" Aneignung von Eigenschaften durch den Partner. So liegen die von den Frauen genannten Fähigkeiten eher in arbeitsbezogenen, „männlichen" Bereichen, während die Antworten der

Männer eher den sozialen, „weiblichen" Gebieten zuzuordnen sind. Dies belegt rekursiv die Antwort der Paare aus **Frage 58**, daß sie sich gegenseitig befruchten.

Während die **Frage 61** eher auf Eigenschaften fokussierte, zielte die ähnlich formulierte **Frage 62** jedoch mehr auf die Ursache oder Form der inneren Stärken der Partnerschaft (vgl. Tabelle 38). *Intensiver Austausch* und *Besprechung sowohl privater, aber eben auch beruflicher Themen* sowie *unterstützender Umgang* miteinander sind Quintessenz der Antworten. Ganz deutlich kann hier der intensiv kraftgebende und gegenseitig gerichtete Charakter des DCC-Systems beobachtet werden, der sich eben nicht nur auf den partnerschaftlichen Bereich, sondern auch auf den beruflichen Bereich erstreckt. Dies kann daher durchaus als Unterscheidungsessenz gegenüber anderen Partnersystemen gesehen werden.

Selene

Sie: *„richtiger Austausch, gegenseitiges Anregen, sich gemeinsam erholen und Kraft tanken"*

Er: *„ offener, liebevoller, unterstützender Umgang; Kritik wird deutlich aber nicht verletzend geäußert"*

Tahoe

Sie: *„intensiver Austausch über Fachthemen sowie Umgang; Verhaltensgespräche über ‚Wie gehe ich mit dieser Situation um?' da jeder Erfahrungen einbringen kann"*

Er: *„Flexibilität und Toleranz"*

Licht

Sie: *„Möglichkeit über Probleme im Beruf zu sprechen und gemeinsam Lösungswege zu finden"*

Er: *„Möglichkeit der Diskussion / Besprechung über Probleme der Arbeitswelt; andere Sichtweisen von Problemen; Ausgeglichenheit durch Wissen, daß ruhiger Pol vorhanden ist außerhalb des Büros"*

Malaysia
Sie: *„gemeinsame, offene Diskussion und Planung des gemeinsamen beruflichen und privaten Horizontes."*
Er: *„Flexibilität; Mobilität"*

Tabelle 38: Stärken der DCC-Partnerschaft

Eine wichtige Frage, die Aufschluß über die Qualität des Systemzustandes und der Systemprozesse geben kann, ist die Frage nach der aktuellen Zufriedenheit mit der Doppelkarrierepartnerschaft (**Frage 63**). Alle Befragten gaben hier eine Selbstbewertung von zufrieden (4x) bzw. sehr zufrieden (4x) an. Das heißt, die in **Frage 59** wahrgenommenen problematischen Bereiche führen das System nicht in einen unzufriedenen (Konflikt-)Zustand, der z.B. das Systembestehen gefährden würde. Anders ausgedrückt: Intern reflektiert überwiegen die Vorteile trotz gefühlter Nachteile. Auch diese Antworten stimmen mit quantitativen Untersuchungen anderer Provenienz überein.

Mit eines der wichtigsten Themen, die **Vereinbarung von unterschiedlichen Lebensbereichen (Frage 64)**, ist nach Meinung der hier Befragten in ihrer Partnerschaft überwiegend (6x) bzw. voll gegeben (1x). Nur die Allianzmitarbeiterin hat das Gefühl, insbesondere dem Freizeitbereich nicht ausreichend gerecht zu werden (Antwort: *trifft nur teilweise zu*). Auch hier gibt es eine Übereinstimmung z.B. mit den Ergebnissen der Catalyst-Studie, bei der 59% der Frauen und 73% der Männer zufrieden waren mit ihrer Möglichkeit der Balance zwischen Arbeit und Privatleben.[595]

Die Gründe, die die Paare für ihre Einschätzung anfügten, sind die folgenden:

Selene
Sie: *„unsere Tochter entwickelt sich prächtig; mein Partner und ich begrüßen beide neue Aufgaben, entwickeln uns weiter; sind dem Ziel, mal ins Ausland zu gehen, so nähergekommen"*
Er: *„Wünsche mir noch mehr Zeit für das Kind"*

---

[595] Vgl. Catalyst 1998, S. 2

Tahoe
Sie: keine Angaben
Er: *„unser Job und unser Leben machen uns Spaß"*

Licht
Sie: *„Freizeit kommt oft zu kurz"*
Er: *„manchmal kommt Privatleben zu kurz"*

Malaysia
Sie: *„Akzeptanz der aktuellen Situation, wobei das Bewußtsein vorhanden ist, daß man selbst momentan ‚zurücksteckt'. Jedoch ist Familienplanung momentan wichtig!"*
Er: *„wir sind beide zufrieden miteinander, mit dem Leben, mit dem Standort, MIT DER KARRIERE!"*

Tabelle 39: Begründungen für die Einstellungen bzgl. der Vereinbarungsthematik

8.2.4 Zusammenfassung

Beobachtungsgrundlage für die empirische Untersuchung dieses Kapitels waren vier Paare, also acht Teilnehmer, die den Fragebogen ausgefüllt und zurückgesandt haben. Grundlage für den Fragebogen bildeten dabei die DCC-Leitfragen D1 bis D3 vor dem Hintergrund aufgezeigter vergangener Forschungsergebnisse. Entsprechend war das Kapitel auch in drei Unterabschnitte aufgeteilt.

Die Antworten der vier Paare ergaben einen umfangreichen Auswertungspool, der die folgenden resümierenden Grundaussagen erkennen ließ:

Wie systemtheoretisch erwartet, ergab sich keine einheitliche Beobachtung (Wie beobachten DCCs ihre Unternehmen und was erwarten sie?), sondern jeder Beobachter gab seine eigenen Bezeichnungen seiner Umwelt wieder. Von der Autorin als Beobachter der Beobachtung wurden zu den Unterschiedlichkeiten auch gleichzeitig Ähnlichkeiten, also systemübergreifend konsistente Kommunikationen beobachtet. Summiert erwarten die befragten DCCs eine Übereinstimmung der eigenen mit den Unternehmenswerten, ein „gutes" Image, mehr Flexibilität in den Bereichen Zeit, Arbeitsplatz, Entscheidungsspielraum, adäquate Karrieremöglichkeiten sowie eine deutlich stärkere Unterstützung sowohl der eigenen Karriere als auch der Karriere des Partners, insbesondere in Versendungssituationen.

Die extrem unterschiedlichen internen Konzepte zu Karriere untermauern die im theoretischen Teil festgestellten Werteänderungen und betonen gleichzeitig die Systemspezifik jedes einzelnen DCC-Systems: Zwar sind alle DCCs karriereorientiert, aber was das einzelne Bewußtseinssystem unter „Karriereorientierung" versteht und im DCC-System prozessiert wird, ist immer verschieden. Trotz der Werteveränderung und der Auflösung von einheitlichen Karrieremustern gibt es insbesondere Assoziationen, die zumindest bei den Befragten recht einheitlich konnotiert werden: Demnach werden mit Karriere die Adjektive sympathisch, aktiv, flexibel, mehrfarbig, vielseitig, stark und mutig assoziiert, eine Anreihung, die verblüffende Ähnlichkeit mit den Wertemustern der heutigen Zeit, insbesondere der Y-er Generation haben (vgl. Kapitel 0).

Daß die Doppelkarrierekonstellation zwar eine generell wandelbare Partnerbeziehung darstellt, aber dennoch von gewisser zeitlicher Konstanz ist, wird auch aus den postulierten Aussagen der Befragten deutlich: Fast alle gehen eher davon aus, daß ihre Karriereorientierung in Zukunft bestehen bleibt. Gleichzeitig wurde auch die Relativität dieser Karriereorientierung deutlich: Die Partnerschaft hat bei allen Befragten, verglichen zur Karriere, einen höheren Stellenwert. Gerade dieses Ergebnis sollte für Unternehmen genügend Anlaß sein, die strukturelle Kopplung zu beleuchten und zu festigen.

Insbesondere zu dem Konstrukt Mobilität, wo die Kopplungskonfliktwahrscheinlichkeit am höchsten ist, sollten sich Unternehmen entsprechend Gedanken machen (vgl. Kapitel 5.3.3). So sehen die befragten DCCs durchaus die unternehmerische Seite einer Mobilitätsforderung, umgekehrt fehlt es aber an einer entsprechenden DCC-orientierten Antwort auf die Mobilitätsbereitschaft dieser Zielgruppe. Die Ablehnungen von Versendungsangeboten dokumentieren hierbei eindrucksvoll zum einen die beschriebene Souveränität von DCCs in beruflichen Belangen, zum anderen aber auch die hohe Loyalität zur Partnerschaft und Karriere des Partners. Diese partnerschaftlichen Entscheidungsprozesse (und die gleichzeitig hohen potentiellen Konfliktpotentiale) sollten den Unternehmen nicht nur bewußt sein, sie sollten optimalerweise sogar unterstützend-beeinflussend in diese Richtung aktiv werden.

8.3 Fazit und Beobachtungshinweise

Die vorliegende Arbeit hat gezeigt, daß die systemtheoretische Sicht der operativen Geschlossenheit von Systemen und der Systemspezifik von Irriationsereignissen eine Erklärung dafür liefern kann, warum trotz hoher wissenschaftlicher Relevanz die DCC-Thematik in der Mehrzahl der Unternehmen noch weitgehend Rauschen darstellt. *Dierkes & Hähner* kommen in ihren Untersuchungen zu ähnlichen Erkenntnissen und schlußfolgern ähnlich:

„Die Ergebnisse dieser Untersuchung machen deutlich, daß Unternehmen in ihren Grundsätzen zwar durchaus Themen aufgreifen, denen gesellschaftliche Relevanz zukommt, doch bei vielen der von den Unternehmen wahrgenommenen Themen handelt es sich vor allem um Fragen, die recht eng mit dem Produktionsprozeß verknüpft sind bzw. als wirtschafts- und marktnahe Probleme bezeichnet werden können [...]. [...] Hinsichtlich der über diesen Bereich hinausgehenden Themen hat es den Anschein, daß sie von den Unternehmen vor allem dann wahrgenommen werden, wenn sie lange Zeit Gegenstand öffentlichen Interesses sind oder besonders intensiv und auch schon im Hinblick auf gesetzliche Maßnahmen diskutiert werden [...]."

Auch branchenspezifische Unterschiede sind festzustellen: Unternehmen sind besonders für solche Themen sensibilisiert, die für ihre Marktstärke bedeutsam sind oder die Branche gesellschaftlich unter Druck kommen läßt (Beispiel: Ölkonzerne, Chemieindustrie und das Thema Umweltschutz). „Das spräche dafür, daß die Unternehmen einen relativ starken Reiz benötigen, um gesellschaftlich relevante Themen wahrzunehmen, vor allem dann, wenn die Themen außerhalb ihres üblichen Blickfeldes liegen."

Die vorliegende Arbeit sollte in diesem Sinne eine Irritation in Form eines Informationspools und gleichzeitig ein Beobachtungsvorgehen anbieten, mit dessen Hilfe andere Systeme, insbesondere Personalabteilungen, das eigene Unternehmen in seinen Prozessen und Strukturen selbstreflektieren können. Denn trotz aller „äußeren" Daten, die hier präsentiert werden, sind die Reizschwellen und die Wahrnehmungsgeschwindigkeiten jedes Unternehmens anders, und ebenso liegt es in jedem System selbst, die Relevanz dieser Daten zu bewerten und durch Kommunikationen in Informationen zu transformieren.

Das untersuchte Unternehmen bot für diese Zielsetzung einen bemerkenswert reichen Beobachungsfundus, in dem nicht nur der Unternehmens- und Personalabteilungskontext in seiner Individualität beobachtet, sondern auch Kommunikationsreihungen und Entscheidungsprozesse verfolgt werden konnten, Irritationsneigungen und -hemmnisse sichtbar wurden, sich neue Systembildungen ereigneten und Interventionen in ihrem Systemzusammenhang gesehen werden konnten.

Insgesamt liegt hier darüber hinaus ein Prozeß eines Kommunikationssystems (DCC-Projekt-System) innerhalb eines Unternehmenssystems vor, in dem die Kommunikationsdichte über die DCC-Fremdreferenz immer dichter wurde und die Irritationssensibilität sich stetig erhöhte.

Als weitere Beobachtungshilfen für andere Personalabteilungssysteme bzgl. der Sicht auf das eigene Systemprozessieren – nicht nur im Zusammenhang mit dem Thema DCCs – kann die folgende Fragenliste aus systemischen, allgemeinen Metafragen dienen:

- Welche Themencluster werden im Unternehmen bzw. in bestimmten Abteilungen vorwiegend fremdreferiert und warum?

- Welche inneren Ursachen (Systemprozesse, -strukturen) haben die spezifischen Selektionen gerade dieser Fremdreferenzen?

- In welchen Subsystemen des Unternehmens werden welche Entscheidungen von welcher Relevanz gefällt?

- Welche „äußeren" Anlässe führten zu welcher Art von Irritation und entsprechend zu vermehrten Kommunikationen?

- Welche Strukturen und Prozesse verhindern die Selektion „anderer" Fremdreferenzen?

- Mit welchen Systemen ist das Unternehmen bewußt gekoppelt und warum?

- Inwiefern und in welchem Ausmaß hat das Unternehmen

  - Sensoren für Umweltereignisse, (z.b. Anstieg der DCC-Zahlen),

  - Informationsverarbeitungskapazität,

  - Problemlösungskapazität?

- Wie hoch ist die Fähigkeit des Unternehmen zur

  - Selbstreflexion,

  - Selbstthematisierung/Selbstbeschreibung und damit zur

  - Selbsterkenntnis, um den Systemstand im Zusammenhang mit den Umweltrelationen setzen und entscheiden zu können, ob systeminterne Veränderungen nötig sind oder nicht?

- Wie hoch ist das Veränderungspotential der Unternehmen?

- Wie hoch ist das Lernpotential des Unternehmens?

Bezüglich der Fremdreferenz DCCs seien mit Rückbezug auf Kapitel 5.3.3 und 5.3.1.7 noch die folgenden zusätzlichen Hinweise gegeben:

- Wie lautet die Zielgruppe (nur DCCs oder auch DECs) und wie groß ist sie?

- Welcher Aufwand steht zu dieser Gruppe und zum antizipierten Nutzen in adäquater/ökonomischer Relation?

- Welche Ziele sollen mit einer verstärkten strukturellen Kopplung verfolgt werden?

- Welche Art von Kommunikationssystem (Task Force, Arbeitsgruppe, Stab o.ä.) soll initiiert werden und wie viele Mitglieder sollte dieses sinnvollerweise beinhalten (Institutionalisierungsfrage)?

- Welche Form der Kopplungsförderer ist für diesen Unternehmenskontext sinnvoll (Einzelmaßnahme/Programm)?

- Welche Informationen werden grundsätzlich und zusätzlich gebraucht und woher und wie kann man diese erhalten (z.B. Mitarbeiterbefragung, Workshops)?

- Welche zusätzlichen Kopplungen mit anderen Systemen (externe Berater/Experten, Kooperationsunternehmen, andere Abteilungen/Projektteams) sind notwendig/sinnvoll?

Abschließend und umschließend seien in diesem Abschnitt noch einmal die Hinweise von *Willke* aufgeführt (vgl. Kapitel 4.3.8):

- Keine bloße Übertragung von allgemeinen Konzepten und Theorien, sondern systemindividuelle Anpassung ,

- der Veränderungsbedarf muß intern hervorgehen,

- ständiger Dialog zwischen Beobachter (Intervenierender) und System (Interveniertes) und Schaffung von Einrichtungen, die Perspektivenwechsel und Selbstbeobachtung erleichtern,

- Interventionsstrategien müssen vom System selbst entworfen (und implementiert) werden.

8.4 Forschungsanschlußangebote

Für die empirische Forschung unter Bezugnahme auf die neuere Systemtheorie könnten auch andere Gegenstandsbereiche Beachtung erfahren:

Im Sinne einer Weiterführung des Prozesses könnte an die hier dokumentierte Sensibilisierungsphase die Beobachtung der Implementierungs- und letztendlich auch der Realisationsphase angeschlossen werden. Dabei wäre zu hinterfragen, wie sich die gefestigte Systemkopplung gestaltet und welchen konkreten Nutzen das Unternehmen letztendlich hat? Insgesamt wäre die Evaluationsfrage ein Forschungsfokus, der auch auf mehrere Unternehmen ausgeweitet werden könnte. Hier würde dann z.B. auch beobachtet werden können, welche Hindernisse in Unternehmenssystemen in den Kommunikationsprozessen auftreten.

Auch die Hinterfragung der reinen Kostenseite wäre denkenswert. So wäre es z.b. interessant zu berechnen, welche monetären Kosten eine verstärkte Systemkopplung mit DCCs verursacht.

Von der DCC-Seite aus könnten die Wirkungen von Interventionen (z.B. in Form von DCC-Befragungen, Workshops, Mitarbeiterbefragungen, Seminaren etc.), bei denen Bewußtseinsreflexionen stattfanden, weiterverfolgt werden. Welche Anschlußkommunikationen ergeben sich bei den Paaren nach solchen Reflexionen bzw. wie verändert sich die gesamte DCC-Kommunikation?

Neben der hier gewählten Einzelfallbetrachtung gäbe eine Untersuchung unter ähnlich interdependenzorientierter Zielsetzung, die mehrere Unternehmen und ihre DCCs beobachtet, wertvolle Zusatzerkenntnis. Noch mehr auf die Details und auf die Interdependenz fokussierend wäre eine Betrachtung der konkreten Kommunikationen in DCC-Unternehmens-/Personalabteilungssystemen, also z.B. in Versetzungs-, Karriere- und Personalentwicklungsgesprächen.

Ein komplett neuer Forschungsbereich, der bisher auch noch so gut wie gar nicht im Wissenschaftssystem fremdreferiert wurde, sind internationale Vergleiche. Ein Beispiel etwa wäre zu fragen, ob es länderspezifische Ursachen für unterschiedlich starke DCC-Unternehmenssystemkopplungen bzw. deren Wahrnehmung gibt.

8.5 Schlußgedanken

Gibt es das ideale Vorgehen für diese Fragestellung, für diesen oder einen anderen Bereich? Gibt es das ideale Unternehmen, so wie es *Herriot* im folgenden Zitat beschreibt?

„The survivor organisations of the year 2000 will think in terms of couple careers as well as individual career. They will relax early career timetables so that both men and women can periodically ease off during young childhood and during schooldays. They will provide later career development opportunities, allowing men to avoid the early burnout syndrome, women to overcome the re-entry difficulties caused by the current prevalent pattern."

M.E. gibt es kein ideales Vorgehen, kein ideales Unternehmen und auch diese Beschreibung sollte (nur) als ein kontingentes, evtl. wegweisendes Bild angesehen werden, das sichtbar macht, daß Unternehmen, die DCCs erkennen und anerkennen, damit deutlich machen, daß sie Beschäftigte nicht nur als Funktionsträger, sondern als Persönlichkeiten mit unterschiedlichen Bedürfnissen (Zielgruppenmerkmalen) betrachten.

Daß all dies relativ ist und daß auch das so oft propagierte, von den Unternehmen für ihre Mitarbeiter geforderte balancierte Arbeits-Familienleben z.B. auch gegenteilige Wirkung haben könnte, macht *Caproni* eindrucksvoll deutlich:

„... that the well-intentioned efforts of organizational researchers and practitioners to promote work/life balance may simultaneously undermine men's and women's ability to live fulfilling and productive lifes. [...] [because] much of the discourse of work/life balance in the scholarly and popular business press is built on a language and logic that are based in traditional models of bureaucratic organizations, and thus the discourse is likely to perpetuate – perhaps further entrench – many of the problems it promises to alleviate. In short, the same kind of thinking that got us into this predicament is not going to get us out of it."

Sie unterstützt diese Aussagen noch durch einen weiteren Satz:

„A strategic orientation to life underestimates the degree to which life is, and probably should be, deeply emotional, haphazard, and uncontrollable. Balance, perhaps thankfully, may be beyond our reach."

Die Meinung *Caprionis*, daß Balance in Form von Kontrolle aufgrund der Unvorhersehbarkeiten des Lebens nicht nur ein nicht zu erreichendes, sondern auch ein nicht wünschenswertes Ziel ist, ist eine m.E. durchaus (über-)denkenswerte Ansicht.

Die Kontingenz, Veränderlichkeit, Varianz, aber auch Homöostaseorientierung des Lebens sollte m.E. viel mehr unsere Denkprozesse und letztendlich unsere Handlungen und Entscheidungen beeinflussen, als es bisher der Fall ist. Nicht Techniken und theoretisierende idealistische DCC-Konzepte, in denen immer noch das Menschenbild der trivialen Maschine mitschwingt, sind als Resultat wissenschaftlicher Forschung anzustreben, sondern Hilfestellungen zur Entwicklung und zum Gebrauch der in „nicht-trivalen Maschinen" (= Systemen) innewohnenden Reflexions- und Selbsterkenntnispoteniale.

Mit den Worten *Batsons* schließend:

> „… *for the creation of new order, the working of the random, the plethera of uncommited alternatives (entropy) is necessary.*"

Batson 1979

„I am becoming, that which I am becoming! – Decision...."

9 Literaturverzeichnis

Adie, Jacqueline A. & Carmody, Heather I. 1991: Families at work. Practical examples from 140 businesses. Council for Equal Opportunity in Employment. Melbourne.

Aisenberg, N. & Harrington, M. 1988: Women of academy: outsiders in the sacred grove. Amherst, Massachusetts.

Aldous, Joan (Hrsg.) 1982: Two paychecks: Life in dual-earner families. Beverly Hills, California.

Aldrich, Howard E. 1992: Incommensurable paradigmas? Vital signs from three perspectives. In: Reed, Michael & Hughes, Michael (Hrsg.): Rethinking organizations. New directions in organizational theory and analysis. London u.a., S. 17-45.

Alger, I. 1991: Marital therapy with dual-career couples. In: Psychiatric-Annals, Vol. 21, S. 455-458.

Almquist, E.M. & Angrist, S.S. 1971: Role model influences on college women's career aspirations. In: Merrill-Palmer Quarterly of Behavior and Development, Vol. 17, July, S. 263-279.

Amatea, Ellen S. & Cross, E. Gail 1983: Coupling and careers: A workshop for dual career couples at the launching stage. In: Personnel and Guidance Journal, Vol. 62, Nr. 1, S. 48-52.

Amrop International 1995: The new international executive: Business leadership for the 21st century. New York: Amrop/Harvard University.

Anderson, E.A. 1992: Decision-making style. Impact of the commuter couples lifestyle. In: Journal of Family and Economic Issues, Vol. 1-2, Nr. 19, S. 5-21.

Ansel, Daniel E. 1993: Work-family strategies. A successful approach involves four key components. In: HR Focus, Jg. 70, Nr. 8, S. 14-15.

Argyris, C. 1960: Understanding organisational behaviour. Homewood, Illinois.

Aryee, S. & Wyatt, T. & Stone, R. 1994: Early career outcomes of graduate employees. An examination of the effect of mentoring and integration. Manuscript submitted for publication.

Aryee, Samuel & Luk, Vivienne 1996: Work and nonwork influences on the career satisfaction of dual-earner couples. In: Journal of Vocational Behaviour, Vol. 49, Nr. 1, S. 39-52.

Aryee, Samuel 1993: A path-analytic investigation of the determinants of career withdrawal intentions of engineers: Some HRM issues arising in a professional labor market in Singapore. In: International Journal of Human Resource Management, Vol. 4, Nr. 12, S. 213-230.

Aschenbach, Martin 1996: Die Reorganisation von Konzernen. Systemtheoretische Beobachtungen des geplanten Wandels. Herrsching.

Ashby, W.R. 1994: Einführung in die Kybernetik. Frankfurt am Main.

Assig, Dorothea & Beck, Andrea 1996: Frauen revolutionieren die Arbeitswelt. Das Handbuch der Chancengleichheit. München.

Astin, H.S. & Milem, J.F. 1997: The status of academic couples in U.S. institutions. In: Ferber, M.A. & Loeb, J.W. (Hrsg.): Academic couples: Problems and promises. Urbana, Illinois, 128-155.

Auer, Manfred 2000: Vereinbarungskarrieren: Eine karrieretheoretische Analyse des Verhältnisses von Erwerbsarbeit und Elternschaft (Habilitation). München, Mering.

Avis, J.M. 1986: „Working Together". An enrichment program for dual-career couples. In: Denton, W. (Hrsg.): Marriage and family enrichment. New York, S. 29-45.

Axelrod, R. 1976: The analysis of cognitive maps. In: Axelrod, R. (Hrsg.): Structure of decision: The cognitive maps of political elites, Princeton, New Jersey, S.55-73.

Baecker, Dirk & Markowitz, Jürgen & Stichweh, Rudolf & Tyrell, Hartmann & Willke, Helmut (Hrsg.)1987: Theorie als Passion. Frankfurt.

Baecker, Dirk 1994: Die Wirtschaft als selbstreferentielles soziales System. In: Lange, Elmar (Hrsg.): Der Wandel der Wirtschaft. Soziologische Perspektiven. Berlin, S. 17-45.

Baecker, Dirk 1994: Postheroisches Management: Ein Vademecum. Berlin.

Baecker, Dirk 1995: Durch diesen schönen Fehler mit sich selbst bekannt gemacht. Das Experiment der Organisation. In: Heitger, Barbara & Schmitz, Christof & Gester, Peter (Hrsg.): Managerie. 3. Jahrbuch. Systemisches Denken und Handeln im Management. Heidelberg, S. 210-230.

Baecker, Dirk 1996: Ein Widerspruch kommt selten allein. Die Organisation und ihre Kultur. In: Wittener Jahrbuch für ökonomische Literatur. Marburg, S. 25-35.

Baglione Panos, Jean 1995: Relocating as a dual-career couple. In: Chemical Engineering Progress, Vol. 91, January, S. 74-78.

Bailyn, Lotte & Fletcher, Joyce K. & Kolb, Deborah 1997: Unexpected connections: Considering employees' personal lives can revitalize your business. In: Sloan Management Review, Vol. 38, Nr. 4, S. 11-19.

Balswick, Judith & Balswick, Jack 1995: The dual-earner marriage - The elaborate balancing act. Grand Rapids, Michigan.

Bardwick, Judith M. 1986: The plateauing trap. New York.

Barley, Stephen R. & Tolbert, Pamela S. 1997: Institutionalization and structuration: Studying the links between action and institution. In: Organizational Studies, Vol. 18, Nr.1, S. 93-117.

Barnett, Rosalind C. & Lundgren, Lena 1998: Dual-earner couples and the decision to work less: A conceptual model. In: Community, Work and Family, Vol. 1, Nr. 3, S. 273-295.

Barnett, Rosalind C. & Rivers, Caryl 1996: She works, he works. How two-income families are happier, healthier, and better off. New York.

Barney, J. 1991: Firm resources and sustained competitive advantage. In: Journal of Management, Vol. 17, Nr. 1, S. 99-120.

Bartels, L. 1991: Relocation decision-making in dual-career couples. Dissertation. Old Dominion University.

Batson, G. 1985: Ökologie des Geistes. Frankfurt.

Bauer, Frank & Groß, Hermann & Schilling, Gabi 1996: Arbeitszeit 1995: Arbeitszeitstrukturen, Arbeitszeitwünsche und Zeitverwendung der abhängig Beschäftigten in West- und Ostdeutschland. Hrsg. vom Ministerium für Arbeit, Gesundheit und Soziales des Landes Nordrhein-Westfalen. Neuss.

Beamish, Paul W. & Morrison, Allen J. & Rosenzweig, Philip M. 1997: International management. Text and cases. Chicago u.a.

Bebbington, A.C. 1973: The function of stress in the establishment of the dual career family. In: Journal of Marriage and the Family, Vol. 35, August, S. 530-537.

Becker, Fred G. 1993: Explorative Forschung mittels Bezugsrahmen - ein Beitrag zur Methodologie des Entdeckungszusammenhangs. In: Becker, Fred G. & Martin, Albert (Hrsg.): Empirische Personalforschung. Methoden und Beispiele. München, Mering. S. 111-127.

Becker, Jürgen & Kurtz, Hans-Jürgen 1991: Karriere und Wertewandel. Downward-movement als Instrument der Personalpolitik. In: zfo, Jg. 6, Nr. 1, S. 35-41.

Beck-Gernsheim, Elisabeth 1994: Auf dem Weg in die postfamiliale Familie. Von der Notgemeinschaft zur Wahlverwandtschaft. In: Politik und Zeitgeschichte. Beilage zur Wochenzeitung: Das Parlament, B 29-30/94, S. 3-14.

Beneson, H. 1984: Women's occupational and family achievement in the U.S. class system: A critique of the dual-career family analysis. In: British Journal of Sociology, Vol. 35, Nr. 1, S. 19-41.

Bertalanffy, L. 1972: Vorläufer und Begründer der Systemtheorie. In: Kurzrock, R. (Hrgs.): Systemtheorie, Bd. 12, Berlin, S. 17-28.

Berthel, Jürgen & Koch, Hans-Eberhard 1985: Karriereplanung und Mitarbeiterförderung. Sindelfingen.

Berthel, Jürgen 1997: Personal-Management. Grundzüge für Konzeptionen betrieblicher Personalarbeit, 5. Aufl., Stuttgart.

Berthoin Antal, Ariane & Dierkes, Meinolf & Hähner, Katrin 1997: Business perception of contextual changes: Sources and implication to organizational learning. In: Business & Society, Vol. 36, Nr. 4, Dezember, S. 387-407.

Bertram, Hans 1994: Die Stadt, das Individuum und das Verschwinden der Familie. In: Politik und Zeitgeschichte. Beilage zur Wochenzeitung: Das Parlament, B 29-30/94, S. 15-35.

Besio, Cristina & Pronzini, Andrea 1999: Die Beobachtung von Theorie und Beobachtung. Antwort auf A. Nassehi. In: Soziale Systeme, Jg. 5, Nr. 5, S. 385-397.

Bierach, Barbara & Busch, Alexander & Hoffritz, Jutta & Rohmund, Susanne 1995: Potential verschenkt. In: Wirtschaftswoche, Nr. 21, 18.5.1995, S. 82-89.

Bird, G.A. & Bird, G.W. 1985: Determinants of mobility in two-earner families: Does the wife's income count? In: Journal of Marriage and the Family, Vol. 47, S. 753-758.

Bischoff, Sonja 1999: Männer und Frauen in Führungspositionen der Wirtschaft in Deutschland. Köln.

Bleicher, Knut & Gomez, Peter (Hrsg.) 1990: Zukunftsperspektiven der Organisation. Bern.

Bolger, N. & Delongis, A. & Kessler, R.C. & Wethington, E. 1989: The contagion of stress across multiple roles. In: Journal of Marriage and the Family, Vol. 51, S. 175-183.

Bond, James T. & Galinsky, Ellen & Swanberg, Jennifer E. 1998: The 1997 National Study of the changing workforce. Family and Work Institute, New York. http://www.familiesandwork.org.

Bonney, N. & Love, J. 1991: Gender and migration: Geographical mobility and the wife's sacrifice. In: Sociology Review, Vol. 39, Nr. 2, S. 335-48.

Bonney, N. 1988: Dual earning couples: Trends of change in Great Britain. In: Work, Employment and Sociology, Vol. 2, Nr. 1, S. 89-102.

Born, Claudia & Krüger, Helga & Lorenz-Meyer, Dagmar 1996: Der unent-deckte Wandel. Annäherungen an das Verhältnis von Struktur und Norm im weiblichen Lebenslauf. Berlin.

Böse, Reimund & Schiepek, Günter 1994: Systemische Theorie und Therapie. Ein Handwörterbuch, 2. Aufl., Heidelberg.

Bougon, M.G. 1992: Congregate cognitive maps: A unified dynamic theory of organization and strategy. In: Journal of Management Studies, Vol. 29, Nr. 3, May, S. 369-389.

Bourne, K. 1992: Companies offer career management for couples. In: Journal of Compensation and Benefits, May-June, S. 32-36.

Bradbury, Susan L. 1994: Dual career couples in R&D labs. In: Research Technology Management, Vol. 37, Nr. 1, S. 45-47.

Brehm, M. 1998: Verminderung von Kompetenz und Verantwortung – Analyse des Karrieremusters „Downward Movement". Frankfurt a.M.

Brett, J.M. & Yogev, S. 1988: Restructuring work for family: How dual-earner couples with children manage. In: Journal of Social Behaviour and Perso-nality, Vol. 3, Nr. 4, S. 159-174.

Bridges, W. 1994: The end of the job. In: Fortune, Vol. 19, September, S. 62-74.

Brose, Hanns-Georg (Hrsg.) 1986: Berufsbiographien im Wandel (Dortmun-der Soziologentag 1984). Opladen.

Brousseau, Kenneth R. & Driver, Michael J. & Eneroth, Kristina & Larsson, Rikard 1996: Career pandemonium: Realigning organizations and indivi-duals. In: The Academy of Management Executive, Vol. 10, November, Nr. 4, S. 52-66.

Bryson, R.B. & Bryson, J.B. & Licht, M.H. & Licht, B.G. 1976: The professio-nal pair: Husband and wife psychologists. In: American Psychologist, Vol. 31, Nr. 1, S. 10-16.

Bryson, R.B. & Bryson, J.B. 1980: Salary and job performance differences in dual-career couples. In: Pepitone-Rockwell, F. (Hrsg.): Dual-career cou-ples. Beverly Hills, California, S. 241-260.

Büdenbender, Ulrich & Strutz, Hans 1996: Gabler Lexikon Personal. Personalwirtschaft, Personalmanagement, Arbeits- und Sozialrecht. Wiesbaden.

Bundesministerium für Arbeit und Sozialordnung 1999: Teilzeit. Bonn.

Bundesministerium für Familie und Senioren 1993: Bundeswettbewerb 1993. „Der familienfreundliche Betrieb." Dokumentation. Bonn.

Bundesministerium für Familie, Senioren, Frauen und Jugend (ohne Jahresangabe): Familienfreundliche Maßnahmen im Betrieb. Eine Handreichung für Unternehmensleitungen und Arbeitnehmervertretungen. Bonn.

Bundesministerium für Familie, Senioren, Frauen und Jugend 1999: Teilzeit für Fach- und Führungskräfte. Handbuch für Personalverantwortliche und Führungskräfte. Stuttgart.

Bunge, M. 1973: Method, modell and matter. Dordrecht, Boston.

Bunker, B.B. & Zubek, J.M. & Vanderslice, V.J. & Rice, R.W. 1992: Quality of life in dual-career families: Commuting versus single-residence couples. In: Journal of Marriage and the Family, Vol. 54, Nr. 2, S. 399-407.

Burrell, G. & Morgan, G. 1979: Sociological paradigms and organisational analysis. Elements of the sociology of corporate life. London.

Capra, Friedjof 1992: Systemisches Denken – das neue Paradigma. In: Königswieser, Roswita & Lutz, Christian (Hrsg.): Das systemisch evolutionäre Management. Der neue Horizont für Unternehmer. 2. überarbeitete Aufl., Wien, S. 21-37.

Caproni, Paula J. 1997: Work/life balance: You can't get there from here. In: The Journal of Applied Behavioral Science, Vol. 33, Nr. 1, S. 46-56.

Carter, Jaine & Carter, James D. 1995: He works, she works - successful strategies for working couples. New York.

Carter, Nancy 1997: Solve the dual-career challenge. In: Workforce, Vol. 76, Nr. 10, S. 21-22.

Catalyst 1981: Career and Family Bulletin. May and Winter, New York.

Catalyst 1998: Two careers, one marriage: Making it work in the workplace. Executive Summary.

Zusatz: Übersicht bzw. Fact Sheet:
http://www.catalystwomen.org/press/facts2c.html.

Chatman, J.A. 1989: Improving interactional organizational research: A model of person-organization fit. In: Academy of Management Review, Vol. 14, Nr. 3, S. 333-340.

Chia, R. 1995: From modern to postmodern organizational analysis. In: Organization Studies, Vol. 16, Nr. 4, S. 579-604.

Coe, T. 1991: On the move. British Institute of Management. London.

Connelly, Julie 1990: How dual-income couples cope. In: Fortune, Vol. 24, September, S. 87-92.

Connor, Kathleen R. 1991: A historical comparison of resource-based theory and five schools of thought within industrial organization economics: Do we have a new theory of the firm?. In: Journal of Management, Vol. 17, Nr. 1, S. 121-154.

Cooper, Cary L. & Lewis, Suzan 1993: The workplace revolution. Managing today's dual-career families. London.

Copeland, L. & Griggs, L. 1988: The international employee. In: Management Review, Vol. 77, April, S. 52-53.

Corpina, Piero 1996: Laufbahnentwicklung für Dual-Career Couples. Dissertation. St. Gallen.

Corpina, Piero 1998: Laufbahnentwicklung für Dual-Career Couples. In: Hilb, Martin (Hrsg.): Management der Human-Ressourcen: Neue Führungskonzepte im Praxistest. Neuwied, S. 131-155.

Dachler, H.P. & Hosking, D. & Gergen, K. (Hrsg.) 1995: Management and organization: Relational alternatives to individualism. Aldershot.

Darby, R. 1995: Developing the Euro-manager: Managing a multicultural environment. In: European Business Review, Vol. 95, S. 13-15.

Derr, C.B. & Jansen, E. 1993: Career development in Europe: Motivating and retaining scarce talent. In: Gutteridge, T.G. & Leibowitz, Z.B. & Shore, J.E. (Hrsg.): Organizational career development. San Francisco, S. 35-56.

DiBenedetto, Barbara. & Tittle, Carol Kehr 1990: Gender and adult roles: Role commitment of women and men in a job-family trade-off context. In: Journal of Counseling Psychology, Vol. 37, Nr. 1, S. 41-48.

Didion, C.J. 1996: Dual careers and shared positions: Adjusting university policy to accommodate academic couples. In: Journal of College Science Teaching, Vol. 26, Nr. 2, S. 123-124.

Dierick, I. & Cool, K. 1989: Asset stock accumulation and sustainability of competitive advantage. In: Management Science, Vol. 35, Dezember, S. 1504-1511.

Dierkes, Meinolf & Hähner, Katrin 1993: Sozio-ökonomischer Wandel und Unternehmensleitbilder. Ein Beitrag zur Untersuchung der Wahrnehmungsprozesse und Reaktionsweisen von Unternehmen auf Umfeldanforderungen. In: Strümpel, Burkhard & Dierkes, Meinolf (Hrsg.): Innovation und Beharrung in der Arbeitspolitik. Stuttgart, S. 277-309.

Dietch, Cynthia H. & Walsh Sanderson, Susan 1987: Geographical constrainst on married women's career. In: Work and Occupation, Vol. 14, Nr. 4, S. 616-634.

Domsch, Michel E. & Kleiminger, Klemens & Ladwig, Désirée H. & Strasse, Christiane 1994: Teilzeitarbeit für Führungskräfte. Eine empirische Analyse am Beispiel des hamburgischen öffentlichen Dienstes (Hrsg.: Senatsamt für die Gleichstellung, Hamburg). München, Mering.

Domsch, Michel E. & Krüger-Basener, Maria 1989: Laufbahnentwicklung von Dual-Career Couples (DCCs). In: Personalführung, Jg. 22, Nr. 3, S. 285-298.

Domsch, Michel E. & Ladwig, Ariane 1998: Dual-Career Couples (DCCs): Die unerkannte Zielgruppe. In: Gross, Werner (Hrsg.): Karriere 2000. Hoffnungen, Chancen, Perspektiven, Probleme, Risiken. Bonn, S.126-143.

Domsch, Michel E. & Ladwig, Ariane 2000: Doppelkarrierepaare und neue Karrierekonzepte: Eine theoretische und empirische Ausschnittsuntersuchung. In: Peter, Sibylle & Bensel, Norbert (Hrsg.): Frauen und Männer im Management. Diversity in Diskurs und Praxis. Wiesbaden, S.141-158.

Drumm, H.J. 1993: Personalwirtschaftslehre – Auf dem Weg zu einer theoretisch-empirischen Personalwirtschaftslehre? In: Hauschild, J. & Grün, O. (Hrsg.): Ergebnisse empirischer betriebswirtschaftlicher Forschung. Zu einer Realtheorie der Unternehmung. Stuttgart, S. 673-712

Duden 1963: Etymologie. Herkunftswörterbuch der deutschen Sprache. Mannheim.

Dziewas, Ralf 1992: Der Mensch – ein Konglomerat autopoietischer Systeme? In: Krawietz, Werner & Welker, Michael (Hrsg.): Kritik der Theorie sozialer Systeme. Auseinandersetzungen mit Luhmanns Hauptwerk. Frankfurt am Main, S. 113-132.

Eagle, B.W. & Miles, E.W. & Icenogle, M.L. 1997: Interrole conflicts and the permeability of work and family domains: Are there gender differences? In: Journal of Vocational Behavior, Vol. 50, Nr. 2, S. 168-184.

Eden, Colin & Ackermann, Fran 1992: The analysis of cause maps. In: Journal of Management Studies, Vol. 29, Nr. 3, May, S. 309-324.

Eden, Colin 1992: On the nature of cognitive maps. In: Journal of Management Studies, Vol. 29, Nr. 3, May, S. 261-265.

Edgar, D.E. 1991: Work and family – an important business. Department of Productivity and Labour Relations, Productivity Information Series No. 23, September.

Eicker, Annette 2000: Die Selbst-GmbH kommt. Handelsblatt, Junge Karriere: http://www.jungekarriere.com/jukawwwangebot/fn/juka/SH//sfn/buildjuka /cn/cn_artikel/page1/PAGE_7/page2/PAGE_24/aktelem/DOCUMENT_1 94/oaobjid/258/index.html

Ellguth, Peter & Liebold, Renate & Trinczek, Rainer 1998: „Double squeeze": Manager zwischen veränderten beruflichen und privaten Ansprüchen. In: Kölner Zeitschrift für Soziologie und Sozialpsychologie, Jg. 50, Nr. 3, S. 517-535.

Elšik, Wolfgang & Nachbagauer, Andreas 1997: Dimensionen und Wirkungen von Karriereplateaus. In: Die Betriebswirtschaft, Jg. 57, Nr. 2, S. 218-233.

Emert, Toby 1995: Common phenomenon, uncommon response: A dual-career couples group model. In: Journal of College Student Development, Vol. 36, Nr. 2, S.190-191.

Ende, W. 1982: Theorien der Personalarbeit in Unternehmen. Königstein/Taunus.

Ertinger, G. 1994: Die lernende Organisation – prozessuale Personal- und Organisationsentwicklung. Taufkirchen.

Europäisches Netzwerk Familie & Arbeit/European Network Family & Work 1998: Männer zwischen Familie und Beruf. In: New Ways Infobulletin, Nr. 2 http://europa.eu.int/comm/dg05/family-net/de/frameset.htm.

Falkenberg, L. & Monachello, M. 1990: Dual-career and dual-income families: Do they have different needs? In: Journal of Business Ethics, Vol. 9, April, S. 339-351.

Feller, Claudia 1999: Karriereorientierte Frauen – im Spannungsfeld zwischen Partnerschaft und Beruf. Empirische Studie und Diplomarbeit im Studiengang Erziehungswissenschaften, Universität Koblenz-Landau.

Ferber, M.A. & Loeb, J.W. (Hrsg.)1997: Academic couples: Problems and promises. Urbana, Illinois.

Feuerstein, Adam 1998: Working spouses get help in making a career move. In: Dallas Business Journal, 10.10. 1998, Vol. 21, Nr. 7, 28-32.

Fine, Gary 1984: Negotiated order and organizational culture. In: Annual Review of Sociology, Vol. 10, S. 239-262.

Fischer, Hans Rudi 1992: Management by bye. Philosophische Nachschläge zum Abschied vom Prinzipiellen. In: Heitger, Barbara & Schmitz, Christof & Gester, Peter (Hrsg.): Managerie. 1. Jahrbuch. Systemisches Denken und Handeln im Management. Heidelberg, S. 15-40.

Fix, Dagmar 1991: Die besten Jahre. In: Wirtschaftswoche, Nr. 48, 22.11.1991, S. 62-78.

Flöther, Eckard 1994: Karriere in den 90er Jahren: Was Karriere bestimmt. In: Gablers Magazin, Vol. 10, Nr. 11/12, S. 20-24.

Flynn, Gillian 1996: Heck no – We won't go! In: Personnel Journal, Vol. 75, Nr. 3. S. 36-42.

Foerster, Heinz von 1973: On constructing a reality. In: Preiser, Wolfgang F.E. (Hrsg.): Environmental Design Research, Band 2, Stroudsbourg Pa., S. 35-46.

Foerster, Heinz von 1985: Sicht und Einsicht: Versuche zu einer operativen Erkenntnistheorie. Braunschweig.

Foerster, Heinz von 1994: Wissen und Gewissen. Versuch einer Brücke, hrsg. von Schmidt, Siegfried J., 2. Aufl. Frankfurt.

Fogarty, M. & Rapoport, R. & Rapoport, R. 1971: Sex, career and family. Beverly Hills, California.

Fork, Susanna 1996: The positions of the self. Suffering and conflict as systems of thought. http://linux.soc.uu.se/publications/doktabst/1996-4_s.html.

Forrester, J. 1971: Planung unter dem dynamischen Einfluß komplexer sozialer Systeme. In: Ronge, V. & Schmieg, G. (Hrsg.): Politische Planung in Theorie und Praxis. München.

Forster, N.S. 1990: Employee job mobility and relocation. In: Personnel Review, Vol. 19, Nr. 6, S. 18-24.

Frazee, Valerie 1996: Expert help for dual-career spouses. In: Personnel Journal, Vol. 75, Nr. 10, S. 25-28.

Friedberg, E. 1995: Ordnung und Macht. Dynamiken organisierten Handelns. Frankfurt am Main.

Friedlander, Frank 1994: Toward whole systems and whole people. In: Organization, Vol. 1, Nr. 1, S. 59-64.

Frone, Michael 1996: Workplace family-supportive programmes: Predictors of employed parents' importance ratings. In: Journal of Occupational and Organizational Psychology, Vol. 69, Dezember, Nr, 4, S. 351-366.

Frone, Michael 1997: Relation of work-family conflict to health outcomes: A four-year longitudinal study of employed parents. In: Journal of Occupational and Organizational Psychology, Vol. 70, Nr. 4, S. 325-335.

Fuchs, Jürgen 1997: Karriere als persönliche Kompetenzentwicklung. In: Personalwirtschaft, Jg. 24, Nr. 4, S. 12-14.

Fuchs, Jürgen 1998: Die neue Art Karriere im schlanken Unternehmen. In: Harvard Businessmanager, Vol. 20, Nr. 4, S. 83-91.

Fuchs, Peter 1992: Niklas Luhmann – beobachtet. Eine Einführung in die Systemtheorie. Opladen.

Galinsky, Ellen & Bond, James T. 1998: The 1998 business work-life study. A source book. Family and Work Institute, New York.

Garland, T.N. 1972: The better half: The male in the dual-career professional family. In: Safilios-Rothschild, C. (Hrsg.): Toward a sociology of women. Lexington, Massachusetts, S. 199-215.

Gattiker, U. & Larwood, L. 1988: Predictors for manager's career mobility, success and satisfaction. In: Human Relation, Vol. 41, Nr. 8, S. 569-591.

Gee, E.G. 1991: The dual-career couple. A growing challenge. In: Educational Record, Vol. 72, Nr. 1, S. 45-47.

Geerken, M. & Gove, W. 1983: At home and at work. The family's allocation of labor. Beverly Hills, California.

Gemeinnützige Hertie Stiftung (Hrsg.) 1998: Mit Familie zum Unternehmenserfolg. Impulse für eine zukunftsfähige Personalpolitik. Audit Beruf & Familie. Frankfurt.

Gerstel, N. & Gross, H.E. 1984: Commuter marriage. New York, London.

Ghoshal, Sumantra & Moran, Peter 1996: Bad for Practice: A critique of the transaction cost theory. In. Academy of Management Review, Vol. 21, Nr. 1, S. 13-47.

Giddens, Anthony 1984: The constitution of society: Outline of a theory of structuration. Cambridge.

Gilbert, Lucia Albino 1985: Men in dual-career families: Current realities and future prospects. Hillsdale, New Jersey.

Glasersfeld, Ernst von 1981: Einführung in den radikalen Konstruktivismus. In: Watzlawick, Paul (Hrsg.): Die erfundene Wirklichkeit. München, S. 16-38.

Glasersfeld, Ernst von 1999: Knowing without metaphysics: Aspects of the radical constructivist position. In: http://www.ca/douglas/fdg/kjf/17-TAGLA.htm.

Glasl, Friedrich 1999: Konfliktmanagement. 6. Aufl., Stuttgart.

Goff, S.J. & Mount, M.K. & Jamison, R.L. 1990: Employer supported child care, work/family conflict, and absenteeism: A field study. In: Personnel Psychology, Vol. 43, Nr. 4, S. 793-809.

Gomez, Peter 1981: Modelle und Methoden des systemorientierten Managements: Eine Einführung. Bern u.a.

Goorhuis, Henk 1997: Management 2. Ordnung. http://www.weiterbildung.unizh.ch/ texte/Mgt2Org.shtml.

Granrose, Cherlyn Skromme & Parasuraman, Saroj & Greenhaus, Jeffrey H. 1992: A proposed model of support provides by two-earner couples. In: Human Relations, Vol. 45, Nr. 12, S. 1367-1393.

Green, Anne E. 1995: The geography of dual career households: A research agenda and selected evidence from secondary data sources for Britain. In: International Journal of Population Geography, Vol. 1, Nr. 1, S. 29-50.

Green, Anne E. 1997: A question of compromise? Case study evidence on the location and mobility strategies of dual career households. In: Regional Studies, Vol. 31, Nr. 7, S. 641-657.

Greenhaus, Jeffrey H. & Beutell, N.J. 1985: Sources of conflict between work and family roles. In: Academy of Management Review, Vol. 10, Nr. 1, S. 76-88.

Greenhaus, Jeffrey H. & Kopelmann, Richard E. 1981: Conflict between work and nonwork roles: Implications for the career planning process. In: Human Resource Planning, Vol. 4, S. 1-10.

Greenhaus, Jeffrey H. & Parasuraman, Saroj & Wormley, W. 1990: Effects of race on organizational experience, job performance evaluation and career outcomes. In: Academy of Management Journal, Vol. 33, Nr. 1, S. 64-86.

Greenhaus, Jeffrey H. & Parasuranam, Saroj & Granrose, Cherlyn Skromme & Rabinowitz, Samuela & Beuthel, Nicholas J. 1989: Sources of work-family conflict among two-career couples. In: Journal of Vocational Behavior, Vol. 34, Nr. 2, S. 133-153.

Greenhaus, Jeffrey H. 1987: Career management. New York u.a.

Greiff, Barrie S. & Munter, Preston K. 1980: Tradeoff. Executive, family and organizational life. New York.

Gross, Harriet Engel 1980: Dual-career couples who live apart: Two types. In: Journal of Marriage and the Family, Vol. 42, August, S. 567-576.

Gross, Werner (Hrsg.) 1997: Karriere(n) in der Krise: Die seelischen Kosten des beruflichen Aufstiegs. Bonn.

Grzywacz, Joseph G. & Marks, Nadine F. 1999: Reconceptualizing the work-family interface: An ecological perspective on the correlates of positive and negative spillover between work and family. Working Paper, Nr. 99-03, CDE Center for Demography and Ecology. University of Wisconsin-Madison. www.ssc.wisc.edu/cde/cdewp/99-03.pdf

Guelzow, M.G. & Bird, G.W. & Koball, E.H. 1991: An exploratory path analysis of the stress process for dual-career men and women. In: Journal of Marriage and the Family, Vol. 53, S. 151-164.

Guelzow, Maureen & Bird, Gloria & Koball, Elizabeth H. 1991: An exploratory path analysis of the stress process for dual-career men and women. In: Journal of Marriage and the Family, Vol. 53, Februar, S. 191-164.

Gunnings, S.R. 1989: An examination of dual-career marriage, family, and career stress expectations of undergraduate students at Michigan State University. Dissertation. Michigan State University.

Gupta, N. & Jenkins, G.D. 1985: Dual-career couples: Stress, stressors, strains, and strategies. In: Beehr, R.A. & Bhagat R.S. (Hrsg.): Human stress and cognition in organizations: An integrated perspective. New York, S. 141-175.

Gutek, B.A., Searle, S. & Klepa, L. 1991: Rational versus gender role explanations for work-family conflict. In: Journal of Applied Psychology, Vol. 76, Nr. 4, S. 560-568.

Gutek, Barbara A. & Larwood, Laurie (Hrsg.) 1987: Women's career development. Newbury Park u.a.

Habermas, Jürgen 1985: Der philosophische Diskurs der Moderne. Zwölf Vorlesungen. Frankfurt am Main.

Hall, D.T. & Isabella, L.A. 1985: Downward movement and career development. In: Organisational Dynamics, Vol. 14, Nr. 1, S. 5-23.

Hall, D.T. & Schneider, B. & Nygren, H.T. 1970: Personal factors in organizational identification. In: Administrative Science Quarterly, Vol. 15, S. 176-190.

Hall, D.T. 1976: Careers in organizations. Los Angeles.

Hall, D.T. 1990: Promoting work/family balance: An organization-change approach. In: Organizational Dynamics, Vol. 18, Nr. 1, S. 4-18.

Hall, D.T. 1993: The new career contract. Alternative career paths. In: OFW (Organisationsforum Wirtschaftskongreß) (Hrsg.): Die Ressource Mensch im Mittelpunkt innovativer Unternehmensführung. Wiesbaden, S. 229-243.

Hall, F.S. & Hall, D.T. 1981: Sie macht Karriere, er macht Karriere und die Ehe kommt nicht zu kurz. Landsberg am Lech.

Hallett, Mary Beth & Gilbert, Lucia Albino 1997: Variables differentiating university women considering role-sharing and conventional dual-career marriages. In: Journal of Vocational Behavior, Vol. 50, Nr. 2, S. 308-322.

Hammer, Leslie B. & Allen, Elizabeth & Grigsby, Tenora D. 1997: Work-family conflict in dual-earner couples: Within individual and crossover effects of work and family. In: Journal of Vocational Behavior, Vol. 50, Nr. 2, S. 185-203.

Handler, Charles A. & Lane, Irving M. & Maher, Michael 1997: Career planning and expatriate couples. In: Human Resource Management Journal, Vol. 7, Nr. 3, S. 67-79.

Hardill, Irene & Green, Anne E. & Dudleston, Anna C. & Owen, David W. 1997: Notes and issues: Who decides what? Decision making in dual-career households. In: Work, Employment & Society, Vol. 11, Nr. 2, S. 313-326.

Hardill, Irene & MacDonald, Sandra 1998: Choosing to relocate: An examination of the impact of expatriate work on dual-career households. In: Women's Studies International Forum, Vol. 21, Nr. 1, S. 21-29.

Harvey, M.G. 1995: The impact of dual-career families on international relocations. In: Human Resource Management Review, Vol. 5, Nr. 3, S. 223-244.

Harvey, M.G. 1996: Adressing the dual-career expatriation dilemma. In: Human Resource Planning, Vol. 19, Nr. 4, S. 18-39.

Heckmann, N.A. & Bryson, R. & Bryson, J.B. 1977: Problems of professional couples: A content analysis. In: Journal of Marriage and the Family, Vol. 39, S. 323-330.

Heintel, Peter 1992: Läßt sich Beratung erlernen? Perspektiven für die Aus- und Weiterbildung von Organisationsberatern. In: Wimmer, Rudolf (Hrsg.): Organisationsberatung. Neue Wege und Konzepte. Wiesbaden, S. 345-378.

Herriot, Peter & Pemberton, Carole 1997: Facilitating new deals. In: Human Resource Management Journal, Vol. 7, Nr. 1, S. 45-56.

Herriot, Peter 1992: The career management challenge. Balancing individual and organizational needs. London.

Hertz, Rosanna 1986: More equal than others: Women and men in dual-career marriages. Berkley.

Hertz, Rosanna 1991: Dual-career couples and the american dream: Self-sufficiency and achievement. In: Journal of Comparative Family Studies, Vol. 22, Nr. 2, S. 247-263.

Higgins, Christopher & Duxbury, Linda E. & Irving, R. 1992: Work-family conflict in the dual-career familiy. In: Organizational Behavior and Human Decision Processes, Vol. 51, S. 512-75.

Hildebrandt-Woeckel, Sabine 1998: Karriere. Nichts ist unmöglich. In: management & seminar, Jg. 25, Nr. 2, S. 26-28.

Hildebrandt-Woeckel, Sabine 1998: Stress hoch zehn. In: Wirtschaftswoche, Nr. 22, 21.5.1998, S. 116-119.

Hochschild, Arlie Russel 1998: Der Arbeitsplatz wird zum Zuhause, das Zuhause zum Arbeitsplatz. In: Harvard Businessmanager, Vol. 20, Nr. 3, S. 29-41.

Hodgson, M.L. 1984: Working mothers: Effects on the marriage and the mother. In: Hansen, J.C. & Cramer, S.H. (Hrsg.): Perspectives on work and the family. Rockville, Maryland, S. 40-55.

Holmstrom, Lynda Lytle 1973: The two-career family. Cambridge, Massachusetts.

Honeycutt, Tracey L. & Rosen, Benson 1997: Family friendly human resource policies, salary levels, and salient identity as predictors of organizational attraction. In: Journal of Vocational Behavior, Vol. 50, Nr. 2, S. 271-290.

Huff, A. 1990: Mapping strategic thought. Chichester. England.

Hutter, Michael 1998: Über den Unterschied, den Gesellschaftstheorie für eine Wirtschaftstheorie machen kann. In: Rechtshistorisches Journal, Jg. 17, S. 547-557.

Jacobsen, A. & Lawhon, T. 1983: An important connection: Work and family. In: Illinois Teacher of Home Economics, Vol. 26, Januar-Februar, S. 89-91.

Jantsch, E. 1992: System, Systemtheorie. In: Seiffert, H. & Radnitzky, G. (Hrsg.): Handlexikon der Wissenschaftstheorie. München, S. 329-338.

Jarmai, Heinz 1995: Matrix versus Netzwerk – Wie bewältigen wir Integration in einer multilokalen Weltwirtschaft? In: Schmitz, Christof & Gester, Peter-W. & Heitger, Barbara (Hrsg.): Managerie. Systemisches Denken und Handeln im Management, 3. Jahrbuch. Heidelberg, S. 41-62.

Joinson, Carla 1997: Multiple career paths help retain talent. In: HR Magazine, Vol. 42, Nr. 10, 59-66.

Jokisch, Rodrigo 1999: Paradigmawechsel innerhalb der Wissenschaften, speziell innerhalb der Soziologie. In: http://www.tu-berlin.de/~society/Jokisch_GB_Paradigmawechsel.htm.

Jones, Bodil 1997: Dual careers, duelling couples. In: Management Review, Vol. 86, Nr. 1, April, S.7.

Judge, T.A. & Bretz, R.D. 1992: Effects of work values on job choice decision. In: Journal of Applied Psychology, Vol. 77, Nr. 3, S. 261-271.

Jurczyk, Karin 1998: Arbeitszeit, Familie und Geschlechtsverhältnisse. Die Erosion von Normalitäten. Empirische Ergebnisse. In: Zeitschrift für Personalforschung, Jg. 12, Nr. 3, S. 302-318.

Jürges, Hendrik 1998: Beruflich bedingte Umzüge von Doppelverdienern. Eine empirische Analyse mit Daten des SOEP. In: Zeitschrift für Soziologie, Jg. 27, Nr. 5, Oktober, S. 358-377.

Kahle, Egbert 1998: Systemische Strukturkräfte und ihre Bedeutung für die Herausbildung personalpolitischer Entscheidungen. In: Albert, Martin & Nienhüser, Werner (Hrsg.): Personalpolitik. Wissenschaftliche Erklärung der Personalpraxis. München, Mering, S. 353-371.

Kahnweiler, J.B. & Kahnweiler W.M. 1980: A dual-career family workshop for college undergraduates. In: Vocational Guidance Quarterly, Vol. 28, S. 225-230.

Kanter, R.M. 1977: Men and women of the corporation. New York.

Kanter, R.M. 1977a: Work and family in the United States: A critical review and agenda for research and policy. New York.

Karambayya, Rekha & Reilly, Anne H. 1992: Dual earner couples: Attitudes and actions in restructuring work for family. In: Journal of Organizational Behavior, Vol. 13, Nr. 6, S. 585-601.

Kasper, Helmut & Majer, Christian & Meyer, Michael & Schmidt, Angelika 1999: Das weite Land der ABWL-Forschung: Qualitätsmanagement und das Spannungsfeld Familie und Beruf – Zwei Forschungsschwerpunkte an der Abteilung für ABWL/Personal, Führung und Organisation. In: Schneider, Wilfried (Hrsg.): Betriebswirtschaftliche Forschung an der Wirtschaftsuniversität. Konzepte, Befunde und Ausblick. Wien, S. 101-122.

Kasper, Helmut & Mayrhofer, Wolfgang & Meyer, Michael 1999: Management aus systemtheoretischer Perspektive – Eine Standortbestimmung. In: Eckardstein, Dodo von & Kasper, Helmut & Mayrhofer, Wolfgang (Hrsg.): Management: Theorien – Führung – Veränderung. Stuttgart, S. 160-209.

Kasper, Helmut 1990: Die Handhabung des Neuen in organisierten Sozialsystemen. Berlin u.a.

Kasper, Helmut 1991: Neuerungen durch selbstorganisierende Prozesse. In: Steahle, Wolfgang H. & Sydow, Jörg (Hrsg.): Managementforschung. Berlin, New York, S. 1-74.

Kasper, Helmut 1993: Management im Wandel. Vom Trivialmaschinenmodell zum systemischen Management. In: Anton Rauter (Hrsg.): Genossenschaftliches Management. Unternehmenspolitik im Spannungsfeld zwischen Ökonomie und Ökologie. Wien, S. 65-78.

Kasuga, Junichi 1987: Die Beobachtung des Marktes: Asymmetrische Strukturen und generalisierte Erwartungen. In: Baecker, Dirk & Markowitz, Jürgen & Stichweh, Rudolf & Tyrell, Hartmann & Willke, Helmut (Hrsg.): Theorie als Passion. Frankfurt, S. 547-569.

Kaye, Beverly & Farren, Caela 1996: Up is not the only way. In: Training & Development, Vol. 50, Nr. 2, S. 48-53.

Kieser, Alfred 1982: Organisation und Umwelt. Ansätze zur Erklärung der Anpassung von Organisationsstrukturen. Arbeitspapier. Mannheim.

Kieser, Alfred 1993: Evolutionstheoretische Ansätze. In: Kieser, Alfred (Hrsg.): Organisationstheorien, Stuttgart, S. 243-276.

Kieser, Alfred 1998: Immer mehr Geld für Unternehmensberatung – Und wofür? In: Organisationsentwicklung, Nr. 2, S. 62-69.

Kieser, Alfred 1998: Über die allmähliche Verfestigung der Organisation beim Reden. Organisieren als Kommunizieren. In: Industrielle Beziehungen, Jg. 5, Nr. 1, S. 45-75.

Kingston, Paul William & Nock, Steven 1987: Time together among dual-earner couples. In: American Sociological Review, Vol. 52, June, S. 391-400.

Kinnier, R.T. & Katz, E.C. & Berry, M.A. 1991: Successful resolotions to the career-versus-family conflict. In: Journal of Counseling & Development, Vol. 69, S. 439-444.

Kleiminger, Klemens 2001: Arbeitszeit und Arbeitsverhalten. Eine empirische Untersuchung bei Fach- und Führungskräften. Wiesbaden.

Kleining, Gerhard 1995: Lehrbuch entdeckende Sozialforschung. Band 1: Von der Hermeneutik zur qualitativen Heuristik. Weinheim.

Klimecki, R.G. & Gmür, M. 1998: Entwicklungsorientierte Personalpolitik als Evolutionsprozess betrieblicher Qualifikationen und Motivationen. In: Martin, A. & Nienhüser, W. (Hrsg.): Personalpolitik. Wissenschaftliche Erklärung der Personalpraxis. München, S. 375-398.

Klimecki, R.G. & Probst, G.J.B. 1989: Entstehung und Entwicklung der Unternehmenskultur. In: Lattmann, Ch. (Hrsg.): Unternehmenskultur. Reihe Management Forum. Heidelberg.

Kneer, Georg & Nassehi, Armin 1993: Niklas Luhmanns Theorie sozialer Systeme. Eine Einführung. München.

Knyphausen, Dodo zu 1988: Unternehmen als evolutionsfähige Systeme. München.

Knyphausen, Dodo zu 1993: „Why are Firms different?" Der „Ressourcenorientierte Ansatz" im Mittelpunkt einer aktuellen Kontroverse im Strategischen Management. In: Die Betriebswirtschaft, Jg. 53, Nr. 6, S. 771-792.

Kohl, John P. & McAllister, Daniel W. 1995: „Sandwich generation" needs special benefits. In: Business Forum, Winter/Spring, S. 24-27.

Kohr, Jürgen 2000: Die Auswahl von Unternehmensberatungen. Klientenverhalten – Beratermarketing. München und Mering.

Kubicek, Herbert 1977: Heuristische Bezugsrahmen und heuristisch angelegte Forschungsdesigns als Elemente einer Konstruktionsstrategie empirischer Forschung. In: Köhler, Richard (Hrsg.): Empirische und handlungstheoretische Forschungskonzeptionen in der Betriebswirtschaftslehre. Stuttgart, S. 3-36.

Kuenzle, Christina 1997: Dual Career Couples im internationalen Einsatz. In: Kopper, Enid & Kiechl, Rolf (Hrsg.): Globalisierung – von der Vision zur Praxis. Zürich, S. 181-200.

Ladner Streib, Christine & Engeli, Hans-Peter 1998: Dual Career Couples – Eine Herausforderung für das Human Resource Management. In: Personalführung, Jg. 31, Nr. 3, S. 72-77.

Lado, A. & Boyd, N. & Wright, P. 1992: A competitive-based model of sustainable competitive advantage: Toward a conceptual integration. In: Journal of Management, Vol. 18, Nr. 19, S. 77-91.

Landau, J. & Arthur, M.B. 1992: The relationship of marital status, spouse's career status, and gender to salary level. In: Sex Roles, Vol. 27, S. 665-681.

Lange, Diane & Schulte, Jürgen 1995: Wenn beide an Karriere denken. In: Personalwirtschaft, Jg. 22, Nr. 1, S. 40-42.

Lange, Diane 1996: Probleme räumlicher Mobilität beruflich hochqualifizierter Paare, Personalkonzepte in Organisationen und individuellen Bewältigungsstrategien, Abschlußbericht des Forschungsprojekts „Coplacement". Ruhr-Universität Bochum.

Langlois, R. & Everett, M. 1992: Complexity, genuine uncertainty, and the economics of organization. In: Human Systems Management, Vol. 11, Nr. 11, S. 67-75.

Lang-Obi, V. 1995: Kinderbüro und Familienservice. In: Habisch, A. (Hrsg.): Familienorientierte Unternehmensstrategie. München, S. 125-134.

Larkin, Joseph M. 1996: Human resources. In: Pennsylvania CPA Journal, Vol. 67, Nr. 3, S. 16.

Laukkanen, M. 1994: Comparative cause mapping of organizational cognitions. In: Organization Science, Vol. 5, Nr. 3, S. 322-343.

Lawe, C. & Lawe, B. 1980: The balancing act: Coping strategies for emerging family lifestyles. In: Pepitone-Rockwell, F. (Hrsg.) 1980: Dual career couples. London, England, S. 191-203.

Le Louarn, Jean-Yves 1982: The effect of dual career couples on several personnel decisions using an in-basket technique. Dissertation, Cornwell University.

Leggewie, Claus 1995: Die 89er: Portrait einer Generation. Hamburg.

Lehnert, Corinna J. 1996: Neuorientierung der betrieblichen Karriereplanung: Auswirkungen struktureller Veränderungen. Wiesbaden.

Leonard, Bill 1996: Dual-income families fast becoming the norm. In: HR Magazine, Vol. 41, Nr. 8, S. 8.

Levy, D. 1994: Chaos theory and strategy. Theory, application and managerial implication. In: Strategic Management Journal, Vol. 15, Sommer, S. 167-178.

Lewis, S.N.C. & Cooper, C.L. 1988: Stress in dual earner families. In: Gutek, B.A. & Stromberg, A.H. & Larwood, L. (Hrsg.): Women and work: An annual review, Vol. 3, S. 139-168.

Liebig, Oliver 1997: Unternehmensführung aus der Perspektive der neueren Systemtheorie. Beobachtungen der Führungspraxis und ihre Implikationen für eine Theorie der strategischen Führung. Dissertation. München.

Lizotte, Ken & Litwak, Barbara A. 1995: Balancing work and family. New York.

London, Manuel & Stumpf, S.A.1982: Managing career. Reading, Massachusetts.

London, Manuel 1995: Employees, careers, and job creation. San Francisco.

Luhmann, Niklas 1977: Zweckbegriff und Systemrationalität. Über die Funktion von Zwecken in sozialen Systemen. Frankfurt am Main.

Luhmann, Niklas 1981: Soziologische Aufklärung III. Soziales System, Gesellschaft, Organisation. Opladen.

Luhmann, Niklas 1983: Liebe als Passion. Zur Codierung von Intimität. Frankfurt am Main.

Luhmann, Niklas 1984: Soziale Systeme. Frankfurt am Main.

Luhmann, Niklas 1985: Die Autopoiesis des Bewußtseins. In: Soziale Welt, Jg. 36, Nr. 4, S. 402-446

Luhmann, Niklas 1986: Systeme verstehen Systeme. In: Luhmann, Niklas u.a. (Hrsg.): Zwischen Intransparenz und Verstehen. 1. Aufl., Frankfurt am Main, S. 72-117.

Luhmann, Niklas 1986a: Ökologische Kommunikation. Opladen.

Luhmann, Niklas 1988: Die Wirtschaft der Gesellschaft. Frankfurt am Main.

Luhmann, Niklas 1988a: Organisation. In: Küpper, Willi & Ortmann, Günther (Hrsg.): Mikropolitik. Rationalität, Macht und Spiele in Organisationen. Opladen, S. 165-185.

Luhmann, Niklas 1990: Die Wissenschaft der Gesellschaft. Frankfurt am Main.

Luhmann, Niklas 1990a: Fragen an Niklas Luhmann (Interview). In: Königs-wieser, Roswita & Lutz, Christian (Hrsg.): Das systemisch evolutionäre Management. Der neue Horizont für Unternehmer. Wien, S. 95-115.

Luhmann, Niklas 1991: Die Form der „Person". In: Soziale Welt, Jg. 42, Nr. 2, S. 166-175.

Luhmann, Niklas 1992: Stellungnahme. In: Krawietz, Werner & Welker, Mi-chael (Hrsg.): Kritik der Theorie sozialer Systeme. Auseinandersetzungen mit Luhmanns Hauptwerk. Frankfurt am Main, S. 371-386.

Luhmann, Niklas 1993: Gesellschaftliche Strukturen und semantische Traditi-on. In: Luhmann, Niklas (Hrsg.): Gesellschaftsstruktur und Semantik. Studien zur Wissenssoziologie der modernen Gesellschaft. 1. Band. Frankfurt am Main, S. 9-11.

Luhmann, Niklas 1994: Die Gesellschaft und ihre Organisationen. In: Derlien, Hans-Ulrich u.a. (Hrsg.): Systemrationalität und Partialinteresse: Fest-schrift für Renate Mayntz. Baden-Baden, S. 189-201.

Luhmann, Niklas 1995: Funktionen und Folgen formaler Organisation. 4. Aufl., Berlin.

Luhmann, Niklas 1997: Die Gesellschaft der Gesellschaft. Frankfurt am Main.

Luhmann, Niklas, 1975: Soziologische Aufklärung II, Aufsätze zur Theorie der Gesellschaft. Opladen.

Lurija, A.R. 1982: Sprache und Bewußtsein. Köln.

Lutz, Christian 1990: Grundzüge des systemisch-evolutionären Weltbildes. In: Königswieser, Roswita & Lutz, Christian (Hrsg.): Das systemisch evolutionäre Management. Der neue Horizont für Unternehmer. Wien, S. 311-321.

Macharzina, Klaus 1993: Unternehmensführung: Das internationale Managementwissen, Konzepte – Methoden – Praxis. Wiesbaden.

Maier, Wilhelm 1998: Systemisches Personalmanagement: Möglichkeiten und Grenzen. München.

Malecki, E. & Bradbury, S.L. 1992: R and D facilities and professional labour: Labour force dynamics in high technology. In: Regional Studies, Vol. 26, Nr. 2, S. 123-136.

Malik, Fredmund 1996: Strategie des Managements komplexer Systeme. Ein Beitrag zur Management-Kybernetik evolutionärer Systeme. 5. erweit. und erg. Aufl., Bern u.a.

Mann, Rudolf 1991: Das ganzheitliche Unternehmen. Bern u.a.

Mann, Rudolf 1993: Die fünfte Dimenstion in der Führung. Quelle für Produktivität und Kreativität im Unternehmen. Düsseldorf u.a.

Mann, Rudolf 1994: Karriere und Lebenssinn: An persönlichen Spielräumen orientieren. In: Gabler's Magazin, Vol. 10, Nr. 11/12, S. 28-31.

Mann, Rudolf 1995: Paradigma der neuen Führung. Einzigartigkeit schaffen, Authentizität leben. In: Gabler's Magazin, Vol. 11, Nr. 12, S. 20-23.

Martens, Wil 1997: Organisation und gesellschaftliche Teilsysteme. In: Ortmann, Günter & Sydow, Jörg & Türk, Klaus (Hrsg.): Theorien der Organisation. Die Rückkehr der Gesellschaft. Opladen, S. 263-311.

Martin, Albert & Nienhüser, Werner (Hrsg.) 1998: Personalpolitik. Wissenschaftliche Erklärung der Personalpraxis. München, Mering.

Martin, T.W. & Berry, K.J. & Jacobsen, R.B. 1975: The impact of dual-career marriages on female professional careers: An empirical text of a Parsonian hypothesis. In: Journal of Marriage and the Family, Vol. 37, S. 734-742.

Martinko, Mark J. & Douglas, Scott C. 1999: Culture and expatriate failure: An attributional explication. In: International Journal of Organizational Analysis, Vol. 7, Nr. 3, July, S. 265-293.

Mathews, P.A. 1984: The changing workforce: Dual career couples and relocation. In: Personnel Administrator, Vol. 29, S. 56-62.

Maturana, Humberto R. & Varela, Francisco 1982: Autopoietische Systeme: Eine Bestimmung der lebendigen Organisation. In: Maturana, Humberto R. (Hrsg.): Erkennen. Braunschweig, Wiesbaden, S. 170-235.

Maturana, Humberto R. 1982: Erkennen: Die Organisation und Verkörperung von Wirklichkeit. Braunschweig, Wiesbaden.

Maynard, C.E. & Zawacki, R.A. (1979): Mobility and the dual-career couple. In: Personnel Journal, Vol. 58, Nr. 7, S. 468-472.

Mayrhofer, Wolfgang 1989: Betriebliches Personalwesen und (Ehe-)Paare mit zwei Karrieren. In: WiSt, Nr. 8, S. 419-421.

Mayrhofer, Wolfgang 1996: Systemtheorie und Personalwirtschaft. In: Weber, Wolfgang (Hrsg.): Grundlagen der Personalwirtschaft: Theorien und Konzepte. Wiesbaden, S. 89-113.

Mayrhofer, Wolfgang 1996a: Mobilität und Steuerung in international tätigen Unternehmen. Stuttgart.

Mayring, Philipp 1996: Einführung in die qualitative Sozialforschung. 3. überarbeitete Aufl., München.

McNeil, Laurie & Sher, Marc 1998: Dual-science-career couples: Survey results. http://www.physics.wm.edu/~sher/survey.html

Meise, Sylvia 1998: Fünf Tage Arbeit, zwei Tage Papa. Wochenendfamilien – ihr Alltag, ihre Strategien. In: Psychologie heute, Jg. 25, Nr. 12, S. 36-39.

Metzner, Andreas 1989: Die ökologische Krise und die Differenz von System und Umwelt. In: Das Argument 178, Jg. 31, S. 871-886.

Meyer, John W. & Rowan, Brian 1977: Institutionalized organizations: Formal structure as myth and ceremony. In: American Journal of Sociology, Vol. 83, Nr. 2, S. 340-363.

Meyer, Michael 1994: Ziele in Organisationen. Wiesbaden.

Meyerson, Debra & Martin, Joanne 1987: Cultural change: An integration of three different views. In: Journal of Management Studies, Vol. 24, Nr. 6, S. 623-647.

Miller, Juliet V. 1984: The family-career-connection. A new framework for career development. Columbus, Ohio.

Mincer, Jacob 1978: Family migration decisions. In: Journal of Political Economy, Vol. 86, Nr. 5, S. 749-773.

Minzberg, Henry & Waters, James A. 1985: Of strategies, deliberate and emergent. In: Strategic Management Journal, Vol. 6, April, S. 42-46.

Model, S. 1982: Housework by husbands: Determinants and implications. In: Aldous, J. (Hrsg.): Two paychecks: Life in dual-earner families. Beverly Hills, California, S. 193-206.

Monk-Turner, E. & Turner, C.G. 1986: Dual career academic couples: Analysis of problems and a proposal for change. In: Women and Politics, Vol. 6, Nr. 3, S. 43-55.

Morgan, Sandra 1985: Working parents: Issues and strategies for family management. In: Ramsey, V. Jean (Hrsg.): Preparing professional women for the future. Michigan, S. 19-34.

Mückenberger, Ulrich 1985: Die Krise des Normalarbeitsverhältnisses. Hat das Arbeitsrecht noch eine Zukunft? In: Zeitschrift für Sozialreform, Vol. 31, Nr. 7, S. 415-434 (Teil 1) und Nr. 8, S. 457-475 (Teil 2).

Müller, Erhard O. 1997: An den Grenzen der Aufklärung. In: Zukünfte. Zeitschrift für Zukunftsgestaltung & Vernetztes Denken, Jg. 6, Nr. 22, Winter, S. 20-23.

Müller-Merbach, Heiner 1992: Vier Arten von Systemansätzen, dargestellt in Lehrgesprächen. In: ZfB, Jg. 62, Nr. 8, S. 853-876.

Murphy, Michael 1994: Der Quantenmensch. Ein Blick in die Entfaltung des menschlichen Potentials im 21. Jahrhundert. München.

Nachbagauer, Andreas 1997: Leistung in Organisationen. Zur Reichweite von Rational Choice und systemtheoretischen Erklärungen. In: Journal für Betriebswirtschaft, Jg. 47, Nr. 2, S. 68-87.

Näser, C. 1989: Einkommen von Führungskräften 1988/89. In: Personalwirtschaft, Jg. 16, Nr. 4, S. 35-39.

Nassehi, Armin 1998: Gesellschaftstheorie und empirische Forschung. Über die „methodologischen Vorbemerkungen" in Luhmanns Gesellschaftstheorie. In: Soziale Systeme, Jg. 4, Nr. 1, S. 199-206.

Near, J. & Rice, R. & Hunt, R. 1980: The relationship between work and non-work domains. A review of empirical research. In: Academy of Management Review, Vol. 5, Nr. 3, S. 415-429.

Nelson, R. & Winter, S. 1982: An evolutionary theory of economic change. Cambridge, Massachusetts.

Neuberger, Oswald 1988: Betriebswirtschaftslehre: Management-Wissenschaft? Management der Wissenschaften vom Management? (Wirtschafts-)Wissenschaft fürs Management! In: Wunderer, Rolf (Hrsg.): Betriebswirtschaftslehre als Management- und Führungslehre. 2. ergänzte Aufl., Stuttgart, S. 51-64.

Nicola, J.S. & Hawkes, G.R. 1986: Marital satisfaction of dual-career couples: Does sharing increase happiness? In: Journal of Social Behaviour and Personality, Vol. 1, S. 47-60.

Nienhüser, Werner 1989: Die praktische Nutzung theoretischer Erkenntnisse in der Betriebswirtschaftslehre. Probleme der Entwicklung und Prüfung technologischer Aussagen. Stuttgart.

Nienhüser, Werner 1996: Die Entwicklung theoretischer Modelle als Beitrag zur Fundierung der Personalwirtschaft. Überlegungen am Beispiel der Erklärung des Zustandekommens von Personalstrategien. In: Weber, Wolfgang (Hrsg.): Grundlagen der Personalwirtschaft: Theorien und Konzepte. Wiesbaden, S. 39-88.

Notz, Petra 2001: Frauen, Manager, Paare. Wer managt die Familie? Die Vereinbarkeit von Beruf und Familie bei Führungskräften. München, Mering.

o.V. 1991: Living together, working together. In: Chain Store Age Executive with Shopping Center Age, Vol. 67, Nr. 11, S. 64-66.

o.V. 2000: Ohne ihren Lebenspartner gehen Manager nicht ins Ausland. In: FAZ, 21. Februar, Nr. 43, S. 34.

O'Neil, J.M. & Fishman, D.M. & Kinsella-Shaw, M. 1987: Dual-Career Couples' career transitions and normative dilemmas: A preliminary assessment model. In: The Counseling Psychologist, Vol. 15, Nr. 1, S. 50-96.

Obrist, Willi 1997: Bewußtseins-Evolution. In: Zukünfte. Zeitschrift für Zukunftsgestaltung & Vernetztes Denken, Jg. 6, Nr. 22, Winter, S. 23-27.

Oldekop, Astrid & Eicker Annette 2000: Studie zu Zeit- und Lebenplanung. Handelsblatt, Junge Karriere:
http://www.jungekarriere.com/jukawwwangebot/fn/juka/SH/0000000000 00000000000000000000/sfn/buildjuka/cn/cn_artikel/page1/PAGE_7/pag e2/PAGE_25/aktelem/DOCUMENT_170/oaobjid/842/index.html.

Ortmann, Günter & Sydow, Jörg & Türk, Klaus 1997: Organisation, Strukturation, Gesellschaft. Die Rückkehr der Gesellschaft in die Organisationstheorie. In: Ortmann, Günter & Sydow, Jörg & Türk, Klaus (Hrsg.): Theorien der Organisation. Die Rückkehr der Gesellschaft. Opladen, S. 15-34.

Ortmann, Günter & Sydow, Jörg & Windeler, Arnold 1997: Organisation als reflexiver Strukturation. In: Ortmann, Günter & Sydow, Jörg & Türk, Klaus (Hrsg.): Theorien der Organisation. Die Rückkehr der Gesellschaft. Opladen, S. 315-354.

Ortmann, Günther & Sydow, Jörg 1999: Grenzmanagement in Unternehmensnetzwerken: Theoretische Zugänge. In. Die Betriebswirtschaft, Jg. 59, Nr. 2, S. 205-220.

Osgood, C.E. & Sugi, G.J. & Tannenbaum, P.H. 1957: The measurement of meaning. Illinois.

Ostermann, Paul (Hrsg.) 1996: Broken Ladders: Managerial career in the new economy. New York.

Overman, E. 1996: The new science of management, chaos and quantum theory and method. In: Journal of Public Administration Research and Theory, Vol. 6, Nr. 1, S.75-89.

Paden, Shelley L. & Buehler, Cheryl 1995: Coping with the dual-income lifestyle. In: Journal of Marriage and the Family, Vol. 57, Februar, S. 101-110.

Papanek, Hanna 1973: Men, women, and work: Reflection on the two person career. In: American Journal of Sociology, Vol. 78, Nr. 4, S. 852-872.

Parson, Talcott 1976: Zur Theorie sozialer Systeme. Opladen.

Peluchette, J. 1993: Subjective career success: The influence of individual difference, family and organizational variables. In: Journal of Vocational Behaviour, Vol. 43, S. 198-208.

Pentland, B.T. 1992: Organizing moves in software support hot lines. In: Administrative Science Quarterly, Vol. 37, Nr. 4, S. 527-548.

Perlow, Leslie & Bailyn, Lotte 1996: The sensless submergence of difference: Engineers, their work and their careers. In: Barley, Stephan R. & Orr, Julian (Hrsg.): Between science and craft: Technical work in U.S. settings. Ithaca, New York.

Pertsch, Erich & Lange-Kowal, Ernst Erwin 1980: Langenscheidts Wörterbuch Lateinisch, 13. Aufl. Berlin, München.

Peukert, Rüdiger 1989: Die Commuter-Ehe als „alternativer" Lebensstil. In: Zeitschrift für Bevölkerungswissenschaft, Jg. 2, S. 175-187.

Peukert, Rüdiger 1991: Familienformen im sozialen Wandel. Opladen.

Peukert, Rüdiger 1999: Familienformen im sozialen Wandel. 3. Aufl., Opladen.

Pfaller, Petra & Sinn, Jürgen 1991: Karriere im Umbruch: Absturz der Klischees. In: Management Wissen, Nr. 12, S. 16-26.

Pfeffer, J. & Ross, J. 1982: The effects of marriage and a working wife on occupational and wage attainment. In: Administrative Science Quarterly, Vol. 27, S. 66-80.

Pfriem, R. 1994: Der Igel ist immer schon weiter. Überlegungen zum Theorie-Praxis-Problem der Betriebswirtschaftslehre. In: Fischer-Winkelmann, W.F. (Hrsg.): Das Theorie-Praxis-Problem der Betriebswirtschaftslehre. Tagung der Kommission Wissenschaftstheorie. Wiesbaden, S. 113-127.

Picot, Arnold & Dietl, Helmut & Franck, Egon (Hrsg.) 1997: Organisation. Eine oekonomische Perspektive. Stuttgart.

Pierce, J.& Gardner, D.& Cummings, L. & Dunham, R. 1989: Organization-based self-esteem: Construct definition, measurement and validation. In: Academy of Mangement Journal, Vol. 32, S. 622-648.

Pleck, J.H. & Staines, G.G. & Lang, L. 1980: Conflicts between work and family life. In: Monthly Labor Review, Vol. 103, März, S. 29-32.

Pleck, J.H. 1987: Dual-career families: A comment. In: The Counseling Psychologist, Vol. 15, Nr. 1, S. 131-133.

Pless, Nicola & Raeder, Sabine 1995: Wenn die Familie Karriere will. In: Personalwirtschaft, Jg. 22, Nr. 11, S. 19.

Poloma, M. & Garland, T.N. 1971: The myth of the egalitarian family: Familial roles and the professionally employed wife. In: Theodore, A. (Hrsg.): The professional woman. Cambridge, Massachusetts.

Price-Bonham, S. & Murphy, D.C. 1980: Dual career marriages: Implication for the clinician. In: Journal of Martial and Family Therapy, Vol. 6, S. 181-188.

Probst, Gilbert & Raub, Steffen 1995: Action research. In: Die Unternehmung, Jg. 49, Nr. 1, S. 3-19.

Probst, Gilbert & Schwager, Frank 1990: Das Bleibende im Wandelnden. Gedanken zum Thema „Kultur und systemorientierte Organisation." In: Bleicher, Knut & Gomez, Peter (Hrsg.): Zukunftsperspektiven der Organisation. Bern, S. 211-238.

Probst, Gilbert 1987: Selbstorganisation, Ordnungsprozesse in sozialen Systemen aus ganzheitlicher Sicht. Berlin.

Probst, Gilbert 1993: Organisation. Landsberg/Lech.

Punnet, Betty Jane & Crocker, Olga & Stevens, Mary Ann 1992: The challenge for women expatriates and spouses: some empirical evidence. In: International Journal of Human Resource Management, Vol. 3, Nr. 3, S. 585-593.

Quack, Sigrid 1997: Karrieren im Glaskasten. Weibliche Führungskräfte in europäischen Banken. Discussion Paper FS I 97-104, Wissenschaftszentrum Berlin für Sozialforschung.

Rabinowitz, Samuel & Hall, Douglas T. 1981: Changing correlates of job involvement in three career stages. In: Journal of Vocational Behavior, Vol. 18, Nr. 2, S. 138-144.

Rapoport, Rhona & Rapoport, Robert N. 1969: The dual-career family. In: Human Relations, Vol. 22, Nr. 1, S. 3-30.

Rapoport, Rhona & Rapoport, Robert N. 1971: Dual-career families. Bunday, Suffolk.

Rapoport, Rhona & Rapoport, Robert N. 1976: Dual-career families. Reexamined. New integration of work and family. London.

Ray, J.A. 1988: Marital satisfaction in dual-career couples. In: Journal of Independent Social Work, Vol. 3, Nr. 1, S. 39-55.

Ray, J.A. 1990: Interactional patterns and marital satisfaction among dual-career couples. In: Journal of Independent Social Work, Vol. 4, Nr. 3, S. 61-73.

Reed, Ch.M. & Reed, B.J. 1993: The impact of dual-caarer marriage on occupational mobility in the local government management profession. In: American Review of Public Administration, Vol. 23, Nr. 2, June, S. 141-154.

Reinecker, H. 1987: Einzelfallanalyse. In: Roth, E. (Hrsg.): Sozialwissenschaftliche Methoden. München, Wien, S. 277-291.

Remer, A. 1978: Personalmanagement. Mitarbeiterorientierte Organisation und Führung von Unternehmen. Berlin, New York.

Reynolds, Calvin & Bennett, Rita 1991: The career couple challenge. In: Personnel Journal, Vol. 70, Nr. 3, S.46-50.

Rosenbaum, James E. 1984: Career mobility in a corporate hierarchy. Orlando, Florida.

Rosenstiel, Lutz von & Stengel, Martin 1987: Identifikationskrise? Zum Engagement in betrieblichen Führungspositionen. Bern, Stuttgart, Toronto.

Rosenstiel, Lutz von (Hrsg.) 1997: Perspektiven der Karriere. Stuttgart.

Roth, Gerhard 1987: Die Entwicklung kognitiver Selbstreferentialität im menschlichen Gehirn. In: Baecker, Dirk & Markowitz, Jürgen & Stichweh, Rudolf & Tyrell, Hartmann & Willke, Helmut (Hrsg.): Theorie als Passion. Frankfurt, S. 394-422.

Rother, Gabriele 1996: Personalentwicklung und Strategisches Management. Eine systemtheoretische Analyse. Wiesbaden.

Rüegg-Stürm, Johannes 1996: Die Erfindung von Organisation. Vom Mythos der Machbarkeit in Unternehmenstransformationen: Eine theoretische und empirische Erkundung. Unveröffentlichte Habilitationsschrift. Universität St. Gallen.

Rüegg-Stürm, Johannes 1998: Neuere Systemtheorie und unternehmerischer Wandel. Skizze einer systemisch-konstruktivistischen „Theory of the Firm". In: Die Unternehmung, Jg. 52, Nr. 1, S. 3-17.

Russo, Nancy Felipe 1987: Dual-career couples: Research, assessment, and public policy issues. In: Counseling Psychologist, Vol. 15, Nr. 1, S. 140-145.

Sadowski, D. & Backes-Gellner, U. & Frick, B. & Brühl, N. & Pull, K. & Schröder, M. & Müller, C. 1994: Weitere 10 Jahre Personalwirtschaftslehren – ökonomischer Silberstreif am Horizont. In: Die Betriebswirtschaft, Jg. 54, Nr. 3, S. 397-410.

Schanz, G. 1992: Organisation. In: Frese, E. (Hrsg.): Handwörterbuch der Organisation. 3. Aufl., Stuttgart., Sp. 1459-1471.

Schein, Edgar H. 1978: Career Dynamics: Matching Individual and organizational needs. Reading, Massachusetts.

Schelp, Theo 1994: Karriere und persönliche Kompetenz. Die posthierarchische Führungskraft. In: Gabler's Magazin, Vol. 10, Nr. 11/12, S. 25-27.

Scherr, Albert 1995: Soziale Identitäten Jugendlicher. Politische und berufs-biographische Orientierungen von Auszubildenden und Studenten. Opladen.

Schimank, Uwe 1997: Zur Verknüpfung von Gesellschaft und Organisation. In: Ortmann, Günter & Sydow, Jörg & Türk, Klaus (Hrsg.): Theorien der Organisation. Die Rückkehr der Gesellschaft. Opladen, S. 312-314.

Schlippe, Arist von & Schweitzer, Jochen 1998: Lehrbuch der systemischen Therapie und Beratung. 5. Aufl., Göttingen.

Schmidt, Martina 1989: Karrierefrauen und Partnerschaft. Sozialpsychologische Aspekte der Beziehung zwischen karriereambitionierten Frauen und ihren Lebenspartnern. Münster, New York.

Schmidt, Tobias 1996: Zur Erschließung der Theorie sozialer Systeme für Untersuchungen des Finanziellen Sektors. Vorstudien zu einer interdisziplinären Integrationsperspektive. Dissertation. Göttingen. (http://webdoc.sub.gwdg.de/diss/1996/schmzuer/inhalt.htm)

Schmid-Villanyi, Eva 1994: Frau und Kaderposition. Dissertation. Zürich.

Schmitz, Christof & Gester, Peter-W. & Heitger, Barbara (Hrsg.) 1992: Jahrbuch Managerie. Systemisches Denken und Handeln im Management. 1. Jahrbuch, Heidelberg.

Schneer, Joy A. & Reitman, Frieda 1993: Effects of alternative family structures on managerial career paths. In: Academy of Management Journal, Vol. 36, Nr. 4, S. 830-843.

Schöfthaler, Traugott 1985: Soziologie als „interaktionsfreie Kommunikation". Niklas Luhmanns leidenschaftlicher Antihumanismus. In: Das Argument 151, Jg. 27, S. 372-383.

Scholz, Christian (Hrsg.) 1999: Innovative Personalorganisation. Center-Modelle für Wertschöpfung, Strategie, Intelligenz und Virtualisierung. Neuwied.

Schretter, Christine 1998: Aufrüsten an allen Fronten. In: management & seminar, Jg. 25, Nr. 2, S. 28-29.

Schulte-Florian, Gabriele 1999: Determinaten der Karriere. Eine theoretische Analyse unter Berücksichtigung geschlechtsspezifischer Besonderheiten. München, Mering.

Schulz von Thun, Friedemann 1992: Miteinander reden: Störungen und Klärungen: Allgemeine Psychologie der Kommunikation. Reinbek bei Hamburg.

Schwartz, F.N. 1993: Frauenkarrieren: Ein Gewinn für Unternehmen. Frankfurt, New York.

Scott Miller, Claire 1985: Dual careers: Impact on individuals, families, organizations. In: Ramsey, V. Jean (Hrsg.): Preparing professional women for the future. Michigan, S. 135-151.

Secretan, Lance H.K. 1997: Soul-Management: Der neue Geist des Erfolgs – die Unternehmenskultur der Zukunft. München, Lichtenberg.

Sekaran, Uma & Hall, Douglas T. 1989: Asynchronism in dual-career and family linkages. In: Arthur, M.B. & Hall, D.T. & Lawrence, B.S. (Hrsg.): Handbook of career theory. Cambridge, S. 159-180.

Sekaran, Uma 1985: The paths to mental health. An exploratory study of husbands and wives in dual-career families. In: Journal of Occupational Psychology, Vol. 58, Nr. 2, S. 129-137.

Sekaran, Uma 1986: Dual-career families. Contemporary Organizational and Counseling Issues. San Francisco, London.

Sekaran, Uma 1989: Understanding the dynamics of self-concept of members in dual-career families. In: Human Relations, Vol. 42, Nr. 2, S. 97-116.

Sennet, Richard 1998: Der flexible Mensch. Die Kultur des neuen Kapitalismus. Berlin.

Silberstein, L.R. 1992: Dual-career marriage. A system in transition. Hillsdale, New Jersey.

Simon, Fritz B. 1994: Die Form der Psyche. Psychoanalyse und neuere Systemtheorie. In: Psyche, Jg. 48, Nr. 1, S. 50-79.

Simon, Herbert A. 1962: The architecture of complexity. In: Proceedings of the American Philosophical Society, Vol. 106, Dezember, S. 467-482.

Smith, Catherine R. 1992: Dual careers, dual loyalities: Management implication of the work/home interface. In: Asia Pacific Journal of Human Resources, Vol. 30, Nr. 4, S. 19-29.

Solomon, Charlene Marmer 1996a: One assignment, two lifes. In: Personnel Journal, Vol. 75, Nr. 5, May, S. 36-47.

Solomon, Charlene Marmer 1996b: Danger below! Spoot failing global assignments. In: Personnel Journal, Nr. 11, November, S. 78-85.

Spencer Brown, George 1979: Laws of form. New York.

Sperry, L. 1993: Tailoring treatment with dual-career couples. In: American Journal of Family Therapy, Vol. 21, Nr. 1, S. 51-59.

Spiker-Miller, Suzanne & Kees, Nathalie 1995: Making career development a reality for dual-career couples. In: Journal of Employment Counseling, Vol. 32, März, S. 32-45.

Staehle, Wolfgang H. & Karg, P.W. 1981: Anmerkungen zur Entwicklung und Stand der deutschen Personalwirtschaftlehre. In: Die Betriebswirtschaft, Jg. 41, S. 83-90.

Stödter, Helga 1989: Neue Führungsstrukturen in der europäischen Wirtschaft der 90er Jahre. Wentorf bei Hamburg (Helga-Stödter-Stiftung zur Förderung von Frauen für Führungspositionen).

Stoltz-Loike, Marian 1992: Dual career couples: New perspective for counseling. Alexandria, Virginia.

Stoner, C.R. & Hartmann, R.I. 1990: Family responsibility and career process: The good, the bad, and the ugly. In: Business Horizons, May-June, S. 7-14.

Stroh, Linda K. & Brett, Jeanne M. 1996: The dual-earner dad penalty in salary progression. In: Human Resource Management, Vol. 35, Nr. 2, S. 181-201.

Stünzner, Lilia 1996: Systemtheorie und betriebswirtschaftliche Organisationsforschung. Eine Nutzenanalyse der Theorie autopoietischer und selbstreferentieller Systeme. Berlin.

Sullivan, S.E. 1992: Is there a time for everything? Attitudes related to women's sequencing of career and family. In: The Career Development Quarterly, Vol. 40, S. 234-243.

Super, D.E. & Bohn, M.J. 1970: Occupational psychology. Belmont, California.

Syrbe, M. 1995: Über die Notwendigkeit einer Systemtheorie in der Wissenschaftsdisziplin Informatik. In: Informatik-Spektrum, Jg. 18, Nr. 4, S. 222-227.

Taylor, A. S. & Lounsbury J. W. 1988: Dual-career couples and geographic transfer: Executives' reactions to commuter marriage and attitude toward the move. In: Human Relations, Vol. 41, Nr. 5, S. 407-424.

Terry, D.J. & Scott, W.A. 1987: Gender differences in correlates of marital satisfaction. In: Australian Journal of Psychology, Nr. 39, Nr. 2, S. 207-221.

Thomas, Sandra & Albrecht, Kay & White, P. 1984: Determinants of martial quality in dual career couples. In: Family Relations, Vol. 33, Nr. 4, S. 513-521.

Thon, M. 1991: Perspektiven des Erwerbspotentials in Gesamtdeutschland bis zum Jahre 2030. In: MittAB, Jg. 24, Nr. 4, S. 706-712.

Tipping, L.M. & Farmer, H.S. 1991: A home-career conflict measure: Career counseling implications. In: Measurement and Evalutaion in Counseling and Development, Vol. 24, S. 111-118.

Titscher, Stefan 1995: Das Normogramm. Ein Methodenvorschlag zur Gruppen- und Organisationsforschung. In: Zeitschrift für Soziologie, Jg. 24, Nr. 2, April, S. 115-136.

Tlach, Peter 1997: Von der Personalwirtschaftslehre zur Lehre vom Handeln und vom Menschen, Personallehre genannt. In: Kahle, Egbert (Hrsg.): Betriebswirtschaftslehre und Managementlehre. Selbstverständnis – Herausforderungen – Konsequenzen; Tagung der Kommission Wissenschaftstheorie. Wiesbaden, S. 219-246.

Tomm, Karl 1988: Das systemische Interview als Intervention: Teil I. Strategisches Vorgehen als vierte Richtlinie für den Therapeuten. In: System Familie, Forschung und Therapie, Nr. 1, Nr. 3, S. 145-159.

TOTAL E-QUALITY e.V.: http://www.total-e-quality.de.

Travers, Max 2001: Qualitative research through case studies. London.

Tung, Rosalie L. 1982: Selection and Training Procedures of U.S., European, and Japanese Multinationals. In: California Management Review, Vol. 25, Fall, Nr. 1, S. 57 – 71.

Türk, Kaus 1989: Neuere Entwicklungen in der Organisationsforschung. Ein Trend Report. Stuttgart.

United States Bureau of the Census 1989: Household and Family characteristics. Washington D.C., U.S. Government Printing Office.

Urmann-Klein, P. 1984: Behavior and satisfaction of fathers in dual-career families with one preschool child. In: Dissertation Abstract International, Vol. 45, Nr. 2, S. 659-673.

Van Lines, Atlas 1994: Twenty-seventh annual survey of corporate relocation policies. Evansville, Indiana.

Van Maanen, J. & Schein, E.H. 1977: Career development. In: Hackman J.R. & Suttle, J.L. (Hrsg.): Improving life at work: Behavioral science approaches to organization change. Santa Monica, California, S. 30-95.

Vogel, Hans-Christoph 1988: Organisationsentwicklung als Begleitung selbstorganisierter Lernprozesse: Konstruktivistische Anmerkungen zur Planbarkeit von Veränderungsprozessen. In: ZOE Zeitschrift für Organisationsentwicklung, Jg. 7, Nr.3, S. 23-38.

Voydanoff, P. 1988: Work role characteristics, familiy structure demands and work/family conflict. In: Journal of Marriage and the Family. Vol. 50, S. 749-761.

Wächter, Hartmut 1999: Personalorganisation in Deutschland. In: Scholz, Christian (Hrsg.): Innovative Personalorganisation. Center-Modelle für Wertschöpfung, Strategie, Intelligenz und Virtualisierung. Neuwied, S. 3-10.

Wagner, Rainer H. 1995: Strategie der Veränderung. In: Wagner, Rainer H. (Hrsg.): Praxis der Veränderung in Organisationen. Was Systemtheorie,

Psychologie und Konstruktivismus zum Verstehen und Handeln in Organisationen beitragen können. Göttingen, S. 166-181.

Walcott, U. 1991: Work and family: An important business. Melbourne: Australian Institute of Family Studies.

Walger, Gerd 1996: Change Management im Spannungsfeld von Selbst- und Fremdorganisation. Diskussionspapier, Nr. 27, Universität Witten/ Herdecke, Wirtschaftswissenschaftliche Fakultät. Witten.

Walker, Lynn S. & Strudler Wallston, Barbara 1985: Social adaption: A review of dual-earner family literature. In: L'Abate, Luciano (Hrsg.): The handbook of family psychology and therapy. Homewood, Illinois, S. 698-740.

Watzlawick, Paul (Hrsg.) 1981: Die erfundene Wirklichkeit. München.

Weeks, David A. 1993: Reluctant expatriates. In: Across the Board, Vol. 30, März, S. 47.

Weibler, J. 1995: Personalwirtschaftliche Theorien: Anforderungen, Systematisierungsansätze und konzeptionelle Überlegungen. In: Zeitschrift für Personalforschung, Jg. 9, Nr. 2, S. 113-134

Weik, Elke 1997: Postmoderne Ansätze in der Organisationstheorie – „Fragen sind ewig, Antworten zeitbedingt." – Moderne Fragen und postmoderne Antworten. In: Kahle, Egbert (Hrsg.): Betriebswirtschaftslehre und Managementlehre. Selbstverständnis – Herausforderungen – Konsequenzen; Tagung der Kommission Wissenschaftstheorie. Wiesbaden, S. 209-218.

Welter-Enderlin, Rosmarie 1995: Paare, Liebe und Arbeit. In: gdi impuls, Nr. 4, S. 3-13.

Wernerfelt, B. 1984: A resource-based view of the firm. In: Strategic Management Journal, Vol. 5, S. 171-180.

West, M.A. & Farr, J.L. 1990: Innovation and creativity at work. Chichester, England.

Wiggins-Frame, M. & Shehan, C. 1994: Work and well being in the two-person career: Relocation stress and coping among clergy husbands and wives. In: Family Relations, Vol. 43, S. 196-205.

Wilcox-Matthew, L. & Minor, C.W. 1989: The dual-career couple: Concerns, benefits, and counseling implications. In: Journal of Counseling & Development, Vol. 68, S. 194-198.

Wilensky, H.L.1960: Work, careers, and social integration. In: International Social Science, Vol. 12, Bd. 4, S. 543-560.

Williamson, Oliver E. 1990: Die ökonomischen Institutionen des Kapitalismus. Unternehmen, Märkte, Kooperationen. Tübingen.

Willke, Helmut 1978: Zum Problem der Integration komplexer Sozialsysteme: Ein theoretisches Konzept. In: Kölner Zeitschrift für Soziologie und Sozialpsychologie, Jg. 30, S. 228-252.

Willke, Helmut 1982: Systemtheorie. Stuttgart.

Willke, Helmut 1987: Strategien der Intervention in autonomen Systemen. In: Baecker, Dirk & Markowitz, Jürgen & Stichweh, Rudolf & Tyrell, Hartmann & Willke, Helmut (Hrsg.): Theorie als Passion. Frankfurt, S. 333-361.

Willke, Helmut 1991: Systemtheorie. Eine Einführung in die Grundprobleme der Theorie sozialer Systeme. 3. überarbeitete Aufl., Stuttgart, New York.

Willke, Helmut 1992: Beobachtung, Beratung und Steuerung von Organisationen in systemtheoretischer Sicht. In: Wimmer, Rudolf (Hrsg.): Organisationsberatung. Neue Wege und Konzepte. Wiesbaden, S. 17-42.

Wiltinger, Kai & Simon, Hermann 1999: Entwicklungstendenzen der High-Potentials. Fünf Thesen. In: Thiele, Anke & Eggers, Bernd (Hrsg.): Innovatives Personalmarketing für High-Potentials. Göttingen u.a., S. 169-183.

Wimmer, R. 1989: Die Steuerung komplexer Organisationen. In: Sandner, K. (Hrsg.): Politische Prozesse in Unternehmen. Berlin, S. 131-156.

Windham/National Foreign Trade Council 1995: Global relocation trends 1995 survey report. New York: Windham International.

Winfield, F.E. 1985: Commuter marriage. Living together apart. New York.

Wolf-Wendel, Lisa E. & Twombly, Susan & Rice, Suzanne 1998: Dual career couples. How institutions of Higher Education are keeping them together.
446

University of Kansas. Paper presented at the annual meeting of the Association for the Study of Higher Education (ASHE), Miami, Forida, November 1998 www.soe.ukans.edu/faculty/wolf/ashespouse.pdf.

Wolf-Wendel, Lisa E. & Twombly, Susan & Rice, Suzanne 1999: Case studies of dual career couple policies. Paper presented at the annual meeting of the Association for the Study of Higher Education (ASHE), San Antonio, Texas http://www.soe.ukans.edu/faculty/wolf/spouseashe99.pdf.

Wollnik, M. 1988: Das Verhältnis von Organisationsstruktur und Organisationskultur. In: Dülfer, E. (Hrgs.): Organisationskultur, Phänomen – Philosophie – Technologie. Stuttgart, S. 49-76.

Wright, P.M. & Rowland, K. & Weber, W. 1992: Konzeption des Personalwesens. In: Gaugler, E. & Weber, W. (Hrsg.): Handwörterbuch des Personalwesens. 2. Aufl., Stuttgart, Sp. 1139-1154.

Wunderer, R. & Mittmann, J. 1983: 10 Jahre Personalwirtschaftslehre – von Ökonomie nur Spurenelemente. In: Die Betriebswirtschaft, Jg. 43, Nr. 4, S. 624-655.

Yin, Robert K. 1994: Case Study Research. Design and methods. 2. Aufl., London.

Zabusky, Stacia E. & Barley, Stephen R. 1996: Redefining success. Ethnographic observations on the career of technicians. In: Ostermann, Paul (Hrsg.): Broken ladders: Managerial career in the new economy. New York, S. 185-214.

Zucker, Lynne G. 1977: The role of institutionalization in cultural persistence. In: American Sociological Review, Vol. 42, Oktober, S. 726-743.

10 Verzeichnis der Internetseiten

http://europa.eu.int/comm/dg05/family-net/de/frameset.htm

http://stats.bls.gov/soc/soc_majo.htm

http://stats.bls.gov/soc/socguide.htm

http://workingfamilies.berkeley.edu

http://www.abs.gov.au/ausstats/abs%40.nsf/5e3ac7411e37881aca2568b0007af
d16/daab7cd8f5c1854dca2569bb00164f63)

http://www.abs.gov.au/ausstats/abs%40.nsf/5e3ac7411e37881aca2568b0007af
d16/
daab7cd8f5c1854dca2569bb00164f63

http://www.bc.edu/bc_org/avp/csom/cwf

http://www.beruf-und-familie.de/bundf/bundf.html

http://www.beruf-und-familie.de/bundf/unternehmen/index.php3

http://www.best-zeit.de/

http://www.bma.bund.de/arbeitszeitmodelle/

http://www.burke.de/de/tools/demo04.htm

http://www.catalystwomen.org/home.html

http://www.ceoe.com.au/

http://www.ceoe.com.au/default.asp?NewsID=19

http://www.cpp.umich.edu/cpp/test/cpptest/grad/dualcareers.html

http://www.ecatt.com/ecatt

http://www.eto.org.uk/resource.htm

http://www.eto.org.uk/twork/tw99

http://www.familiesandwork.org

http://www.human.cornell.edu/blcc/cci/outreach.html

http://www.human.cornell.edu/blcc/cci/outreach.html

http://www.modalis.com/deutsch/news/index.html

http://www.shell-jugend2000.de/html/download01.htm

http://www.statistics.gov.uk/learningzone/labour.asp

http://www.symposion.de/arbeitszeit/

http://www.ta-telearbeit.de/tahtml/ueber_uns/referenzen/ref_ta/frameref_ta.html

http://www.ta-telearbeit.de/tahtml/ueber_uns/referenzen/ref_ta/frameref_ta.html

http://www.total-e-quality.de

http://www.trendence.de/

Anhang 1: Tabellen

12 Klassenlagen von Goldthorpe
1. Obere u. mittlere Ränge der Dienstklasse (= hohe und mittlere Ränge der akademischen Berufe, der Verwaltungs- und Managementberufe; Großunternehmer)
2. Niedrige Ränge der Dienstklasse
3. Nicht-manuelle Berufe mit Routinetätigkeiten (vor allem Büroberufe, auch Verkaufsberufe)
4. Selbständige mit 2-49
5. Kleine Selbständige mit einem Mitarbeiter oder allein
6. Selbständige Landwirte
7. Techniker, Aufsichtskräfte der Beschäftigten im manuellen Bereich (Vorarbeiter, Meister)
8. Facharbeiter
9. Un- und Angelernte
10. Landarbeiter
11. Abspaltung von Klasse 3: Berufe ohne jegliche bürokratische Einbindung.
12. Genossenschaftsbauer

Tabelle 40: 12 Klassenlagen von Goldthorpe

Branche	Anzahl Tarif- gruppen	Gehalt der zweithöchsten Tarifgruppe	Gehalt inkl. 13. Gehalt der zweithöchsten Tarifgruppe
Banken	9	4.940 DM (TG8)	5.351 DM
Versicherung	8	4.766 DM (TG7)	5.163 DM

Tabelle 41: Beispiele für Tarifgruppenunterschiede,
(Quelle http://www.hbv.org/HBV.nsf/DOCS/deghwc8b und
http://www.hbv.org/HBV.nsf/docs/dergghe2)

Nettoeinkommen des Ehemannes von ... bis unter DM	Nettoeinkommen der Ehefrau von ... bis unter ... DM								
	unter 1000	1000-1800	1800-2500	2500-3000	3000-4000	4000-5000	5000-6000	6000-7500	7500 und mehr
Unter 1000	2%	1%	0,6%	0,2%	0,2%	0,1%			
1000-1800	7%	7%	2%	0,5%	0,4%	0,1%			
1800-2500	11%	9%	6%	1%	0,6%	0,1%	0,05%		
2500-3000	7%	4%	2%	1%	0,4%	0,1%			
3000-4000	9%	5%	2%	1%	1%	0,2%	0,04%		
4000-5000	4%	2%	1%	0,4%	0,5%	0,4%	0,04%		
5000-6000	2%	1%	0,6%	0,2%	0,3%	0,2%	0,1%		
6000-7500	1%	0,6%	0,4%	0,2%	0,2%	0,1%	0,06%	0,09%	
7500 und mehr	1%	0,5%	0,4%	0,2%	0,2%	0,1%	0,07%	0,06%	0,17%

Tabelle 42: Prozentuale Angaben der monatlichen Nettoeinkommensverteilung von Ehepaaren

(Quelle, selbst erstellt mit den Angaben des Mikrozensus, Statistisches Bundesamt, Fachserie 1, Reihe 3, 1996; S. 126)

Nettoeinkommen des Ehemannes von ... bis unter DM	Nettoeinkommen der Ehefrau von ... bis unter ... DM								
	unter 1000	1000-1800	1800-2500	2500-3000	3000-4000	4000-5000	5000-6000	6000-7500	7500 und mehr
Unter 1000	2%	1%	0,6%	0,2%	0,3%	0,1%			
1000-1800	5%	5%	2%	0,6%	0,4%	0,1%			
1800-2500	9%	7%	5%	1%	0,6%	0,1%			
2500-3000	8%	4%	2%	1%	0,4%	0,1%			
3000-4000	12%	6%	2%	1%	1%	0,2%			
4000-5000	5%	3%	1%	0,4%	0,5%	0,4%			
5000-6000	2%	1%	0,7%	0,3%	0,3%	0,2%	0,1%		
6000-7500	2%	0,8%	0,5%	0,2%	0,2%	0,1%		0,1%	
7500 und mehr	1%	0,7%	0,5%	0,2%	0,3%	0,2%	0,07%		0,1%

Tabelle 43: Prozentuale Angaben der monatlichen Nettoeinkommensverteilung von Ehepaaren mit Kindern

(Quelle, selbst erstellt mit den Angaben des Mikrozensus, Statistisches Bundesamt, Fachserie 1, Reihe 3, 1996; S. 125)

Nettoeinkommen des Ehemannes von ... bis unter DM	Nettoeinkommen der Ehefrau von ... bis unter ... DM								
	unter 1000	1000-1800	1800-2500	2500-3000	3000-4000	4000-5000	5000-6000	6000-7500	7500 und mehr
Unter 1000	2%	1%	0,6%	0,2%	0,2%	0,0%			
1000-1800	10%	9%	2%	0,5%	0,4%	0,1%			
1800-2500	14%	11%	6%	1%	0,6%	0,2%			
2500-3000	6%	4%	3%	1%	0,5%	0,1%			
3000-4000	6%	4%	2%	1%	0,3%	0,2%			
4000-5000	2%	2%	1%	0,5%	0,5%	0,4%			
5000-6000	1%	1%	0,4%	0,2%	0,3%	0,2%	0,1%		
6000-7500	0%	0,4%	0,3%	0,1%	0,2%	0,1%			
7500 und mehr	0%	0,4%	0,3%	0,1%	0,2%	0,1%			0,15%

Tabelle 44: Prozentuale Angaben der monatlichen Nettoeinkommenverteilung von Ehepaaren ohne im Haushalt lebende Kinder (Quelle, selbst erstellt mit den Angaben des Mikrozensus, Statistisches Bundesamt, Fachserie 1, Reihe 3, 1996; S. 125)

	Ehepartner mit Karriereorientierung	Ehepartner ohne Karriereorientierung	Gesamt
Befragter mit Karriereorientierung	8,0 %	10,5 %	18,5 %
Befragter ohne Karriereorientierung	9,5%	72,0%	81,4 %
Gesamt	17,5 %	82,5 %	100 %

Tabelle 45: Zuordnung der Allbus Daten zu den DCC- und Non-DCC-Clustern: Nur Ehepartner (Quelle: Allbus Allgemeine Bevölkerungsumfage der Sozialwissenschaften von 1996)

	Partner & Ehepartner mit Karriereorientierung	Parnter & Ehepartner ohne Karriereorientierung	Gesamt
Befragter mit Karriereorientierung	7,7 %	10,0 %	17,7 %
Befragter ohne Karriereorientierung	9,2 %	73,1 %	82,3 %
Gesamt	16,9 %	83,1 %	100 %

Tabelle 46: Zuordnung der Allbus Daten zu den DCC- und Non-DCC-Clustern: Partner & Ehepartner (Quelle: Allbus Allgemeine Bevölkerungsumfage der Sozialwissenschaften von 1996)

Anhang 2: Internationaler Mitarbeitereinsatz bei Wind

Vertragsformen - Versetzung

- Know How Transfer, notwendige Qualifikation am nationalen Arbeitsmarkt nicht vorhanden

- Dauer 2 Jahre bis max. 5 Jahre

- Ruhendes Arbeitsverhältnis in D. Entsendungsvertrag vom Stammhaus und nationaler Arbeitsvertrag vor Ort.

- Attraktive Entsendungsbedingungen

- Landesabhängig Arbeits- und Aufenthaltsgenehmigung notwendig

Ablauf der Entsendung

Phasen	Verantwortlich
Auswahl Rückkehrplanung Wiedereingliederung	Personalabteilung des Geschäftsbereiches; Zentralstelle Führungskräfte
Information, Beratung Entsendungsvertrag Vorbereitung Ausreise Auslandsaufenthalt	Referat Internationale Versetzungen

Vertrag

Ruhendes Arbeitsverhältnis mit WIND

Aktives Arbeitsverhältnis = nationaler Arbeitsvertrag mit Rückkehrgarantie

456

Vertragsbedingungen

- Attraktivität für Mitarbeiter (inkl. Familie)

- Wirtschaftlichkeit für das Unternehmen

- Berücksichtigung des Arbeitsmarktes (Vergleich mit anderen Firmen)

Angemessene Vergütung, berücksichtigt werden:

- Bewertung der Tätigkeit (Vergleichseinkommen)

- Persönliche Leistung

- Lebenshaltungskosten

- Lebensverhältnisse

Soziale Sicherung

- Fortführung der staatlichen Altersversorgung im Heimatland (Sozialversicherungsabkommen)

- Fortführung der betrieblichen Altersversorgung

- Unfallversicherung

- Wiederbeschäftigungszusage im Heimatland

- Nach Rückkehr Eingruppierung mindestens wie im Ausland. Deutsche Eingruppierung wird während des Auslandsaufenthaltes fortgeführt.

Heimatreisen

- In Übersee jährliche Heimreise für die Familie

- Preiswerteste Flugklasse

- Tickets der Familienmitglieder (nicht des Mitarbeiters) können für Reisetickets der im Heimatland lebenden Eltern oder Schwiegereltern verwendet werden.

(Ehe-) Partner/-in

- Einbindung der (Ehe-)Partner/-in

- Teilnahme an allen Vorbereitungsmaßnahmen

- Kostenübernahme von Anwartschaftsversicherungen

- Wiedereinstellungszusage für (Ehe-)Partner/-innen, sofern WIND-Mitarbeiter

- Frauen-Netzwerk

- Aber: keine Fortführung der deutschen Sozialversicherung bei im Entsendungs-land berufstätigen(Ehe-) Partner/-innen sofern nicht EU-Vertrag durch WIND

Vorbereitungsmaßnahmen

- Informationsreise vor Ort (mit Partner/-in; ggf. Kinder). Dauer: 1 Woche

- Sprachunterricht (Partner(-in, Kinder). Dauer: wie erforderlich

- Interkulturelles Training (mit Partner/-in). Dauer: 5 Tage

- Landeskundliches Seminar (mit Partner/-in). Dauer: 2 Tage

- Auslandsvorbereitungsseminar (mit Partner/-in). Dauer: 2 Tage

Vertragsgespräch (mit (Ehe-)Partner/-in)

- Beratung und Information

- Vertragsdurchsprache

- Informationsmaterial

- Handbuch, Landeskundliche Literatur, Standortinformationen

- Fach- und Führungstraining

Vorbereitung

Informationsreise mit Partner/-in sowie Kinder älter als 12 Jahre	
Dauer	5-7 Tage
Zielsetzung	Offene Fragen klären Entscheidung
Programm für Mitarbeiter	Standort kennenlernen Gespräche mit zukünftigen Vorgesetzten / Kollegen Festlegung der fachlichen Vorbereitung
(Ehe-)Partner/-in (ggf. m. Mitarb.)	Wohnsituation, Lebensbedingungen (Freizeit- Einkaufsmöglichkeiten, Verkehr) kennenlernen Kindergärten, Schulen besuchen Kontakte mit bereits Entsandten (Netzwerk)

Sprachtraining	
Ziel	Sehr gute Englischkenntnisse
Methoden	Crash-Kurs (auch vor Ort möglich) Gruppentraining Individuelles Einzeltraining
Grundsatz	Einbeziehung der Familie in die Sprachausbildung Für Kinder Sprachunterricht ab 5 Jahre möglich Alle schulpflichtigen Kinder erhalten Intensivsprachunterricht (keine deutsche Schule vor Ort).

Auslandsvorbereitungsseminar mit Partner/-in	
Dauer	2 Tage
Zielsetzung	Offene Fragen klären Vertiefung verschiedener Fragestellungen Informelle Kontakte zu anderen Ausreisenden Kontakte zu ehemaligen Vertragsangestellten
Programm für Mitarbeiter und Partner/ -in	Praktische Themen zu Umzug, Sozialversicherung, Steuer, Hausverkauf, Vertragsfragen etc. Workshops für Mitarbeiter und Partner zum Thema Auslandsaufenthalt Diskussionsrunde mit Geschäftsführer
Durchführung	Referat Internationale Versetzungen

Partner/-in, Visum

- (Ehe-)Partner/-innen erhalten Aufenthaltsgenehmigung, gekoppelt an das Visum des Entsandten.

- Beschaffung eines Arbeitsvisum für (Ehe-)Partner außerhalb der EU ist äußerst aufwendig und schwierig, in manchen Ländern sogar unmöglich.

- Eheähnliche Gemeinschaften sind in manchen Ländern nicht üblich/gesetzlich anerkannt. Die Visabeschaffung für unverheiratete Partner/innen kann daher aufwendig und schwierig sein.

Anhang 3: Karrierekonnotationsabfrage an die drei Unternehmensvertreter

In der Tabelle sind einige Aussagen zu dem Begriff „Karriere" gegenübergestellt. Welche Aussage aus den Paaren trifft eher auf die im Unternehmen kommunizierten Einstellungen zu Karriere zu?

	3	2	1	0	1	2	3	
Karriere ist *immer* mit einer Zunahme an Verantwortung, Macht oder finanzieller Vergütung verbunden.								Karriere ist *nicht immer* mit einer Zunahme an Verantwortung, Macht oder finanzieller Vergütung verbunden.
Karriere ist nicht gleichzusetzen mit Aufstieg.								Karriere ist gleichgesetzt mit Aufstieg.
Ohne Stellenwechsel wird hier nicht von Karriere gesprochen.								Ein Karriereschritt bedeutet nicht immer gleichzeitig einen Stellenwechsel.
Ein Wechsel im Aufgabenspektrum wird als Karriereschritt bezeichnet.								Ein Wechsel im Aufgabenspektrum wird nicht als Karriereschritt bezeichnet.
In einer Karriere ist die Stellenabfolge logisch aufeinander aufbauend, also konsistent.								Karriere ist selten logisch aufeinander aufbauend.
Eine akademische Ausbildung ist Voraussetzung dafür, daß man Karriere machen kann.								Eine akademische Ausbildung ist nicht Voraussetzung, daß man Karriere machen kann.

Ohne Begeisterung für den Beruf kann man nicht Karriere machen.							Auch ohne Begeisterung für den Beruf ist es möglich, Karriere zu machen.
Wenn man karriereorientiert ist, bedeutet das, daß man der Karriere die Priorität vor anderen Lebensbelangen einräumt.							Wenn man karriereorientiert ist, kann Karriere trotzdem als ein gleichwertiges Ziel neben anderen Zielen im Leben stehen.
Wer nicht wenigstens für einige Zeit im Ausland war, kann nicht von sich behaupten, eine Karriere zu machen.							Auslandserfahrung ist kein „Muß"-Faktor für eine Karriere.
Fachlaufbahnen sind eine sinnvolle Möglichkeit für Spezialisten ohne Führungsambitionen, Karriere zu machen.							Nur wenn jemand Führungsverantwortung hat, kann man von Karriere reden. Fachlaufbahnen sind keine Karrieren im eigentlichen Sinne.
Es ist heutzutage besser für die Karriere, längere Zeit in einem Unternehmen zu bleiben.							Es ist heutzutage besser für die Karriere, das Unternehmen nach zwei bis drei Jahren zu wechseln.

Universität der Bundeswehr Hamburg

Institut für Personalwesen
und Internationales Management

Leitung: Univ.-Prof. Dr. Michel E. Domsch

Forschungsprojekt:
Doppelkarrierepaare in Unternehmen

- FRAGEBOGEN FÜR DOPPELKARRIEREPAARE -

Gemeinsames Kennwort:_____

Institut für Personalwesen
und Internationales Management
UNIVERSITÄT DER BUNDESWEHR HAMBURG
Univ.-Prof. Dr. Michel E. Domsch
Holstenhofweg 85
22043 Hamburg

Forschungsprojekt:
Doppelkarrierepaare in Unternehmen

Fragebogen für Doppelkarrierepaare

Sehr geehrte Damen und Herren,

das I.P.A. Institut für Personalwesen und Internationales Management ist eine international forschende, unabhängige universitäre Institution. Im Rahmen unseres Forschungsschwerpunktes „Doppelkarrierepaare" starten wir derzeit eine exklusive Befragung. Wir freuen uns, Sie und Ihre/n Partner/Partnerin hierfür gewonnen zu haben.

Doppelkarrierepaare, das heißt Paare, bei denen beide Partner karriereorientiert sind, werden als spezielle Mitarbeitergruppe mit „Besonderheiten" in deutschen Unternehmen noch wenig erkannt. Ziel des Forschungsprojektes ist es u.a., die Doppelkarrierepaare (auch als DCCs (Dual Career Couples) bezeichnet) in ihrem jeweiligen Unternehmenskontext zu untersuchen. Dabei sind uns vor allem „qualitative" Aussagen wichtig.

Diese Ausrichtung macht sich im Fragebogen z.B. in teilweise sehr offenen Fragen mit viel Raum zur Antwort bemerkbar. Uns sind also nicht die statistischen Allgemeinaussagen aller DCCs wichtig, sondern gerade Ihre ganz persönlichen Ansichten als Mitarbeiter in Ihrem jeweiligen Unternehmen.

Daher möchten wir Sie bitten, sich etwas Zeit zu nehmen, wenn Sie diesen Fragebogen beantworten. Ihre Angaben werden selbstverständlich absolut vertraulich behandelt (siehe auch: Bearbeitungshinweise).

Wir freuen uns über Ihren Beitrag zu diesem Forschungsprojekt, möchten uns ganz herzlich im voraus bei Ihnen bedanken und verbleiben

mit freundlichen Grüßen

Prof. Dr. Michel E. Domsch   Dipl.-Kffr. Ariane Ladwig

Voraussetzungen für die Beantwortung des Fragebogens

Bevor Sie sich die Zeit nehmen, den Fragebogen für uns auszufüllen, versichern Sie sich bitte noch einmal anhand der unten stehenden Punkte, ob Sie wirklich zur Zielgruppe für diesen Fragebogen gehören. Falls Sie alle Punkte bestätigen können, dann schauen Sie sich bitte noch die Bearbeitungshinweise an.

Falls Sie nicht alle Punkte bejahen können, möchten wir Sie bitten, den Fragebogen entweder an eine/n Ihnen bekannte/n Mitarbeiter/in weiterzugeben, bei der/dem die Voraussetzungen zutreffen, oder den Bogen wieder an denjenigen zurückzugeben, von dem er Ihnen überreicht wurde.

☑ Sie schätzen sich als karriereorientiert ein.

☑ Ihr Partner/Ihre Partnerin ist ebenfalls karriereorientiert und angestellt (nicht selbständig).

☑ Sie sind beide zwischen 27 und 37 Jahre alt

☑ und beide seit mindestens 1½ Jahren im jeweiligen Unternehmen beschäftigt.

Bearbeitungshinweise für das Ausfüllen des Fragebogens

- Das Beantworten des Fragebogens wird ca. 50 Minuten dauern.
- Bitte beantworten Sie – soweit möglich – jede Frage.
- Lassen Sie sich Zeit für die Beantwortung der Fragen, insbesondere bei offenen Fragen, wo Ihre persönliche Meinung bzw. ein schriftliches Statement von Ihnen gefragt ist.
- Bitte beantworten Sie die Fragen so ehrlich wie möglich. Es gibt keine „richtigen" oder „falschen" Antworten.
- Ihre Anonymität ist voll gewährleistet, da die Auswahl der potentiellen Befragten durch Unternehmensvertreter erfolgte. Uns ist weder Ihr Name noch Ihre Adresse bekannt, so daß keine Zuordnung von persönlichen und unternehmensbezogenen Antworten zu den Ausfüllenden erfolgen kann.
- Um die Vertraulichkeit und Anonymität Ihrer Aussagen zu sichern, erwähnen Sie bitte nicht Ihren Namen, jedoch unbedingt den Namen Ihres Unternehmens.

- Bitte denken Sie sich mit Ihrem Partner *ein* gemeinsames Kennwort aus und schreiben es jeweils in das entsprechende Feld am unteren Rand der beiden Deckblätter. Dieses dient der Sicherung der „Zusammengehörigkeit" Ihrer beiden Fragebögen.

- Für eine schnelle Analyse der Ergebnisse bitten wir Sie, die beiden ausgefüllten Fragebögen (Ihren und den Ihres Partners/Ihrer Partnerin) bis zu dem auf dem Deckblatt gestempelten Abgabetermin *zusammen* im beiliegenden Rückumschlag an unser Institut zurückzusenden.

- Falls bei der Beantwortung des Fragebogens Unklarheiten bestehen, wenn Sie zusätzliche Kommentare haben oder wenn Sie zur Untersuchung insgesamt Fragen haben, freuen wir uns, wenn Sie uns kontaktieren: Ariane Ladwig, Tel: 040/6541-2414; email: Ariane.Ladwig@unibw-hamburg.de

Vielen Dank für Ihre Mitarbeit!

P.S. Im Fragebogen wird aus Gründen der Übersicht nur die männliche Form benutzt (z.B. „Partner" statt „Partner/In"). Es sind aber selbstverständlich stets weibliche und männliche Personen gemeint.

Arbeit, Beruf und Unternehmen

1. Name Ihres Unternehmens:_____

Unternehmensleitlinien

2. Denken Sie bitte einen Moment über die Leitlinien Ihres Unternehmens nach. Wofür steht Ihr Unternehmen?

_____

_____

_____

_____

3. Inwieweit stimmen Sie der Gesamtheit dieser Unternehmensleitlinien zu?

(Bitte machen Sie ein Kreuz in der Spalte, die Ihrer Meinung am ehesten entspricht.)

stimme überhaupt nicht zu	stimme wenig zu	stimme teils/teils zu	stimme größtenteils zu	stimme völlig zu
❑	❑	❑	❑	❑

4. „Eine Identifikation mit den Unternehmensleitlinien halte ich generell für...":

(Bitte vervollständigen Sie den Satz, indem Sie in der entsprechenden Spalte ankreuzen.)

unwichtig	wenig wichtig	teilweise wichtig	wichtig	sehr wichtig
❑	❑	❑	❑	❑

5. Besteht Ihrer Meinung nach für die Unternehmensleitlinien Veränderungsbedarf?

❑ Ja   Inwiefern? _____

_____

❑ Nein

Unternehmenskultur

6. Mit welchen Stichworten würden Sie für sich die Unternehmenskultur ihres Unternehmen zusammenfassen?

_____

_____

_____

_____

7. Wie hoch war Ihr Kenntnisstand über die Unternehmenskultur (UK), als Sie sich für dieses Unternehmen bzw. den Job entschieden haben?

(Bitte machen Sie ein Kreuz in der Spalte, die Ihrer Meinung am ehesten entspricht.)

Ich wußte nichts über die UK	Ich wußte wenig über die UK	Ich wußte einiges über die UK	Ich wußte viel über die UK
❑	❑	❑	❑

Wahl des Arbeitgebers

8. Wie sind Sie zu Ihrem jetzigen Unternehmen gekommen?

❑ Bewerbung aufgrund einer Stellenanzeige in:

    ❑ Zeitung   ❑ Internet   ❑ Sonstiges: _____

❑ Initiativbewerbung

❑ Karriereveranstaltung (Hochschulmesse, Karrieretage etc.)

❑ Netzwerkaktivitäten (z.B. Verbände, Vereine, Verbindungen u.ä.)

❑ Direkte Empfehlung durch Bekannte/Freunde

❑ Sonstiges: _____

9. Als Sie sich damals für a) Ihr Unternehmen und b) den angebotenen Job entschieden haben, welche Entscheidungskriterien waren für Sie dabei relevant?

(Bitte machen Sie in jeder Zeile ein Kreuz.)

a) „Bei der Entscheidung für dieses Unternehmen war die/der/das... „

	1 überhaupt nicht relevant	2 relativ wenig relevant	3 teilweise relevant	4 relevant	5 sehr relevant
Branche					
Standort					
Image/Renommee					
Interesse an den Produkten/Dienstl.					
Unternehmenskultur					
Bezahlung					
Sozialleistungen					
Karrieremöglichkeiten					
Arbeitsplatzsicherheit					
Vereinbarkeit von Beruf und Privatem					
Betriebsklima					
Sonstiges:					

(Bitte machen Sie in jeder Zeile ein Kreuz.)

b) „Bei der Entscheidung für diesen Job war die/der/das... „

	1 überhaupt nicht relevant	2 relativ wenig relevant	3 teilweise relevant	4 relevant	5 sehr relevant
Aufgaben					
Position					
Gehalt					
Kollegen, Mitarbeiter					
Karriereaussichten					
Weiterbildungsmöglichkeiten					
Vereinbarkeit von Beruf und Privatem					
Arbeitsorganisation (z.B. Telearbeit, flexible Arbeitszeit etc.) und zwar:					
Sonstiges:					

470

Karriere

Karrieremotivation, -orientierung

Das Konzept „Karriere" ist im Wandel begriffen. Eine eindeutige Definition ist schwierig geworden. Dies liegt zum einen daran, daß in den jeweiligen Berufen die Ausgestaltung der Karriere variiert (z.b. Hochschule vs. Unternehmen). Zum anderen werden vermehrt traditionelle Einstellungen mit neuen Werten kombiniert. Wir möchten mit den folgenden Fragen Ihr persönliches Bild von „Karriere" herausfinden.

10. Sie haben sich vor dem Ausfüllen des Fragebogens selber als karriereorientiert eingestuft. Was verstehen Sie persönlich unter Karriere?

_____

_____

_____

_____

_____

11. Im folgenden sind einige Aussagen über Karriere aufgelistet. In welchen finden Sie Ihre Einstellung wieder? (Es ist hier nicht nach der in Ihrem Unternehmen praktizierten Karriereplanung und –durchführung gefragt.)

(Bitte kreuzen Sie an, welcher von zwei Aussagen in einer Zeile Sie jeweils eher zustimmen.)

	3	2	1	0	1	2	3	
Karriere ist _immer_ mit einer Zunahme an Verantwortung, Macht oder finanzieller Vergütung verbunden.								Karriere ist _nicht immer_ mit einer Zunahme an Verantwortung, Macht oder finanzieller Vergütung verbunden.
Karriere ist nicht gleichzusetzen mit Aufstieg (horizontal)								Karriere ist für mich gleichgesetzt mit Aufstieg.
Ohne Stellenwechsel (horizontal oder vertikal) würde ich nicht von Karriere sprechen.								Ein Karriereschritt bedeutet nicht immer gleichzeitig ein Stellenwechsel.
Einen Wechsel im Aufgabenspektrum bezeichne ich als Karriereschritt.								Einen Wechsel im Aufgabenspektrum bezeichne ich noch nicht als Karriereschritt.

In einer Karriere ist die Stellenabfolge logisch aufeinander aufbauend, also konsistent.							Karriere ist selten logisch aufeinander aufbauend geplant.
Eine akademische Ausbildung ist Voraussetzung für eine Karriere.							Eine akademische Ausbildung ist nicht Voraussetzung dafür, daß man Karriere machen kann.
Ohne Begeisterung für den Beruf kann man nicht Karriere machen.							Auch ohne Begeisterung für den Beruf ist es möglich, Karriere zu machen.
Da ich karriereorientiert bin, räume ich der Karriere die Priorität vor anderen Lebensbelangen ein.							Karriere steht für mich als ein gleichwertiges Ziel neben anderen Zielen im Leben.
Wer nicht wenigstens für einige Zeit im Ausland war, kann nicht von sich behaupten, eine Karriere zu machen.							Auslandserfahrung ist kein „Muß"-Faktor für eine Karriere.
Fachlaufbahnen sind eine sinnvolle Möglichkeit für Spezialisten, ohne Führungsambitionen Karriere zu machen.							Nur wenn jemand Führungsverantwortung hat, kann man von Karriere reden. Fachlaufbahnen sind keine Karrieren im eigentlichen Sinne.
Es ist heutzutage besser für die Karriere, längere Zeit im Unternehmen zu bleiben.							Es ist heutzutage besser für die Karriere, das Unternehmen nach zwei bis drei Jahren zu wechseln.

12. **Bitte entscheiden Sie sich bei der folgenden Auswahl von Wortpaaren für Ihre persönliche Ausprägung bzgl. Ihrem Konzept von „Karriere".**

„Mit Karriere assoziiere bzw. verbinde ich ..."

(Bitte kreuzen Sie an, welchem von zwei Worten in einer Zeile Sie jeweils eher zustimmen.)

	3	2	1	0	1	2	3	
sympathisch								unsympathisch
aktiv								passiv
egoistisch								altruistisch
vielseitig								einseitig
stark								schwach
kalt								warm
modern								konservativ
frei								unfrei
hart								weich
feige								mutig

472

gespannt								gelöst
klein								groß
jung								alt
leise								laut
schwer								leicht
flexibel								festgelegt
einfarbig								mehrfarbig

13. Inwiefern stimmen Ihre Ansichten über Karriere mit den allgemein im Unternehmen wahrnehmbaren und zugrunde gelegten Ansichten überein?

(Bitte machen Sie ein Kreuz in der Spalte, die Ihrer Meinung am ehesten entspricht.)

überhaupt nicht übereinstimmend	wenig übereinstimmend	teils/teils	größtenteils übereinstimmend	völlig übereinstimmend
❑	❑	❑	❑	❑

14. Wo würden Sie sich bezüglich Ihrer Karriereorientierung auf einer Skala von 0 bis 10 einordnen?

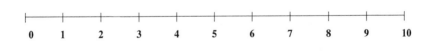

```
0   1   2   3   4   5   6   7   8   9   10
```

niedrig   hoch

15. Wie sehen Sie Ihre Karriereorientierung in der Zukunft?

„Meine Karriereorientierung wird..." *(Mehrfachnennungen möglich.)*

❑ abnehmen, weil.... _____

❑ wenn.... _____

❑ gleichbleiben, weil.... _____

❑ wenn.... _____

❑ zunehmen, weil.... _____

❑ wenn.... _____

Wichtigkeit der Karriere in Relation

Karriereorientierung wird oft im Zusammenhang mit der beruflichen Sphäre thematisiert. Uns interessiert hier die Verbindung von Karriere mit bestimmten anderen Lebensbereichen.

16. Welchen Stellenwert - auf einer Skala von 0 bis 100 - haben die folgenden Lebensbereiche und -themen für Ihr persönliches Wohlsein?

(Bitte keuzen Sie auf der Stellenwert-Skala für jeden Bereich einen Wert an. Es geht hier zum einen um die absolute Wertung in einem Bereich (z.B. Karriere) als auch um den Vergleich zwischen der Bereichen. AnkreuzbBeispiele: Karriere 90, Freizeit 70, Partnerschaft 70, Familie 80 oder K 100, F 80, P 100, F 100 etc.)

Karriere	Freizeit	Partnerschaft	Familie/Kinder
100	100	100	100
80	80	80	80
70	70	70	70
60	60	60	60
50	50	50	50
40	40	40	40
30	30	30	30
20	20	20	20
10	10	10	10
0	0	0	0

Karriere und die Partnerschaft

17. Hat Ihr jetziger Partner Einfluß auf Ihre <u>Einstellung</u> zur Karriere?

❑ Ja   Inwiefern?_____

❑ Nein   Weil ... _____

18. Hat Ihr jetziger Partner Einfluß darauf, wie Ihre Karriere <u>tatsächlich verläuft</u>?

❑ Ja   Inwiefern?_____

❑ Nein   Weil ... _____

19. Gab es in der Vergangenheit Fälle, in denen Sie aufgrund der Karriere Ihres Partners Ihre nächsten Karriereabsichten nicht verfolgt haben?

❑ Ja, einen Fall   ❑ Ja, mehrere und zwar _____ Fälle   ❑ Nein

Falls ja, schildern Sie bitte kurz einen/diesen Fall:

_____

_____

_____

20. „Verzicht auf Karriere". Ist dies schon einmal Thema in Ihrer Partnerschaft gewesen?

❑ ja, offen   ❑ ja, aber verdeckt   ❑ gar nicht

Wenn ja: Dabei handelte es sich um den
❑ Verzicht auf meine Karriere   ❑ Verzicht meines Partners auf seine/ihre Karriere

---

Zufriedenheit mit der Karriere

21. Wie zufrieden sind Sie mit dem bisherigen Verlauf Ihrer Karriere?

unzufrieden	weniger zufrieden	teilweise zufrieden	zufrieden	sehr zufrieden
❑	❑	❑	❑	❑

Verlauf der Karriere

22. Welche Karriereschritte haben Sie bisher (nicht nur in diesem Unternehmen) durchlaufen?

(Bitte schreiben Sie diese stichwortartig auf.)

_____

_____

_____

_____

_____

_____

23. Ist Ihre bisherige Karriere Resultat eher ...

❑ ... relativ gezielter Planung?

❑ ... relativ zufälliger Gegebenheiten? *(Bitte weiter mit Frage 25)*

❑ ... sowohl relativ gezielter Planung als auch relativ zufälliger Gegebenheiten?

24. Auf die gezielte Planung Ihrer Karriere in diesem Unternehmen bezogen: Welchen Anteil (Aktivität und Entscheidung) hatte das Unternehmen, welchen Anteil hatten Sie dabei?

(Bitte geben Sie Ihre Schätzung des jeweiligen Anteils in Prozent an.)

	Aktivität	Entscheidung
Unternehmensanteil an der Karriereplanung	_____%	_____%
Eigener Anteil an der Karriereplanung	_____%	_____%
Anteil sonstiger Personen und zwar_____	_____%	_____%
Σ	100 %	100 %

25. Unterstützt das Unternehmen Ihre Karriere?

❑ **Ja**: ❑ durch persönliche Unterstützung, und zwar (z.B. Mentor, Gespräche, Planung mit Vorgesetzten etc.):

_____

❑ durch (infra)strukturelle Unterstützung, und zwar (z.B. Stellengefüge, Unternehmensgrundsätze, allgemeine Personalförderungsmaßnahmen etc.):

_____

❑ durch Sonstiges, und zwar:

_____

❑ **Nein**: Worauf ist diese fehlende Unterstützung Ihrer Meinung nach zurückzuführen?

_____

26. Wie beurteilen Sie diese (vorhandene oder nicht vorhandene) Unterstützung für sich?

„Ich bin damit..." *(Bitte machen Sie ein Kreuz in der Spalte, die Ihrer Meinung am ehesten entspricht.)*

unzufrieden	weniger zufrieden	teilweise zufrieden	zufrieden	sehr zufrieden
❑	❑	❑	❑	❑

Flexibilität

Flexibilität ist heutzutage ein oft gebrauchtes Wort. Zum einen wird es vor dem Hintergrund des steigenden Veränderungstempos in der Wirtschaft verwendet. Zum anderen kommt der Begriff im Zusammenhang mit dem gesellschaftlichen Wandel verstärkt vor, insbesondere im Zusammenhang mit Selbstbestimmungsbestrebungen und neuen Wertigkeiten und deren Ausformungen im privaten und partnerschaftlichen Bereich.

27. Was verstehen Sie persönlich unter Flexibilität in Ihrem Leben?

_____

_____

_____

_____

28. Bitte geben Sie im folgenden an,

in welchen der folgenden Bereiche Sie wieviel Flexibilität <u>haben</u>. (IST) *Tabelle A*

inwieweit für Sie Flexibilität <u>wichtig ist</u>. (SOLL) *Tabelle B*

Tabelle A *(Bitte machen Sie ein Kreuz in jeder Zeile)*

IST: Flexibilität ist im Bereich ...	1 nicht vorhanden	2 wenig vorhanden	3 teil/teils vorhanden	4 viel vorhanden	5 voll vorhanden
Zeit					
Wahl des Arbeitsplatzes (zu Hause, im Büro o.ä.)					
Eigener Entscheidungsspielraum					
Aufgabenstellung					
Sonstiges:					

Tabelle B *(Bitte machen Sie ein Kreuz in jeder Zeile)*

SOLL: Flexibilität ist mir im Bereich ...	1 unwichtig	2 weniger wichtig	3 teil/teils wichtig	4 wichtig	5 sehr wichtig
Zeit					
Wahl des Arbeitsplatzes (zu Hause, im Büro o.ä.)					
Eigener Entscheidungsspielraum					
Aufgabenstellung					
Sonstiges:					

29. **Wenn (mehr) Flexibilisierung unternehmensseitig möglich wäre, was würden Sie ändern wollen?**

_____

_____

_____

Mobilität und Versetzungen

Mobilität ist im Zusammenhang mit Karriere ebenfalls ein oft gebrauchtes Wort. Wir möchten neben die Vorstellungen und Erwartungshaltungen von Arbeitgebern Ihre Ansicht stellen.

Im folgenden unterscheiden wir zwischen beruflicher Mobilität im Sinne eines Stellenwechsels *im Inland* und *ins Ausland*, wobei dies sowohl ein Wechsel im Unternehmen als auch ein gleichzeitiger Unternehmenswechsel sein kann.

30. **Wie wichtig ist berufliche Mobilität *im Inland* für Ihre <u>Karriere</u>?**

unwichtig	wenig wichtig	teilweise wichtig	wichtig	sehr wichtig
❑	❑	❑	❑	❑

31. **Wie wichtig ist Ihnen <u>persönlich</u> berufliche Mobilität *im Inland*?**

unwichtig	wenig wichtig	teilweise wichtig	wichtig	sehr wichtig
❑	❑	❑	❑	❑

32. Wie wichtig ist berufliche Mobilität *ins Ausland* für Ihre <u>Karriere</u>?

unwichtig	wenig wichtig	teilweise wichtig	wichtig	sehr wichtig
❑	❑	❑	❑	❑

33. Wie wichtig ist Ihnen <u>persönlich</u> berufliche Mobilität *ins Ausland*?

unwichtig	wenig wichtig	teilweise wichtig	wichtig	sehr wichtig
❑	❑	❑	❑	❑

34. Wie wichtig ist Ihrem Unternehmen Ihrer Meinung nach die berufliche Mobilität der karriereorientierten Mitarbeiter *im Inland*?

unwichtig	wenig wichtig	teilweise wichtig	wichtig	sehr wichtig
❑	❑	❑	❑	❑

35. Wie wichtig ist Ihrem Unternehmen Ihrer Meinung nach die berufliche Mobilität der karriereorientierten Mitarbeiter *ins Ausland*?

unwichtig	wenig wichtig	teilweise wichtig	wichtig	sehr wichtig
❑	❑	❑	❑	❑

36. Welche Überlegungen haben Sie darüber hinaus noch zu der derzeitig allgemein zunehmenden Mobilitäts*forderung* von Seiten der Unternehmen?

_____

_____

37. Was ist Ihre erste Reaktion, wenn Sie an einen Stellenwechsel denken:

    a) innerhalb Deutschlands   **b) ins Ausland**

_____   _____

_____   _____

_____   _____

38. Stellen Sie sich vor, daß Ihnen eine Stelle, die vollkommen Ihren beruflichen (Karriere-) Vorstellungen entspricht, angeboten wird! Welche Überlegungen fänden in Ihrer Entscheidungsfindung Berücksichtigung, wenn diese Stelle ...

    a) ...innerhalb Deutschlands wäre?   b) im Ausland wäre?

Auswirkungen/Einfluß:

39. Welche Auswirkungen hätte ein Stellenwechsel wahrscheinlich ...:

... auf Ihre Partnerschaft?

    a) innerhalb Deutschlands   b) ins Ausland

... auf die Karriere Ihres Partners?

    a) innerhalb Deutschlands   b) ins Ausland

40. Hat Ihr Partner normalerweise Einfluß auf eine Entscheidung für einen Stellenwechsel?

❑ Ja, deutlichen Einfluß   ❑ Ja, geringen Einfluß   ❑ Nein, keinen Einfluß

41. Inwieweit stimmen Sie diesem Satz zu?

„Ich möchte in den nächsten Jahren/Monaten beruflich *ins Ausland* gehen."

❑ **Ja**   ❑ **Eventuell**   ❑ **Nein**

❑ egal wohin   ❑ egal wohin

❑ nicht egal wohin ❑ nicht egal wohin

42. Wurde Ihnen schon einmal/mehrmals eine Stelle im Auslandsangeboten?

❑ Ja   und zwar: ❑ einmal   ❑ mehrmals

Wohin: _____

❑ Nein *(Bitte weiter mit Frage 45)*

43. Wie war damals Ihre Einstellung und wie haben Sie sich entschieden? *(Wenn Ihnen mehrmals eine Stelle angeboten wurde, geben Sie bitte für alle ihre jeweilige Einstellung/Entscheidung an, evtl. nummeriert.)*

Einstellung	Entscheidung
_____	_____
_____	_____
_____	_____

44. Welche Auswirkungen hatte die Auslandsversetzung... *(Wenn Sie mehrere Male eine Stelle im Ausland innehatten, geben Sie bitte für alle diese Stationen ein kurzes Statement, evtl. nummeriert.)*

... auf Ihre Partnerschaft?	... auf Ihre Karriere?
_____	_____
_____	_____
_____	_____

45. Hatte Ihr Partner damals Einfluß auf diese Stellenwechselentscheidung(en)?

❑ Ja, deutlichen Einfluß   ❑ Ja, geringen Einfluß
❑ Nein, keinen Einfluß   ❑ keinen Partner zum damaligen Zeitpunkt

Veränderung:

46. Hat sich Ihre Einstellung zur beruflichen Mobilität im Inland und ins Ausland gewandelt?

Berufliche Inlandsmobilität

❑ **Ja**   Wann?:_____

              Warum?: _____

              Inwiefern?:_____

❑ **Nein**

Auslandsversetzungen:

❑ **Ja** Wann?:_____

Warum?: _____

Inwiefern?:_____

❑ **Nein**

Versetzung des Partners:

47. Wie stehen Sie zu einer beruflichen Weiterentwicklung Ihres Partners, die mit einem Stellenwechsel

a) innerhalb Deutschlands verbunden ist?   **b) ins Ausland verbunden ist?**

_____   _____

_____   _____

_____   _____

Wahrnehmung als DCC

48. Welche Einstellung hat Ihr <u>Vorgesetzter</u> zu Ihrer Partnerschaftsform / zu DCCs ?

_____

_____

_____

❑ nicht bekannt   ❑ Obiges ist eine Vermutung   ❑ Obiges wurde so von ihm kommuniziert

49. Welche Einstellung haben Ihre <u>Kollegen</u> zu Ihrer Partnerschaftsform / zu DCCs ?

_____

_____

_____

❑ nicht bekannt   ❑ Obiges ist eine Vermutung   ❑ Obiges wurde so von ihnen kommuniziert

50. Welche Einstellung hat das <u>Unternehmen</u> zu DCCs ?

_____

_____

_____

_____

❑ nicht bekannt   ❑ Obiges ist eine Vermutung   ❑ Obiges wurde so kommuniziert

51. Welche Auswirkungen hat die Tatsache, daß Sie einen karriereorientierten Partner haben, für Ihr Ansehen im Unternehmen oder für Ihre Karriere?

_____

_____

_____

_____

❑ nicht bekannt   ❑ Vermutung   ❑ ist tatsächlich schon eingetreten   ❑ wird so eintreten

---

DCC-Instrumente

52. Besteht Ihrer Meinung nach auf Mitarbeiterseite ein Bedarf, daß das Unternehmen mehr als bisher auf die Besonderheiten von DCCs eingeht?

❑ Ja, und zwar weil: _____

❑ Nein, weil: _____

53. Wie wichtig finden Sie es, daß das Unternehmen den Mitarbeiter und seinen Partner bei der Balance zweier Karrieren (und einer Familie) unterstützt?

unwichtig	wenig wichtig	teilweise wichtig	wichtig	sehr wichtig
❑	❑	❑	❑	❑

54. Wenn Sie es für _teilweise wichtig_ bis _sehr wichtig_ halten, welche unternehmerischen/personalwirtschaftlichen Maßnahmen fänden Sie _am notwendigsten_ bzw. _sinnvollsten_ für eine aktive Unterstützung von DCCs?

_____

55. Wenn Sie selbst Unternehmer wären, würden Sie Bewerber aus Doppelkarrierepartnerschaften...

❑ eher bevorzugt einstellen ?   ❑ einstellen ?   ❑ eher nicht einstellen ?

DCC-Partnerschaft

56. Wie lange besteht Ihre derzeitige Partnerschaft?

Seit———— Jahren

57. Wie lange sind beide von Ihnen karriereorientiert, also ein DCC?

Seit———— Jahren

58. Was empfinden Sie an der Doppelkarrierepartnerschaft persönlich als positiv?

59. Was empfinden Sie an der Doppelkarrierepartnerschaft persönlich als problematisch?

60. Nahm das Unternehmen Sie persönlich bisher als Partner in einer Doppelkarrierepartnerschaft wahr?

❑ Ja   Woran machen Sie diese Einschätzung fest? Worin äußert sich das?

❑ Nein   Wie empfinden Sie das? Sollte sich daran etwas ändern?

61. Welche Eigenschaften und Fähigkeiten, die Sie jetzt haben und auch im Beruf anwenden, haben Sie auch den Interaktionen in Ihrer Doppelkarrierepartnerschaft zu verdanken?

_____

_____

62. Was sind Ihrer Meinung nach die Stärken Ihrer Partnerschaft, die sich deutlich positiv auf Ihre Berufstätigkeit auswirken?

_____

_____

_____

63. Bitte stufen Sie sich ein :

„**Ich bin mit meiner Doppelkarrierepartnerschaft zur Zeit...**"

(Bitte machen Sie ein Kreuz in der Spalte, die Ihrer Haltung am ehesten entspricht.)

unzufrieden	weniger zufrieden	teilweise zufrieden	zufrieden	sehr zufrieden
❏	❏	❏	❏	❏

64. Haben Sie das Gefühl, allen Bereichen Ihres Lebens (Beruf, Haushalt, Partner, Familie) ausreichend gerecht zu werden?

(Bitte machen Sie ein Kreuz in der Spalte, die Ihrer Meinung am ehesten entspricht.)

trifft nicht zu	trifft weniger zu	trifft teilweise zu	trifft überwiegend zu	trifft vollkommen zu
❏	❏	❏	❏	❏

65. Was sind die Gründe für diese Bewertung?

_____

_____

_____

_____

Zu guter Letzt: Sonstige Angaben

66. Ihr Geschlecht und Geburtsjahr

❑ weiblich ❑ männlich Geburtsjahr 19____

67. Ihr höchster beruflicher Ausbildungsabschluß

❑ Lehre/Ausbildung ❑ Berufsfachschule ❑ Fachhochschule o.ä. ❑ Hochschule

❑ Sonstiges *(bitte nennen)*:_____

68. Ihre Berufsbezeichnung/Abschlußtitel? _____
—

69. In welcher Position/Funktion im Unternehmen befinden Sie sich? (Land)

_____

70. In welcher Art von Arbeitszeitverhältnis befinden Sie sich zur Zeit?
❑ Vollzeit mit durchschnittlich ____ Std. pro Woche
❑ Verringerte Arbeitszeit mit durchschnittlich ____ Std. pro Woche
❑ Anderes Arbeitszeit-Konzept, und zwar _____
_____

71. Wie hoch ist ungefähr Ihr jährliches Bruttoeinkommen?

❑ bis DM 30.000 ❑ bis DM 70.000,- ❑ bis DM 110.000,- ❑ bis DM 150.000,-

❑ bis DM 50.000,- ❑ bis DM 90.000,- ❑ bis DM 130.000,- ❑ mehr als 150.000,-

72. Ihr „Familien"stand

❑ verheiratet ❑ in Partnerschaft lebend

73. Wieviele Kinder in welchem Alter haben Sie?

❑ ____ Kinder im Alter von _____ ❑ (noch) keine Kinder

74. Wieviele Haushalte haben Sie und Ihr Partner?

❑ 1 ❑ 2 ❑ mehrere

Vielen Dank für Ihre engagierte Mitarbeit!!

Forum Personalmanagement/Human Resource Management

Herausgegeben von Michel E. Domsch und Désirée H. Ladwig

Die Bedeutung des Personalmanagements für den Erfolg von Unternehmen ist in der Praxis wie in der Wissenschaft unbestritten. Allerdings zeigt sich national und international, daß nach wie vor zwischen Anspruch und Wirklichkeit große Unterschiede bestehen.

Diese Schriftenreihe will dazu beitragen, die Defizite zu reduzieren. So werden neue Entwicklungen im Bereich des Personalmanagements vorgestellt, erfolgreiche Praktiken präsentiert, interdisziplinäre Verknüpfungen verdeutlicht. Sowohl konzeptionelle Arbeiten wie empirische Studien werden in dieser Schriftenreihe aufgenommen. Im Einzelfall handelt es sich auch um Sammelbände und Konferenzberichte, wobei auch hier besonders internationale Aspekte des Personalmanagements diskutiert werden sollen. Die Autoren dieser Schriftenreihe sind entsprechend sowohl Vertreter verschiedener Bereiche der Praxis als auch der Wissenschaft.

Die Schriftenreihe spricht Fach- und Führungskräfte in der Privatwirtschaft wie im öffentlichen Bereich genauso an wie Wissenschaftler und Vertreter von Verbänden und der Politik.

Die Herausgeber vertreten das Institut für Personalwesen und Internationales Management der Universität der Bundeswehr Hamburg. Sie leiten außerdem die F.G.H. Forschungsgruppe Hamburg.

Band 1   Andreas Geßner: Coaching – Modelle zur Diffusion einer sozialen Innovation in der Personalentwicklung. 2000.

Band 2   Katharina Köhler-Braun: Aufstiegsförderung weiblicher Führungs(nachwuchs)kräfte in den USA und in der Bundesrepublik Deutschland. Möglichkeiten der Einflußnahme und praktische Auswirkungen. 2000.

Band 3   Andreas Kammel: Strategischer Wandel und Management Development. Integriertes Konzept, theoretische Grundlagen und praktische Lösungsansätze. 2000.

Band 4   Michel E. Domsch / Désirée H. Ladwig (eds.): Reconciliation of Family and Work in Eastern European Countries. 2000.

Band 5   Ariane Ostermann: Dual-Career Couples unter personalwirtschaftlich-systemtheoretischem Blickwinkel. 2002.

Peter Lang · Europäischer Verlag der Wissenschaften

Andreas Kammel

Strategischer Wandel und Management Development

Integriertes Konzept, theoretische Grundlagen und praktische Lösungsansätze

Frankfurt/M., Berlin, Bern, Bruxelles, New York, Oxford, Wien, 2000. 779 S.
Forum Personalmanagement. Bd. 3
Herausgegeben von Michel E. Domsch und Désirée H. Ladwig
ISBN 3-631-36809-7 br. € 85.90*

Die Arbeit wurde mit dem Heinrich-Büssing-Preis 2000 der Stiftung zur Förderung der Wissenschaften an der Technischen Universität Carolo-Wilhelmina zu Braunschweig ausgezeichnet.
Strategische Managementkompetenzen sind zentrale Komponenten dauerhafter Wettbewerbsvorteile von Organisationen. Mit dieser Arbeit wird das Ziel verfolgt, einen theoriegestützten konzeptionellen Bezugsrahmen und ein problemspezifisches heuristisches Wissenspotential für die Lösung strategiebezogener Problemstellungen des Management Development zu schaffen. Der Ansatz erhebt den Anspruch, ein stärker in das Gesamtkonzept des Managements des strategischen Wandels integriertes Konzept zu repräsentieren, durch das eine Organisation sich unter fortlaufend veränderten Bedingungskonstellationen eher als bei der herkömmlichen Führungskräfteentwicklung in einer Position befindet, die ihr ausreichende Kompetenzen und Handlungsspielräume zu „richtigen" strategischen Problemlösungen bietet. Das theoretisch fundierte Gesamtkonzept dient dazu, den strategischen Gestaltungsabsichten zu einer tragfähigeren Ausgangsbasis zu verhelfen.

Aus dem Inhalt: Konzeptionelle Grundlagen des strategischen Managements und der Führungskräfteentwicklung · Ressourcen- und kompetenzenbezogene Betrachtung von Unternehmen · Lernen in und von Organisationen · Lerntheoretische Grundlagen und Personalentwicklung · Strategische Ausdifferenzierung von Management Development

Frankfurt/M · Berlin · Bern · Bruxelles · New York · Oxford · Wien
Auslieferung: Verlag Peter Lang AG
Jupiterstr. 15, CH-3000 Bern 15
Telefax (004131) 9402131

*inklusive der in Deutschland gültigen Mehrwertsteuer
Preisänderungen vorbehalten

Homepage http://www.peterlang.de